한국 전통무예에 깃든 정신과 철학

The philosophy and mind of Korean traditional martial arts

김영만 박사

머리말

　역사를 돌아보면, 광의적으로 천하를 얻고 남을 지배하기 위해 무武를 닦았다. 협의적으로 자신과 가정을 지키고 혹은 재물을 탐내고 부귀영화를 누리기 위해 행해졌다. 특히 과거에는 농사를 지어도 소출이 적어 잘 먹고 잘 산다는 것은 남의 것을 빼앗지 않고서는 언감생심焉敢生心이었다.

　무력武力을 통해 의협義俠을 표방하지 않은 것은 아니었으나 대개 나라는 나라끼리 주변국을 복속시켜 이익을 도모하였고 일부 소집단은 도적질을 통해 배를 불리었다. 사이비 종교집단들은 백성들을 혹세무민惑世誣民하여 재물과 여자들을 탐하였다. 이들은 모두 지속적인 유지와 권위를 내세우기 위해 위력으로 다스렸다.

　실제로 무武를 연마해서 호구지책糊口之策을 이어간다는 것은 한계가 있었고 이들 방법 이외에는 달리 길이 없었다.

　겉으로 드러난 무武의 모습은 이렇듯 폭력적이고 부정적인 요소들로 점철되어 있었다.

　그러나 역사가 되풀이되는 가운데 무武라는 폭력적인 격렬함의 행간 내에는 인간이 제대로 깨닫지 못한 중요한 의미들이 도처에 심어져 전해져 왔는데, 우리나라의 경우 비교적 명료하게 드러나고 있다.

　무武에 대해 '남과의 다툼'이라는 개념으로 생각하고 있으나 한국 전통무예는 '자신과의 싸움(克己)'개념이 우선한다는 사실과 '마음을 닦기 위해서 마음을 비우는 것'과도 맥락을 같이 한다는 것을 깨달아야 한다. 나아가 '눈이 멀어지고서야 비로소 심안心眼이 열리고 귀가 어두워짐으로써 내면의 소리를 듣게 되었다'는 표현과도 상통한다.

하지만 이조차 시작의 실마리를 잡았다고 볼 수 있는 단계일 뿐이다.

본질을 깨닫는다면 극히 사소한 데서 우주의 철리를 깨달을 수 있다. 왜냐하면 만 가지가 같은 뿌리에서 나왔기(만지동근:萬枝同根) 때문이다. 격물치지格物致知, 확철대오廓徹大悟 혹은 활연관통豁然貫通이 모두 이와 관련이 있는 표현들이다. 그렇다 하더라도 수많은 대나무의 마디 중에 겨우 한 마디를 뚫은 것에 불과한 것이다.

수많은 선지자들이 겨우 대나무 한마디를 뚫고서 삶의 의무를 다한 양 자위했던 시절이 있었으나 그 이상의 몫은 모두 개인적 노력에 달렸다. 쉽지 않고 엄두가 나지 않는 일이겠지만 가다 보면 길이 다시 보이고 대나무 마디처럼 반복됨을 알 수 있다.

전통무예에 대한 이해를 높이기 위해서는 먼저 소통에 관심을 가져야 한다. 소통은 흔히 남과의 소통을 연상하나 그 못지않게 중요한 것은 자신과의 소통, 반복되는 역사를 통한 세상과의 소통이다. 이러한 소통에 대한 시각은 패러다임의 전환을 가져와 새로운 시각을 눈뜨게 한다. 그리고 소통을 키우기 위해서는 대국大局적으로 바라보는 시선을 지녀야 한다. 판세를 이해하고 풀어나가는 시선을 지녀야 원활한 소통을 할 수 있다. 구태여 사족을 하나 달자면 자신이 지닌 가장 소중한 것을 먼저 내려놓아야 한다.

본서가 세상에 빛을 발하기까지 한국고전종합DB, 조선왕조실록 등의 인터넷 자료와 무예 관련 자료를 모아 놓은 한국무예 자료총서 외 여러 자료들에 의지한 바가 적지 않다. 이 자리를 빌려 귀한 자료를 세상에 쉽게 접할 수 있게 베푼 관계자 제위께 무한한 감사를 드린다.

특히 조선 말기에 우리나라를 방문했던 외국인들의 여러 기록들은 그들 나름 주관적인 시선이지만 그나마도 당시의 상황을 가감 없이 표현했기에 중요한 기록 자료로 활용될 수 있었다. 이들 자료를 번역해서 소개해준 역자 분들께도 감사드린다.

이 저서의 출판을 위해 필자가 학회지에 게재한 논문을 수정·보완하였고, 본문에서 인용문의 출처를 생략하여 독자들의 가독성을 높이고자 하였으니 원출처原出處는 학회지를 참고하기 바란다.

아울러 병고에도 끊임없는 대화와 고민을 함께 해주신 권찬기 선생님께 깊은 감사를 드리며, 또한 교열에 도움을 준 이광숙 선생님께 감사를 드린다.

그리고 본서 출판을 허락해주신 도서출판(주) 글샘의 이기철 대표님께도 감사드린다.

2020. 3. 28. 김 영 만

제1장 전통무예란? ······ 1

제2장 한국 전통무예의 근본이치 ······ 9
1. 음양오행 ······ 11
2. 혼돈과 질서 ······ 32
3. 마 음 ······ 39

제3장 우리 민족성 ······ 47
1. 우리 민족성에 대한 이해의 한 측면 ······ 49
2. 천손민족 ······ 73
   1) 감성적 소통 ······ 79
   2) 체면과 자존심 ······ 82
   3) 고 집 ······ 90
   4) 환 대 ······ 93
   5) 대의명분 ······ 95
3. 심신일여와 만물일여 ······ 104
4. 은근과 숙성 ······ 117

제4장 무武와 병兵에 대한 인식 ·············· 153

1. 무武와 병兵에 대한 인식 ·· 155
2. 사냥과 강무 ·· 165
3. 조선의 전술은 방어적 개념 ·· 168
   1) 음식 문화 ·· 169
   2) 도로 사정 ·· 171
   3) 조선의 방어적 전술 ·· 175
4. 무武를 쉽게 익힐 수 있는 단계 ······································ 184

제5장 한국 전통무예에 깃든 정신과 맥락 ·········· 197

1. 한국 전통무예에 대한 인식 - 마음수련 ························ 199
   1) 마음수련(修心) ·· 203
   2) 한국 전통무예의 마음수련(修心) ······························ 208
   3) 맺음말 ·· 222
2. 한국 전통수련문화에 내재된 의식배분과 집중 ············ 225
   1) 한국 전통수련문화와 현시대의 의식배분을 통한 집중의 역할 · 230
   2) 의식배분意識配分 ·· 232
   3) 의식배분과 집중 ·· 237
   4) 현대 물리학의 관점에서 바라 본 의식배분과 집중 ······ 241
   5) 맺음말 ·· 247

3. 한국 전통무예의 한 단면 - 다원적 사회의 흔적과 관련하여   251
　1) 다인종·다문화·다종교가 융합된 사회 …………………   256
　2) 전통무예와 다원적 사회의 관련성 ……………………   269
　3) 맺음말 ………………………………………………   277
4. 한국 전통무예의 흥과 신명 속에 내재된 명분 …………   279
　1) 흥興과 신명神明 ………………………………………   282
　2) 신명을 일으키는 명분 …………………………………   288
　3) 전통무예와 의병의 명분 관련성 ………………………   291
　4) 맺음말 ………………………………………………   298

제6장 한국 전통무예의 표출 …………………………   301
1. 한국의 전통무예 활쏘기·씨름·택견에 관한 연구 ………   303
　1) 전통무예 경기로서 활쏘기·씨름·택견에 관해 ………   308
　2) 전통무예 경기의 상호 연관성 …………………………   315
　3) 맺음말 ………………………………………………   325
2. 한국 전통무예의 용력勇力과 퍼포먼스에 관한 연구 ………   327
　1) 용력과 관련된 기록 ……………………………………   333
　2) 한국 전통무예는 온몸을 활용 …………………………   345
　3) 퍼포먼스 ……………………………………………   353
　4) 맺음말 ………………………………………………   358

3. 전통차력의 현대적 해석 ·································· 360
   1) 신차력 ·· 365
   2) 약차력 ·· 371
   3) 수차력 ·· 376
   4) 기차력 ·· 378
   5) 맺음말 ·· 382

제1장 전통무예란?

고구려의 기상을 그린 수렵도에서 무武의 모습을 엿볼 수 있다.

전통무예는 해당 국가나 민족이 지닌 문화의 한 부분이다. 문화는 국가 혹은 지역과 민족 간 교류를 통해 활발하게 이루어지기도 하지만, 수요에 따라 선호도가 달라지고 특정한 방향으로 변화, 발전한다. 전통무예 역시 특정지역 내에서 뿌리를 내려 토착화되었지만 그대로 머물러 있는 것이 아니라 주변 환경의 변화에 어우러져 살아있는 생명체와 같이 끊임없이 적응하면서 변하고 움직이는 가변성을 지닌다. 이러한 지역성과 역사성은 민족성과 더불어 일련의 고유성을 지니게 된다.

한국 전통무예가 지니는 고유한 특성은 우리나라의 전통문화와 역사적 배경에 수반되는 민족성(기질적 특성)과 밀접하게 연관되어 있다. 물론 한국 전통무예의 고유성은 단지 한국의 것으로만 단정 지을 수는 없다. 한국 전통무예가 통례적인 보편타당성에 비추어 독특한 고유성이 차지하는 비중이 그리 크지도 않을 수 있다. 또한 고유성도 다른 나라의 전통무예와 어느 정도 유사성을 지니고 있다. 이것은 무예문화라는 동질성 때문일 것이다.

그렇다 하더라도 우리나라만의 고유한 특징은 분명히 존재한다. 본서에서는 이러한 점에 주목하여 논리를 전개하고자 한다.

여타 국가가 지니는 전통무예의 입장을 제시하는 시각에 따를 경우, 흥미롭게도 상당 부분 교집합交集合을 발견하게 된다. 이는 인간의 속성 안에서 이루어지는 행위이기 때문이다. 물론 본서에서 언급하는 많은 부분은 언급되지 않은 나머지 부분에 비하면 일부일 수도 있다. 그렇다 하더라도 중요한 요소임은 틀림없다.

군사적인 집단 개념이 아닌 무武를 단순히 외면적으로 신체행위가 수반되는 물리적, 좀 더 직설적으로 표현한다면 폭력적인 개념과 관련 있는 것으로 받아들이는 경향이 있다. 이것은 의도적으로 나 자신 혹은 누군가 몸에서 발생한 힘이 또 다른 누군가에게 영향을 주기 때문이다.

오히려 이러한 무武의 이미지는 반작용 또는 다른 방향으로 에둘러 긍정적인 면을 부각하거나 아니면 철학적 혹은 정신적인 면을 강조하는 계기가 된다고 할 수 있다.

그러나 모든 무武의 개념 내에는 일반적으로 알려진 사실 이외에도 실제로 여러 의미들이 자리 잡고 있다. 겉으로 드러나는 선입견으로 인해 대부분 제대로 잘 알려지지 않았다.

오히려 특정 부분은 과도하게 부풀려지거나 왜곡된 바가 없지 않다. 이러한 무武에 대한 원초적인 논의는 원래의 의미를 쫓아 거슬러 올라가면서 정체성에 좀 더 근접할 수 있으며, 그 과정에서 진정한 무武의 역사나 흐름에 대한 이해뿐 아니라 그 근저根底에 내재한 철학적 성찰과도 결부될 수 있으리라 생각한다.

첫째, 무武에 대한 가장 큰 오류는 무武는 꼭 누군가의 대결구도라는 인식이다. 그러나 실제로 자신의 수련으로서 기능이 더 큰 것이다. 이 부분은 「한국 전통무예에 대한 인식 - 마음수련(修心)」에서 충분히 논할 것이다.

둘째, 무武는 주로 몸을 쓰는 행위라 건강과 무병장수에 주안점이 있는 것으로 알려지고 있으나 이는 부수물일 뿐 심도 있게 더 나아간다면 음양의 인과관계로서 정신적인 수양에 필수적으로 수반되는 몸을 닦는 과정이다.

셋째, 우리나라에서 무武의 접근 방식은 유희나 놀이, 경기, 사냥 등 다양한 과정을 통해 이루어졌다. 즉 어린아이부터 성인에 이르기까지 다양한 연령층에서 익히는 각각의 과정이 존재했다. 또한 현대 이전 놀이문화의 한정된 주원인으로 놀이와 무예의 경계가 모호한 사례들이 확인되고 있으나 동일한 종목에서 현대와 같이 아이와 어른들이 각기 즐기는 무예놀이가 존재했었고 이는 우리 민족성과도 관련이 있는 것으로 보인다.

넷째, 우리의 민족주의는 태생적인 것이 아니라 근대에 만들어진 이념으로서, 민족주의와 별개로 우리 전통무예는 다인종·다문화·다종교가 어우르는 흥과 신명의 기질이 잠재되어 있다.

다섯째. 수련문화의 특이한 한 단면으로써 무예수련 가운데 집중을 위한 핵심적인 심법心法의 하나로 의식배분이라는 독특한 우리 선조들의 수련방식이다.

여섯째, 우리나라는 기질적 혹은 지정학적 상 직설적이지 않고 은근하면서 숙성된 깊은 맛이 자리 잡고 있다.

일곱째, 우리 민족에게 무武란 끝없는 노력의 일환으로 용력勇力의 과시와 상관관계가 높다. 또한 용력의 과시를 통한 퍼포먼스 등이 비교적 여러 기록에서 확인되는데 대부분 퍼포먼스는 용력을 과시하고 파괴력과 관련된 것이다. 이런 강렬한 인상적인 이미지로 무武의 본질은 관심 밖의 대상이 되었고 이러한 퍼포먼스만이 사람들의 뇌리에 남았다.

여덟째, 우리 민족은 과거 외침으로 나라가 위급한 시기에 스스로 사람을 모아 싸웠던 의병義兵과 승군僧軍들 뿐 아니라 근래에는 학도병까지 역사에 남는 활약상을 보이기도 했다.

전통무예 철학을 논하기에 앞서 우리 민족이 오랜 세월 동안 지녀왔던 일종의 철학과 민족성을 논하지 않을 수 없다.

그래서 먼저 언급한 내용이 제2장에서 음양오행 사상, 혼돈과 질서 그리고 개략적인 마음의 실체적 접근이며, 더불어 제3장에서 우리 민족성에 대해 간략히 언급하고 천손민족天孫民族이라는 개념과 그와 관련된 민족성 그리고 모든 것은 같다는 심신일여心身一如, 만물일여萬物一如 개념과 은근과 숙성이라는 기질을 덧붙였다.

그리고 제4장 무武와 병兵에 대한 인식을 되짚어 보는 계기로 사냥과 강무, 조선의 전술은 방어적 개념, '무武를 쉽게 익힐 수 있는 여러 단계'를 살펴보았다.

우리 민족성이 중요한 이유는 한국 전통무예의 정신 및 철학과 밀접한 관련이 있기 때문이다. 혹자들은 그 연관성에 대해 의문을 제기하기도 한다. 흔히 생각하는 무武에 대해 '남과의 다툼'이라는 개념을 생각하고 있으나 한국 전통무예는 '자신과의 싸움(克己)'개념이 우선한다는 사실과 '마음을 닦기 위해서 마음을 비우는 것'과도 맥락을 같이 한다는 것을 깨달아야 한다. 나아가 '눈이 멀어지고서야 비로소 심안心眼이 열리고 귀가 어두워짐으로써 내면의 소리를 듣게 되었다'는 표현과도 상통한다.

제5장은 일종의 각론들로서 대부분 필자가 국내 학술지에 게재한 내용들이다.

내용을 열거하면, 한국 전통무예에 깃든 정신과 맥락에 「한국 전통무예에 대한 인식 - 마음수련」, 「한국 전통수련문화에 내재된 의식배분과 집중」, 「한국 전통무예의 한 단면 - 다원적 사회의 흔적과 관련하여」, 「한국 전통무예의 흥과 신명 속에 내재된 명분」으로 명분은 수많은 외침 가운데 풍전등화風前燈火의 위기 속에서 국민들이 각자의 위치에서 몸과 마음을 바쳐 나라를 지키게 하는 정신적 지주가 되었다.

그리고 제6장에서 한국 전통무예의 표출로서 「한국의 전통무예 활쏘기 · 씨름 · 택견에 관한 연구」는 맨손무예인 씨름과 택견이 도구를 사용하는 활쏘기와 다소 이질적으로 비칠 수도 있지만, 여러 면에서 닮은 부분이 있어 전통무예라는 틀 안에 수용할 수 있다는 점을 드러내고자 하였다.

마지막으로 「한국 전통무예의 용력勇力과 퍼포먼스에 관한 연구」와 「전통차력의 현대적 해석」은 오랜 세월 외세나 폭정으로 핍박받아온 민초들이 대리만족을 얻거나 해방구 역할을 한 점에서 첨부하였다.

본서에서는 자세히 언급되지 않았으나 해방 후에까지 마을마다 벌어지던 석전石戰은 여럿 사상자를 내기도 하였으나 그 장쾌함으로 대중의 호응과 사랑을 받았으며 임금조차도 그 결과에 대해 궁금해 했다. 특히 석전은 힘들고 고단했던 시절에 일종의 해방구 역할을 했다. 현대에서도 일부 나라들의 소요에는 방화와 약탈이 수반되기도 하지만 적어도 우리나라에서만은 이러한 경향이 없거나 적다. 물론 기질적 특성 자체가 폭력적이지 않은 점도 있겠지만 석전이라는 과정을 통해 마을끼리 뭉치기도 하고 그간 쌓였던 울분을 터트리는 계기로 작용했기 때문이다. 한적한 시골에서는 60년~70년대까지만 해도 고부갈등이 심했고 위계질서가 분명했는데도 설날이 지나면 집안 또래의 여성들이 십시일반 쌀을 퍼서 모임 회비로 삼고 밤새워 노래로 소리를 지르고 춤을 추는 장관이 벌어지기도 했다. 차별이 심한 여성들에게는 일종의 해방구 역할을 했는데, 시골 방구들이 꺼질 정도로 톡톡히 쌓인 화火를 푸는 계기가 되기도 했다.

1900년대 「사진엽서로 보는 근대풍경 6 관광 풍속」 (출처: 부산박물관 학예연구실, 2009)

제2장 한국 전통무예의 근본이치

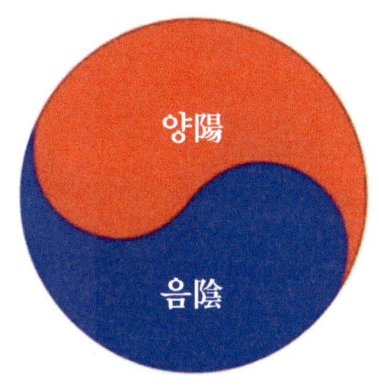

동양사상의 근간은 음양오행

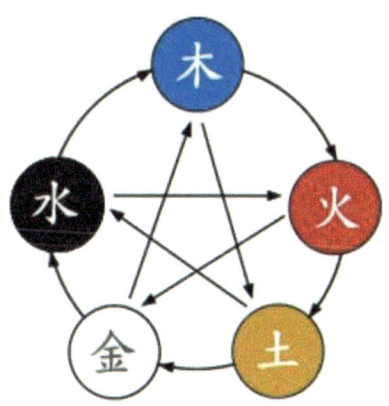

1. 음양오행

음양오행陰陽五行이란 세상 모든 만물을 파생시키고 움직이게 하는 근본 이치이다. 즉 우주의 기본 순행원리인 것이다. 특히 음양陰陽은 바로 변화(易)이다. 음陰이 태동하면 언젠가는 그 흐름이 양陽으로 바뀌기 마련이며, 결국은 또다시 음陰으로 귀일되기 마련이다. 이러한 과정 자체가 변화이자 특정한 단계로 나아가는 과정이며 그 중심에는 바로 인간이 있다.

다시 말해서, 음양의 기본 이치가 바로 변화를 말함인데, 변화가 생겨나면서 시간이 생生하게 되고 그 공간 안에서 모든 만물이 생겨나기도 하고 사라지기도 한다. 따라서 사라짐이란 결국 새로운 시작이기도 하다. 자연만물을 바라보면 시시각각 변하고 있다. 하루가 시작되고 햇살이 비치면서 밝음이 찾아오지만, 시간이 흐르면 다시 어둠이 찾아오고 곧 달이 떠오르게 된다. 이러한 일련의 변화와 반복이 바로 음양의 작용이자 변화이다.

음양은 만물의 근본으로 고정되거나 정체되지 않고 끊임없이 흐르고 바뀌게 된다. 남녀관계처럼 서로 대립하기도 하고 때로는 서로 의존하면서 통합되기도 하지만 그 속에는 항상 조화로움과 평형의 힘이 자리 잡고 있다. 이러한 평형은 음양의 상대적 평형이라 할 수 있다.

만약 인간이 존재하지 않거나 존재하더라도 음양의 변화를 이해하지 못하여 받아들이지 못한다면 음양오행에 대한 개념은 아무런 의미가 없다. 인간은 때로 아무런 존재가치가 없는 것처럼 여겨지다가도 조물주가 오로지 순전히 인간만을 위해서 이토록 깊고도 세심한 안배를 해놓았다는 것을 깨닫게 된다면 여러 어려움이 있어도 삶은 그 이상 가치가 있다는 것을 알 수 있다.

이렇듯 음陰과 양陽이 변화를 이루는 일련의 상징적 흐름이 다섯 가지 상으로 드러나기 시작하는데, 그것이 바로 오행이다.

즉 오행五行은 목木, 화火, 토土, 금金, 수水 등 다섯 가지 현상이 서로 도와주고 제압하면서 조화를 이루어가는 순행원리이자 변화원리인 것이다. 그러므로 음양오행 원리는 우주의 모든 현상과 사물을 관찰할 수 있는 진리체계라 할 수 있다.

우리나라 고대의 음양오행과 관련된 내용이 중국의 『주서周書』1) 백제 조에 "또한 陰陽・五行도 이해하였다.(又解陰陽五行)"에서 기록을 찾아볼 수 있다.

음양・오행의 변화와 흐름을 좀 더 이해하려면 변화의 그 자체에 매달릴 것이 아니라 상위의 큰 틀에서 바라보아야 한다. 김승호가 언급한 유형전합類型全合이라는 개념은 하나의 사물이 더 큰 체제에 편입되어 전체적인 의미를 획득한다는 것을 의미한다. 예를 들어 서귀포는 제주의 남쪽에 있는 해변 마을이지만 외국 사람들에게 한국의 남쪽에 있는 섬이라고 설명해야 알 수 있으며, 한국을 모르는 사람에게는 아시아를 이야기하거나 중국을 알려주어야 이해할 수 있듯이 말이다. 이렇듯 사물은 그 자체의 구조가 중요한 것이 아니라 그 사물이 광대한 세계에서 차지하는 위치를 이야기해야 이해가 가능하다. 음양도 그 자체만으로 이해하기보다는 더 큰 틀 안에서 바라보아야 한다. 그런 점에서 음양의 상충・상합을 오직 인간만을 위해 만들었다면 한 번쯤은 눈여겨볼 필요가 있다.

동양사상의 근간은 음양오행이다. 대부분 음양오행의 성질에 대해서 쉽게 이야기하지만, 그 근원에 대한 명료한 이해가 부족하여 일관된 해석

---

1) 주대周代의 역사를 기록한 책으로 당대唐代의 영호덕분(令狐德)이 편찬했다. 628년(貞觀 2)에 영호덕분이 최인사崔仁師・잠문본岑文本과 함께 이 책의 편찬을 맡았으며, 진숙달陳叔達・당검唐儉도 참가하여 완성했다. 이 책은 북송北宋 말기에 손상을 입어 후세 사람이 『북사北史』에서 보충한 부분이 많으며, 현존하는 『주서』는 당대의 원저와는 다르다.

이 따르지 않고 일부 분야에서 단편적으로 차용됐다. 즉 쓰임새는 이해가 되지만 어디서 출발했느냐 하는 시원과 형성과정을 모르기 때문에 그 용도는 한계가 있을 수밖에 없다.

다음에 소개하는 윤종천·박승태·조용목이 바라보는 칠원음양관七元陰陽觀2)은 이들에 대한 좀 더 명료한 근거를 제시해 준다.

태초에 아무것도 없던 무극無極에서 어떻게 음양이 탄생했을까? 라는 물음에 과연 답이 있을까? 하지만 음양오행의 실체를 이해하는데 실질적인 질문이며 이것을 어떻게 풀어나가느냐에 따라 음양의 속성에 대한 일관된 해석이 나온다고 하였다.

여기서 칠원음양관이 제시하는 구체적인 음양오행의 탄생과정을 참고하면 다음과 같다.

> 무극을 밝음과 어둠을 포괄하는 개념으로 보고 무극에서 무언가가 생긴다면 역시 빛의 개념이 생겨나는 것이며 이 빛은 빛의 레벨이 낮아져야 하는데, 같다면 무극과 다름없어서 창조 개념이 아니며 빛의 레벨이 높으면 이미 무극을 능가한 것이어서 빛의 탄생이 성립되지 않는다.

이 무극에서 다운된 두 성향의 한 빛을 태극3)이라 한다. 태극이 두 성

---

2) 오행 속에 음양이 내재하여 7(음양오행)의 원리 속에 지상 세계가 안정되었다고 보는 세계관이다.
3) 퇴계 이황李滉은 『성학십도聖學十圖』중 주렴계 선생이 지은「태극도설太極圖說」에서 '무극이면서 태극이다(無極而太極). 태극이 동動하여 양陽을 낳는데, 동動의 상태가 지극하면 정靜하여지고, 정하여지면 음陰을 낳는다. 정靜의 상태가 지극하면 다시 동動하게 된다. 한 번 동하고 한 번 정하는 것이 서로 그 뿌리가 되어, 음陰으로 나뉘고 양陽으로 나뉘어, 양의兩儀가 맞선다. 양陽이 변하고 음陰이 합하여 수水·화火·목木·금金·토土를 낳는데, 이 다섯 가지 기(五氣)가 순차로 퍼지어 사계절(四時)이 돌아가게 된다. 오행五行은 하나의 음양陰陽이고, 음양은 하나의 태극太極이며 태극은 본래 무극이다.'(이황 저, 윤

향으로 나누어진 것이 음양이며 음양은 수렴성, 불멸성, 영원성을 지니게 되고 양은 발산성, 가변성, 한계성의 성향을 지니게 된다. 이 음양의 상생, 상극을 통해 만물의 다양한 변화의 원리를 설명할 수 있지만, 음양이 바탕이 되는 공간성(창조적 공간성)이 존재함으로써 만물생성에 대한 원리 해석이 가능해진다. 이 삼수 음, 양, 공간성의 개념을 도형화한 것이 삼태극이다.

인간이 주로 이 태극의 개념만을 언급해온 이유는 사람들의 시각이 바탕이 되는 배경에는 관심을 기울지 않고 당연한 것으로 받아들이기 때문이다. 음양을 이야기할 때에도 변화의 주체가 되고 드러난 주 현상이 되는 유형성과 무형성, 변화성과 불변성, 수렴성과 발산성에 주목하지 바탕이 되는 공간성에는 소홀하게 되는 것이다.

이 창조적 공간 안에 무형성과 유형성이 존재하게 되는데 이를 음과 양이라 한다.

이를 다시 다른 표현으로 말하면 신神 · 기氣 · 정精이라 할 수 있다. 즉 공간성은 신이고, 무형성은 기이며, 유형성은 정이다.

만물이 전개되고 분화되는 과정에서 각각의 음과 양에 다시 음양이

사순 역, 1987) 태극 이후의 전개는 같으나 '무극이면서 태극이다'의 시초는 달리 출발하고 있다. 역자 주에 의하면 '無極而太極'에 대한 해석은 일정치 않은데, 주회암(朱晦庵 : 주희朱熹)은 이를 '무극이면서 태극이다'라 해석하고, 육상산(陸九淵 : 자는 자정子靜, 호는 상산象山. 이상주의적인 성리학자였으며, 같은 시대의 위대한 성리학자이자 합리주의자였던 주희朱熹의 경쟁자였다)은 무극으로부터 태극이 생겼다고 해석하면서 이것이 도가道家의 영향을 받은 것이라 하여 순수한 유학 이론으로 보지 않았다. 그런데 퇴계는 원래 상산설象山說을 따르지 않고 회암설晦庵說을 따랐다. 즉 칠원음양관은 상산설을 따르고 있으며 이를 현대식으로 풀어서 구체화하고 있다.
부언하자면, 권근權近은 『입학도설入學陶說』「천인심성분석도天人心性分釋圖」에서 "무극無極이란 태극太極 속의 이理를 가리켜 한 말이고, 태극 위에 달리 또 무극이 있는 것은 아니다."(권근 저, 권덕주 역, 1990) 하였지만 칠원음양관에서는 태극의 가변성에서 음양을 낳듯이 이러한 가변성은 오행에서도 내재하지만 오행이 곧 음양이 아니라 다만 속성을 배태하듯이 태극 또한 무극의 속성을 배태한(빛의 다운로드) 하위개념으로 간주하고 있다. 즉 이황의 '음양은 하나의 태극太極이며 태극은 무극이다'는 표현은 틀림이 없지만, 권근의 '태극 위에 달리 또 무극이 있는 것은 아니다'는 견해와는 전혀 다른 것이다.

분화되면서 빛의 다운로드가 진행되듯이 각각의 정과 기와 신, 유형성, 무형성, 공간성 안에는 다시 유형성, 무형성, 공간성이 반복되어 생성된다. 이 다운로드에 의해 우주만물이 생성된다.

유형성과 무형성은 공간성 안에서 이루어진다. 즉 공간 안에서 유有와 무無의 변화가 일어는 것이다. 그래서 하나의 관점에서 보면 이 공간은 정지된 공간이 아니라 생명력을 가지고 있는 창조적 공간이다.

이 음양은 우리가 현재 인지하고 있는 음과 양의 개념과는 다른 것이다.

우리의 인지 속에 있는 음과 양은 이미 현실 속에서 음양이 결합하여 있는 복합체로서 한쪽 성향이 두드러진 음양이다. 태초의 음양은 서로가 결합되어 있지 않은 순수한 음양이라고 할 수 있다.

그리고 태초에는 음과 양이 동등한 비율로 탄생한 것이 아니라의 에너지가 더 많게 편중되어 탄생하였으므로 균형을 추구하기 위해이 양을 쫓게 되며 상대적으로보다 양이 커가는 형국이 형성된다.

여기에서 짚고 넘어가야 할 개념은 창조의 빛이 뻗어 나온 곳이 결국 무극 안에서 이루어졌다는 점이다. 인간의 관점에서 볼 때 '그렇다면 무극은 왜 음양을 탄생시켰을까?' 고요하고 완전한 절대성의 무극이 영원성과 안정성을 지닌 자신을 그대로 유지하면 되지 왜 굳이 불완전한 상대성의 세계를 펼쳤을까?[4]

마치 종교로 비유하자면 절대적인 존재의 신이 왜 불완전하고 고통스러운 현실 세계를 창조했냐는 질문과 일맥상통할 것이다.

---

[4] 이때의 불안정성은 공간성 안에서 불안정성이 있으므로 한계 된 불안정성이다. 만약 엔드로피-무질서의 열역학 제2법칙에서 말하듯이 끊임없는 불안정성만이 있다면 만물의 창조는 이루어질 수 없었을 것이다.

이것을 굳이 말로 표현하자면 '자연이 지닌 내재한 뜻(속성)'이라고 할 수 있다.

종교의 의미로 볼 때는 신의 의지가 투영된 것이라 할 수 있을 것이다. 그 뜻(속성)은 만물이 다양함 속에 하나로 어우러지는 조화로운 모습을 보고 싶은 것이다.

현실에서 분화, 발전된 개개의 사물이 생명력과 독자성을 가진 가운데 하나로 되어 가는 모습이 구현되는 것을 통해 자연(이때 자연은 삼라만상의 주재자로서의 무극을 뜻함)은 자신의 존재성을 생동감 있게 느낀다고 할 수 있다.

하나가 된다는 것은 구체적인 사물로 볼 때 물과 물이 섞이듯 물질적으로 완전히 하나로 합쳐진다는 것을 뜻하고 다른 면에서 보면 개개의 사물이 독립적으로 존재하면서 하나가 된다는 것으로 볼 수도 있다. 어떤 사물이 물질적으로 하나가 되지는 않을지라도 기운으로 혹은 마음으로 얼마든지 하나가 될 수 있다. 이것이 바로 현실에서 자연이 추구하는 만물을 배태한 의도인 '조화'라고 할 수 있다. 이 의도는 끊임없이 자연계의 모든 물질이 균형과 조화를 추구하게끔 만들어 음은 양을 쫓고 양은 을 쫓는 속성을 만들어 낸다.

이러한 음양의 속성도 태초에 음양이 처음 출현했을 때 만약 둘의 비율이 시소seesaw의 균형점처럼 1:1로 동등하게 탄생하였다면 생기지 않았을지 모른다.

처음 무극의 세계 안에서 음이 득세한 환경으로 파생되어 조화를 추구하는 속성으로 인해 음이 양을 쫓는 형국을 만들어 만물의 파생이 하나씩 이루어진 것이다.

처음 음이 득세한 환경은 조화(안정)를 추구하는 새로운 변화를 불러일으키는 단초5)가 되어 불안정성이 극도에 달했을 때 대폭발과 함께 목木이 먼저 탄생을 하고, 목의 탄생으로 인해 생겨난 변화 환경에서 화火가, 역시 변화된 환경에 기인하여 토土, 금金, 수水 순으로 탄생이 이루어졌으며6) 더 이상 폭발이 일어나지 않는다는 것은 그것으로 현상계의 안정이 유지된 것이다.

순수한 음양과 오행으로 이 세계는 자신의 틀을 유지하며 분화, 발전할 수 있는 토대가 형성되었다.

흔히 상극을 서로 극하여 이기는 것으로 본다. 심하면 마치 천적과 같은 관계로 이해하나 실제 상극은 오행이 더 나아가 만물이 존재의 틀을 유지하는 중요한 상호관계를 말하는 것이다. 마치 그물이 팽팽하게 틀을 유지하려면 사방에서 당겨서 서로 힘의 균형을 유지하게끔 하는 것과 같다.

분화, 발전은 오행을 탄생시킨 변화의 원리인 정반합의 삼3수의 원리에 따라 전개되며 안정은 오행의 견제와 균형 속에서 유지된다.

한편으로 보면 오행 속에 음양이 내재하여 흔히 음양과 오행을 같이 말하게 된다.

이러한 음양오행의 칠원과 유사한 표현이 『열자列子』 천서天瑞 제1에도

---

5) 쉽게 이해하자면 역본설(力本說: 자연계의 근원은 힘이며 힘이 물질·운동·존재·공간 등 일체의 원리라고 주장하는 설)로서도 설명이 갈음될 수 있다.
6) 즉 음양의 불균형이 극도에 달함으로써 폭발과 더불어 새로운 합(정·반·합에서의 합)을 낳게 되고 이 새로운 합이 개재된양의 새로운 환경은 또 다른 불균형을 초래하여 또 다른 폭발로 이어지면서 오행을 낳는데, 오행은 이러한양의 불균형 상태를 수반한 특성을 보인다는 것이다. 여기서양의 불균형이 극도에 달한다는 것은 무극을 바탕으로 생성된 음양이 불균형을 이룰 때 균형(조화, 안정)으로 가는 에너지는 무극으로부터 공급받는다고 한다.

나온다. '하나가 변하여 일곱이 되고 일곱이 변하여 아홉이 되고(一變而爲七, 七變而爲九)' 칠七은 음양오행을 의미하고 구九는 만물을 의미하는 듯하다. 이 흔적이 남은 것이 바로 일주일인데 음양의 자리에 일월日月이 대신하였다.

무형성을 지닌 음과 유형성을 지닌 양에 대해 이들의 바탕이 되는 무극이나 무극 안의 힘을 사람들은 기氣라는 개념으로 받아들이고 설명하고 있다.

음양오행관과 주역이 같은 동양사상의 근간을 설명하면서도 분리하여 언급하고 있다. 아마도 주역은 '점을 치는 책'이라는 선입견이 작용한 듯하다. 주역周易의 '태극에서 음양을 낳았다'라는 음양의 성질은 위에서 언급한 바와 같다. 음양오행관은 오행을 낳은 반면 주역에서는 사상思想을 낳고 다시 팔괘로 분화된다.

이 둘의 관계에 대해 김승호는 태극에서 비롯된 오행五行의 범주와 사상의 범주에 대해 사상은 오행 중 4개가 되고 나머지 하나, 즉 토土는 4가지가 합친 성분으로서 오행을 기하학적으로 만들어 보인 것이 피라미드 형태라 하였다. 피라미드 두 개를 합치면 정8면체가 되는데 이 8면이 8괘에 해당하여 오행을 입체화하면 8괘가 되고, 8괘를 평면화하면 오행이 된다고 하였다.

천지인삼재지도에 대해서, 황풍은 우주만물의 기본원리인 음양陰陽의 흐름을 천도天道라 하고, 음양의 형체인 강유剛柔를 지도地道라 하며, 천도와 지도 사이에 존재하는 생명(人)의 성정性情을 인도人道라고 하는데 이 삼도三道의 본질이 천지인삼재天地人三才이다. 천지인삼재는 양을 대표하는 하늘(天), 음을 대표하는 땅(地), 그 사이의 중간적 주재자로서 사람(人)을 지칭한다고 하였다. 어떤 이는 힘든 삶을 고통스러워하며 삶에 회의를 느끼는 경우도 없지 않지만 이토록 인간은 중요한 위치에 있다.

우주 공간이란 그냥 텅 빈 진공일까? 아니면 지금의 과학기술이 포착하지 못하고 있는 미지의 에너지 공간일까? 과학사를 통하여본다면, 19세기 말기 이전에는 우주 공간이란 어떤 미지의 에너지 공간이라고 생각하는 과학자들이 주류를 이루었으며 이 미지에너지를 에테르Ether라고 호칭하였다. 그 후 20세기로 들어서면서, 우주 공간이라는 것은 그냥 텅 빈 진공에 불과한 것이라는 학설이 과학적 정설로 굳어지게 된다. 현재는 이 텅 빈 진공Vacuum 속에서 행성과 혹성 물질들이 운동하고 있다고 생각하고 있으며 이러한 개념이 원자 전자의 세계에서도 동일하게 적용되고 있다.

그러나 다시 20세기 후반에 들어서면서부터 이러한 텅 빈 진공 개념에 반대하면서, 실제로 우주 공간은 현재의 과학기술로는 포착되지 않는 미지의 근원 에너지로 가득 차 있으며 이러한 '에너지 공간'이야말로 물질과 모든 에너지의 실질적인 근원이라고 생각하는 진보적인 과학자들이 늘어나고 있다. 이 미지에너지를 '진공 에너지Vacuum Energy', '영점 에너지Zero point Energy', '공간 에너지Space Energy'라는 다양한 이름으로 호칭하고 있다.

위에서 언급한 음양이 바탕이 되는 공간성(창조적 공간성), 음, 양을 도형화한 것이 삼태극三太極이라 하였다. 이를 다른 표현으로 신神·기氣·정精이라 하였는데, 이러한 삼수 개념은 빛의 다운로드에 의해 뒤에 천天·지地·인人 삼재로도 분화된다.

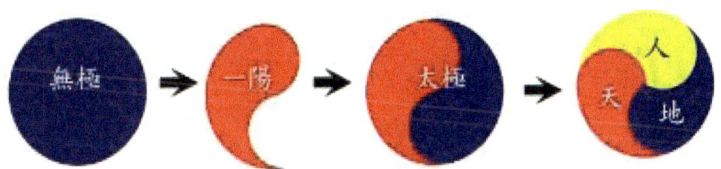

우리나라 사람들은 이 삼수에 특히 많은 관심을 지녔는데, 모든 전통과 관련된 근거로 이 삼재를 내세운다.

주역에서 팔괘의 기본은 —(剛爻, 陽爻)와 --(柔爻, 陰爻)로 성립된다. 즉 강(剛, 양)과 유(柔, 음)의 반대의 성질을 나타낸다. 계사상전繫辭上典에 만물은 서로 높고 낮은 것으로 갈라져 귀천의 질서를 형성하고 동적인 것과 정적인 것으로 갈라져서 강(剛: 陽)과 유(柔: 陰)의 관계로 맺는다. 그 속성은 항시 아랫단계로 배태되며 그 속성에 의해 천지 만물에 역易이 생겨남을 알 수 있다. 그래서 주역에서는 건乾과 곤坤의 관계가 역의 핵심이라고 말할 수 있다. 건과 곤이 대립하는 데에서 비로소 역이 성립한 까닭이 여기에 있다.

칠원음양론에서 잠시 언급하였다시피 최초의 음양에서 분화된 이후의 음양은 순수한 음양이 아니므로 절대적이거나 고정적인 것이 아니다. 이것은 바로 역易의 동인動因으로서 양중에 음이 있고, 음중에 양이 있는 상대적이고 상호 침투적인 관계이다. 예를 들면 일주야 24시간은 양인 낮 12시간과 음인 밤 12시간으로 되어 있는데, 낮 12시간에 한해서 말하자면, 새벽에서 정오에 이르는 전반은 '양 중 양'이고, 그 후반은 '양 중 음'이다. 그뿐만 아니라 분화되면서 음양이 오행을 내포하듯 오행 내에 역시 음양을 내포하게 된다.[7]

이 삼재와 강유 개념은 사실 삼라만상의 모든 것의 기본원리이다. 모든 곳에 삼재 개념이 포함되어 있다는 것은 구태여 언급하지 않아도 될 정도로 보편화된 부분이다. 특히 일부 무예에서 이 삼재개념을 지나칠 만큼 강조하여 시시콜콜한 부분까지 삼재를 적용하고 있는데 전통무예에서 강조하는 부분이 없지 않아서 오히려 콤플렉스에 대한 반작용처럼 비칠 수도 있다.

즉 순수한 음양이 분화되어 하위개념인 음양으로 나타나지만, 이 하위개념의 음양 안에는 이미 음 안에 양이 혼재되어 있고 양 안에 음이

---

[7] 일종의 프랙탈(fractal) 구조라 할 수 있다.

혼재되어 있어서 음과 양으로 구분되지만, 이분법처럼 명확히 음과 양으로 구분 지어지는 것은 아니다.

남녀는 서로에게 끌리는 경향이 있다. 그렇지만 모든 남녀가 서로의 이성에게 다 끌리는 것은 아니다. 각자의 취향에 따라 더 끌리고 덜한 상대가 있기 마련이다.

남녀는 음양에 대비되고 각자의 취향, 즉 기질적 특성은 오행에 배속된다고 할 수 있다.

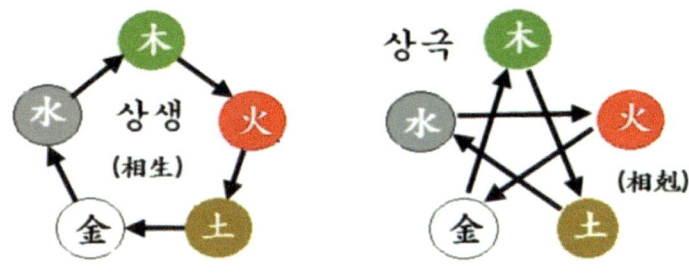

오행은 목화토금수로서 이들은 상생상극 관계에 있다. 오행의 상생相生은 목생금, 화생토, 토생금, 금생수, 수생목을 일컬으며 상극相剋은 목극토, 토극수, 수극화, 화극금, 금극수를 말한다.

음양오행은 하나의 기준을 의미하는 것이다. 여성을 음에 비유하지만 비교적 순수한 음적에 가까운 여성이 있는가 하면 양적인 기질이 적지 않은 여성도 있는 것이다. 인간의 개체를 음양으로 구분하기도 하지만 나누다 보면 손발, 손등과 손바닥 등도 음양으로 나눌 수 있는 것이어서 다소 비율 차이가 있을 뿐 남성이나 여성도 음양이 혼재된 존재라고 볼 수도 있다.

오행도 마찬가지이다. 오행의 상생상극은 하나의 기준을 의미하는 것으로 목木도 음양의 비율이 다르다고 할 수 있다. 이러한 속성은 오행의 상생상극에 대한 포괄적 개념은 원칙을 따르지만, 그 반응의 많고 적음은 항상 일정하지 않다는 것을 의미한다. 즉 음양의 이러한 변화의 하위개념에는 단순히 음양뿐 아니라 오행의 변화가 더불어 복합적으로 작용한다.

역설적으로 음양의 불균형은 변화의 단초와 발전의 원동력이 되는 것이다. 거시적으로 본다면 선악조차도 음양 관계로서 어느 것이 옳고 그르다고 단정 지을 수 없는 것이라 할 수 있다.

다만 선악으로 규정짓는 큰 틀은 발전 혹은 진행 방향(인류의 미래, 지향성)의 대원칙 하에서 서로의 존재를 통해 돌아보게 하는 핵심적인 요소로서 부가적인 측면에서 판단할 수 있는 잣대라고 할 수 있다.

사람의 인식 기관과 그 대상인 사물이 접촉해야 만이 지식이 성립할 수 있다는 순자荀子의 성악설과도 일맥상통한다. 이 말은 이 모든 것이 인간이 기준이어서 인간이 존재하지 않는다면 사물의 존재가치조차 사라진다는 것이다.

안용규와 임관인은 성선설을 주장한 맹자의 심心이 도덕적 심心으로서 주체를 의미하며 성악설을 주장한 순자가 언급하는 지려志慮와 사변思辨의 심心은 인지적 심心으로써 인지 주체로서 다르다고 표현했다.

하지만 인간 개체의 존재와 각 개체가 끝없이 인류라는 영속성을 지니면서 사회 구성원으로서 영위되는 가운데 하나의 보이지 않는 틀이라는 관점에서 본다면 인류가 지향해야 할 선악의 테두리라는 점에서 이 또한 음양의 가변적 범위라 할 수 있다.

우주만물의 존재는 인력引力과 발산력이란 상반된 두 가지 성질이 동시에 작용할 때 가능하다는 매우 모순된 결론을 보여주고 있는데, 이 원리는 물질에만 국한되지 않고 인간의 사고思考와 인식체계를 지배하는 원리이다.

인간을 제외한 자연계에서는 자연의 법칙만 존재할 뿐이다. 하지만 인간은 가히 조물주의 속성이라고 할 수 있는 자유의지가 있다.

인간에게 주어진 자유의지는 실제 개인이 임의로 사회질서를 어지럽히면서 무한정 남용할 수 있는 경우는 흔치 않다.

물론 오랜 역사 속에 국가나 민족 간의 전쟁을 포함하여 지금으로서는 상상하기 힘든 소수의 인간들에 의해 주도된 조직적인 만행들이 숱하게 있었으며 대량 살상무기가 발달한 근세는 더욱 현저해졌다.

현대에 종교나 이데올로기의 충돌과 국가 간의 이해관계로 인해 이러한 경향이 사라진 것은 아니지만 두 차례에 걸친 세계대전 등의 학습효과로 인해 분쟁 조정을 위한 유엔 등의 국제기구가 존재함으로써 근세보다는 그나마 호전된 편이다.

자연계에서 유독 인간에게 주어진 것은 하나 더 있다. 그것은 바로 노력이다.

한당 선생은 인간에게 주어진 노력에 대해서, 하늘이 인간에게 가장 크고 귀한 것을 준 것이 있으니 이는 사랑도 아니요, 자비도 아니요, 바로 노력이라 하였다.

인간은 자유의지와 노력, 무한한 상상력을 통해 과거의 모든 변화를 합쳐도 꿈꿀 수 없는 현재의 시대를 만들었다.

이러한 변화가 인간에게 지구촌시대를 열어 집단이기주의적인 사고思考를 벗어나게 하는 계기를 제공하였을 뿐 아니라 서로 기질적 특성이 다른 세계나 인종에 대해 이해와 소통과 더불어 조화라는 대명제를 안겨 주었다.

본격적인 논의에 앞서 음양을 배태한 무극, 그리고 태극에 관한 부분과 태극에서 파생된 오행의 속성에 대한 인식이 필요하다.

태극 도형의 문양과 이념은 고대부터 우리 민족에게 전통적으로 쓰여왔다. '태극'이라는 용어는 『주역』의 「계사繫辭」상上에 나오지만 그림이 그려져 있지는 않다.

감은사지 석각 태극문양

중국에서 태극문양이 처음으로 등장하는 것은 주돈이가 쓴 『태극도설』이다. 그러나 우리나라는 『태극도설』보다 약 400년 전인 682년(신라 진평왕 50년)에 건립된 감은사의 석각에 이미 태극 도형이 새겨져 있다. 국내 태극문양이 처음 그려진 유물은 신라 미추왕(재위 262~284년)의 경주 고분에서 출토된 곡옥(曲玉·장식용 구슬)이다. 국내에서 가장 오래된 태극문양이 그려진 1400년 전 목제품 한 쌍이 2008년 발굴되어 이듬해 공개되었다. 문화재청 국립나주문화재연구소(소장 김성범)는 2008년 나주 복암리 고분군 주변에서 출토된 백제 목간木簡 31점과 태극문 목제품 한 쌍을 2009년 6월 3일 공개했는데 태극문양이 포함되어 있다.

전남 나주 복암리 유적에서 출토된 태극문 목제품 사진 및 적외선 사진, 도면(왼쪽부터).
국립나주문화재연구소 제공

'무극無極에서 삼태극三太極이 나오고 그 삼태극三太極에서 천지인天地人 삼재三才가 나왔다.'

자연계의 모든 생명체는 무극(조물주)에서 배태되어 자연 무극의 속성을 지닌다.

무극에서 태극의 개념이 나타나는데, 삼태극의 개념은 음과 양 그리고 음양이 어우러지는 공간을 포함하는 의미이다. 음양에서 오행이 나오고 목화토금수는 태생 과정의 언밸런스로 인해 상생과 상극이 이루어진다. 오행의 완전한 평형은 더 이상 변화의 여지가 없음으로 살아 움직이는 생명력을 잃게 되는 것과 같아서 존재 의미가 없다.

언밸런스unbalance가 변화를 가져오게 하고 이 변화 가운데 모든 창조와 소멸의 원리가 작용한다.

흔히 인류가 보편적으로 추구하는 가치가 인간의 관점에서 본다면 절대가치처럼 간주하는 경향이 없지 않으나 모든 가치를 충족한다는 것은 불가능할 뿐 아니라 설혹 충족시키더라도 인간의 가치나 의미 자체가 소멸하는 것이다.

사람들은 선악善惡을 구별 짓고 선善을 덕목으로 추구하지만 악惡 없는 선善이 존재할 수 없듯이 악은 악으로서의 존재가치가 분명 있다. 악을 통해서 선을 추구하고자 하는 것이며 선으로 세상이 가득하다면 행복할 것 같지만 그 이상 존재가치가 무의미해진다. 물론 악을 두둔하려는 의도는 아니다. 악을 통해 선을 돌아보게 되는 기준을 의미하는 것이다. 그래서 물극필반物極必反으로 새로운 변화가 일어나 다시 혼란에 빠지지만, 이 또한 영적인 진화를 위한 불가피한 자연의 섭리이다. 이러한 반복이 되풀이되는 듯하지만, 이전 단계보다 조금씩 나아가는 흐름을 보인다.

인간이 살아가는데 중요한 덕목들은 하나의 중요한 기준으로 작용한다. 그 기준이 없다면 변화의 큰 틀을 벗어나므로 결국 방향을 잃고 표류하게 되면서 변화 자체의 중요한 의미가 없어지며 또한 생명력과 무관하게 된다. 변화의 큰 틀을 의식한다면 맹자가 주장한 성선설性善說이 합당한 것 같지만 흐름에 변화를 주는 터닝 포인트를 고려하면 순자荀子의 성악설性惡說도 무시할 수 없다. 인간이 생명체로써 개체이지만 인간이 더불어 살아가는 환경도 생명력을 지니고 변화한다는 사실을 염두한 경우이다.

물론 도덕이나 윤리가 그것에 의해서 반성되는 현실보다 더 유력했던 적은 인류 역사상 단 한 번도 없었을 것이다. 바람직한 것이 꼭 유력한 것은 아니다.

선은 홀로 존재할 수 없다. 하지만 인간사회에서 적어도 기준이 필요하므로 선은 악에 대한 상대적인 가치 있는 덕목으로 간주하게 된 것이다.

만약에 악이 존재하지 않는 선은 무의미한 것이다. 어떤 개념이든 그 바탕에는 상대적인 개념 없이는 존재할 수 없다.

즉 선이라는 개념을 기준으로 변화를 줄 수 있는 대립적인 악의 개념이 동시에 존재하는 것이고 이것은 변화라는 동기가 부여된다.

이 개념은 바로 역易이며 하위 구조는 오행의 상생상극이다. 흔히 태권도의 철학에 대해 논할 때 허실, 강유, 삼재 개념을 예로 들지만, 이 모두 역의 하위개념이다. 역은 변화이다. 아침에 해가 떠서 저녁에 해가 지고, 초승달에서 보름달, 그리고 하현달로 바뀌면서 한 달이 가고 계절의 변화를 통해 일 년의 세월이 흐르듯 이것은 변화의 큰 줄기를 드러내어 그 어떤 생물이건 무생물이건 그 모든 천지자연의 흐름을 제시하는 것이고 그 흐름을 통해서 또 다른 변화와 그 변화의 의미를 제시하는 것이다. 천지자연의 변화나 흐름은 하나의 본을 제시하는 것이지만, 사람의 일은 변인變因이 하나 더 있으니 그것은 바로 자유의지이다.

'콤플렉스에 대한 반작용'이라는 표현이 있다. 콤플렉스가 존재하므로 그 콤플렉스를 극복하기 위해 더 큰 노력이 이루어진다는 것인데 바로 이러한 부분이 변화에 중요한 동력으로 작용한다. 사이코패스Psychopath는 생활 전반에 걸쳐 다른 사람의 권리를 무시하거나 침해하는 성격적 장애를 일컫는다. 흔히 연쇄살인범을 연상하기 쉽지만, 의외에도 성공한 CEO·정치인 뛰어난 스포츠인 등에도 '인격 장애'가 많다고 한다. 성공한 사이코패스는 연쇄살인범과 달리 자신의 인격 장애를 장점으로 바꿀 수 있는 능력이 있다. 이들은 긴장과 흥분을 즐긴다. 그러면서 모든 것을 자기 마음대로 추진하고 그 결과로 돈·명예·권력을 손에 넣는다.

혼란이 클수록 그 혼란은 중요한 전환점이 되기도 한다. 예를 들자면 대규모의 전쟁을 통해서 인간의 과학이나 의학뿐 아니라 거의 모든 분야에서 이전과는 상상할 수 없는 발전의 성과를 얻어낸다. 한편 혼란은 더 극심한 혼란으로 치유가 가능할 수 있다. 마치 거대한 산불을 맞불로써 진화하듯이 새로운 해결책으로 거듭난다.

이러한 일련의 변화는 바로 음양으로 설명이 가능하다. 극음에 이르면 다시 양의 기운이 태동하게 되는데 바로 음에서 양이 탄생한다는 의미이며 극양도 마찬가지로 음이 태동된다.

음양의 조화를 인간들은 쉽게 이해하고 받아들이지만 다른 한편 자신들과 괴리가 있다고 생각한다. 음양에 대한 이해가 자신들에게 삶의 질을 높여주는 것과 무관하다는 생각 때문이다. 그러나 이러한 생각은 바로 한 치 앞을 보지 못하고 본능적인 탐욕만을 쫓는 인간의 속성이라 할 수 있다.

'시련의 시작은 마음의 때를 지움'이라는 말이 있다. 육체와는 달리 시련이 마음에 상처를 낳고 그 상처가 아물면 그만큼 마음의 때가 닦이는 것이다. 그러한 과정을 반복하면서 마음의 때(오욕칠정五慾七情에 대한 집착)는 점점 사라지고 한없이 넓어지게 된다. 유수한 수련법 가운데 자신의 몸을 학대하면서 그 고통을 통해 영혼의 성장을 도모코자 하는 수련법이 있는데, 큰 고통이 작은 고통을 덮어 버리듯 극심한 고행苦行을 통해 집착을 놓고자 함이다.

인간은 각자 자신의 고유한 색안경을 낀 상태에서 세상을 바라보고 있다.

우리는 직접 외부세계에 접근할 수 없다. 외부세계를 인식하지 않고 인식이 이루어질 수 없기 때문이다. 달리 말하자면 인식은 단지 자기준거적 과정일 따름이다. 인식은 단지 스스로 인식할 수 있을 뿐이다. 인식은 미지의 외부세계와 관련이 있다. 따라서 볼 수 없는 것은 볼 수 없다는 것을 아는 것을 배워야 할 것이다.

루만Luhmann의 자기준거적 체계라는 표현은 이 자체가 인간 간의 소통을 위해 존재하고 있다는 점은 부각되지 않은 듯하다. 인간 간에 공감이나 소통이 없다면 자기준거적 체계에 대한 존재 의미가 없는 것이다. 특히 감성적, 다중적 소통에는 자기준거적 체계라는 표현이 퇴색할 수밖에 없다. 가족이나 친한 친구를 만날 때 과연 자기준거적 체계를 통해 인식하고 있는가 하는 의문을 제기할 수 있다. 눈과 코와 입 등 얼굴의 각각 모습을 자기 준거적 체계를 통해 확인한 후 인식하는 것은 아니다. 신나는 음악을 들을 때 자기 준거적 체계를 거쳐 판단하는 것은 아니다.

스스로 불완전하다는 개념을 가지고 있는 존재는 인간이 유일하다. 인간 이외의 모든 대상은 불완전하다는 개념이 없다. 따라서 불완전은 인간 고유의 존재적 특성이다. 이 불완전함 속에는 변화를 주도하고 선택하며 더 나은 모습을 창조해 갈 수 있는 자유의지가 내재하여 있다고 하였다. 즉 불완전은 완전함으로 가기 위한 변화와 발전의 단초이자 동력이 되는 것이다. 문화나 전통도 같은 개념으로 받아들여야 생명력이 있는 것이다.

결국 목화토금수 즉 오행의 변화는 각 개체 안에 있는 음과 양의 밸런스가 부조화를 이룸으로써 끝없이 변화를 반복하게 되는데 단순히 물극필반物極必反으로 표현하지만, 그 변화는 이전의 변화와는 좀 더 진화된 방향으로 진행되고 있는 것은 분명한 사실이다. 여기서 발전이나 진화의 방향이 어떤 기준인가에 대해서 좀 더 숙고가 필요하겠지만 거시적으로 인류 역사를 볼 때 더 다양한 지식과 경험들이 새로운 세계를 제공하고 이를 밑바탕으로 발전이나 진화가 이루어졌다.

그래서 인간의 보편적인 성향 가운데 하나는 균형과 조화 그리고 이를 통한 완성을 추구하는 것이다. 신약성경 마태복음 18장 12절에 예수님이 아흔아홉 마리 양보다 길 잃은 한 마리 양을 찾으려 함은 바로 한 마리가 불쌍함도 아니요. 한 마리로 인해 백이라는 완성을 의미하기 때문이라는 인상적인 해석이 있다. 바둑으로 치자면 두 집으로 집이 완성되었는데 가일수加一手하지 않듯이 인간은 완성을 추구하려는 경향과 더불어 균형과 조화가 이루어지면 변화의 동력을 상실하는 경향이 없지 않다. 역사적으로 유수한 국가들의 흥망성쇠가 이러한 경향과 관련이 있다.

개인의 '기질적 특성' 혹은 '개성'으로 표현되는 성향이 주목받기 시작한 것은 근대 이후의 일이다. 그 이전까지 도덕·예의·법률 등의 틀 안에서 모든 잣대로 가늠하였고 왕권이나 소수 지배자의 권력을 위하여 단순화 획일화 과정을 밟는 경우가 적지 않았다. 그러나 현대에 거의 모든 분야에 걸쳐 개성은 미적 가치를 넘나드는 표현으로 탈바꿈하고 있다.

이 개성은 적어도 획일화와 명확하게 차별되는 것이다. 그러한 차별이 너와 나는 다른 것이고 그런 다름이 존재하기 때문에 자신과 다른 부류를 인정하게 되는 계기가 될 수 있다.

감성은 대중매체의 혁신적인 발달로 말미암아 현대사회에 이르러서야 비로소 중요한 소통수단이 되고 있다. 너와 나는 서로가 다르지만 동시에 너와 내가 다르지 않다는 개념이 자리하고 있는데 이 개념은 공감과 소통으로 요약될 수 있다. 즉 다름을 인정하기 때문에 공감이 이루어지는 것이고 소통이 일어남으로써 다르지 않다는 개념이 성립되는 것이다. 개인의 개성이 매우 중시되는 것은 대중매체의 발달로 인해 지구적으로 실시간 소통되고 있기 때문이다.

실제 과거에는 개인의 개성이 상충相衝하거나 상보相補한다는 것은 작은 변화의 단초에 불과하거나 큰 의미를 지니지 않을 수도 있었지만 현재는 때로 엄청난 파급효과를 넘어 한 나라의 운명을 바꾸기도 한다. 이러한 변화는 계속 진화 중이며 사회나 국가의 통제권을 벗어나는 중이고 또 벗어나 있다.

이 원동력에는 개인의 개성, 감성적 소통, 대중매체의 발달 등을 열거할 수 있다.

이 요소들에 대해 시대적 가치라는 의미를 부여해준다. 즉 시대별로 추구하는 가치가 다르다는 의미로 해석할 수 있을 것이다. 극단적으로 과거의 진리가 현대의 오류가 될 수도 있다. 한성은 이것이 불완전한 인간이기 때문이라고 하였다. 현재의 진리가 미래의 오류가 될 수 있다는 것은 자명한 사실이다.

인간 사이에 존재하는 도덕예의법률道德禮義法律 등은 기질적 특성이 다른 인간 간에 각각 개성이 직접 부딪힐 때 발생할 소지가 높은 불협화음의 완충역할을 하는 것이다.

음양오행은 모든 사물을 이루고 기저基底의 틀을 이루고 있지만 드러내고 강요하지 않는다.

음양오행은 자연과 인간의 변화에 근간을 이루는 것이라 할 수 있다. 특별히 전통무예에 한정된 것은 아니다. 그런데도 맨 앞에 이것을 배치한 까닭은 음양오행의 이치를 단편이나마 이해하게 되면 큰 틀 안에서 바라볼 수 있기 때문이다.

2. 혼돈과 질서

앞에서 태극에 대해 언급한 바와 같이, 인간의 관점에서 본다면 태극은 분화되지 않은 상태로서 무질서한 혼돈상태를 의미한다. 물론 이는 현대의 인간이 바라보는 시각이다. 혼돈상태에서 음양으로 분화되면서 인간의 잣대로 보면 점차 질서를 갖추어 간다고 할 수 있다.

현묘한 두 기운(陰陽)은 끝없이 분열·발전하는 가운데 도道에서 끝없이 점점 멀어지게 되지만 극에 달하면서 결국 물극필반物極必反을 반복한다.

인간이 구분 짓는 선악도 이와 같은 관점에서 보게 되면 질서를 잡아가는 기준이라 할 수 있다. 물론 그 기준이 순전히 개인이나 집단적 잣대로서 특정한 시기에 한하는 것이라 할 수 있다. 인간은 모든 대상을 선악으로 구분하려 들지만 단지 인간의 잣대로 구분하는 것이고 그 구분조차도 자신이나 집단의 이기적인 기준을 그 근거로 한다. 집단 간의 이기적인 충돌은 피할 수 없어서 분쟁이 발생하고 때로는 수많은 인명피해가 일어나며 이에 대한 해결책은 세상이 돌아가는 한 피할 수 없고 해결해 나가야 될 진리처럼 여겨진다.

말하자면, 선악의 기준은 자신이 처한 입장에 따라 달라지는 것이어서 엄격한 잣대로 구분한다면 혼돈과 질서로 받아들일 수 있다.

비록 세상은 혼돈에서 출발하였지만, 혼돈 때문에 질서를 받아들이기 위해 노력하고 점차 안정되어 질서가 잡히면 다시 혼돈으로 돌아가려는 경향이 있다. 이러한 경향을 인간은 발전이라고 일컫는다.

인간은 질서 지향적 존재로서 항시 질서를 추구한다. 물론 전혀 예외가 없는 것은 아니지만 인간이 만들고 지키려 하는 도덕규범만 봐도 알 수 있다. 이런 성향은 변화의 원동력이라 할 수 있다. 그러나 개인과 집단은 지나치게 질서를 추구하다 보면 오히려 그것이 더 큰 집단에게는 혼란을 초래하기 마련이며 역사적으로 문제시되는 큰일들은 이러한 결과의 소산인 것이다. 가장 바람직한 것은 인간의 잣대로 선악을 구별 짓는 것이 아니라 주변과의 조화이다.

외부에서 혼란의 원인을 찾으려 하는 것은 결코 바람직하지 않다. 이는 마치 법이 미흡하여 새로운 법을 만들지만 결국 혼란만 가중하게 되는 것과도 같다. 남과 외적 환경에 빌미를 찾기보다는 내적 환경에서 치중해서 찾는 것이 훨씬 빠르다.

날이 갈수록 법전은 두꺼워지지만 삶은 각박해지면서 범법자는 늘고 신앙인들의 수효는 늘지만, 오히려 분쟁의 골은 깊어져만 간다. 이 모든 판단기준이 자신의 내면을 돌아보기보다 외부의 탓으로 돌려 외부환경에서 찾고 있기 때문이다. 즉 자신은 문제가 없는데 외부의 이러저러한 이유 때문이라는 기준 때문에 그릇된 선악의 구별이 생기고 질서가 어긋나고 있다. 물론 이 과정을 통해 혼란이 가중되고 또 새로운 질서를 추구하게 되므로 이를 발전이라 일컬을 수 있겠지만 그렇다고 해서 마냥 다람쥐 쳇바퀴만 돌 듯 나아가는 것이 발전이라고 단정하기에 무언가 부족함이 있는 것은 틀림없다.

역사는 되풀이된다고 한다. 아무리 강성한 국가도 흥망성쇠에서 영원할 수 없다. 그런데도 항상 자국의 지배력을 키우기 위해 국가 간의 갈등을 조장하려 한다.

도덕·예의·법률에서 도덕과 예의가 질서의 근간이라면 법률은 더 많은 간섭이 따르고 이해관계와 규정을 지키기 위한 부작용이 생겨나기 마련이다. 법은 아무리 치밀하게 만든다 해도 모두를 만족시킬 수 없어서

빈틈이 있기 마련이지만 달리 도리가 없어 그 방법을 택하는 것이다.

우리나라는 남북이 대치상태에 있는데, 북北은 외견상 고도의 질서를 이루고 있는 것처럼 비치지만 억압으로 인해 그 질서가 폭발할 지경에 이르렀고, 남南은 자유분방하여 질서가 없이 혼란 속에 머물러 있는 것 같지만 오히려 그 속에 질서를 잡아가고 있다. 세계의 여러 나라 중 이 작은 나라가 강대국 사이에 끼어서도 사라지지 않고 뚜렷하고 분명한 문화를 지니면서도 분리되어 서로 극명히 다른 양상을 보이는 경우는 고금을 통해서도 흔치 않다. 남과 북을 가르는 분계선마저 태극의 형상을 띠고 있으니 묘하다고 생각지 않을 수 없다.

발전이란 특정 목표를 위해 조금씩 나아가는 것이라고 할 수 있다. 이를 궁극적으로 표현한다면 완성을 위해 나아가는 것이라고 할 수 있다.

그렇다면 음양과 선악은 혼돈과 질서라는 양태樣態를 통해 대립과 상생 과정을 거쳐 발전하지만 미세하지만 보이지 않는 역할이 있다. 음양陰陽에 어느 것이 좋고 나쁘다는 표현이 적절하지 않듯이 선善이라 해서 완전하지 않고 악惡이라 해서 무조건 나쁜 것만이 아니듯 드러나지 않는 역할이 있는 것이다. 그러나 대부분 사람은 자신의 기준으로 절대적인 잣대를 들이대려 한다. 이것을 제대로 이해하기는 어렵지만 일단 포용하고 긍정적으로 바라보는 태도를 가져야 한다.

하나를 아는 사람은 하나에 대해 어느 정도 이야기할 수 있지만 둘이라는 개념을 이해하지 못한다. 둘이라는 개념을 알아야 비로소 하나에 대한 개념을 어느 정도 이해할 수 있다. 물론 셋이라는 개념을 알게 된다면 하나에 대해 훨씬 더 깊이 알게 된다. 실제로 하나뿐 아니라 둘에서 셋이라는 개념을 알게 되면 하나라는 개념을 더 명확하게 알 수 있다. 하지만 셋이라는 개념을 알더라도 어떤 과정을 거쳐 생겨났는가에 대한 시간과 인과율因果律 Causality에 얽히는 과정을 모른다면 모두 다 안다고 장담하기는 어렵다.

    설혹 시간의 개념을 어느 정도 이해한다 하더라도 셋이 성립된 인과율과 관련된 부분은 전혀 알기 어렵다. 우리가 흔히 역사를 안다는 것은 이와 관련된 시간 혹은 인과율이라는 배경과도 관련이 있기 때문이다. 우리는 겉으로 드러난 부분을 가지고 전체를 판단하지만, 실제 겉으로 드러난 부분이 모든 것을 대변하는 것은 아니다.

    그래서 단정적으로 결론을 내린다는 것이 상당한 무모함을 지니는 것이다. 인간으로서 이 모든 것들을 다 알 수는 없으며 또한 다 알 필요도 없지만, 우리가 흔히 판단을 내리는 하나에 대해 이토록 깊은 뜻이 있음을 아는 것은 매우 중요하다.

    일이관지一以貫之라 함은 대개 궁극을 꿰뚫는 것으로 생각하기 쉽지만, 인간의 이해를 넘어서는 또 다른 세계가 존재할 수 있다는 것을 염두에 두어야 한다. 인간은 인식의 한계 때문에 쉽게 단정 짓지만 단지 인식하지 못할 뿐 존재하지 않는다는 성급한 생각은 지니지 않는 것이 바람직하다. 세상 사람들은 선만 남고 악은 사라졌으면 하는 갈구하는 심리를 지니지만 선과 악의 개념은 상대적이기도 하고 사람마다 처한 입장에 따라 그 기준이 다르다. 즉 질서와 혼란도 마찬가지여서 상호 간에 긴밀한 작용을 하고 사람에 따라 그 역할이 바뀌기도 한다.

    그렇다고 해서 내버려 두게 되면 손쓸 여지없이 극한 상태로 변하게 되므로 적절한 제어가 필요하다. 하지만 세상의 모든 일을 다 알 수 없다. 다행히 세상의 모든 일은 유사한 패턴을 지닌다. 대부분 눈앞의 욕심에 사로잡혀 이를 간과하고 있다.

    다른 측면에서 바라보자. 하나, 둘, 셋은 산술적으로 동등하게 바라볼 수 있고 각자가 낮은 수를 포괄하는 그 이상의 차원일 수 있다. 인간에게 그 기준은 상당한 의미를 지닌다. 하지만 가장 높은 단계에서 바라보는 시각은 오십보백보의 차이일 뿐이다. 시각이 지니는 중요성이 바로 그것이다. 가장 높은 단계에서 바라보는 관점에서 너와 나뿐만이 아니라 세상 만물이 우주를 포함하여 궁극적으로 또 다른 '나의 모습'이라는 사실을 깨닫게 된다. 우주심宇宙心, Universal Mind을 지니고 포용해야 한다는 의미가 바로 그것이다.

어린아이와 청소년 시절에는 판단기준이 어느 것이 잘났나 하는 것이지만 성인이 되면서는 가치 기준이 많아지면서 판단기준이 조금씩 달라진다. 이는 마음에 변화가 생기기 때문이기도 하지만 판세를 읽는 기준이 좀 더 대국적으로 바뀌기 때문이다.

물론 세분화되는 경향도 없지 않지만, 위에서 언급한 하나를 깊이 있게 알게 되고 나아가 둘, 셋까지 알게 되면 이들을 이해하는 마음이 무한대로 커져서 전혀 다른 이해 기준이 생겨나는 것이다.

흔히 수련하는 이가 마음을 무한대로 키워 사람뿐 아니라 지구와 우주를 포용하는 마음(宇宙心)을 가져야 한다는 것인데 이 마음을 키우는 방법이 그냥 마음을 키워야 하는 생각만으로 쉽게 이루어지지 않는다. 우주심을 지니다 보면 성인들의 말씀 하나하나가 더 쉽게 다가오는 것이다. 만약 종교인이 우주심을 지닌다면 경전經典의 내용이 더 확연하게 다가올 것이다.

많은 종교인이 우주심을 간과하고 지구에 집착하여 분쟁이 끊일 날이 없는 것이다. 종교는 다른 종교 간에 분쟁을 위해 태어난 것이 아니다. 우주심에 접근하기 어렵기 때문에 종교라는 매개를 통해 우주심과 가까워지려는 의도에서 생겨난 것이다. 그런 의도를 모르고 종교마저도 일차원적인 개인의 이기심과 인간의 욕망으로 해석하여 왜곡이 빚어지는 것이다.

인간은 누구나 병들고病, 늙고老, 종국에는 죽게死 된다. 개중에는 난치병으로 고생하다 죽는 이도 있다. 대부분 인간은 이러한 상황을 자신만의 불행으로 생각한다. 그러나 돌이켜 생각해보자. 이런 상황에 부닥치게 되면 누구나 절망을 느끼고 대부분 것들을 내려놓으려 한다. 바로 이 단계가 우주심을 지니게 되는 첫 관문이다.

누구나 행복한 삶을 누리는 가운데 그런 깨달음을 얻기를 바라지만 결코 행복 속에서는 얻을 수가 없다. 행복에 가려져 돌아볼 틈이 없는 것이다. 사람이 왜 태어났는가에 대한 물음은 생을 마감하기 전에 최후로 맞이하는 중요한 기회이다. 공자께서 말씀하신 '아침에 도道를 들어 깨달으면 저녁에 죽어도 좋다(朝聞道 夕死可矣).'는 하늘의 배려를 듬뿍 받는 기회이다. 진실로 간절하지 않으면 밥상을 차려줘도 먹지 못한다.

그런 의미를 모르고 일차원적인 인간의 욕망에 매달린다면 참으로 죽는 날까지 어리석음을 벗어나지 못한다. 인간은 누구나 언젠가는 죽기 때문에 죽음을 당연한 것으로 받아들이고 하늘이 자신에게 마지막으로 베푸는 최고의 은총을 누릴 기회를 버리지 말아야 한다.

죽음에 이르는 병조차 적절한 시기에 스스로 가장 중요한 수련 중의 하나임을 부각하고 있다.

'세상의 가장 낮은 것에도 고개를 숙여 배우는 자세를 가져라.' 혹은 '낮은 데로 임하소서' 등은 '겸손을 지녀라'라는 의미도 있지만, 세상의 가장 하찮은 낮은 곳조차 또 다른 나의 모습으로 돌이켜 보면서 경중의 의미를 버리고 진지함을 가지고 대하라는 의미를 담고 있다.

인간이 세상에 태어나서 한평생을 살다가 아무짝에도 쓸모없는 것을 한 아름 가득 안고 저세상으로 가져가는 것이 있다. 그것은 바로 한평생 만들어 쌓아 올린 마음이다. 특히 인격이 없는 마음은 주변과 조화롭지 못하여 남들과 불화를 야기하는 것으로 저세상으로 가져가 봐야 남들에게 피해나 주는 집착 이외의 아무것도 아니다. 때로 어떤 이들은 죽어서도 집착을 버리지 못해 살아있는 사람들에게 죽어서까지 한을 풀려고 한다.

소설이나 영화에 나오는 이러한 내용은 권선징악을 장려하기 위한 의도라면 몰라도 세상을 떠난 사람이 현실에 관여한다는 것은 매우 바람직하지 못하며 그런 기준이나 판단 없이 자극적인 소재를 도입해서 TV나 영화의 소재로 다루는 것은 어리석음은 일임이 틀림없다.

혹여 죽기 전에 마음을 비우는 것을 염두에 둘 수 있지만, 막상 실천에 옮기려면 거의 불가능하다. 우리가 꿈속에 꾸는 꿈을 이야기하지만 실제 대부분 꿈속에서 꾸는 꿈을 인식하는 경우는 거의 없다. 악몽을 꾸면서 '이게 꿈이구나!' 하면 얼마나 좋을까? 거의 대부분은 깨고 나서 꿈이었다는 사실에 안도하게 된다. 마음을 변화시키는 것은 이토록 어렵다.

인간은 영원히 살 수 없다. 육신을 지닌 인간은 시간이라는 굴레에 매여 누구나 한정된 삶을 살 수밖에 없다. 영원한 삶과 관련된 영화가 간혹 나오지만, 그 삶이 행복한 것은 결코 아니다. 아는 이들이 다 떠나고 없는 세상에 누리는 삶이야말로 불행 이상이다. 그렇다면 장생에 매달릴 것이 아니라 요즈음 말하는 웰다잉well-dying에 대해 더 진지하게 생각해보는 것도 나쁘지 않다. 당연히 죽음을 받아들인다면 더 많은 것들을 사전에 깨닫게 될 것이다. 하지만 대개 죽음 직전에 이르러서야 죽음에 대해 준비를 한다. 사실 이때는 너무 늦은 것이다. 죽음이 목표가 될 수 없지만, 마지막에 이르러서야 죽음에 대해 임한다는 것은 삶의 기간에 비해 너무 준비성이 부족한 것이다. 죽음에 닥쳐서야 마음을 내려놓는다는 것이 사실은 그 모든 것을 안고 가는 어리석음이다.

3. 마 음

　마음心은 누구나 쉽게 이야기하지만, 실체가 완전히 드러나지 않은 존재이면서 시간과 공간의 영역을 포괄한다. 우주는 끝없이 넓은 것처럼 표현하지만 마음은 끝없는 우주조차 담을 수 있어 그 마음속에는 어떤 것도 담지 못하는 것이 없다. 세상에 빛보다 빠른 것이 없다지만 마음은 빛을 능가한다. 이러한 마음이지만 닫아버릴 경우에는 바늘 틈 하나 들어갈 여유가 없어진다. 마음의 생리 중의 하나는 모르는 상대라도 마음을 열 경우에 본인이 의식하지 않는 가운데에서 자연스레 마음이 열린다. 그래서 가장 좋은 마음의 상태가 바로 소통이다.

　마음은 사용하는 주체가 있어서 주재자가 지닌 속성을 따르면서 주재자가 지닌 사고의 범위를 훨씬 넘어 포괄하는 속성을 지닌다. 가령 앞에서 언급한 태극을 넘어 무극의 구조를 어느 정도 이해한다면 무극조차 포괄하는 속성을 지니게 되는 것이 마음이다. 이해하기 어렵겠지만 태공太空(太初의 空間 - 인간이 생겨나기 전의 공간)을 포괄할 수도 있는 것이 바로 마음이다. 본인이 태어나기 훨씬 이전의 세계를 포괄한다는 게 이해가 쉽지 않은 것이지만 이게 바로 마음의 속성이다. 마음을 닦는다는 의미 내에는 이런 뜻이 있지만, 그 누구도 알려고 하지 않고 알아채지 못하며 단지 마음수련이 오욕칠정을 감추는 게 급선무라는 생각과 당장에는 눈앞의 이익만을 좇는다.

　마음수련이란 마음을 닦는다는 의미로 흔히 수심修心을 의미한다. 마음수련이라는 표현에 앞서 '마음이란 무엇이고 왜 닦아야 하는가?'에 대한 의문을 짚고 넘어가지 않을 수 없다.

　'마음의 실체란 무엇인가'라는 질문에 누구라도 선뜻 대답하기란 쉽지 않다. 인간에게 마음은 분명히 존재하지만 '마음은 인간의 신체에 있어 도대체 어디에 배속되어 있는가?'라고 묻는다면 쉽게 대답하기 어렵다.

　신경을 많이 쓰면 머리가 아프고 일이 잘 풀리지 않으면 가슴이 답답하다. 그래서 사람들은 머리나 가슴과 관련이 있지 않은가 하는 생각을 지니기도 한다. 그러나 전혀 다른 시각도 없지 않다. 가령 '어린이집에 있는 자식을 생각하는 엄마의 마음은 어린이집에 있는 아이에게 있는 것인지 아니면 엄마에게 있는 것인지'라는 원초적인 의문에 봉착하게 된다. 혹은 마음은 그야말로 마음먹는 대로 분리할 수 있어서 양쪽에 모두 존재할 수 있는 것인지? 가족을 생각한다면 더 많이 분리되기도 한다.

　어쨌든 마음은 '마음을 낸다든가', '마음을 쓴다든가' 하여 분명한 주체가 있음에도 주체와는 명백한 괴리가 있어 인간의 자유의지보다는 본능인 오욕칠정에 휘둘리게 되는 아이러니가 존재하는 것을 보면 주체가 모든 것을 좌지우지할 수 있는 대상이 아닌 것은 분명하다.

　이와 관련하여, 한성은 세상 사람들이 흔히 말하는 「마음」이라는 것은 감정과 기분, 생각, 느낌, 기억 등 오욕칠정을 지칭하는 경우가 많은데 정확히 말해 그것은 마음이 아니라 마음의 부산물일 뿐이며 마치 태양의 빛이 지구로 내려와 다양한 생명현상을 일으키듯, 사람들이 친숙하게 알고 있는 마음은 마음의 실체에서 뻗어 나와 파생되는 일종의 부산물이라 하였다.

　명료하게 드러나지 않는 마음의 본질에 조금씩 다가가는 의미로 인간은 마음의 실체에 대해 행동양식을 통한 간접적이고도 다양한 각도의 접근을 시도하였다. 한편 별개로 직접 '마음을 다스리는 법'이나 자신의 감정을 제어하고자 하는 노력이 인류의 역사만큼이나 오랜 세월 지속하였으며 병행됐다.

스스로 제어하기 어려운 마음을 다스리려는 시도와 노력도 마음이라는 실체에 대한 원초적인 의문을 찾기 위한 직접적인 노력이라기보다 우회적인 방법이다. 이는 마음의 실체라는 풀기 어려운 비밀에 접근하는 방법이 마음을 다스리고 제어하는 과정에 비밀의 실마리가 있을 거라는 막연한 기대심리도 작용했다. 포괄적인 접근으로 받아들여질 수 있으나 실제 인류의 역사만큼이나 인류와 함께해온 종교나 동양의 여러 수련은 거의 대부분 마음에 초점을 맞출 시 마음과 불가분 한 관계라 할 수 있다.

한국 전통무예의 수련과정에서 마음수련에 초점을 맞추면 예의 다르지 않으며 마음수련과 관련된 형태는 몇 가지로 확인된다. 그 하나는 마음을 비움으로써 소정의 목적을 달성하는 '활쏘기'를 들 수 있다. 다른 하나는 흔히 생각하는 무武에 대해 '남과의 다툼'이라는 개념을 생각한다. 이에 앞서 그야말로 자신과 싸움(克己) 개념이 우선한다는 사실이다. 특히 숭문천무崇文賤武의 풍조를 지녔던 조선 시대는 무예의 단련 과정에 불가피하게 수반되는 남과 격렬한 신체접촉을 천시하고 꺼리는 경향이 농후했다.

그럼에도 불구하고 그런 과정에서 얻어지는 자신과의 싸움에 주목했으며 스스로를 이기는 극기克己에 염두에 두었다. 그리고 시대적 배경 상 어린 시절부터 행해지면서 꾸준한 반복과 연습을 통해 자연스레 몸에 익히고 배게 하는 훈련과정이 이루어져 극한 상황 속에서 평상심의 유지에 일조할 수 있었다.

한국의 전통무예에서 마음수련이 지니는 의미는 기질적 특성이 각기 다른 인간들이 직접 부딪힐 때 발생할 소지가 높은 불협화음의 완충역할이라 할 수 있다. 이 완충역할은 인간 간에 조화調和로 이끄는 바탕이며 오늘날에도 사회 질서유지에 간과할 수 없는 중요한 방편이기도 하다.

한성의 견해에 의하면, 설혹 마음이 인간의 생각이나 감정이 마음의 부산물이라 할지라도 오욕칠정에 의해 생겨나는 인간의 마음은 본능적 속성을 지니고 있다. 이러한 본능적 속성은 각 개체 즉 인간 간에 필연적으로 충돌할 수밖에 없다. 그런 의미에서 볼 때 인간 사이에 존재하는 도덕예의법률道德禮義法律 등은 인간 서로 간에 각각의 개성이 부딪힐 수 있는 완충역할을 하는 것이라 할 수 있다. 이러한 완충역할을 하는 제도들이 원천적인 해결책을 제시하지 못하기 때문에 인간은 시각을 내면으로 돌려 이 원초적인 마음이 제도나 법규를 뛰어넘어 다스리기 위한 대상으로 간주했으며 나아가 마음이라는 존재에 직접 부닥치고자 했다.

마음을 다스린다는 의미는 무엇인가. 마음을 다스린다는 게 이상적인 인간상으로 나아가는 것인가?

인류가 찾아낸 마음을 닦는 방법은 여러 가지가 있다. 그 가운데 탄생한 것이 종교이기도 하며 혹은 동양의 여러 수련도 해당한다.

순수하게 마음이라는 관점에서 볼 때 마음의 실체를 알지 못하지만 극복하기 위해 궁극의 존재에게 의탁하는 방편을 종교라 할 수 있다. 한편 마음을 직접 관觀하는 수련법8)이 있는가 하면 특히 황풍은 동양의 한국과 중국은 성명쌍수性命雙修9)나 심기쌍수心氣雙修10)라 하여 몸과 마음을 동시에 닦는 호흡 수련법이 있다고 하였다.

기존의 무예수련에서 수련을 통해 몸과 마음을 닦는다는 표현으로 몸을 닦으면 자연 마음도 같이 닦이는 것이라는 다소 애매한 심신일여心身一如라는 표현을 흔히 써왔다. 한편 전통 수련단체에는 성명쌍수性命雙修나

---

8) 간화선看話禪이나 위빠사나Vipassana 명상법 등이 해당한다.
9) 선도는 성명쌍수법性命雙修法이어서 성(性, 정신)과 명(命, 육체)을 모두 중요시한다. 즉 선도를 이루기 위해서는 몸과 마음을 함께 닦아야 한다.
10) 호흡 수련을 통해 성명性命을 함께 닦을 수 있고 육체적 정신적 건강을 동시에 얻을 수 있는 근간에는 기氣의 현묘한 작용이 있기 때문…결국 선도수련의 본질은 기와 마음이므로 이러한 기와 마음을 닦는…심기쌍수법心氣雙修法이라 한다.

성명겸수性命兼修라 하여 몸과 마음을 동시에 적극적으로 닦아야 한다는 것을 표방하고 있다.

동양적 수련의 개념에 항상 존재하는 개념이 바로 정기신精氣神인데 정精은 육체, 신神은 대략 정신을 의미하며 기氣라는 매개가 몸과 마음을 이어주는(정신과 육체를 하나로 묶어주는) 특별한 연결고리로 보는 견해가 확인된다.

그런 의미에서 '수련이 되어간다'라고 함을 석문도문은 수심修心이나 운기運氣 그 하나만을 이야기하는 것이 아니라 동전의 양면과 같이 진행되는 것이라고 언급했다.

마음을 닦는 방법의 하나는 심고心苦가 클수록 경험적으로 도움이 된다는 사실을 알게 되었다. 예컨대, 빼앗긴 장난감 때문에 울던 아이가 나이를 먹고서는 장난감에 연연하지 않고, 사랑에 실패한 젊은 세대가 죽고 싶다가도 몇 번의 경험 뒤에는 그 충격이 현저히 감소한다. 우여곡절을 많이 겪은 많은 노인이 이전 세대들보다 대부분 충격적인 일에 덜 민감하다는 것은 이를 반증한다.

한성은 고苦는 자기 자신이라는 내적 요소와 타인이라는 외적 요소 그리고 그 둘을 둘러싼 삶의 환경, 이 세 요소의 상관관계에서 일어난다고 하였다. 즉 자신이 가지고 있는 마음의 틀에 어떤 외부의 환경이 들어왔을 때, 그 틀과 외부 환경의 부딪힘에 의해서 생겨난 산물이 바로 「고苦」라고 하였으며 만약 마음의 틀이 그것을 수용할 만큼 커지면 더 이상의 부딪힘은 존재하지 않고 따라서 고는 생기지 않는다고 하였다. 따라서 수행자와 비수행자의 차이는 문제의 원인을 내 안에서 찾는다면 그는 수행자요. 문제의 원인을 내 밖에서 찾는다면 그는 비수행자라 하였다.

그래서 일부 종교나 수련단체는 교육이나 수련과정에 일부지만 고행苦

行을 택하기도 한다. 큰 아픔은 작은 아픔을 가리기 때문이다. 드물게 큰 통증에 시달리다가 호전된 환자가 이후에 또 다른 작은 통증을 유발하는 질환이 숨어있었다는 사실을 깨닫는 경우와 흡사하다. 육신의 가혹한 고행이 마음을 닦는 데 도움이 되는 것은 틀림없다.

큰 고행을 극복한 사람들에게 인간들의 이기적인 다툼은 하찮게 느껴지거나 부질없음을 깨닫게 된다. 세계 유수의 국가들에 특수임무를 띤 군인들이 엄격하고도 가혹한 훈련과정을 통해 거듭나며 일반인들은 꿈꾸기 어려운 임무를 수행하는 부분도 같은 맥락이다.

사실 인간은 누구나 유복한 환경 속에서 행복하게 살기를 간구하지만 이런 환경 속에 사는 사람들의 다수는 마음수련에 대한 별반 관심이 없는 경우가 많다. 구태여 마음수련에 관심을 가질만한 특별한 동기가 없기 때문이다.

그러한 관점에서 본다면 상대적으로 열악한 환경이나 많은 어려운 고비를 경험한 사람들은 마음을 닦기에 상대적으로 유리한 환경을 지닌다고 말할 수 있다. 지구를 '인간의 수련장'으로 보는 견해가 전혀 터무니없는 것은 아니다.

여기서 마음을 다루는 더 큰 이유는 따로 있다. 마음은 사용하는 사람의 주체가 분명히 있음에도 불구하고 각 개인의 어느 부위에도 배속되지 않을뿐더러 종교나 수련단체에서 마음을 닦는다는 표현을 쓰고 있다. 언급된 내용에 의하면 마음은 태초의 빛에서 시작되었으므로 어느 곳이든 존재하지 않는 곳이 없으며 빛보다 빠르게 작동되고 적어도 인간 세계에서는 모든 물리적 법칙을 뛰어넘는다.

한편 마음에 대해 도리어 인간이 마음이라는 존재를 모르기 때문에 마음을 닦을 수 있다는 표현을 사용하기도 한다. 또 '시련의 시작은 마음의 때를 지움'이라는 표현도 있다. 즉 마음을 닦기 위해서는 심고心告만큼 이상적인 것은 없다는 의미이다. 심고도 자신이 감당할 만큼의 심고는 별반 도움이 되지 않는다. 자신의 감당을 조금 넘어설 만큼의 심고야 말로 그나마 마음수련에 도움이 되고 마음의 때를 조금씩 벗겨낼 수 있다는 것이다. 한계치를 훌쩍 넘어서게 되면 그야말로 전혀 도움이 되지 않고 극단적인 생각까지 하게 되는 것이 바로 심고이다.

마음은 태초의 빛에서 왔으므로 마음을 무한히 닦다 보면 점차 밝아지고 업그레이드되어 그 빛에 근접할 수도 있다는 의미이기도 하다. 그래서 마음을 비우고 닦는다는 표현을 무의식적으로 사용하기도 한다.

이 논리를 차용하면 삼라만상은 생물과 무생물을 가리지 않고 한 빛에서 출발하였으므로 한 형제나 다름없다. 인간은 분별심을 내세워 모든 개체가 다르다는 것을 주장하지만 이는 마치 지하철 마주 앉은 사람을 통해 스스로의 단점을 깨달아 고치듯이 남을 통해서 자신을 깨닫고 삼라만상을 통해서 자신을 깨닫는 행위야 말로 조물주가 세상을 창조한 원리에 다가서는 것이라 하겠다. 즉 만물을 통한 소통이다. 뒤에서 언급되는 만물일여는 남뿐만이 아니라 세상 모든 만물을 통해 스스로를 깨달아 한층 더 조물주의 속성에 다가가는 것이기 때문에 우리 민족의 기질 속에 만물일여의 정신이 담겨 있는 것이다. 이는 우리민족의 일반적인 신관神觀처럼 물활론物活論적인 애니미즘animism이나 범심론汎心論과 일맥상통하지만 단지 그 단계에 그치지 않고 그 단계를 넘어 창조주의 심의深意에 다가가고자 하는 것이다. 그 의미는 잊고 현재에 이르러 원시 초기신앙으로 치부하고 있는 것이다.

각 개체를 이해하고 소통한다면 바로 우주심에 가까워지는 것이고 포용할 수 있다면 자신의 빛은 더 밝아지고 주변까지 비추게 될 것이다.

한 가지 더 부언한다면 삼라만상은 어떤 것이든 완전한 것은 없다. 완전하지 않기에 변화와 발전이 있는 것이며 완전하다면 세상에 존재할 필요도 없다.

음양오행에서 언급했듯이 오행의 완전한 평형은 더 이상 변화의 여지가 없음으로 살아 움직이는 생명력을 잃게 되는 것과 같아서 존재 의미가 없다고 하였다.

모든 것이 완전하지 않기에 서로의 부족한 점을 메워 주기 위해 존재하고 그렇기 때문에 소통이 필요한 것이다. 즉 세상의 모든 것은 바라보는 관점에 따라 서로서로와 자신을 이끌어 주는 동지이자 스승인 것이다.

제3장 우리 민족성

전통무예 철학의 辯,
천우신조天佑神助 천손민족天孫民族의 전통적 사고

전통무예의 정신과 철학을 논하지만, 이와 관련된 내용이 특별한 것보다는 적어도 우리 민족에게는 평범한 내용이라 할 수 있다. 왜냐하면 이미 오랜 세월 실천해 와서 극히 당연한 내용으로 전혀 특별한 것처럼 느껴지지 않는다. 하지만 이와 관련된 내용을 모으다 보면 다른 나라와의 차별성을 발견할 수 있다.

   전통무예 철학을 논함에 있어, 우리 민족성을 빼놓을 수가 없다. 우리 민족성(기질적 특성)은 다른 나라와 비교해 볼 때 여러 면에서 차별되는 부분들이 많다. 그중에서도 대의명분, 자존심, 고집, 흥과 신명, 감성적 소통, 환대, 종교관 그리고 다문화주의, 교육열 등 몇 가지는 천손민족이라는 전통적 사고방식과 결부된 듯하다.

1. 우리 민족성에 대한 이해의 한 측면

우리 민족성이 처음부터 알게 모르게 그런 방향으로 정해 놓은 길을 따라 형성될 수 있고 혹은 은연중에 오랜 세월 누적되면서 고유한 성질을 지니게 된 것일 수 있다. 하지만 늘 남에게 침략을 당하고 피해를 보면서 모나게 물들지 않으면서 국가가 사라지지 않은 것은 천우신조天佑神助라 해도 과언이 아니다.

우리 민족이 겪어오는 과정을 되돌아보면 다음 구절이 떠오른다. 맹자 고자 장구 하(告子 章句 下)에 '하늘이 장차 큰일을 어떤 사람에게 맡기려 할 때는 반드시 먼저 그 마음과 뜻을 괴롭히고, 그 몸을 지치게 하고, 그 육체를 굶주리게 하고 그 생활을 곤궁하게 해서 행하는 일이 뜻과 같지 않게 한다. 이것은 그들의 마음을 움직여서 그 성질을 참게 하여 일찍이 할 수 없었던 일을 더욱 하도록 하기 위해서이다' 라고 한다.

맹자는 큰일에 대해 국한해서 이렇게 표현하였지만, 삶의 분명한 목적을 지니고 태어난 사람들은 이러한 과정을 거쳐 자신이 설혹 깨닫지 못하더라도 삶의 목적대로 조금씩 이루어 나아가는 것이다. 더러 타고날 때부터 발군의 재능을 보이는 사람들이 있다. 누구나 편하고 쉽게 이렇게 살기를 원하지만 이러한 삶은 잘 주어지지도 않지만 특별한 목적을 위해 살아가는 일종의 소모적인 삶이다. 이런 측면에서 본다면 우리 한민족은 개개인뿐만 아니라 전체집단이 특별한 목적을 위해 생겨난 인류 집단으로 봐도 무방한 것이다.

삶은 자체만으로 치열한 경쟁이라 할 수 있다. 치열함으로 점철될수록 그 끝은 주변을 이해하게 되고 타협을 통해 점차 원만함으로 변해간다. 결국은 이 자체가 서로에 대한 이해와 소통이 되고 더 많은 세계를 이해하면서 인류에 대한 전반적인 시각을 지니게 해준다.

인간들이 세상에 태어나서 잘 먹고 잘살기 위해 노력하는 것이 잘못이라는 의미는 아니지만, 궁극의 의미를 지닌다고만 할 수 없다. 본능을 좇는 이러한 삶이 지닌 정확한 의미를 알 수는 없지만, 조물주가 인간을 창조하고 세상에 내보낸 유일한 목적이 아닌 것만은 분명하다. 뛰어난 재능을 지니고 세상을 위해 큰 노력을 한 사람들도 자신의 삶이 후회 없다고는 해도 완벽했다고 장담하기란 어렵기 때문이다.

인간이 얼마나 보잘것없는 존재인가를 드러내는 말 중에 『한서漢書』의 「항적편項籍篇」에서 '금의야행錦衣夜行'이란 부귀해져서 고향으로 돌아가지 않는 것은 비단옷을 입고 밤길을 가는 것과 같다고 했다. 그 의미는 남의 시선을 위해 비단옷을 입고 그 시선을 통해 자랑스러워하는 인간의 심리를 단적으로 보여주는 표현이다. 자신의 삶이 남의 시선에 예속된 삶이지 온전히 자신의 삶이 아닌 것은 분명하다.

인간 사이에 존재하는 도덕예의법률道德禮義法律 등은 인간 서로 간에 각각의 개성이 부딪힐 수 있는 완충역할을 하는 것이라 할 수 있다고 했지만, 내밀한 부분까지 표현했다고 보기는 어렵다. 이것은 인간의 관점이고 장담하기는 어렵지만, 조물주의 입장에서 보면 인간이 삶을 사는 동안 어떤 테두리를 벗어나지 않도록 미리 안배해서 인식체계를 심어준 것일 수도 있다.

이와 유사한 발상을 19세기 영국의 생물학이자 박물학자 찰스 다윈Charles Robert Darwin은 생물의 진화를 주장하고 자연선택에 의해 새로운 종이 기원한다는 자연선택설을 발표하였다.

진화론으로 알려진 찰스 다윈은 자연 속에 발전을 향한 본질적인 추동력이 존재한다고 확신했다. 그는 자연선택natural selection이 오직 개체의 이익을 위해서 그리고 그것에 의해서만 작동하듯이, 모든 육체적·정신적 특성들은 완벽함을 향해 발전하는 경향이 있다. 생물학자들은 맨 아래쪽에 미생물이, 그리고 맨 꼭대기에 인간이 있는 '진보의 사다리'에 대해서 이야기하기 시작했다. 서양의 저명한 사상가들조차 이 진보적인 철학을 열렬히 수용하여 '자연은 혼돈 속에서 질서를 생성하는 고유한 능력'이라는 관점에 따라 지구의 생물권이라는 좁은 울타리에 국한되지 않고 전체로서의 우주로 시야를 확장하여 그러한 사실을 입증하려 했다.

언급되는 다음의 내용은 우리 민족의 지향성指向性, intentionality 즉 '무엇에 관한 의식'과도 밀접한 관계가 있다.

한국의 문화는 생生과 사死가 분리되어 있지 않아 현대 과학적으로 이해하기 어려운 부분이다. 산자도 먹거리가 넉넉하지 않은데, 기제사를 정성 들여 지내고 산(生存) 사람보다 죽은 사람에게 더 많은 예절을 갖춘다. 관습으로 치부할 수 있지만, 관습으로 정착되기까지는 분명한 이유가 있을 것이며 논리적으로 설명되기 어려운 부분이다.

간과하고 있지만, 좀 더 깊이 들어가 보면 죽음이란 삶과 단절이 아니라 또 다른 시작이라는 의미를 지닐 수도 있다. 특히 역사를 받아들이는 통찰 속에는 거시적으로 선재先在되어 있을 수 있다.

대개 인간은 자신들의 현재 삶과 연관 지어 호불호의 잣대를 들이대지만 우리의 선조들은 풍수자리를 선택해 후세들에게 발복發福을 누리도록 염원했었다. 그렇다 하더라도 오랜 세월이라는 역사적 관점에서 본다면 대개의 판단기준은 고작 자신이나 가족들이 잘 먹고 잘 사는 기준에 불과하다.

만물의 영장이라는 인간의 역사가 고작 이런 기준밖에 없다면 불행한 일이 아닐 수 없다. 관점이나 시각을 달리하여 '나를 넘어 우리', '한 시절을 넘어 포괄적 시선'으로 바라본다면 당장의 어려움은 별반 문제가 되지 않을 것이다. 사람들은 때로 관습에 얽매여 가치를 평가절하하려는 경향이 없지 않다. 관습에 얽매일 수는 있으나 자신을 깎아내리려 하는 것은 어리석음일 뿐이다.

여기서 역사를 언급하는 것은 개인사에 연연하여 사소한 부분에 일희일비하는 우愚를 버리고 호흡을 길게 하여 통시적으로 바라보는 혜안을 지녀야 한다는 의미이다.

세상과의 소통은 세상이 문을 여는 것이 아니라 순전히 나 자신이 마음의 문을 열고 다가갈 뿐이다. 마음의 문을 활짝 연다면 자신에게 전해지는 하늘의 수많은 메시지를 받을 수 있을 것이다. 아무리 수많은 메시지를 보낸다 한들 받아들이는 쪽에서 준비가 되어 있지 않으면 의미가 없는 것이다. 준비가 되어 있다면 심지어 자신을 극도로 고통스럽게 만든 질병을 통해서 그 메시지를 읽을 수 있다. 대개의 사람은 심각한 질병을 통해 메시지를 얻기는 하지만 타성에 젖어 더 나아가려 하지 않는 편이다.

인간은 흔히 소통은 그 누군가와 상대적인 측면을 연상하기 쉽지만 의외로 간과하고 있는 것들이 많다. 그 첫째가 자신과 소통이다. 자신과의 소통이라니? 대부분 충동적이거나 마음이 내키는 대로 행동하는 것이 자신이 원하는 것이라는 착각을 하기 마련이다. 이러한 착각이야말로 대인간 관계에서 충돌만을 낳았다. 충돌 속에서 상대의 반응이나 모습을 탓하기 이전에 그 모습들은 바로 거울에 비춘 자신의 모습이라는 사실을 깨달아야 한다. 남의 흠결은 쉽게 눈에 들어오지만 자신 또한 남의 눈에 그리 비친다는 사실은 간과하고 있다. 그걸 깨닫는 순간 자신과의 소통이 시작되는 것이다.

자신과의 소통을 완벽하게 알려주는 사례는 아니지만, 일례를 들면,

늦은 밤 지하철을 타게 되면 건너편 좌석에 앉아 있는 다양한 군상의 모습이 눈에 띤다. 삶에 찌들거나 혹은 피곤함에 절어 조는 모습부터 어떤 이는 술에 취해 몸을 가누지 못하는 모습이나 대체로 나이 든 어떤 이는 눈을 감은 채 살아오면서 축적된 고집을 드러내듯 입가에 주름이 깊이 패도록 입술에 힘이 들어간 표정을 지으며 여과 없는 삶의 모습들이 그대로 드러난다. 그들의 그런 모습을 바라보면서 탓할 것이 아니라 그들의 눈에 비친 자신의 모습 또한 마찬가지라는 사실을 깨닫게 된다. 바로 거울에 비친 다름 아닌 자신의 모습이다.

인간은 자기가 필요하다고 생각하는 것만 본다고 하는데 이를 심리학에서는 '선택적 지각'이라고 말한다. 선택적 지각은 자신만의 벽을 만들어 소통을 가로막을 가능성이 농후하다. 이제 선택적 지각에서 벗어나 포괄적 지각으로 바라볼 때이다.

남들을 통해 자신을 바라본다면 훨씬 이해의 폭이 커질 것이다. 남이 나에게 하는 못마땅한 행동도 한때 또 다른 나의 모습이려니 하고, 혹은 자신의 모습이 남들에게 잘못 비쳐서 그럴 수도 있는 것으로 생각한다면 포용력이 향상되고 소통할 준비가 된 것이다. 이러한 사고들이 모이고 쌓이면 자신의 빛이 점점 밝아지게 되고 그 빛은 나아가 주변까지 밝아지게 한다.

자신과의 소통에서 깨닫는 바가 있으면 외부에서 그토록 찾으려 했던 진리가 내 안에 존재하고 비롯된다는 사실을 체득하게 된다.

우리는 역사적으로 뛰어난 업적을 지닌 사람들을 보면서 그 천재성에 대해 놀라워하지만, 알고 보면 자신과의 소통에 아주 능한 사람들이다. 그들은 자신에게 쏟아지는 메시지를 정확하게 받아서 활용할 줄 아는 이들이다. 특히 한 분야뿐 아니라 여러 분야에서 발군의 업적을 쌓은 사람들은 더 말할 나위도 없다.

처음부터 메시지를 정확하게 읽는 사람은 없다. 삶의 무게와 깊이가 있을수록 시야가 넓어져 잘 받아들이게 되고 고민이 많을수록 마찬가지이다.

여러 날 밤낮으로 고민하던 문제가 어느 한순간 실마리가 떠오르며 풀리는 경우가 있다. 바로 메시지를 접하는 순간이다.

메시지는 첫째, 사심이 개입되지 않아야 하며 간절함과 더불어 기다릴 줄 알아야 한다.

마음이 앞서거나 사심이 개입되면 자신이 원하는 메시지만 받아들이게 되어 지속적으로 왜곡된 메시지를 흡수하여 전체적으로 잘못된 가치관을 형성하게 되는데 사이비 종교인이 대표적인 예이다. 특히 경계해야 할 것은 충동적인 심리인데 특히 성적 충동을 제어하지 못하고 휘둘리다 보면 왜곡된 성 심리를 지녀 추문에 시달리게 된다. 특히 건강한 사람이면 누구나 지니는 성 심리는 거의 드러내지 않기 마련인데 자만심이 쌓이면서 한순간에 미혹에 빠지고 어느 순간 정신세계를 지배하게 된다. 인간에게 나이를 먹은 후에 가장 늦게 찾아오는 권력 중독도 가장 빠지기 쉬운 집착 중의 하나인데 그 집착은 죽음 이후에도 남아 자신을 미혹에 빠뜨린다. 특히 어떤 종교나 단체의 지도자들이 이 경계를 넘지 못하여 사이비로 전락하는 사례가 적지 않다. 과거 임금들이 자신의 본마음을 잃어버리는 완물상지玩物喪志를 경계했던 것도 같은 맥락이다.

군왕들이 본마음을 잃어버리고 휘둘리는 것은 수많은 백성에게 피해가 돌아갈 수 있으며 사심으로 인해 청정심을 지녀야 할 수도자나 종교인들이 길을 잃게 된다면 여러 사람에게 잘못된 길로 인도하게 되므로 가장 경계해야 할 덕목이다.

물론 사람마다 다르듯 어느 정도 자신만의 독특한 분위기가 다소 투영된 메시지는 일종의 개성과도 관련이 있으므로 '옳다 그르다'를 논할 수 없다. 하지만 자신만이 옳다거나 배타적으로 남에게 해악을 끼치는 메시지는 왜곡되어 본질과는 괴리가 있다.

하지만 궁극은 자신의 색깔을 점차 희석해나가야 한다. 뒤에 언급되는 세상과 소통에 나와 너의 구분이 없는 우주심을 지녀야 하기 때문이다.

대개 메시지의 시작이 종교인이나 연구가나 학자들에게 흔한 이유가 마음을 가라앉히거나 사색을 통해 얻기 때문이다.

둘째, 대개 메시지를 받아들이는 경우, 일과성으로 끝나지만 익숙해지면 상시로 전해져 오는데 적당한 표현이 없지만, 일종의 혜안이 열린 상태라 할 수 있다. 제대로 혜안이 열린 사람은 상대가 오직 공부를 위해서 원한다면 상대의 메시지까지 받아 전달해 줄 수 있다.

물론 메시지 전달을 받은 당사자가 행하고 말고는 순전히 자신의 몫이다. 자신과의 소통과 교류가 활발히 일어나지만, 마음이 앞서거나 사심이 개입되어서는 메시지를 제대로 읽을 수가 없다. 사람들이 마음을 가라앉히고 명상에 잠기거나 호흡 수련을 통해 마음을 내려놓는 이유가 그것이다.

셋째, 수분각수분득隨分覺隨分得이라는 말처럼 자신이 수용할 만큼만 받아들이는 것이다. 자신이 이해하지 못하는 범위를 넘어서는 부분은 수용이 되지 않으며 이해의 폭 안에서 깨닫게 되는 것이다. 혹여 깨달았다는 이도 자신 만의 테두리 내에서 깨달음을 진리인 양하는 내뱉는 경우가 있는데 수분각수분득을 항상 염두에 두어야 한다. 그래서 그 이해의 폭을 키우기 위해 우주심을 이야기하고 다음에서 언급하는 세상과의 소통이라는 잣대를 언급하는 것이다.

작게는 자신 스스로 소통에서부터 세상과 소통에 이르기까지 훨씬 다양한 소통이 있다.

세상과 소통은 패러다임의 전환이 필요하다. 흔히 사람들은 삶이란 태어나서 죽을 때까지라는 시간의 틀에 매여 있다는 전제를 지니고 있다. 하지만 현재의 나는 과거가 쌓여 이루어졌듯이 단순히 현재의 삶뿐 아니라 이전의 여러 삶이 쌓여 이루어졌다는 사실을 깨달아야 한다.

그래서 항상 기준은 바로 지금이 아니라 완전하지는 못해도 어느 정도 여러 삶이 투영된 삶을 관통한 중심이 기준이 되는 것이다.

비국소성의 의미는 모든 것이 하나로 연결되어 있으므로 확대 해석한다면 이기적이거나 배타적인 사고의 결과는 언젠가 자신에게 돌아온다는 인과율과도 관련이 있다. 그리고 비국소성은 공간적만 아니라 시간적으로도 성립한다는 것이 밝혀졌는데 Wheeler는 이 실험을 "지연 선택 실험"이라고 불렀는데 실험 결과 빛이 과거의 영향을 받으며 실험자로서는 현재의 빛이 미래에 영향을 줄 가능성을 내포한다.

추출해서 단적인 표현을 한다면 '나'라는 존재는 언제부터인지 여러 생을 살아오면서 나 스스로 특정 방향을 향해 나아가고 있고 그 키를 잡고 있는 주체라는 것이다. 그래서 한 생 혹은 한 시절을 넘어 포괄적인 시선을 지녀야 한다는 것이다.

물론 이러한 소통이 잘 이루어진다고 인간이 잘 먹고 잘살고 오래 사는 것은 결코 아니다. 하늘은 아주 예외적으로 특별한 경우가 아니면 두 가지를 동시에 절대 주지 않는다. 어려운 환경이야말로 메시지를 주고받기 가장 용이한 상황이므로 하늘은 줄곧 이를 이용한다. 이를 체득하게 되면 본능적이라는 삶이라는 좁은 테두리에서 벗어나 훨씬 업그레이드된 새로운 삶을 살 수 있는 것이다.

　소통의 시작은 자신의 가장 소중한 것부터 내려놓는 것이다.

　인간 세상에서 쉽게 적응하기도 어렵고 세파에 쉽게 사라질 법하기도 하며 때로는 울분을 터트릴 법한 민족성이지만 이러한 측면에서 우리 민족성을 재조명해보고자 한다.

　그간 사람들은 남과 비교하여 우위에 서거나 호의호식이라는 본능적 욕구에만 집중해 왔으므로, 이 자리를 빌려 잊고 지내왔던 가치관을 언급하고 싶은 것이다.

　현대적 관점에서 보면 무기력하고 크게 쓸모없는 민족성처럼 비치지만 이런 소통의 관점에서 보면 아주 중요한 덕목이랄 수 있다.

　대부분 민족적 기질은 치우침에 대한 반작용에서 비롯되기 때문에 흥망성쇠의 기복이 클수록 생명력이 강하고 길지 않다. 한 시대를 사는 인간이 보기에는 자신만 잘 먹고 잘 살면 된다는 생각을 하겠지만 이기적인 단견일 뿐이다. 그런 점에서 우리 민족성은 지정학적으로 불리한 상황 속에서도 오랜 세월 국가 기틀을 유지한 원동력이 되었으며 후손들에게 지속해서 물려주게 될 것이다.

　지정학적으로 매우 불리한 위치에서 수많은 외침을 받고 쪼그라들면서도 다른 나라의 경우 역사에서 사라졌을 법한데도 명맥을 유지하고 있으며 명분에 목숨을 걸고 자존심이 강하며 고집이 세지만 어떤 종교나 문화든 수용하는 능력이 강해서 다원주의 성향이 농후하다.

　아직도 세계 여러 곳에서 종교로 인한 분쟁이 일어나고 있지만, 우리나라만큼 종교 간에 갈등이 적은 나라는 찾아보기 힘들다.

그래서 그 어떤 것을 수용하지만 거의 변하지 않는 것은 바로 위에서 언급한 우리 민족적 기질이며 이러한 기질은 크게 드러나지 않으면서 역사를 이어온 근간이 되었다.

우리나라 사람들은 다른 것보다 명분을 내세우면 의외로 설득하기 쉬운 면이 없지 않다.

몇 가지 기질들은 상충하면서 오랜 세월 내부적으로 혼란을 가져오기도 했다. 특히 조선의 붕당정치나 현대에도 정당 간에 소모적인 대립은 이와 관련이 있다.

인간은 보편적으로 안정을 바라기 때문에 이러한 대립구조를 상당히 불편하게 여긴다. 하지만 긍정적으로 바라본다면 대립구조를 통해 경각심을 일깨우고 더 큰 위기에는 온 백성이 명분으로 한마음이 되어 구국에 앞장선다.

나라가 어려움에 처하게 되면 '금 모으기 운동'이나 국채보상운동뿐 아니라 직접 의병으로 나서 목숨을 바쳤다. 아직도 확인되지 않은 수많은 독립 운동가들은 보상을 바라고 그 길을 걸은 것이 아니다. 이러한 행위는 어느 다른 나라에서 예를 찾기 어려운 부분이다. 누가 가르쳐 줘서 이어져 내려온 것이 아니라 자연스레 내재하여 때맞춰 발현되는 것이다.

허성도 교수의 말을 빌리면, 조선조 5백 년은 왕조로서 대단히 긴 세월을 유지해왔다. BC 57년 이후에 세계 왕조를 보면 500년간 유지한 왕조가 두 나라가 있다. 러시아의 이름도 없는 왕조와 동남아시아에 하나가 있다. 그 외에는 500년간 유지한 왕조는 하나도 없다. 그러니까 통일신라처럼 1,000년간 유지한 왕조나 고구려[11], 백제만큼 700년간 유지한

---

[11] 박영규는 『삼국사기』 권22 '고구려 본기' 끝에 실린 사론에 "고구려는 진나라, 한나라

왕조도 당연히 하나도 없다는 원인이 여기에 있다고 하였다.

우리나라 사람들의 종교관을 살펴보면 마치 종교 전시장처럼 어느 종교이든지 거부감 없이 대체로 쉽게 수용하고 있다. 반면에 특정 종교를 믿지 않는 무교無敎인 경우도 적지 않다. 우스갯소리로 우리나라의 전 종교인을 합치면 실제 인구의 몇 배가 된다는 표현이 있을 만큼 종교에 대해 관대하다. 이러한 여러 종교를 수용하고 있음에도 불구하고 종교 간의 갈등은 의외로 별로 찾아볼 수 없다. 현재 전 세계적으로 발생하고 있는 테러의 대부분은 종교 간의 갈등에서 비롯된 것인데 적어도 우리나라에서만은 이러한 경향이 보이지 않는 것은 모든 종교를 수용할 만한 국민성 내에 무언가가 잠재하고 있다는 의미이다. 우리 민족이 믿었던 하느님은 바로 이를 반증하고 있는 것이 아닌가 하는 생각이다. 이러한 종교에 대한 우리 민족의 인식과 관련하여 특정 문화에서 파생된 여러 갈래의 이질화된 문화가 다시 역수입될 경우 당연히 그 친연성親緣性으로 인해 거부감이 덜하다는 것에 대해 전혀 비논리적인 측면만이 존재하는 것은 아니다.

헐버트의 말을 인용해 보면, 한국인은 사회적으로는 유교도이며 철학적으로는 불교도이며, 고난을 당할 때에는 영혼숭배자이다. 하지만, 그는 기독교가 전해진 이후, 한국인이 기존의 전통들을 소거하지 않은 채 그 위에 기독교를 하나 더 얹어 신앙의 레퍼토리에 추가했을 거라고는 예상치 못했을 것이다. 다시 말해, 그가 기독교인이자, 유교인이자, 불교적 사상가이자, 무교인으로서 살아가는 현대 한국인의 종교생활까지는 예상하지는 못했을 것이다.

조선 말기에 단지 몇 권의 책만으로 자생 천주교가 뿌리내리기 시작하여, 현재 약 백만의 가톨릭 신자밖에 없는데, 그중에 103명의 남자와

이후부터 중국의 동북쪽 모서리에 있었다."는 내용과 보장왕 27년 2월 기사에 "고 씨는 한날 때부터 나라를 세운지 이제 900년이 된다."는 기록을 토대로 '고구려 900년 선'을 제시했다

여자가 시복을 받아 한국은 성인聖人의 숫자가 단숨에 성성의 정점에 이르렀다. 한국보다 성인이 많은 나라는 오직 이탈리아, 스페인, 프랑스뿐이다. 한국인은 4위에 이른 것이다. 한국의 순교 사에서 복자福者의 성렬에 오른 신유·기해 순교자는 79명 가운데 근 3분의 2가 부녀자였다. 1866년 3월 7일에 참수된 베르뉘Berneux주교는 미련한 여인들은 겨우 한 구절의 성구만을 외고는 바로 세례를 받는다. 그리하여 천당에 갈 줄 믿고 기꺼이 죽음을 택한다. 마치 불꽃 속에 뛰어드는 부나비들만 같다고 하였다. 당시 여성들은 훨씬 차별받는 열악한 상황 속에서 순교의 길을 택했는데 종교적인 의미도 있지만, 원천에는 나름대로 대의명분이 별반 흔들림이 없는 원동력으로 작용했다고 할 수 있을 것이다.

조선 말기 즈음에 천주교와 개신교가 국내에 소개되었는데 폐쇄되어 있던 조선에 이들 종교는 신선한 충격으로 다가왔다. 오랜 세월 폐쇄된 사회에서 살아왔던 양반들에게 새로운 학문으로 다가왔고 차별받는 여성이나 계층에서는 차별이 없다는 사실에 더 큰 충격을 주었다. 미국의 선교사이자 의사 알렌Allen, Herace Newton은 내가 보기에 기독교가 조선에서 인기를 끈 이유 가운데 하나는 사람들에게 관료 계급과 대등해질 수 있는 기회를 준다는 사실 때문인 것 같았다고 기록하고 있다.

그러나 더 큰 충격은 조선인들에게 근접조차 어려웠던 절대자이자 막연한 하느님에서 한층 구체화한 하느님으로 성경이라는 매체를 통해 현실적으로 다가와 충격을 주었다.

기독교에서 사용되는 하나님의 용어는 이미 오래전부터 우리나라에서 사용되었다. 천주교의 하느님은 '하늘'+'님'에서 음운이 변화되어 생략된 것(아들, 딸이 'ㄹ'이 탈락하여 아드님이나 따님으로 바뀜)이며 하나님의 용례로 노계(蘆溪, 1561-1642) 박인로의 가사집 가운데 한글로 '하ᄂ님'이란 호칭이 나온다.

時時로 머리드러 北辰을 브라보고 늠모르는 눈물을 天一方의
듸이는다. 一生애 품은 뜻을 비옵는다 하느님아
(때때로 머리 들어 북쪽 임금이 계신 곳을 바라보고 남몰래 눈물을 하늘 저편에
떨어뜨린다. 일생에 품은 뜻을 비옵나이다. 하나님이시여!)

최초로 성경을 우리말로 번역한 존 로스J.Ross가 신명神名 번역에 'God'에 대응하는 고유어로 선택한 용어는 'Hananim(1883)' 혹은 'Hannonim(1891)'이었다. 『예수셩교 누가복음젼셔』(1882) 초판에는 '하느님(1882)' 썼다가, 이듬해 『예수셩교셩셔 누가복음데쟈힝젹』(1883)과 『예수셩교젼셔』(1887)에서는 '하나님(1883, 1887)'으로 표기한 것이다. 당시 가톨릭에서 'God'을 중국에서 한자어 '상제'로 번역하였고, 한국에서도 '신적 존재'를 '상제, 신, 천주' 등의 한자어를 사용하는 용례가 있었음에도 로스역에서는 고유어 '하느님(1882), 하나님(1883, 1887)'으로 번역하였다. 이 가운데 '천주'는 국내의 로만 가톨릭 선교사들이 사용하던 신명이었지만 존 로스는 로만 가톨릭 방식이나 한자어를 선택하지 않고, 고유어 가운데 'God'에 대응하는 어휘로 번역하였다.

이정근은 당초에 여호와의 호칭으로 하나님을 쓴 것은 오래전부터 이어온 한국의 고유신의 명칭을 차용 혹은 탈취한 것이 분명하다고 하였다.

유일한 '하나'에 접미사가 붙어 하나님이 된 것이 아님은 둘, 셋에 두님, 세님이 결합하지 않듯이 하늘과 연관되어 있다. 1882년 만주에서 간행된 『예수셩교젼셔』「누가복음서」에 이미 하느님이란 명칭이 쓰인 일이 있다.

헐버트는 한국인은 유일신을 믿으며, 하느님에게 부여된 속성이나 권능은 외국인 선교사들이 기독교를 보급하기 위해 거의 보편적으로 말하는 여호와Jehovah의 그것과 일치하는 것이어서 하느님에 어떤 실제적인 형상을 부여하려고 한 적이 없다고 하였다.

1904년 일본을 통해 조선을 방문한 스웨덴 기자 아손 그렙스트W. A:son Grebst는 당시선교학당의 학생이던 윤산갈을 안내원 겸 통역관으로 소개받는다. 선교학당에서 책임자로 있는 피에르를 만나게 되는데 그는 인쇄소를 경영하고 있었으며 성경 번역판을 이미 십만 부를 출간했을 뿐 아니라 영어 월간지 『더 코리아 리뷰』를 발행하고 있었다.

피에르에 의하면, 하나님은 하늘의 주인이라는 뜻인데 조선인의 믿음에 의하면 이 하나님은 전 우주의 통치자이며 기독교의 신을 의미하는 개념과 일치하는 점이 놀라울 정도로 많기 때문에 편의상 기독교의 신을 의미하고 있다고 언급하고 있다.

그리고 불교는 오래전에 들어왔지만, 사고적인 면에서 조선인에게 신비로운 점이 짙어 공식 상의 종교 구실밖에 할 수 없었고, 유교는 냉철하고 현실적이라 일반 대중 속에 깊은 뿌리를 내리지 못해 한갓 정치 도구가 되었다고 하였다.

그간 경원시되고 지고무상至高無上한 하나님에서 성경을 통해서 기독교의 한결 구체화한 하나님을 쉽게 받아들이면서 폭넓고 깊게 그리고 쉽게 수용하게 된 계기가 된 것이다. 그러니 그런 하나님을 위해 기꺼이 목숨까지 포기할 수 있는 경우도 생겨날 수 있는 것이었다.

순교의 배경에 우리나라 사람들은 구체화한 하나님에 대한 당연한 의무이자 대의명분이 작용하고 있었다.

언더우드 여사는 다른 모든 것보다 그들이 더 믿는 것은 하늘인데 이것은 눈에 보이는 하늘을 의인화한 것으로서 나는 그것이 구약성서에 나오는 바알[12]과 같은 것을 그즈음에 깨달았다고 기록하고 있다.

---

[12] 고대 셈족의 태양신.

각자 바라보고 해석하는 입장에서 차이가 있을 수 있겠지만 맞던 그르던 명분은 우리 민족에 그만큼 중요한 잣대였다.

실제 서양인들이 볼 때 우리 민족이 믿는 하느님은 시원을 알 수 없지만 그들이 믿는 하나님 이상의 존재였기에 다른 표기가 있었음에도 거리낌 없이 그대로 사용되었고 일반 백성이나 심지어 궁중의 여인들까지도 서슴지 않고 믿었던 것이다. 예전에는 어린아이들조차 놀라고나 당황하면 '아이고 하느님' 혹은 '하느님 맙소사'라고 했는데 그만큼 뇌리와 입에 배어 있었기 때문이다.

내부적으로 혼란混亂을 가져오는 소모적인 대립은 꼭 나쁘게 바라볼 것이 아니다. 혼란은 무질서만을 의미하는 것은 아니다. 세상이 창조되었을 때는 혼란 그 자체였으며 만물은 혼돈에서 멀어져 질서를 가지고 안정으로 가려하는 속성이 있는데 혼돈이 그 씨앗의 단초가 되어 지금까지 변해온 것이다. 혼란은 변화의 역동성이자 첨병을 의미하며 혼란은 새로운 변화를 주도하려는 하나의 상징이기도 하며 우리나라에서 지속적으로 반복되는 것은 점점 큰 변화의 시기가 배태되고 있음을 의미하는 것이다.

구한말의 격동기와 일제강점기, 6.25를 겪으며 완전히 초토화된 한반도가 남북 분단의 어려움 속에서 매년 상당액을 군비로 지출하면서 괄목할 만한 성장을 이루고 세계 경제대국 중에 하나로 발돋움하고 있는 것은 단순히 노력만이 아니라 종교적 다원성이나 다문화주의 그리고 수용력과 관련이 있기 때문이다.

특히 종교적 다원성이나 다문화주의는 남의 문화를 쉽게 이해하고 수용하는 경향도 있지만 그보다는 이미 오래전에 인류문화학적으로 한 갈래에서 퍼져 나가 세월이 흐르면서 다시 역수입된 경우 거부감이 덜할 수 있다는 논리도 있다. 수용력이 강한데도 불구하고 독특한 문화를 변함

없이 유지하고 있다는 것은 이런 논리와도 유관하다.

고집은 양반이나 머슴뿐 아니라 기르는 가축도 조선 말기 기록이나 여타 자료에 의하면 노새, 토종개, 소까지 별난 고집 때문에 화제가 되고 있다.

다문화 사회도 이해하기 힘들겠지만, 이혜자는 우리의 민족주의는 태생적인 것이 아니라 가까운 과거에 만들어진 이념이라는 사실이 입증된다고 하였다. 특히 3·1 운동과 일제 식민통치를 겪으면서 형성된 이념이라고 보는 견해를 새삼 확인하게 된다고 하였는데 실제로 현실에서 새로운 문화에 대한 흡수력이 아주 뛰어나다. 이런 다원적 사회에 대한 성격은 따로 「한국 전통무예의 한 단면 - 다원적 사회의 흔적과 관련하여」에서 다시 언급할 것이다.

다른 하나는 제천행사를 의례적으로 잊지 않고 지냈다는 것이다. 이러한 기질적 요소가 '좋다', '나쁘다'로 단정 지을 수는 없다.

이러한 변화에 대해 앞서도 언급했지만, 진화론으로 알려진 찰스 다윈은 자연 속에 발전을 향한 본질적인 추동력이 존재한다고 확신했다.

폴 데이비스는 자연선택natural selection이 오직 개체의 이익을 위해서 그리고 그것에 의해서만 작동하듯이, 모든 육체적·정신적 특성들은 완벽함을 향해 발전하는 경향이 있다. 생물학자들은 맨 아래쪽에 미생물이, 그리고 맨 꼭대기에 인간이 있는 '진보의 사다리'에 대해 이야기하기 시작했다. 서양의 저명한 사상가들조차 이 진보적인 철학을 열렬히 수용하여 '자연은 혼돈 속에서 질서를 생성하는 고유한 능력'이라는 관점에 근거하여 지구의 생물권이라는 좁은 울타리에 국한되지 않고 전체로서의 우주로 시야를 확장하여 그러한 사실을 입증하려 했다.

찰스 다윈에 따르면 생명의 발전이란 마치 나뭇가지가 큰 가지에서 작은 가지로 갈라져 나가듯, 상황에 따라 달라지는 지극히 우연적인 현상이다. 다윈의 진화론이 암묵적으로 전제하고 있는 역사발전의 방향성, 즉 총론 차원의 단선론적 발달관은 그 이론 자체보다 발전의 목적 상실이 더 큰 위협적이었다. 인류에게 있어 그렇지 않아도 명료하게 드러나지 않은 존재가치에 있어서 그나마 종속 자체의 목적이나 명분을 상실한다는 것은 인간으로서 자존심이 상하는 문제이기도 했다. 그런 점에서 이 이론은 초기부터 반발에 부딪혔다.

대개 인간의 판단기준은 주관적이어서 눈앞의 호오好惡를 기준으로 선택한다. 하지만 인간이 원하는 좋은 일만 있다면 변화나 발전 동력을 얻을 수 없다. 인간의 잣대로 최선의 긍정적인 선택을 했다면 그에 상응하는 노력이나 반대로 부否의 동력이 뒤따라야 변화와 발전이 있다. 그래서 항상 너무 성급한 판단을 내릴 필요는 없다.

인간인 이상 행복을 추구하고 행복해지기 위해 노력하는 것은 당연하다. 그러나 보편타당한 행복의 기준은 사람마다 조금씩 다르다. 하지만 보편타당한 행복의 정점에 다다랐다 하더라도 어느 순간 시야가 넓어져 새로운 기준이 적용되는 것을 보면 보편타당하다는 말 자체가 무색해지는 것이 사람의 심리이다. 그럼에도 불구하고 인류의 역사 이래로 인간의 행복추구는 끝없이 되풀이되고 있다. 이 자체가 인류를 변화시켜온 원동력일지라도 진보의 사다리의 정점은 아닐 것이다.

정점은 더 발전이 필요 없는 것이고 변화와 발전이 없다는 것은 인간의 존재가치 상실과도 결부되어 있다.

음식문화에 있어 서양의 문물이 세계를 지배하면서 현대인은 관능적이고 일차적인 맛에 집중한다. 그러나 이러한 경향은 점점 한계에 이르고 있다. 물론 다양한 음식문화는 해외 음식문화로 눈을 돌려 외연을 확장하고 있지만, 이 역시 관능적이고 일차적인 맛에서 벗어나기 어렵다. 그래서 '보기 좋은 음식이 맛도 좋다.'고 해서 그릇이나 담는 방법에 관심을 기울이기도 한다.

하지만 이런 외연의 확대는 결국 곁가지로서 한계가 있을 수밖에 없다.

「3. 은근과 숙성」에서 따로 논하겠지만 좋은 차를 마시게 되면 목구멍 너머로 전해져 오는 독특한 향이 정신까지 맑게 하는데 한 잔의 좋은 차는 한나절 이상을 그 향에 취해 지낼 수 있으며 잘 말린 굴비나 적당히 삭힌 홍어도 자극을 피할 수 있다면 이와 어느 정도 닮은 향을 즐길 수 있다.

소수의 일부이기는 하지만 인간은 감각 중의 하나인 맛이라는 미각을 뛰어넘는 단계를 얻을 수 있다.

진정 노력을 하다 보면 보이고 느끼는 것만이 다가 아닌 세상이 열리는 것이다. 우리 전통악기의 소리에도 이런 부분이 있는데 소리보다 여운을 더 주목하여 강조하는 경향이 있는 것도 같은 맥락이다.

그 예 중에 하나로 '눈이 멀어지고서야 비로소 심안心眼이 열리고 귀가 어두워짐으로써 내면의 소리를 듣게 되었다'는 표현과도 상통하며 우리 전통무예와 수련에서 '마음을 닦기 위해서 마음을 비우는 것'과도 맥락을 같이 한다.

흔히 생각하는 무武에 대해 '남과의 다툼'이라는 개념을 생각하고 있으나 한국의 전통무예에서 이에 앞서 그야말로 자신과의 싸움(克己) 개념이 우선한다는 사실이다.

무武란 '극기克己를 위한 그 어느 것보다도 치열하고 적극적인 방편'이라고 할 수 있다.

　진정한 무武는 끊임없이 '가상의 적' 혹은 적정한 '라이벌과의 대결'을 의식해서 수련에 매진하지만 결국은 어떤 상황에도 흔들리지 않는 자신의 위치를 찾아가는 데 있다. 그러한 여러 단계의 과정을 다행히 통과하게 되면 어떤 상태에도 흔들리지 않는 평상심에 좀 더 가까이 다가갈 수 있다.

　이런 기회는 오직 인간에게만 주어질 뿐이다. 오랜 역사를 통하여 되풀이되면서 끝없이 인간에게 메시지를 던져 주었다. 수많은 경로를 통해 제공했지만 제대로 이해하지 못하자 이제는 일시에 대량으로 이해할 수 있도록 대중매체까지 동원하도록 발달시켰다. 인간에게 유일한 소통의 많은 기회가 주어졌는데 이것을 이용할 수 있는 것은 결국 인간이고 메시지와 소통은 인간 각 개인이 직접 해야 한다. 본질을 깨닫는다면 극히 사소한 데서 우주의 철리를 깨달을 수 있는데 그것은 만 가지가 같은 뿌리에서 나왔기(만지동근: 萬枝同根) 때문이다.

　한편 사람들은 저마다 스트레스에 시달리면서 본질을 꿰뚫지 못하고 휘둘리는 삶을 살아가고 있지만, 본질을 깨닫고 사는 삶을 살도록 노력해야 한다.

　그렇다 하더라도 우선 일차적인 맛을 알아야 비로소 그 단계를 넘어서겠지만 한자리에 너무 탐닉하는 바람에 진전이 되지 않는다. 그조차도 그 너머의 단계도 하나의 시작일 뿐이어서 완물상지玩物喪志를 경계해야 할 것이다.

　호흡 수련 가운데 소주천 수련이라는 것이 있다. 몸 중앙선을 따라 회음 다음 혈六인 장강에서 뒤쪽으로 척추 중앙을 따라 올라가 머리 꼭대기에 위치한 백회를 통해서 윗 앞니 잇몸 앞면에 있는 은교까지의 독맥과 이후 전면의 임맥을 뚫는 것이다.

과거 소주천을 닦는 과정이 얼마나 어려웠으면 생사현관을 타통했다는 표현이 나오고 고래 선인仙人수업을 했다는 이들 가운데 이 소주천을 제대로 유통했다는 이가 손꼽을 정도였다.

임진왜란이 끝난 후 쇄환자(刷還者: 송환자)를 데리러 일본에 가서 이적異跡, 異蹟을 행한 사명대사의 수련단계가 이에 해당한다는 이야기가 있을 정도이다. 그런데 정상적인 방법으로 독맥을 유통하게 되면 전생을 알게 되고, 임맥을 유통하게 되면 미래를 알 수 있다고 한다.

일견 좋을 듯하지만, 수련과정에 수많은 상이 시야를 어지럽히니 수련이 나아가기 어렵고 워낙에 수련에 매진하기 힘이 들어 수련을 거스르는 삿된 상들을 가로막는 것을 경계하기 위해 일부에서는 도법으로 막아놓기도 하였다고 한다. 우연히 인산의 『구세신방求世神方』이라는 책을 보니 이와 유사한 문구가 있었다.

배후背後의 독맥에는 전생의 업적이 여명경如明鏡하니 고황膏肓 2혈은 전생의 안眼이요. 임맥任脈은 내생來生이 여명경如明鏡하니 단전丹田으로 내생을 살핀다고 한다.

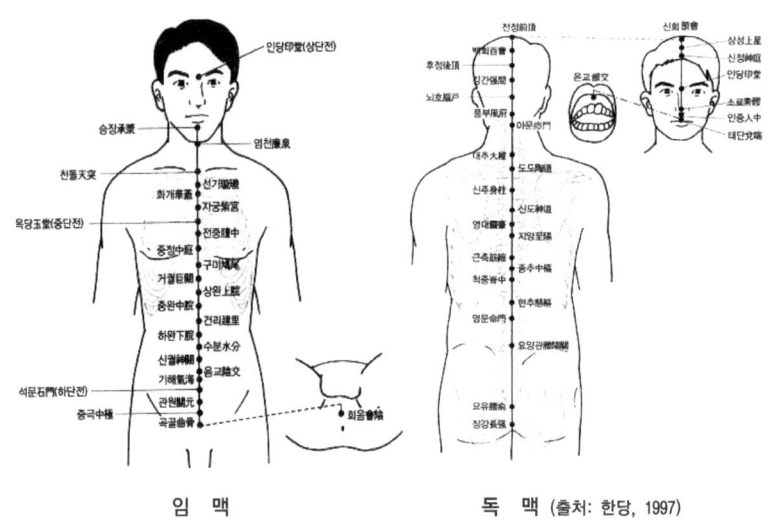

임 맥　　　　　독 맥 (출처: 한당, 1997)

사람들은 이러한 소주천에 대한 막연한 환상을 가지고 있지만, 그도 초기 호흡 수련의 한 단계일 뿐이다.

격물치지格物致知, 확철대오廓徹大悟 혹은 활연관통豁然貫通이 모두 이와 관련이 있는 표현들이다. 하지만 대나무의 수많은 마디 중에 겨우 한 마디를 뚫은 것에 불과한 것이다. 선대의 수많은 선지자가 수많은 길을 걸어갔지만, 공부환경도 어려웠을 뿐더러 여러 어려움이 많아 같은 길을 반복해서 제시하고 혹자는 신천지가 열리니 그것이야말로 모든 것인 양 안도해 하고 자위했다.

그러나 세상은 달라졌다. 인터넷을 포함하는 대중매체 등을 통해 짧은 시간 내에 수많은 자료를 섭렵할 수 있고 관심만 있다면 과거세의 선지자들보다 훨씬 앞서 나아갈 수 있다.

우리 민족의 이러한 기질적 요소도 마찬가지이다. 다른 민족과의 차별성이 좋고 나쁨의 차이로 판단해서는 얻을 수 있는 것이 상당히 제한될 것이다. 현대를 소통의 시대라고 하는데 나와 남이 다름을 인정하고 받아들임으로써 제대로 된 공감과 소통이 이루어지는 것이다.

현실적인 호오好惡에 만족하지 말고 본질을 꿰뚫고 백척간두에서 한 발을 더 나아가는 의지와 노력이 뒤따라야 한다.

현대의 많은 연구는 공개된 듯하지만, 큰 틀 안에서는 닫혀 있어서 본질을 꿰지 못하고 외적으로 드러난 부분에 집착하는 경향을 보인다.

현실에 만족하거나 불만만을 토로한다는 것은 본질을 꿰뚫지 못하고 바로 '꿈속에서 꾸는 꿈'에 휘둘리는 것이라 하겠다.

태권도 사범 이종우는 신동아 인터뷰에 60년대까지만 해도 태권도 사범은 주먹을 쓰는 깡패 취급을 받았다고 하였다. 무武와 폭력은 대개 과거 사람들의 인식 속에 어느 정도 연관관계를 맺고 있었다. 특히 군왕이나 위정자들은 이를 적절히 이용했고 먹고살기 힘들었던 일부 집단은 이를 이용해서 무리를 지어 공공연히 살인과 약탈을 하고 위세를 드러내었다. 과거 비밀결사조직은 달리 생계유지를 할 방안이 없었으므로 강도나 살인으로 생계를 유지하였고 이로 인해 얻어진 재물이 많았다는 이유가 그것이다.

조선 말기의 검계가 쓰는 재물은 전부 사람을 죽이고 빼앗은 것이다. 심지어 산중의 일부 땡초들조차 군도群盜나 화적단들의 통신망으로 활약하기도 했다. 강명관은 1908년(융희 2) 9월 23일 자 잡보에 실린 '적단소탕'이라는 기사를 찾아내었는데 일부 기사 가운데 승도僧徒 송학松鶴과 같은 무리 20여 명을 체포하였다고 적고 있다. 한일합방 이후에 보부상은 국가로 받던 특혜를 박탈당하면서 더러는 의병과 합세하기도 했지만, 대개는 산속 깊이 숨어들어 조직 강도인 화적의 원동이 되었다고 한다.

그나마 선량했던 우리나라의 일이었기에 망정이지 해외에서는 근세까지도 나라 전체가 식민지 개척이라는 명분으로 공공연히 원주민을 집단학살, 혹은 강압적으로 쫓아내거나 노예로 파는 등 천인공노할 잘못을 저지르고 지금에 와서는 아무 일도 아닌 양 취급하고 있다. 그런 점에서 구미 제국주의나 일본과 같이 그런 대열에 끼지 않은 우리 민족은 정말 다행이라 생각한다.

무武에 있어 분명 이런 부정적인 측면은 틀림없다. 하지만 이런 단면에 집착하고 매달린다면 가리키는 달은 보지 못하고 가리키는 손가락에 집착하는 우를 범하게 된다. '반면교사反面教師'나 '강한 반등'이 오히려 부정적인 상황 속에 얻을 것이 많다는 교훈을 주는 것이다.

자위하는 것이 아니라 일제의 암울한 시절에도 이러한 우리나라를 매우 긍정적으로 바라본 이가 있으니 인도의 시인 타고르Rabindranath Tagore가 노래한 '동방의 등불'을 들 수 있으며, 다른 한 사람은 1974년 이후 세 번이나 한국을 다녀간 C. V. 게오르규이다. 그는 1984년에 한국을 다녀가면서 산문시 『한국 찬가』를 남겼다. 우리 국민들은 인식하지 못하고 부정적인 테두리 안에서 자조적으로 받아들일 수 있었겠지만, 외부에서 보는 또 다른 시각은 장점을 통한 밝은 미래를 예측해 내었다.

무력으로 세계를 지배했던 수많은 나라 가운데 영속하는 나라는 없다. 세계를 지배했다고 하지만 수많은 나라와 사람의 가혹한 희생 속에 그 혜택은 극히 제한된 일부 계층에서 한시적으로 호사만 누렸다. 명청교체기明淸交替期 1644년 베이징을 접수할 무렵, 여진족의 인구는 대략 50만, 한족의 인구는 1억 5,000만 명 정도로 추산되고 있었다. 이후 여진족은 자신들보다 300배 가까이 많은 한족을 300년 가까이 지배한다. 오늘날 만주에서는 700만 정도의 여진족이 중국의 '소수민족'으로 살아가고 있다. 하지만 그들 가운데 고유의 말과 문자를 말하고, 읽고 쓸 줄 아는 사람은 거의 없다. 사실상 한족에게 동화되어 버린 것이라 하였다.

　강대국들도 엄청난 지위와 부를 누릴 것으로 생각하기에 십상이지만 북한이 체제 유지와 경제 난국을 돌파하고자 남한과 미국에 손을 내미는 이즈음 중국은 북한과 사이가 틀어질 만큼 인색하다가도 차이나 패싱을 우려하여 새삼스레 다시 북한에 손을 내밀고 일본까지도 남의 밥상에 은근슬쩍 숟가락을 얹으려는 시도는 차라리 추악하기까지 하다. 그들에게 있어 한반도라는 지정학적 위치는 모든 체면도 불사할 만큼 가치가 있는 것일까? 그런 가치가 있다면 평시에도 우호적인 자세를 견지해야 할 것이다.

　명청교체기에 조선군을 이용해서 후금을 치려고 이이제이以夷制夷라는 수단까지 쓰면서 나라를 유지하려 했던 명明도 고작 삼백 년이 채 못 되는 기간에 사라지고 말았는데 많은 중국의 여러 왕조가 수십 년에서 고작 백여 년의 수명에 불과하다는 역사적인 관점에서 미루어 볼 때 조공외교에 충실했던 조선이 오히려 못하다고만 볼 수 없는 것이다. 이들의 이러한 시도는 현대 우리의 시각으로 볼 때도 그들이 지녀왔던 과거의 추악한 모습을 여지없이 드러내는 것이지만 우리네 정서로서 이해되지 않는 부분이다.

　많은 선지자가 세상을 다녀갔지만, 세상은 크게 변하지 않고 있다. 하지만 그들이 제시한 기준은 변하지 않고 있다. 그럼에도 그 기준이 필요한 것은 어떤 상황이건 기준이 필요하고 이후라도 기준을 통해 역사를 가늠하기 때문이다. 그 기준의 가장 중요한 덕목은 힘이나 돈이 아니다. 바로 우리 민족이 전통적으로 지닌 수많은 가치다.

2. 천손민족

천손민족天孫民族으로서의 기질에 대해 역사기록과 외국인들 즉 이방인의 기록을 통해 살펴보자.

우리 민족은 유대인(Judea人)이 언급하는 소위 선민選民이 아니라 천손天孫민족이어서 인지 체면과 자존심이 매우 강한 민족이다.

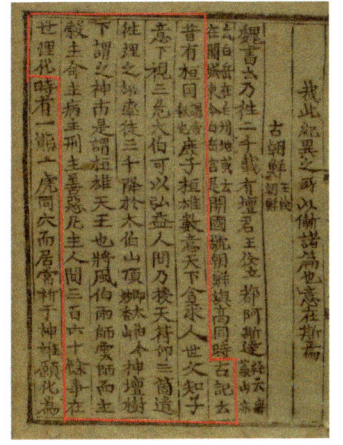

1512년 규장각본(국보 306호-2호)

『삼국유사』에서 환인桓因의 서자庶子 환웅桓雄이 천하天下에 자주 뜻을 두어, 인간 세상을 구하고자 하였다. 환웅이 무리 삼천을 거느리고 태백산 정상 신단수神檀樹 밑에 내려와 신시神市를 열어 세상을 다스리며 교화하였다.[13] 이후 우리 민족의 건국 신화는 천제天帝와의 혈연관계를 강조하고 있다.

『삼국유사』1에 열거되어 있는 70여 개의 나라 가운데 북부여, 동부여, 고구려 건국신화는 천제 내지 상제上帝와 관련이 있다.

이러한 표현은 삼국사기를 포함해서 많은 기록에서 확인된다. 『삼국사기』에 스스로 천제天帝의 아들 해모수解慕漱[14]나 왕(주몽)이, 답하여 말하기를 '나는 천제의 아들이고 아무 데에 와서 도읍하였다.'[15]고 기록한다.

---

13) "古記云 昔有桓國(謂帝釋也) 庶子桓雄 數意天下貪求人世 父知子意下視三危太伯 可以弘益人間 乃授天符印三箇 遣往理 之雄率徒三千降於太伯山頂(即太伯今妙香山) 神壇樹下謂之神市 是謂桓雄天王也. 將風伯·雨師·雲師, 而主穀·主命·主病·主刑·主善惡凡 主人間三百六十餘事在世理化."
14) "自稱 天帝 子 解慕漱"(二國史記 卷第十三 高句麗本紀 第一, 東明聖王 一年)

구한말 선교사였던 제임스 게일도 조선 사람들은 바로 자기네가 하나님의 자손이며, 중국인들과는 약간 피가 섞인 민족이라고 주장한 바를 기록하고 있다.

위서偽書 논쟁이 있는 『한단고기』의 여러 책들 가운데 수도 없이 나오는 천신天神, 천제天帝, 천제天祭 상제上帝 등 하늘과 관련된 용어는 다른 나라에서는 거의 사용되지 않는다. 사용되더라도 중국의 일부 황제가 해당될 뿐이지, 우리 민족처럼 아예 대놓고 천손민족이라는 표현은 쓰지 않는다. 위에 열거한 여러 사례에서 보듯이 이러한 내용은 우리 민족에게 당연한 것이어서 적어도 이 부분에 있어서는 애써 자랑삼아 새롭게 위서를 만들고 하지는 않았으리라 본다.

하늘에 대한 숭배사상은 한국 샤머니즘의 기초를 이루고 있다. 한국인들은 지상의 모든 행복, 식물의 성장, 곡식의 보전과 성숙, 질병의 구제 등이 하늘에서 비롯된다고 믿고 있다. 한국인들은 하늘을, 가시적可視的인 세계의 창조자이며 수호자인 상제上帝라는 높은 존재와 결부시키고 있다.

예를 들면, 폭우, 홍수, 메뚜기의 출현, 지진 등과 같은 국가재난이 일어났을 때 한국인들은 하늘의 노여움을 가라앉히기 위해서 거국적으로 상제에게 구제를 비는 의식을 거행하였다. 특히 중앙 정부가 지방 당국에 이러한 의식을 거행하라고 위임한 사실은 주목할 만한 가치가 있다.

샤를르 달레Claude Charles Dallet(1829-1878)는 선교사들은 자주 아주 유식한 조선 사람들에게 그들이 상제上帝라는 말에 어떠한 뜻을 부여하는지를 물어보았으나 한 번도 명백하고 정확한 대답을 얻지 못하였다. 어떤

---

15) "王見 沸流水 中有菜葉逐流下知有人在上流者因以獵徃尋至 沸流國 其国王 松讓 出見 曰寡人僻在海隅未曾得見君子今日邂逅相遇不亦幸乎然不識吾子自何而来荅 曰我是 天帝 子来都於某所"(三國史記 卷第十三 髙句麗本紀 第一, 東明聖王 一年)

사람들은 그 말로 우주의 창조자이며 관리자인 하느님을 가리키고, 또 어떤 사람은 그것을, 곡식을 생산하고 보존하고 익게 하며, 병을 물리치는 섭리적인 힘을 가졌다고 간주하는 단순한 天이라고 주장하고, 대부분 알지도 못하고 별로 개의치도 않는다고 고백한다. 비를 빌거나 날이 개기를 빌기 위하여 또는 여러 가지 재액災厄을 쫓기 위하여 나라에서 제사를 지낼 때, 그 기원은 그 제식을 맡은 수령이 지은 기도문에 따라 혹은 하느님에게 혹은 하늘에 바쳐진다고16) 하였다.

이렇듯 동서고금의 창조주 혹은 조물주와 관련된 하늘관은 크게 다를 바 없는 것이다. 민족종교인 동학의 경우, 동학도들은 온갖 자질구레한 우상들을 버리고 오직 한울님만을 섬겼다.

제천행사는 지역에 따라서 수렵제17) 의미가 내포된 제천의식의 의례행사가 벌어지는 과정에서 각저와 궁술과 같은 전통적인 신체활동이 행해졌다.

고구려 무용총 수렵도

활로 잡은 사냥물로 하늘과 산천에 제사를 지내는 경우도 많았다. 고구려는 항상 3월 3일에 낙랑의 언덕에 모여 사냥을 하는데, 돼지와 사슴을 잡아 하

---

16) 이러한 애매모호한 하늘관은 지고한 하늘에 대해 세세히 알려고 한다는 것 자체가 불경이라는 생각이었기에 서구인들처럼 논리적인 하늘관이 성립되지 아니하였다. 다만 자연재해를 포함하는 대재앙이 닥쳐왔을 경우에는 하늘에 비는 수 이외에는 달리 어떻게 해 볼 여지가 없었으므로 지극정성으로 천제를 지냈다.
17) 활을 이용한 단순한 사냥도 많았지만, 활로 잡은 사냥물로 하늘과 산천에 제사를 지내는 경우도 많았다.-고구려는 항상 3월3일에 낙랑의 언덕에 모여 사냥을 하는데, 돼지와 사슴을 잡아 하늘과 산천에 제사를 지냈다. 高句麗常以三月三日 會獵樂浪之丘 獲猪鹿 祭天及山川, 『삼국사기』 권32/잡지1/제사/고구려 백제/제사의례(국립민속박물관, 2006).

늘과 산천에 제사를 지냈다.18)

『태종실록』에 전사시典祀寺에 명하여 사냥한 짐승을 가지고 교외郊外에서 제사 지내게 하였다19)고 기록하고 있다.

이렇듯 하늘에 직접 제사를 지내는 행위 말고도 하늘과 관련된 표식이 있으니, 이규태는 삼국시대 고분벽화에 깃털을 머리에 꽂고 있는 사람들의 모습에 대해서, 천지간을 날아다니는 새, 그 새를 날게 하는 깃털을 꽂음으로써 하늘의 뜻을 감지하는 안테나 역할을 했다고 한다. 이런 조우관鳥羽冠을 쓴 사람의 모습은 의외의 지역에 벽화로도 남아 흔적을 보여주고 있다. 고구려 무용총 수렵도뿐 아니라 해외에 사신으로 다른 목적으로 방문한 경우에 벽화나 그림으로 남아 전해지고 있는데 중국 간쑤성(甘肅省) 둔황敦煌석굴에 삼국시대 한반도 사람을 묘사한 벽화가 40개에 이르는 것 등 양직공도나 당대唐代 벽화 '수렵출행도'(711년 작품, 장회 태자묘)에서도 보인다.

711년 장회태자묘 묘도 변과의 수렵출행도(출처: 연합뉴스 2013.07.07.)

---

18) 『삼국사기』 권32/잡지1/제사/고구려 백제/제사의례(국립민속박물관, 2006).
19) 태종 28권, 14년(1414) 9월 22일(임진) 1번째 기사, 사냥한 짐승을 가지고 교외에서 신에게 제사지내도록 전사시에 명한다.

둔황 석굴에서 백제인 추정 인물상 벽화는 경북 경주에서 열린 '제2회 경주 실크로드 국제학술회의'에서 리신李新 중국 둔황연구원 교수가 둔황 막고굴 335호굴에서 발견했다고 발표했다. 두 명의 인물상들은 머리에 조우관을 쓰고 있고 옷깃이 밖으로 접힌 옷을 입어 백제 인물상으로 추정된다고 이 교수는 밝혔다(연합뉴스, 2013.07.07.).

좌측 : 둔황 석굴에도 백제인 추정 인물상 벽화(연합뉴스, 2013.07.07.)
우측 : 6~7세기 사마르칸드 아프라시압 궁전벽화의 한반도 사신들
이 벽화는 당시 이 지역의 소그디아 왕국의 바르후만 왕이 궁전 안에 그린 것.

　우리나라 사람들의 종교관을 살펴보면, 마치 종교 전시장처럼 어느 종교이든지 거부감 없이 대체로 쉽게 수용하고 있다. 반면에 특정 종교를 믿지 않는 무교無敎인 경우도 적지 않다. 우스갯소리로 우리나라의 전 종교인을 합치면 실제 인구의 몇 배가 된다는 표현이 있을 만큼 종교에 대해 관대하다. 이러한 여러 종교를 수용하고 있음에도 불구하고 종교 간의 갈등은 의외로 별로 찾아볼 수 없다. 현재 발생하고 있는 테러의 대부분은 종교 간의 갈등에서 비롯된 것인데 적어도 우리나라에서 만은 이러한

경향이 보이지 않는 것은 모든 종교를 수용할 만한 무언가가 잠재하고 있다는 의미이다. 우리 민족이 믿었던 하느님은 바로 이를 방증傍證하고 있는 것이 아닌가 하는 생각이다.

1) 감성적 소통

감성적 소통은 아는 사람을 대할 때 하나하나 뜯어보고 아는 체하지 않듯이 즉각 받아들이는 인식체계를 말한다. 물론 어느 나라 사람이라도 그러하나 우리나라 사람들은 그러한 경향을 더 띠고 있다는 의미이다.

애국가에 순수하게 자연만이 들어있을 정도로 자연을 사랑하고 서사시 하나 없이 서정시만 있으며 만물일여萬物一如 정신을 지닌 우리나라 사람들은 자연 감성적 소통이 발달할 수밖에 없다.

감성의 인식체계는 즉각적인 소통이 가능하지만, 자기중심적인 요소가 개입될 여지가 많은 특성을 보인다고 할 수 있다. 현대의 감성적 소통이 일상화되면서 자기중심적, 즉 주관적이라는 의미는 '다양성', '개성', '기질적 특성' 등으로 바꿔 표현해도 큰 무리가 없으며 이것은 각자가 살아온 환경만큼이나 다른 것이다. 그것은 '옳다', '그르다'는 개념이 아닌 것이다. 감성의 인식체계에 자기중심적 요소가 많다는 것은 그간에 수많은 보이지 않는 장벽들로 일종의 인식의 벽으로 작용하였다. 미래는 대중매체나 대중소통의 발달로 수많은 벽이 무너져 내린다. 그러한 자기중심적 요소들은 점차 적어도 지구 중심적이라는 개념으로 바뀌게 될 것이며 감성이 소통으로서 더욱 중요한 역할을 하게 될 것이다. 지구적 환경문제가 대두되는 현실이 좋은 예이다.

감성은 어떤 의미에서 이성보다 진화된 형태라고 할 수 있다. 불가에서 말하는 마음과 마음으로 도장을 찍듯 직접 통하는 심심상인心心相印은 가감 없이 원래의 의미를 그대로 전달하는 감성적 소통방식이라는 점에서 이성적 소통과는 비교할 수 없을 만큼 진화된 방식이다. 근래에 K팝이나 한류가 세계문화 속에서 급속히 두드러지는 것도 이와 관련이 있다.

일반적으로 남자보다 여자가 육감이 더 발달해 있는 것으로 인식되고 있다. 남자의 분석적 지혜보다 여자의 감성적 판단이 동물적 본능에 가깝기 때문일 것이다. 그렇다면 과학적·분석적이라는 과거의 이성적 판단이 소통의 장애로 작용하였을 수도 있다. 인간이 내세우는 지혜나 계급, 격식, 체면 등이 서로 간에 소통이 벽을 만들어 진화를 가로막은 것이다.

이러한 변화는 그동안 억눌려왔던 반작용으로 인한 다양한 분출 욕구들로 인해 과도기를 거치게 될 것이다.

그동안 인류의 삶을 지배해 온 것은 이분법적 사고방식이었다. 우리는 이분법적 사고방식에서 벗어나는 과도기적 시점에서 있다. 특히 인류사에서 대부분 서양사는 거의 모든 부분에 이분법적 사고방식에 의해 지배되어 왔으며, 이러한 사고방식은 알게 모르게 흑백논리와 더불어 그동안 수많은 장벽을 만들어 놓았다.

선善은 홀로 존재할 수 없다. 악惡이 존재함으로써 선의 가치가 부각된다. 이러한 이분법적 사고방식에 의해 선과 악은 그간 대립 관계에 있었다. 장벽이 조금씩 무너지고 사람들의 가치관에도 변화가 생기면서 선과 악의 대립 관계에 변화가 생겨날 것이다. 인간의 이분법적사고관 내에서 오직 절대 선은 존재하지 않는 것이다. 이분법적사고관 내에서는 경험적으로 설혹 절대 선이 있어도 분열이 생겨나면서 다시 선악의 대립구조가 형성될 것이다. 악의 개념은 미래에 '나쁜'이라는 의미보다 '소통되지 않는 의미'나 '소통해야 하는 이유'의 사례로 의미가 바뀜으로써 원래의 이미지에서 훨씬 희석될 것이다. 증오는 사랑의 또 다른 표현이라는 말이 있다. 그런 의미에서 선악은 한 형제이다.

반면교사反面教師는 이분법적 사고에서 악의 개념에 포함되지만, 어떻게 받아들이느냐에 따라 교사教師라는 표현이 보여주듯이 또 다른 효용성이 있는 것이며, 수분각 수분득隨分覺 隨分得20)의 표현처럼 장벽이 사라짐은 사고의 확장을 가져다주고 새로운 관점을 지니게 한다.

석문도문은 이러한 점에서 미래는 이분법의 시대가 끝나면서 수화상극水火相剋시대에서 수화상생水火相生시대가 도래할 것이라는 예측을 하였다. 이러한 수화상생은 따로 존재해 온 것이 아니라 그동안 우리 삶 속에 쉽게 볼 수 있었음에도 불구하고 인종과 종교적 갈등, 이데올로기의 대립 그리고 개인 및 국가이기주의에 의해 간과되고 있었다.

수화상생의 의미는 새로운 창조가 아니라 예전부터 존재해 왔던 부분에 대해 새로운 시각과 관점을 갖는 것이다.

이는 인터넷을 비롯한 대중매체의 발달이 인류사에 모든 가치 기준에 변화를 가져다주어 인종과 국경의 울타리가 낮아지는 현대와 미래에 적합한 소통방식이다.

---

20) 한당도담편찬위원회(2007). 자기 그릇에 맞게끔 깨닫고 자기 그릇에 맞게끔 얻게 된다는 뜻으로 가령 폭우가 내려도 본인이 들고 있는 그릇이 밥그릇이라면 그만큼만 빗물을 얻을 것이고, 더 큰 그릇을 들고 있다면 또한 그만큼 얻게 된다는 의미인데 또한 깨달은 만큼 얻는다는 의미로도 쓰이기도 함.

2) 체면과 자존심

우리 민족은 타의 추종을 불허할 정도로 자아自我와 자존심이 강하며 그래서 체면을 중요시한다. 강한 자아와 자존심은 명분을 중시하는 기질과 연관되어 있으며 그를 유지하기 위해 교육열이 무척 높다.

이규태는 체면에 관한 한 가지 예를 들어 양상수척讓床瘦瘠이라 하여 상물림으로 얼굴이 메말라 수척해지고, 운운하며 벼슬아치를 송덕頌德하는 상투적인 문구가 있다고 했다. 물린 상은 계속 아래로 내려가 종들까지 먹을 수 있게 배려한 것이다. 고기가 귀했던 시절, 일부 지방에서 그러한 관습의 일종으로 '생선을 뒤집어 먹지 말라'는 풍습이 남아 있다. 남은 반쪽은 자연히 상물림에 의해 다음 사람들이 계속해서 조금씩 나누어 먹게 되는 것이다. 예전에는 가족 간에도 상물림이 있었다. 특히 여성들은 대가족의 식사 수발을 들기 위해 겸상을 하지 않고 따로 식사도 했다.

상床에 산해진미의 상물림이라는 관습과 체면 때문에 먹지 못해 수척해진 모습을 상투적인 송덕에 포함하기도 했다. 그래서 벼슬이 올라갈수록 늘 산해진미를 대하지만 체면으로 인해 제대로 먹지 못하여 수척해짐으로써 생겨난 말이다.

헐버트Homer Bezaleel Hulbert는 한국인의 자존심이 얼마나 강한가를 보여주는 예로서, 다음과 같이 적고 있다. 해마다 명문가의 후손들이 너무나 자존심이 강한 탓으로 남에게 구걸하거나 돈을 빌려 쓰지 않고 오히려 굶어 죽는 사람들이 상당수에 이르고 있는 점은 그 좋은 예가 된다고 하였다.

제임스 게일James Scarth Gale은 조선의 민중이 대체로 가난했던 이유에 대해 유교를 중시했기 때문이라는 지적을 하고 있다. 여기서(해주) 내가 사귄 사람들은 딴 데서 내가 사귄 조선인들과 다름없이 지적이고 재미있는 사람들이었다. 신비스러운 점은 이 많은 총명한 사람들이 수준 낮은 문명에 만족해 왔다는 사실이다. 그 이유는 유교가 비참하게 여겨질 만큼 가난한 생활을 오히려 상찬 했다는 데 이유가 있는데, 그들의 생활에는 도道의 미점美點이 잘 나타나 있는 셈이라 하였다.

천손과 더불어 살아가는 동물조차 고집을 통해 자신을 드러내고 있는데 그 이면에는 자존심이 분명 깔려있다. 자존심으로 인해 표출되는 체면은 엄격한 사회질서나 유교적 도덕규범을 적극적으로 수용한 계기가 된 게 아닌가 하는 생각이다.

헐버트는 한국인들이 가지는 그 밖의 성격 중에 특기할 만한 것은 그들의 강한 자존심이다. 이 세상에서 체면을 차리는데 한국인들보다 더 기를 쓰는 민족은 없다. 한국인의 자존심이 얼마나 강한가를 보여주는 예로서는 다음과 같은 것을 들 수 있다. 즉 해마다 명문가의 후손들이 너무나 자존심이 강한 탓으로 남에게 구걸하거나 돈을 빌려 쓰지 않고 오히려 굶어 죽는 사람들이 상당수에 이르고 있는 점은 그 좋은 예가 된다. 이와 같은 풍조는 굶주림 속에서 허덕이면서 가난하나마 유덕하게 사는 사람들이 결국에는 전화위복이 되어 비참한 운명에서 벗어나서 훌륭하게 살게 되었음을 보여 주는 많은 고담古談 속에서 더욱 굳어지고 있다. 서울에는 그와 같은 운명의 여신으로부터 춥고 배고픔만을 받은 몰락한 선비들만이 사는 마을이 있다. 그 마을은 남산 밑에 있는데 그곳에서 사는 사람들을 '남산골 선비'라고 부르는 것만으로도 그들의 생활상을 모두 알 수가 있다고 하였다.

어른이 되면 남녀를 막론하고 끊임없이 맹목적인 격분에 사로잡히고 만다. 이 나라에서는 단단한 결심을 나타내기 위하여 스스로 손가락을 찔러서 자기의 피로 맹세를 쓴다. 울화가 치밀면 사람들은 이상할 정도로 쉽게 목을 매달아 죽거나 물에 빠져 죽는다.21) 조그마한 불쾌한 일이나, 멸시하는 말 한마디나, 하찮은 일로도 그들은 자살하게 된다. 그들은 성을 잘 내는 것과 마찬가지로 복수를 잘한다. 음모가 쉰 번 있으면 마흔아홉 번은 어떤 공모자에 의해 폭로되는데, 그것은 거의 언제나 개인적인 원한을 풀고, 좀 뼈있는 말 한마디를 들은 것을 앙갚음하기 위한 것이다. 그들은 자기들 원수의 머리에 징벌이 떨어지게 할 수만 있다면, 자신들이 벌을 받는 것은 조금도 개의치 않는다.

다른 한편 한국인들은 극도로 고집이 세며 성질이 급하고 복수심이 강하며 자주 강렬하고 제어하기 어려운 분노를 터트린다. 한국에서는 자신의 굳은 결심을 표현하기 위하여 손가락을 잘라서 자신의 피로 서명하는 것이 허락되어 있다. 분노가 폭발했을 때 한국 사람들은 믿기 어려울 만큼 쉽사리 목을 매달거나 물에 빠져 죽는다. 조그만 불만, 모욕적인 말, 사소한 일들이 그들을 자살로 이끄는 것이다(한국지).

한국인은 화가 나면 본정신이 아닌 것 같다. 그때에는 목숨을 내어놓고 달려들며 마치 표독스러운 짐승이나 다름없다. 입에서는 거품이 끓어올라 더욱 심한 환상을 불러일으킨다. 그러나 다소간이라도 술을 마시지 않고서 다투는 일이란 비교적 드물다는 점을 나는 지적하고 싶다. 술이나 한잔 마시면 프랑스인보다는 오히려 게일Geil의 기질을 나타낸다(헐버트).

우리나라 사람들의 싸움하는 모습 가운데 싸움 과정에서 스스로 피해자가 되고자 하는 이상한 싸움을 하는 모습들이 있다. 상대방에게 "때려", "때려"하거나 "죽여라", "죽여" 외치는 모습은 우회적으로 그만큼 화가 났다는 강한 표현이고 극단적인 경우에도 공동체 의식에 내재된 윤리

---

21) 천손민족의 강한 자존심에 상처를 입게 되면 공동체 생활에서 비롯된 의식 중에 하나로 자신의 감정을 주체할 수 없다는 최고의 격한 표현으로 극단적인 선택을 하거나 자해로 발현된다. 즉 '내가 누군데'라거나 어린아이들과 같이 남에게 의지하듯 하는 울타리 안에서 오랫동안 보호 상태에 있어서 독립성이 결여된 미성숙한 정신상태를 보여 주는 것이다.

의식으로 인해 차마 상대를 해할 수는 없어 자해하는 식의 표현이 난무하는 그런 상황이 벌어진다.

하지만 부정적인 요소만 있는 것은 아니다. 선비들은 목숨을 걸고 지론을 굽히지 아니하였으며 고려의 성리학자 우탁과 조선의 조헌과 최익현이 올린 지부상소持斧上疏가 바로 그것이다. 도끼를 들고 들어가 죽음을 무릅쓰고 간했으며, 벼슬을 버리면서까지 직간을 했고, 머리를 찧으며 이마에 피를 흘릴 때까지 간했다. 이것이 선비들이 가는 길이었다.

우리 민족의 기질적 특성인 체면과 자존심은 명분 그리고 공동체 의식과 더불어 당파를 만드는 데 일조했으며 때로 뭉치지 못하는 모래알 같은 민족이라고 폄하되었다.

대신 체면과 자존심이 강한 특성은 그것을 유지하기 위하여 교육에 가장 높은 비중을 두었다.

조선 말기는 기름이 다한 등잔불이 마치 바람에 흔들리는 상황 같아서 더 기대할 것이 없는 것처럼 보이지만 외국인들의 눈에 비친 객관적인 국민의 모습에는 특이한 점도 적지 않았는데 그중의 하나가 바로 교육열이다.

일부를 발췌해 보면, 내가 만난 총명한 조선 사람들은 어느 나라 사람들보다 우수했다. 그들은 무엇을 알려고만 마음먹으면 그것을 알 때까지 쉬지 않고 노력하면서 전에 전혀 들은 바도 없는 것까지 쉽고 빠르게 이해했던 사실을 밝혀 두고 싶다. 그들은 언어를 쉽게 익혔는데, 외국어 발음은 일본이나 중국 같은 주변국 사람들보다 더 정확하고 뛰어났다(새비지 랜도어).

교육을 중시하는 태도, 중국식의 효율적인 행정체계 등은 또 하나의 주제, 즉 문명과 문화라는 추가적 주제로 발전한다. 야성성과 문명문화,

이 두 가지 주제는 18세기에 유행하던 '착한 미개인' 혹은 '동양의 현자' 등의 개념과 만나면서 매우 특이한 이미지로 발전한다(프레데릭 블레스텍스).

1866년 프랑스가 불법적으로 강화도를 공격한 사건인 병인양요에 참가했던 프랑스 해군 장교 주베Zuber가 1873년에 발행된 프랑스 여행 전문잡지 『르 뚜르 뒤 몽드』(세계 일주)에서 자신들이 침공대상으로 삼았던 강화도 한 촌락의 초라한 집에서 학문에 열중하고 있는 조선 선비의 기개 있는 모습을 접하고 받은 충격에서 이렇게 묘사했다.

조선과 같이 먼 극동의 나라에서 우리가 경탄하지 않을 수 없는 것은 몹시 가난한 사람의 집에도 책이 있다는 사실이며, 그의 놀라움은 관아의 커다란 창고에 보관된 방대한 양의 책과 종이를 보고 더욱 커진다. 방대한 양의 서적과 비축용 종이를 발견했으며, 서적 등 일부는 훌륭한 그림을 담고 있는데, 그것들은 오늘날 파리 국립 도서관에 옮겨져 소장되어 있다. 거의 모든 책은 한서漢書이나 조선은 고유한 언어를 지니고 있으며, 그것은 동양의 어느 나라에서도 찾아볼 수 없는 진정한 표음문자이다(백성현·이한우).

하멜Hendrik Hamel은 지체 높은 사람이나 귀족은 자녀의 교육에 신경을 많이 쓰며, 제때 자녀들의 읽기와 쓰기를 지도할 스승을 붙여준다. 스승은 가르치면서 강제를 사용하지 않고 온화한 방법으로 가르치며 제자에게 선조의 업적과 학문을 설명한다. 조선 사람들은 인쇄본이나 필사본으로 된 많은 고서를 가지고 있으며 원본과 똑같은 사본을 여러 곳의 다른 장소에 보관하여 화재와 같은 갑작스러운 재앙에 대비한다.

이처럼 무기력하고 나태한 땅에도 조선인이 학문과 학자를 숭상하고 교육열이 대단하다는 인상은 하멜 이래 유럽인에게 공통적이었다.

고종의 첫 서양인 외교 고문으로서 1882년 말부터 1885년 말까지 조정에서 조선 관복을 착용하고 활동했던 독일인 묄렌도르프Paul Georg von Möllendorff는 몰락해가는 조선의 개혁을 구상한 글에서 교육과 산업 활동을 통해서만 독립을 확보할 수 있으며 조선 민족은 총명하고 일본인보다 능력이 우수하여 지적 능력을 갖춘 유복한 국가가 되리라고 기대했다.

1653년~1666년의 조선의 상황을 설명한 네델란드의 하멜표류기

조선인의 문자 해독율은 비교적 높은 것으로 판단했다. 제임스 게일에 따르면 전혀 교육을 받지 못한 사람도 한 달 남짓 공부하면 성경을 읽을 수 있게 됐다. 과장된 표현이지만, 중국이나 인도에서는 1,000명 가운데 한 명이 읽을 수 있는데 비하여 조선에서 읽기는 보편적이라는 것이다. 비숍Isabella Bird Bishop은 한강 유역의 하층민들이 한글을 읽을 수 있다는 사실을 알고 놀라움을 금치 못했고, 북부지방을 여행했던 러시아 장교 알프탄도 마을마다 서당이 있고 읽고 쓰지 못하는 조선인을 만나는 것은 드물었다고 증언했다.

교육열에 못지않게 인지·습득능력 또한 우수한 것으로 여겨졌다.

1890년 말에 조선을 방문한 새비지 랜도어Arnold H. Savage Landor는 조선인들이 흐리멍덩하고 답답한 인상을 주는 외모와는 달리 신속한 이해력과 현명한 추론 능력을 갖추고 단기간에 지식을 습득하는 모습에 늘 압도당했다고 고백했다.

비숍의 표현에 따르면 조선인은 "말귀를 알아듣는 총명함"을 상당히 타고났다는 것이다. 이러한 조선인의 명민함과 똑똑함에 대해서는 외국인 교사나 선교사들의 한결같은 증언이다. 조선인의 인지·습득능력의 우수성에 대한 구체적인 예로 거론된 것은 언어·기술 분야였다. 언어습득능력이 탁월하다는 점은 장기간 조선인 학생 교육에 종사했던 외국인들이 한결같이 동의하는 바였다. 그중에는 조선인의 언어능력이 중국인·일본인을 능가한 것으로 평가됐다. 이 평가는 서울에서 전차사업을 하는 미국인들에게 공통된 것이었다. 실제 조선인들은 일본인 기술자나 공장 감독관을 압도하여 대신 그 자리에 들어서고 있다고 한다. 지금도 이러한 현상을 볼 수 있는데 일부에서는 중국 동북 삼성의 동포들이 낮은 자리나마 직급을 꿰차고 우리나라 사람들을 부리고 있다.

이규태는 아울러 비록 가난했지만, 거지가 없었으며 짐을 바깥에 내놓아도 잃어버리는 일이 없었다고 한다. 하지만 외국인들이 물밀 듯 들어오면서 이러한 상황에 변화가 오게 된다. 그렇다 하더라도 1930~1940년대까지만 해도 가난한 농촌이었지만 남의 물건을 훔친다거나 사기를 친다거나 하는 범죄는 거의 없었다고 하였다.

조선에는 거지가 없다. 거지가 있는 곳은 다만 외국인 거주지 주변뿐이다. 허기진 길손은 양반의 집 사랑방으로 들어가기만 하면 된다. 그는 공짜로 얻어먹고 그 밖의 다른 편의를 받는다. 무슨 수상쩍은 데가 없는 길손인 경우에는 돈 한 푼 없이 반도의 끝에서 끝까지 여행할 수 있는데, 어느 곳엘 가거나 친절한 대접을 받을 것으로 확신하고 있다(게일).

시골에 가면 방이 부족해 우리는 짐을 노천에 내어놓았지만 짐을 잃어버리는 경우는 없었다. 이런 점에서 볼 때, 조선 사람들은 서구 문물이 들어오기 이전까지는 정직했다. 그러나 서양 문물이 들어온 이후에 사정이 많이 바뀌어 절도에 대한 적절한 처벌이 필요하다는 얘기를 우리는 자주 들었다(칼스).

3) 고 집

우리 민속 문화의 특징은 두드러진 뚜렷한 구분성이 없다는 점과 모든 문화가 총체적으로 서로 연결되어 있다는 점이다. 일반적으로 문화는 삶과 유기적으로 결합하여 있는데 우리 문화는 그 결합성이 더 강하다. 원래 민속 문화의 기원은 주로 삶의 현장에서부터 출발했는데 그중에서도 많은 부분이 노동과 일로부터 시작되었다고 할 수 있다.

하지만 이러한 기질적 특성은 단편적으로 다른 나라 사람들도 지니지만 전체적으로 서로 연관되지 않으며 일반적으로 문화와 삶이 유기적으로 결합하는 형태에서도 벗어나고 있다. 그러한 기질은 바로 천손민족이라는 카테고리로서 설명될 수 있는 것인데 그 가운데 하나가 고집이다.

양반고집 또한 익히 알려진바 한국인뿐 아니라 한국인과 가까이 생활하는 몇몇 가축들은 천손과 더불어 살아가는 동물로서 고집스러운 일면을 지니고 있다.

한국관광공사 이참 사장은 한국인의 성격이 진돗개와 닮았다고 하였는데, 구한말 한국을 방문한 선교사들은 조선인과 조랑말 또한 고집이 대단하다고 언급하고 있다.

독일인으로서 한국에 귀화한 한국관광공사 사장으로 재직 당시 이참은 2009년 4월 6일 조갑제의 현대사 강좌에서 '무한한 잠재력을 가진 나라의 답답함'이라는 주제로 초청 강연을 하였는데, 그는 진돗개 연구가로 토종견인 진돗개가 한국인과 성격이 비슷하다고 다음과 같이 거론하였다.

한 집에서 여러 마리의 개를 키우면 한 번은 꼭 싸운 후 서열이 정해지고, 이 서열에 따라 질서가 잡혀 더 싸우지 않는데 유독 진돗개를 여러 마리 키우는 집에서는 싸움이 끊이질 않는다. 싸워서 진 개가 이긴 개에게 승복하지 않고 계속 도전하는데 보스기질이 강하여 모든 개가 우두머리가 되겠다고 그러는 것이다. 전국을 돌아다니면서 진돗개를 조사하였는데 단 세 집에서는 서로 싸우지 않았다. 이 세 집의 공통점이 멧돼지 사냥에 진돗개를 이용하고 있었다. 멧돼지를 진돗개가 1 대 1로 상대하면 다 죽게 되는데 세 마리가 공동작전을 펴서 멧돼지를 피로하게 한 다음 물어서 죽인다. 강한 적을 거꾸러뜨리기 위하여 협력하다가 보니 세 마리가 친해져서 사이좋게 지내는데 한국인들도 공동의 적, 공동의 목표가 있을 때는 단결하며 한강의 기적이 그런 경우라 하였다.

공동의 목표가 있을 때 흥과 신명으로 나타나는 우리 민족성의 기질을 단적으로 드러내는 표현이다.

제임스 게일은 조선의 조랑말과 조선인이 결속해서 어떤 일을 하고 있을 때 뭐라고 말해 봤자, 그런 것은 다 돌로 쌓은 벽과 다투는 거나 마찬가지로 아무 소용이 없다고 하였다. 조랑말의 고집은 가장 나쁜 성질 중의 하나이다. 말하자면 조선 머슴들이 제 고집대로 하듯이 대담하게 제 고집대로 움직인다. 일단 변덕이 나기만 하면 그의 목은 놋쇠로 된 것 같고, 생각한 것은 연주창처럼 오래간다.

김영자는 에쏜 써드Esson Third의 기록을 예로 들어 조선 사람들의 고집에 대해 언급하고 있다.

조선 사람이 가지고 있는 탁월한 성격이 꼭 하나 있는데 바로 아집我執이다. 이 고집은 또한 사람들만 가지고 있는 것이 아니라 짐승까지, 즉 말이나 개, 소한테서도 찾을 수 있다. 조선 사람들과 일을 하려면 언제나 이 고집스러운 태도를 계산에 넣지 않으면 안 된다. '시간아, 가라' 하는 듯 여유만만하고 아집만 부리는 이들에게 옳고 정당함도, 필요성도 설득해봐야 때로는 무력도 써 봤지만, 소용이 없다. 자기네들이 원하지 않으면 세상이 뒤집히든 지 말든지, 상대방이 미쳐버린 대도 상관하지 않을 거다.22)

언더우드Horace Grant Underwood 부인 역시 조랑말에 대해 좋지 않은 인상을 지녔나 보다. 조랑말 그놈들은 아주 제멋대로 굴고, 버르장머리가 없고, 고집이 세고, 싸우기 좋아하고, 변덕스럽고, 교활하고, 다루기 힘든 작은 짐승이라고 나는 굳게 믿게 되었다.

아무래도 가장 조랑말에 대한 극적인 표현은 제임스 게일이 압권이다.

내가 길에서 본 짐승 중에서 나의 개인 성격에 가장 큰 영향을 끼친 것은 조선의 조랑말이다. 나는 어떤 저명한 대학교수나 나의 주主 같은 뛰어난 분을 가리키는 대신, 아주 엉뚱하게도 조랑말을 가리키고 이렇게 말하는 것이다. '나는 그의 영향을 받았다. 다른 모든 것을 합쳐도 이에 미치지 못한다.' 내가 흔히 탔던 조랑말은 털이 수북하고 가죽은 영양부족으로 눌어붙은 말이다. 그래서 보는 사람은 으레 가엾어 하기 마련이고, 이렇게 말한다. '허약하기 짝이 없는 짐승이구나. 금방 쓰러져 죽을 것 같다.' 그러나 좀 겪어 보면 생각이 달라진다. 그의 발꿈치는 대단히 강하고, 조금만 성이 나더라도 6인치 두께의 철판을 깨물어 뜯을 수 있을 정도란 것을 알게 되기 때문이다.

이들에게서 구체적으로 언급되지는 않았으나 흔히 쇠고집이라고도 불리는 황소고집도 빼놓을 수 없다.

---

22) 1902년에 실린 Esson Third의 '서울견문록'으로 중국에 체류하고 있던 유럽인은 상해를 중심으로 『극동』이라는 정기간행물을 발간함으로써 당시 동양에 관한 새로운 소식을 알리고 있었는데, 1902년 『극동』지에 이 글을 기고한 에쏜 써드는 알려진 바가 없다.

4) 환 대

대개 인적이 드문 지역에서 손님이 찾아오게 되면 환대하는 습관이 있다. 새로운 소식을 듣는 계기가 되어 일종의 소통이 이루어지는 것이다. 하지만 우리나라 사람들은 이 범위를 넘어서는 것이다.

우리 선조들의 환대는 이를 훨씬 넘어서는 것이어서 일상의 한 부분이었다. 식사 때가 되면 낯선 이들도 적당한 집을 찾아 밥을 얻어먹거나 숙박을 청하기도 하고 주인집에서는 특별한 일이 없는 한 응하기도 했다.

근래 아무 집이나 벨을 눌러 한 끼 식사를 하는 TV 프로그램은 우리나라에서만 가능한 프로그램이라 할 수 있다.

상상을 초월하는 손님 환대에 대해 이규태는 신미년에 강화 포대를 포위한 미군에게 선전宣戰을 통고하러 간 한국 사신은 '만리풍파에 시달려 시장할 터이니 약소하나마 거세한 소 세 마리와 닭 50마리 그리고 달걀 1만 개를 주겠노라' 하고 이 침략자마저도 이인으로서 환대하였으니 한국인의 손님 접대는 알아볼 만하다고 하였다. 물론 당시 싸움도 불사하러 온 미국 측의 드루 서기관은 이를 거절하였다.

샤를르 달레는 상호부조와 모든 사람에 대한 흔연한 대접은 이 나라 국민성의 특징인데, 솔직히 말하여 그런 장점은 조선 사람을 우리 현대문명의 이기주의에 물든 여러 국민보다 훨씬 우위에 서게 하는 것이라 기록하고 있다.

심지어 낯선 사람들도 종종 부유한 사람의 집을 찾아가서 머무른다. 그들은 더 좋은 숙식이 기대되는 어느 다른 부잣집으로 거처를 스스로 옮길 때까지 그 집에서 몇 달 동안 머무른다. 식객의 험담보다 조선 사람이 더 두려워하는 것은 없다. 조선 사람들은 남에게 극진하게 호의를 베푸는데, 그러한 사실은 외국인에게도 역시 똑같다. 왜냐하면 내가 가장 가난한 사람들의 집을 방문했을 때, 나는 항상 음식과 마실 것을 대접받았기 때문이다. 당신도 그들과 함께 식객 노릇을 해보라는 권유를 수없이 들을 것이다.

이러한 풍습은 현대까지도 이어져 찻집이나 음식점에서도 서로 자기가 계산을 하겠다고 상대의 손을 붙잡거나 옷을 끌어당기며 다투는 일이 비일비재하였다.

5) 대의명분

한국의 전통문화와 무예에 대해서 언급하기 전에 우리 민족의 기질적 근원에 뿌리 깊게 박혀있는 대의명분大義名分에 대해 언급하지 않을 수 없다.

인간을 만물의 영장이라고 표현하지만, 기존의 인간은 하나의 생명체의 하나로서 접근하는 한계에 그쳤다. 그것은 인간을 단순한 생명체로써 동물행동학적 관점에서 접근하려 했기 때문이다.

대표적으로 옥스퍼드대학 생물학 교수이자 동물행동학자인 리처드 도킨스Richard Dawkins은 진화의 주체가 인간 개체나 종種이 아니라 유전자이며 '사람을 비롯한 모든 동물은 유전자가 만들어 낸 기계'로서 또한 우리는 이기적으로 태어났으며, 선택의 기본단위, 즉 이성의 기본단위가 종도 집단도 개체도 아닌, 유전의 단위인 유전자라는 것을 주장한다. 이 유전자를 불멸의 복제자로 받아들이고 있지만 간과하고 있는 부분이 있다.

인간이 동물과 확연히 다른 점은 동물은 본능에 의해 움직이는데, 물론 인간도 오욕칠정에 휘둘려 움직이기도 하지만, 어느 정도 자유의지에 의해 움직인다는 것이다. 좀 더 자유의지에서 나아가게 되면 일과성으로 그치는 것을 넘어 노력이라는 것을 수반하게 될 뿐 아니라 일종의 습習으로 자리 잡게 된다. 이 자유의지야말로 동물과 확연히 구분 지을 수 있는 신성神性의 영역인 것이다. 즉 자유의지는 동물들의 행동 양식이 본능적으로 정해진 틀 안에서 움직인 데 비해 인간은 미리 예측하고 '계획과 준비'라는 사전 과정을 두고 있다는 것이다. 따라서 인간에게 있어서 예측하지 못한다는 것은 때로 공포를 동반하기까지 한다.

자유의지가 반영된 인간이 추구하는 것이 행복이라는 견해도 많다.

육신의 한계를 지닌 인간은 '결핍적 존재'(송형석)여서 극복하기 위한 노력과 과정을 포기하는 경우가 빈번한데, 그런 과정을 통해 진정 자신을 인식하고 노력한다는 것은 참으로 중요한 덕목 중의 하나이다.

오히려 부족하다고 생각되는 결핍이 인간 의식을 일깨우고 나아가게 하는 원동력이자 조물주의 섭리임을 깨달아야 한다.

우리나라 국민들의 행복지수는 동남아시아 저개발국들보다도 한참 순위가 낮은데, 특히 우리나라 어린이 행복지수가 OECD 국가 가운데 4년 연속 최하위를 기록했다. OECD 평균이 100인데 우리나라는 4년 연속 60점대로 최하위에 머물렀다. 그렇다고 거기 가서 살고자 하는 이는 아무도 없다.

현실의 어려움이 많지만 어려운 가운데 더 얻을 수 있는 게 많다는 것을 인식하고 있기 때문이다. 더 큰 시야를 가지고 통합적인 사고로 생각하고 바라보기 때문에 현재의 행복지수라는 것만으로 행복의 척도로 삼을 수 없다. 거친 세파는 모난 부분을 더 빨리 다듬어 원만한 삶으로 끌어가는 것이다.

인간은 누구나 행복을 추구하지만 실상 가만히 들여다보면 행복이 인생의 목표는 아니다. 누구나 추구하는 행복은 바로 물질적 행복을 의미하는데, 물질적으로 풍요로운 삶을 산 사람들이라도 또 다른 기회에 똑같은 삶을 반복할 것인가? 하는 질문을 던진다면 그 누구도 흔쾌히 대답할 수 있는 사람은 없을 것이다. 그러한 물질적 행복은 자신의 의식을 깨우고, 영혼을 진화로 이끄는 데는 걸림돌이 되는 것이다. 부족하기 때문에 노력하고 발전의 기회를 얻게 되는 것이다. 부족함을 모르는 사람들은 조물주의 섭리를 얻지 못한 불행한 삶일 수 있다.

인간을 역사를 통해 바라본다면 하나의 큰 줄기를 찾을 수 있다. 사람들은 누구나 재물, 명예, 권력 혹은 건강이나 행복을 추구한다고 생각한다. 그러나 이러한 생각은 피상적일 뿐이다. 어느 누구든 남이 지녔음에도 불구하고 자신이 지니지 못한 것을 추구하는 것일 뿐이다. 만약에 언급한 그 모든 것을 만족시킬 위치에 있는 사람이라 할지라도 완전한 만족은 없다. 극히 사소한 일에 완전함에 가까운 만족을 얻는 이가 있는가 하면 상대적으로 남들이 하나도 지닐 수 없는 대부분을 차지하고서도 만족을 하지 못하는 사람들이 있다.

그러면 인간의 마음을 움직이게 하는 원동력은 무엇이며 사람들은 풍요로운 삶을 위해서 남의 나라까지 시시콜콜하게 간섭하려 하거나 이득을 취하려 할까? 냉전의 시대가 끝난 이후, 문명의 격돌 밑바닥에는 기독교와 이슬람이라는 존재가 있다는 점을 밝힌 새뮤얼 헌팅턴Samuel P. Huntington의 '문명의 충돌'은 어떤 의미인가?

종교를 포함하여 인간의 개인 혹은 집단적 행동 양식의 저변에는 바로 명분이 자리 잡고 있다. 물질만능주의 시대인 현대는 명분이 금전으로 쏠리기 시작했으며 종교적 갈등 역시 자신이 믿는 종교의 교리와는 무관하게 명분 싸움으로 변질하고 말았다. 이러한 현상은 사실 명분을 잃고 있어서 생겨난 것으로서 명분을 대체할 그 무엇에 매달리고 있는 격이다.

이러한 점에서 볼 때 인간의 자유의지를 움직일 수 있는 한계 범위가 도덕이나 예의, 그리고 법이나 관습 등이 될 수는 있지만, 그 근원은 아니다. 그렇다고 현재 개인이나 집단이 이익의 충돌 가능성을 내포한 명분은 더더욱 아니다. 그런 점에서 볼 때 인간이 내세우는 명분은 좀 더 심오한 의미가 담겨 있을 가능성이 높다.

다이아몬드를 가공할 때 같은 경도를 지닌 다이아몬드가 가장 효과적이다. 강가에 흔한 둥근 돌들은 당연한 것처럼 여겨지지만 사실 그 이면에는 치열함으로 점철되어 있다. 이 둥근 돌들은 대부분 홍수 때 비중이 큰 탁류 속에서 뜬 돌, 혹은 거센 물결에 휩쓸려 구르는 돌들끼리 부딪혀 가장 모난 가장자리 부분이 깨어져 나가고 마모됨으로써 점차 둥근 형태를 이루게 되는 것이다. 상류부의 돌들은 거친 면이 두드러지지만, 하류로 갈수록 점차 강변의 돌들은 전체적으로 둥근 형태를 하고 있는데 하류로 갈수록 돌들 간에 부닥칠 기회가 많았으며 그런 과정을 통해 가공도가 높다는 의미이다. 사실 침식은 흐르는 물보다도 거센 물속에 구르는 돌끼리 부딪히는 가운데 더 많이 생겨나는 것이다.

이러한 현상은 사회적 동물이라는 인간사회에서도 그대로 적용될 수 있다. 인간도 인적이 드문 산중이나 시골에 있을 때보다 좀 더 복잡한 대도시에 나오게 되면 대부분 나이가 들수록 개성이 다른 인간끼리 본능적 욕구가 치열하게 부닥침으로 인해 발생하는 수많은 갈등과 더불어 때로 좌절, 또는 상대를 인정하는 가운데 원만圓滿해지면서 좀 더 심적心的으로 바람직하고 조화로운 이상적 인간상에 나아가거나 가까워지게 된다.

그런 관점에서 본다면 무武의 수련은 인간 간에 그 무엇보다도 원초적이면서도 가장 격렬하고도 적극적으로 부딪히면서 자신과 더불어 상대의 마음을 다듬는 방법이라고도 볼 수 있는 것이다. 이러한 측면을 긍정적으로 바라본다면 인간의 마음을 닦는 데에 있어서 가장 확실하고 빠른 효과를 기대할 수 있는 수련방편의 하나라 할 수 있는 것이다. 그래서 '대은大隱은 저자에 숨고, 소은小隱은 산에 숨는다(大隱隱於市 小隱隱於山)'는 표현이 있다.

인간이 주장하는 명분은 더 큰 명분으로 나아가기 위해 거듭된 작은 충돌들이 낳는 갈등을 통해 지극한 명분으로 이끄는 모티브로 작용할 소지가 큰 것이다.

이러한 내용은 새로운 주장이 아니라 누구나 지켜봐 왔고 알 수 있는 것이지만 간과하고 있었을 뿐이다.

인간 자체를 알기 위해 모든 인간의 속성을 들여다보면 소위 수없이 많다는 표현으로 '십만 팔천 가지'나 되어 도무지 종잡을 수 없다. 그 가운데 인종과 국경, 그리고 종교, 심지어 동서고금을 통하여 한 치의 차별이 없으며 생명과 직접 관련된 공평한 점은 단 두 가지이다. 하나는 생명의 연장과 관련 있는 호흡이며, 다른 하나는 피할 수 없는 죽음이다.

이 두 가지는 생명과 직접 관련되어 있으며 두 가지 앞에 있어서만은 그 모든 인간이 평등하다고 할 수 있다. 인간이 생존과 더 나은 삶을 위해 인류사가 이루어져 왔다면 이후의 세계는 더욱 근원적인 인간의 존재성과 존재성의 확보에 더 많은 관심을 기울이게 될 것이다. '나와 남이 다르다'라는 인식은 또한 '나와 남이 다르지 않다'라는 생명의 근저에 자리 잡은 마음의 구조에 관해 관심을 기울이게 될 것이며 마지막 방향 설정에 있어서 호흡과 죽음은 핵심적인 키워드가 될 것이다.

어느 시대건 어떤 지위의 사람이건 단 두 가지는 차별이 있을 수 없어 공평한 위치에서 출발하도록 안배되었는데 그것이 바로 호흡과 죽음이라는 요소이다. 인간이라는 존재에게 있어 어느 누구도 차별 없이 공평한 출발을 할 수 있는 것이 호흡과 죽음으로 인간을 변화로 이끌 수 있는 핵심적인 요소이기도 하다.

호흡의 중요성에 대해 석문도문이 미래사회에 인간을 획기적으로 진화시킬 창조의 동력은 호흡이라 하였으며 호흡은 빛을 창조하는 최고의 수단으로써 인간 존재뿐 아니라 인간이 이룩해 놓은 문명을 한 차원 높게 변화시킬 수 있는 핵심동력이 된다고 한 점은 주목할 만하다. 이러한 표현은 다소 막연한 논리처럼 보일 수 있지만, 명분이라는 연결고리가 개입되다면 좀 더 확연해질 수 있으며 우리 선조들이 현대적 시각으로 볼 때 비생산적으로 보이는 '자리를 틀고 앉아 마냥 숨만 쉬는 호흡 수련'을 중시한 이유가 있는 것이다. 앞에서 언급한 몸과 마음을 동시에 닦는 성명쌍수나 성명겸수의 관문이 호흡 수련에 있다고 본 것이다.

그러면 인간에게 삶을 움직이게 하는 근원적인 동력은 무엇인가?

그것은 바로 대의명분이다. 사람들은 돈과 명예, 권력 등을 지상 최고의 목표로 내세우기도 하지만 그것을 얻은 사람들이 만족한 삶을 살지 못하는 것을 보면 단지 그것이 마치 명분인 양 자리를 꿰차고 있기 때문이다. 근현대의 냉전이니 문명의 충돌이니 혹은 종교의 갈등도 사실은 명분 싸움이다.

그러나 이러한 갈등과 충돌조차도 실시간 소통이 이루어지는 현시대에서 상당 부분 변화를 보이고, 이전에는 전혀 예상하지 못했던 변화로 치닫고 있다.

현재 가시권에서 인지되는 가장 확연한 의미는 수많은 나라와 인종과 종교, 심지어 남녀 간, 그리고 이데올로기의 대립과 갈등이 종속적인 관계에서 쌍방향의 소통과 갈등의 해소 그리고 상생관계에 의한 조화로의 변화이다.

초고속 인터넷이나 트윗터, 페이스북과 같은 소셜 네트워크의 등장을 비롯한 급격한 IT의 진보는 통합 문명의 흐름을 만들어가는 전조로서 계속 진화 중이다.

석문도문은 인터넷의 발달 후에 세계의 큰 흐름이 생겨나고 또 변화를 예측하기 어렵지만, 앞으로는 IT를 바탕으로 대중매체의 속보성과 동시성의 강점 위에 새롭게 '쌍방향 소통 기능'이 추가될 것이라 한다. 그리고 종국에는 세상의 모든 정보를 하나의 공간에서 결합해 새롭게 재창조하는 통합적 기능으로 변화할 것이라 한다. 다문화의 경계를 허무는 감성적 가치관은 기존의 기득권층이 지니던 정보독점이라는 탈취하고 뺏기는 상극 형태의 가치관에서 서로 간에 유익한 결과를 얻을 뿐 아니라 모두에게 유익한 결과를 얻는 트리플윈triple win으로 나아가게 될 것이라 하였다.

신과 인간들에 대한 논의들은 어떤 형태이든 인류에게 크고 작은 폐해를 남긴 부분이 있다. 혹자는 논의로 대상을 삼은 자체에 문제가 있는 것으로 보지만, 엄밀히 따져 보면 신, 인간, 종교, 철학, 사상 등 논의의 대상에 문제가 있는 것은 아니다. 오히려 논의하는 주체인 인간이 불완전하다는 것을 간과한 데 더 큰 문제가 있다. 즉, 근본적 인식의 한계에 일차적인 문제가 있어 진리의 본질을 정확히 논할 수 없었다. 그뿐만 아니라, 그것을 세속적 도구로 이용하고자 했던 인간들의 어두운 욕망이 더욱 큰 폐해를 가지고 왔다고 했다(한성).

그리고 인류는 자신들의 존재 이유이자 근본으로서의 신을 찾으려고 노력하기보다는, 인간을 다스리기 위한 세속적인 수단으로 신을 이용하게 된다고 하였다. 자신들이 믿는 신을 절대 유일신으로 승격시켜 종교라는 제도를 만들어 낸 것이다. 이후 이러한 종교 속에 갇힌 절대 유일신은 인간을 다스리기 위한 세속적, 권위적, 계급적 수단으로 활용됨으로써, '신의 본질과 실체'는 서서히 왜곡 남용되기 시작한다고 한다.

더불어 서구의 종교사를 살펴보면 기독교가 도입되기 전까지는 다양한 철학적 신관神觀들이 나름의 세력을 형성하며 무리 없이 받아들여지고 있었다. 그런데 기독교가 등장하면서 신관에 큰 변화가 일어났다. 쇠퇴일로를 걷고 있던 로마의 재건을 위해 콘스탄티누스 대제Constantinus I는 보다 효율적인 통치를 위해 교권敎權과의 협력을 모색하여 A. D. 313

년 기독교를 국교로 승인하였다.

역사의 기득권자와 승자들이 사회통합을 위해 가장 먼저 활용한 것이 종교였다. 종교를 통해 권력의 정통성을 합리화했다. 지난 역사를 보면 종교는 세상의 권력에 밀착해 발전했으며, 종교가 권력 유지를 위한 도구 역할을 해 왔던 사례들을 쉽게 찾아볼 수 있다. 현대에 이르러 종교가 중세만큼 어두워지지 않은 것은 과학과 철학의 발달로 사람들의 의식이 높아져 종교의 영향력이 약화하였기 때문이다. 종교가 이렇게 인간의 문제를 해결하기는커녕 역으로 인간의 욕망에 이용되었다. 물론 이는 종교 자체의 문제라기보다 인간의 문제라고 보는 것이 옳다.

이것은 각자가 믿는 종교가 바로 명분으로 가시화되어 나타난 결과이기도 하다.

현대에 금전만능주의가 팽배해지면서 이 명분의 자리를 돈이 대신하게 되었다.

이 명분에 집착하는 인간의 속성은 과연 무엇 때문인가?

돈, 명예, 혹은 권력을 추구하는 이들은 각자가 자신이 추구하는 것이야말로 지상 최고의 명분으로 생각하고 집착하고 있는데, 가만히 들여다보면 명분을 쫓는 인간의 속성은 자유의지와 더불어 신성과도 결부된 것 같다.

명청교체기 조선에서는 '재조지은再造之恩'[23])이 서인들의 주도하에 광해군을 폐위시키고 그의 조카인 인조를 옹립하게 되는 정권교체의 명분으로 이용될 정도로 커다란 영향력을 지니고 있었다.

---

[23]) 임진왜란 당시 명군의 참전이 요동을 보호하기 위한 자위적인 조처였음에도 불구하고 (한명기, 2004) 재조지은이란 '명'이 임진왜란 당시 망해가던 조선을 다시 세워주었다고 인식하는 데서 비롯된 용어이다(한명기, 2007).

중국과는 조공관계에 있음에도 불구하고 조선인들은 이 세상에서 자기네 왕보다 더 위대하고 신성한 군주는 없다고 믿는다. 왕의 생활과 거동에서부터 1천2백만 명의 백성들 사이의 관계까지 엄격하게 규제된 나라는 세계 어디서고 조선 이외에는 두 번 다시 찾아볼 수 없을 것이다. 중국 황실의 예식도 이렇게 화려하고 엄격한 조선 왕실예식에 비해서 썩 낫지는 않다. 조선왕은 신성한 존재다. 누구도 왕을 똑바로 바라볼 수 없고, 어쩌다 왕이 신하의 몸 어디를 스쳤을 대는 왕이 스친 곳은 신성한 곳이므로 이 신하는 일생 그 자리를 붉은 실로 감고 지낸다. 한국의 왕은 법과 질서를 초월하는 절대적인 군주이다. 조선에서는 왕이 얼마나 신성한 것인지는 다른 곳에서도 볼 수 있다. 관습에 의하면 상제는 부채꼴로 된 천으로 얼굴을 가려야 한다. 그렇지만 왕 앞에서는 상제까지도 부채로 얼굴을 가릴 수도 없고 안경을 써서도 안 된다. 기마병도 궁궐 앞을 지날 때는 말에서 내려야 하며 왕의 얼굴이 그림이나 동전에 나타나면 안 되는데, 이는 왕의 위엄을 모독하는 것이라 여기기 때문이다. 왕은 이 나라에서 우유를 마실 수 있는 유일한 사람이라 하였다(헤쎄 바르텍 Hesse-Wartegg).

천손민족으로서 여러 요소를 비견한다면 이러한 기질은 신명심神命心이라 명명할 수 있다. 대부분 사람은 거의 모든 가치 기준을 부귀영화를 척도로 삼지만 신명심은 이러한 가치와는 전혀 무관하다. 오히려 죽지 않을 만큼 어려움을 거치면서 극복해 나가는 과정에 더 많은 역량을 키우는 것이다. 그래서 지정학적이나 역사적으로 오래전에 사라졌어야 할 나라가 존재할 수 있는 것이다.

3. 심신일여와 만물일여

심신일여는 마음이 몸과 하나라는 심신일여心身一如 개념에서 출발하여 인간과 자연이 다르지 않다는 만물일여萬物一如 사고의 확장까지 이어진다. 몸과 마음은 불가분의 관계로서 음양오행에서 언급되었듯이 상호보완 관계로서 독립적으로 존재할 수 없고 같이 존재해야만 온전한 존재이기에 일여一如로 표현하는 것이다.

만물일여에는 과거 원시신앙 혹은 샤머니즘으로 불리었던 정령관념과도 관련이 있지만, 단순히 겉으로 드러난 것과는 차이가 있다. 과학이 발달하면서 현대 물리학에서 비국소성非局所性, non-locality 원리란 우주의 어떤 구성요소도 전체에서 분리되어 독립된 실체로 존재하지 않고 공간적으로 떨어져 있어도 실상은 서로 연결된 비국소성을 지니고 있는 이론을 말한다. 분명히 떨어져 있음에도 불구하고 만물일여라 일컫는 것은 이미 우리 선조들이 오래전에 현대 물리학의 최첨단 이론인 비국소성의 원리를 깨쳤기 때문이다.

「한국 전통수련문화에 내재된 의식배분과 집중」에서 다시 언급되겠지만 놀랍게도 비국소성은 공간적만 아니라 시간적으로도 성립한다는 것이 밝혀졌다. 비국소성의 사실을 강하게 입증하는 사고 실험을 통해 Wheeler는 실험 결과 빛이 과거의 영향을 받으며 실험자의 입장에서는 현재의 빛이 미래에 영향을 줄 가능성을 내포하며 관찰자와 대상이 시간적으로도 분리되지 않는다는 것을 의미한다.

빛이 과거의 영향을 받는다는 의미를 확대 해석하면 현재의 빛은 당연히 미래에 영향을 끼치는 것으로, 누적된 과거가 현재에 지대한 영향을 주듯이 현재가 누적되면 미래에 많은 영향을 줄 것이라는 인과율에 대한 통설이 어느 정도 부합되는 것을 알 수 있다.

인간이라는 개체에 있어서 몸과 마음이 다름이 아니고 나아가 만물에서도 근원에 이르면 하나라는 개념은 현대 물리학에서 말하는 비국소성을 훨씬 뛰어넘는 고도의 선조들이 지닌 정신세계를 엿볼 수 있다.

다른 한편으로 혹은 겉으로 드러난 것과는 달리 하나에서 배태되었으므로 그 근원은 같다는 의미를 포함한다.

그런 한국인의 감성적 기질 때문에 한국의 시가에 서정시는 있지만, 서사시가 없는 것처럼 애국가조차도 모두 자연으로 구성되어 있다. 특히 동물을 사랑하는 것조차 만물이 같은 것이라 보았기 때문이다.

몸과 마음이 다름이 없고 만물이 같다는 의미에 대해 분석적으로 받아들이기는 불가능하다. 즉 현대적 접근방식으로 이 이론 자체가 터무니없는 궤변이라 할 수 있다. 오직 감성적으로만 접근이 가능하다. 아는 사람을 만났을 때 이목구비를 하나하나 쪼개서 판단하기보다 즉각 알아볼 수 있는데 이것이 바로 감성적 판단이며 이는 느낌이나 대상의 주변이나 분위기를 통해 알 수 있다. 한국의 시가에 서정시가 발달한 이유가 그것이다.

한국의 이웃인 일본은 이에 비해 직설적인 경향이 농후하며 일찍부터 외적인 측면을 강조하는 포장기술이 발달하였다.

일본과 우리나라는 인접해 있는 나라임에도 불구하고 기질은 전혀 다르다. 어느 나라가 옳고 그르고를 따지기 전에 우리나라 입장에서는 반면교사로 삼을 충분한 조건을 갖추고 있다.

우리나라는 심지어 그렇게 외침을 많이 받았으면서도 전술은 항상 방어적 개념으로 직접 부닥쳐서 전쟁하는 행위를 꺼려서 궁시와 화포가 주

무기였다. 다만 북방 이민족이 하도 못살게 구니 마지못해 한시적이나마 북벌정책을 세우기도 했고 대마도를 정벌한 '쓰시마정벌', 이른바 '을해동정乙亥東征' 또한 왜구로 인한 피해가 극심해서 불가피하게 한 차례 근거지를 발본색원하려 한 사례일 뿐이다. 이러한 이론적 배경은 어쩔 수 없이 싸우게 되더라도 피를 흘리면 싸움이 끝나는 것이 당연지사로 알았으며 조선의 무기가 방어용이자 원거리 살상용 화살이나 화포였던 것이 나로 인해 상대가 바로 눈앞에서 피를 흘리는 것이 싫었기 때문이다.

어릴 적 어른들은 뜨거운 물조차 함부로 버리게 되면 땅속의 벌레가 죽는다고 하여 식힌 후에 버리도록 가르쳤다.

사냥하는 데에 있어서 법도가 있는 것이 조선이었다. 그 법도는 사냥을 강무講武로 생각하여 불필요한 살생을 피하였으며 흉년 등으로 백성들이 고초를 겪으면 자제를 하거나 민폐를 최소화하려 하였다.

『태종실록』에 박은·한상경 등이 예궐詣闕하여 아뢰었다. …신 등의 생각으로는, 평강平康 강무장은 산이 깊고 눈이 쌓여 반드시 3월 보름을 기다린 뒤에야 눈이 다 녹겠고, 또 한 도내道內를 일 년에 두 번씩 가신다면 민력民力이 근고勤苦할 뿐만 아니라, 반드시 농사에도 방해가 될 것이므로, 원컨대, 순성蓴城으로써 또 한 곳을 만드신다면, 금수禽獸도 해를 거듭함을 따라 번식할 이치가 있을 것이요, 민생에서도 고되고 헐함이 서로 균등하게 하는 뜻이 있게 되어, 전하께서 백성으로 하여금 폐단이 없게 하려는 염려에 거의 합당할 것이라고 여겼다.[24]

『세종실록』에 임금이 흉년인 까닭에 봄철에 무사武事를 강습하는 일을 정지하고 횡성橫城·진보珍寶 등지로 하여금 그에 지공支供할 물건을 준비하지 말라[25]고 하였다.

---

[24] 태종 33권, 17년(1417) 2월 2일(기미) 1번째 기사, 강무장 문제로 임금이 진노하다.
[25] 세종 3권, 1년(1419) 1월 9일(갑인) 6번째 기사, 흉년이므로 봄철의 강무를 정지하다.

또 『세종실록』 강무의講武儀에 여러 짐승을 서로 따르는데, 다 죽이지 아니하고, 이미 화살에 맞은 것은 쏘지 아니하며, 또 그 면상面上을 쏘지 아니하고, 그 털을 자르지 아니하고, 그것이 표表 밖에 나간 것은 쫓지 아니한다. 무릇 영을 어긴 사람은, 2품 이상의 관원은 계문啓聞하여 죄를 과科하게 하고, 통정通政 이하의 관원은 병조에서 바로 처단하게 하며, 도피逃避한 사람은 죄 2등을 더하며, 비록 에워싼 밖이라도, 앞을 다투어 화살을 쏘아서 혹은 사람의 생명을 상해하거나, 혹은 개와 말을 상해한 사람은 각각 본률本律에 의거하여 시행한다고[26] 기록하고 있다.

또 늘 크고 작은 이웃 나라와의 분쟁 속에서도 병장기를 흉한 물건으로 치부하기도 했다.

특히 군사부君師父의 넋이 담긴 이름은 그대로 발설할 수 없는 금기의 대상이었다.

휘諱-'기휘忌諱' 또는 '피휘避諱'는 명체불리名體不離의 관념에서 비롯된 것으로 이름은 그것의 실체 운명과 같이하므로 이름을 다치면 그 사람의 운명이 상하게 되며 같은 이름끼리는 서로 공감하여 길흉화복을 더불어 한다는 생각이다.

한국 회화에는 그림자가 없다. 우리 옛 선조들에게 있어 그림자(影)는 넋(魂)을 뜻했다. 옛날 법도에 부모나 스승의 그림자를 밟지 못하도록 엄한 금기가 돼 내렸음도 바로 그림자가 부모나 스승의 고귀한 넋이기 때문이다. 넋은 그 사람, 그 생물, 그 물체를 노출하지 않고, 은밀히 보호돼야 할 가장 소중한 존재 조건이다. 옛 선조들은 본명을 숨겨두고 호나 자字로 불렀고 또 선친들 이름을 댈 때 파자破字를 해서 부르거나 위아래 이름자를 떼어 부르는 이유며, 또 임금님 이름을 기휘忌諱하는 것도 그

---

[26] 『세종실록』/오례/군례 의식/강무의

이름에 혼을 인정하는 애니미즘 때문이요 혼은 노출해서는 안 되는 비장의 것이기에 본명 기피 습속이 생겨난 것(이규태)이라 하였다. 기휘와 관련된 에피소드는 여러 곳에서 보인다.

실례로 『임하필기』에 문간공文簡公 류관柳寬은 처음 이름이 관觀이었다. 그 아들 계문季聞이 경기 관찰사에 임명되자 관직명이 아버지의 이름을 범한다고 하여 사양하고 부임하지 않았다. 이에 그 아비의 이름의 관觀자를 관寬자로 고치도록 명하고 하교하기를, 아비의 이름을 이미 고쳤으니 재촉하여 빨리 부임하도록 하라27) 하였다. 아버지 이름을 부를 때면 제대로 부르지 못하고 해자解字를 해서 불렀을 만큼 아버지의 서슬이 퍼렇던 시대에 충분히 있을 수 있었던 일이었다.

또 조선통신사들이 답서 내용에 기휘가 포함되어 있다는 사실 하나만으로도 극히 예민한 반응을 보이며 한 치도 물러서지 않았다.『동사일기』에 사신이 비록 죽더라도 이 국서를 가지고는 한 걸음도 문밖을 나갈 수 없다. 목숨도 실로 아끼지 않는데, 어떻게 다른 것을 생각할 수 있겠는가?28) 하였다.

강재언은 답서 가운데 중종(재위 1506-44)의 실명인 '역懌' 자가 쓰여서 『동사일기東槎日記』 11월 13일부터의 기록은 온통 국서개찬요구 문제에 관한 내용이라 하였다.

한국인은 분석적이지 않고 정서적인 측면이 강하여 자연이나 동물을 사랑하였다.

고종 황제의 최측근 보필 역할 및 자문 역할을 하여 미국 등 서방 국가들과의 외교 및 대화창구 역할을 하였으며 한국의 분리 독립운동 지원

---

27)『임하필기林下筆記』제18권 기휘忌諱; 세종 8년 병오(1426) 4월 13일 두 번째 기사
28)『동사일기東槎日記』건乾/국서 고치기를 요청한 시말, 신묘년(1711, 숙종 37) 11월 11일

과 1907년 헤이그 비밀 밀사에 적극적으로 지원하여 밀사 활동을 하였던 헐버트Homer Bezaleel Hulbert는 한국의 풍경에 대해서 다음과 같이 기록하고 있다.

　　아름다운 대자연의 풍경을 사랑하고 즐기는 데에는 세계의 어느 민족도 한국인을 따를 수가 없다. 그들의 문학이란 온통 대자연의 아름다움을 읊은 것이다. 그들의 자연 시詩는 그들의 생활에서 주옥珠玉과 같은 것들이다. 한국인들은 비록 꽃을 즐길 만큼 여유가 있는 지위에 있는 사람은 드물지만, 꽃을 매우 좋아한다. 생활에 얽매여 있는데다가 가난한 생활로 인해 이루 말할 수 없을 만큼 불결한 환경 속에 살면서도 한 송이의 꽃을 가꾸기 위해 갖은 노력을 다하는 것을 볼 때면 매우 처량한 생각이 든다. 서울에는 아무리 가난한 초가집이라도 꽃을 심지 않은 집이라고는 찾아볼 수 없다. 한국의 시가는 서정적이지 서사시敍事詩는 없다. 우선 언어부터가 그와 같은 표현형식을 허락하지 않는다. 한국의 시가는 자연음을 위주로 한 것이어서 순수하고 단조롭다. 모두가 정열적이고 감성적이며 또한 정서적이다. 한국의 풍경을 바라볼 때는 거리감이나 앞이 허전한 기분을 느끼며 때로는 비로 쓸어간 듯한 감정을 느끼는데 이러한 현상은 일본의 풍경을 바라볼 때 그림과 같은 아늑함을 느끼는 것과는 극히 대조적이다. 이런 때문에 한국에서 단 몇 년이라도 살아본 사람은 이곳을 떠난 후에도 수정같이 맑은 하늘과 함께 아름다운 추억을 갖게 된다. 아름다운 대자연의 풍경을 사랑하고 즐기는 데에는 세계의 어느 민족도 한국인을 따를 수가 없다. 그들의 문학이란 온통 대자연의 아름다움을 읊은 것이다. 그들의 자연 시詩는 그들의 생활에서 주옥珠玉과 같은 것들이다. 전국의 명승지의 아름다움을 읊은 기록은 많이 있으며 이미 5백 년 전에 그린 전국의 지도29)를 가지고 있는데 이 지도에는 각 고을의 아름다움이 소상하게 기록되어 있어서 전국의 역사나 관광에 좋은 안내서가 되고 있다. 한국인들은 비록 꽃을 즐길 만큼 여유가 있는 지위에 있는 사람은 드물지만, 꽃을 매우 좋아한다. 생활에 얽매여 있는데다가 가난한 생활로 인해 이루 말할 수 없을 만큼 불결한 환경 속에 살면서도 한 송이의 꽃을 가꾸기 위해 갖은 노력을 다하는 것을 볼 때면 매우 처량한 생각이 든다. 서울에는 아무리 가난한 초가집이라도 꽃을 심지 않은 집이라고는 찾아볼 수 없다.

칼스는 언덕의 위치에 관한 얘기는 다른 때 많이 들었던 것 중의 하나였다. 모두가 조선인들의 삶에 자연의 영향이 얼마나 큰지를 보여준다. 조선인들은 아름다운 풍경만 즐기는 것이 아니라 자연과 그들의 국왕 사이에 조화가 필요하다고 느낀다. 왕궁은 산을 뒤로하고 언덕을 굽어보아야 한다. 백성들이 왕에게 경의를 표하는 것은 극히 자연스러운 일이며, 만일 백성들이 경의를 표하지 않는 곳에 왕궁이 세워졌다면 터를 잘못 선택한 것이다. 모든 관공서의 터를 선택하는 데도 같은 논리가 적용된다. 그래서 대부분 도시는 1마일이나 그 이상 떨어져 두 부분으로 나뉘는데, 한쪽이 언덕을 등지고 자리하면 다른 쪽은 높은 길 근처에 세워졌다.

25시 작가 게오르규는 조선의 문화에 대해서 다음과 같이 기록하고 있다.

한국 사람들은 꽃도 먹을 수 있다는 것을 발견한 것이다. 그들은 시들은 국화꽃을 결코 버리지 않는다. 그것으로 신년에 떡을 만들기 위해서 종교적인 마음으로 그것을 간직해 둔다. 그들

---

29) 조선조 9대 성종 때에 노사신盧思愼 등이 만든 『동국여지승람東國輿地勝覽』을 의미한다.

은 국화, 무궁화도 부엌에서 식용으로 쓴다. 한국 민족은 언제나 대지와 인접해서 살아왔다. 자연과 우주와 함께 사라온 것이다. 우물을 파는 장소, 집을 짓는 장소, 양친의 무덤을 파는 장소는 해박하게 연구하여 선택한다. 그것은 에코로지에 대한 고도의 지식을 나타낸다. 사람들은 지세, 바람의 방향, 샘의 깊이, 토지의 성질을 고려한다. 토지·물·나무·꽃은 살아있는 것으로 간주되었다. 특히 산은 하나의 영혼으로 간주되었다. 한국인은 나무·꽃·식물·뿌리의 형제들이다. 한반도에는 4천 5백 종류 이상의 식물이 있다. 덴마크에는 천5백종, 영국에는 2천 종밖에 없다.

2011년 8월 24일 MBC에서 방영된 황금어장 프로그램에서 유흥준 교수는 선암사로 동행한 미국의 캐서린 할브라이시 여류평론가가 보성강 풍경에서 감탄한 사실을 언급한다. 세계의 수많은 풍경에서 개별적으로 있는 자연은 흔히 봐왔지만 이렇게 산과 들과 강과 마을이 조화를 이루어 한 컷에 들어오는 광경은 여기 와서 처음 본다며 놀라워하며 한국의 자연은 다른 나라의 자연과 다르다고 감탄했는데, 이것은 지리적 특성으로 인해 풍수가 발달할 수밖에 없는 이유이기도 하다.

한국의 시가는 서정적이지 서사시는 없다. 우선 언어부터가 그와 같은 표현 형식을 허락하지 않는다. 한국의 시가는 자연음을 위주로 한 것이어서 순수하고 단조롭다. 모두가 정열적이고 감성적이며 또한 정서적이다. 따라서 인간에 관한 것이거나 가정적이며 때때로는 통속적이기 때문에 한국의 시가는 그 대상이 좁다고 말할 수 있다. 그러나 한국의 시가가 내포하고 있는 통속은 그 한계가 명확히 그어져 있다는 점을 잊어서는 안 된다. 만약 그들이 통속적인 일에 관해 선정적인 어휘를 함부로 사용했다면 그것은 그들의 좁은 생활권 안에서 비교적 그러한 일이 많이 있기 때문이다. 바람에 흐느끼는 버들가지, 호들갑스럽게 날아가는 나비의 모습, 바람에 날리는 꽃잎, 붕붕거리며 날아가는 벌, 이런 것들은 아마 모두가 생활권이 넓은 사람들보다 한국인에게 더 많은 것을 느끼게 해주는 것들이다.

한국관광공사 이참 사장은 세계 어느 나라든 국가國歌의 구절에는 추상적인 내용, 즉 자유니, 민주주의니 하는 내용이 들어 있지만, 우리 애국가에는 산, 강, 나무, 하늘 등 순수하게 자연만 들어 있다고 하였다. 우리 민족의 자연관을 극명하게 드러내는 단면이라 하겠다.

한국인들은 동물에 대해 매우 인정스럽다. 등에 무거운 짐을 지고 나르거나, 달구지를 끌거나 쟁기로 밭을 가는 큼직한 황소를 어느 곳에서나 볼 수가 있다. 한국에 소가 들어온 지는 벌써 3,500년이나 되는 데도 한국인들이 우유나 고기를 잘 먹지 않는 것은 희한한 일이다. 이러한 사실은 한국인들이 유목민의 과정을 겪지 않았다는 증거가 되는 것이다. 소가 없는 농부는 사공이나 어부가 되는 수밖에 없다. 오직 소만이 논의 진흙을 갈 수가 있다. 많은 소들이 늑막폐염으로 적지 않게 영양부족에 걸린다. 한국에는 식용우食用牛란 없다.

칼스는 젖소는 낙농에는 쓰지 않고 단지 들에서 거름을 나르는 것과 같은 경미한 일에나 사용되었는데 이는 조선 사람들이 우유 짜는 방법을 모르기 때문이었다고 하였지만, 이는 조선 사람들이 지니는 또 다른 관점이 있었다는 점을 지적할 수 있다.

우유를 짜는 방법을 모르는 것이라기보다 이규태는 소젖을 짜는 게 상당히 복잡하고 모험이라 하였다. 그리고 여러 과정을 거쳐 소젖을 받아내더라도 대충 한 마리의 산우産牛로부터 받아낼 수 있는 전 분량의 우유 가운데 3분의 2만 취하고 3분의 1은 송아지 몫으로 남겨두었다. 이러한 마당에 당연히 '젖소의 우유는 당연히 새끼가 먹어야 한다.'는 사고방식이 지배하고 있었기 때문이다. 사람의 이기심으로 인해 어린 새끼들의 몫을 빼앗는다는 것이 천륜으로서 용납되지 않는 일이었기 때문이다.

미국 태생의 노벨상 수상 작가 펄벅Pearl Sydenstricker Buck, 1892~1973이 자신의 소설 '살아있는 갈대The Living Reed'를 집필하기 위해 1960년 한국을 방문한 적이 있다. 펄벅은 이 작품의 첫머리에서 한국을 고상한 사람들이 사는 보석 같은 나라라고 극찬했다. 경주 일대 등을 들러보던 펄벅의 눈에 들어온 것은 농촌의 가을걷이 풍경이었다. 농부가 볏단 실은 소달구지를 끌면서 자신도 지게에 볏단을 지고 가는 모습을 보고 감탄했다. 농부도 지게도 다 달구지에 오르면 될 텐데 소의 짐을 덜어주려는 마음 씀씀이에 반했다. 펄벅 여사는 이것이 소의 힘을 조금이라도 덜어 주기 위한 늙은 농부의 고운 마음이라는 것을 알고는 큰 감명을 받아서 미국으로 돌아가서도 자주 이런 말을 했다고 한다.

한국은 산하만 아름다운 것이 아니고, 사람들의 마음씨도 너무나 곱습니다. 저는 그때 본 가슴 찡한 광경 하나만으로도 이미 한국에서 보고 싶은 것, 봐야 할 것을 다 본 셈입니다. 한국인의 동물관을 잘 보여주고 있다. 종일 힘들게 한 소달구지에 짐을 마저 싣지 않고 지게에 짐을 잔뜩 싣고 집으로 향하는 한국 농부의 동물과 자연관에 대한 심성을 극명하게 보여 주고 있다.

70년대만 하더라도 한국의 어머니들은 공공장소에서 자신의 아이들에게 당당히 젖을 들어내고 모유 수유를 했다. 조선 말기의 외국인 방문자들은 여성들의 가슴 노출에 대해 충격적인 시각으로 대부분 받아들이고 있다.

조선 시대 상민층의 기혼 부인들은 유방 노출에 수치감을 느끼지 않았다. 물동이를 이거나 밭갈이·다리미질을 할 때 유방 노출은 예사고 대중 앞에서 유방을 드러내 놓고 젖 먹이는 것은 다반사였다. 아이 많이 낳은 여자로 하여금 일부러 유방을 드러내 놓은 채 씨앗을 뿌리면 풍작이 된다는 민속도 있었다(이규태)고 했다.

이러한 광경에 대한 서구인들의 의식은 미개하고도 부끄러운 관습이라는 생각이 지배적이었으나 오히려 그 이면에는 여성의 가슴에 대해 갓난아이의 생명수 이전에 성적性的으로 바라보는 왜곡된 시각이 우선하고 있을 뿐이다. 오직 성인 여성의 가슴은 그들에게 있어서 고작 성적 대상이라는 고정되고 편협한 집단적인 수준을 단적으로 드러내는 것이었다. 이것이 당시 동양에 대해 우월감으로 가득 차 있던 그들의 수준이었다. 이들의 시각은 이후에 점차 확산하면서 이 땅의 후세대 아이들도 갓난아이 시절부터 성장촉진제를 먹고 자란 젖소의 유유를 먹을 수밖에 없는 천륜과 조금씩 괴리되는 삶을 살기 시작했다. 또 그렇게 자라난 아이들은 자신들의 그런 과거를 잊고 자신의 아이들에게도 반복하게 될 것이다.

옛 부녀자들의 저고리는 대체로 초미니였으며, 초미니의 이유가 모전다리 다모들처럼 사내들의 감질을 위해서가 아니라 젖 먹이기 위한 유방 노출의 편의성 때문이었다. 모유 세대에게 있어 유방은 모친 심벌인데, 분유 세대에게는 성기 심벌로 변질되었다(이규태).

이러한 시각차는 여성이 임신한 후 '태교'에서도 극명하게 드러난다. 혼인 후 임신은 단순히 부부간의 성적인 결합 이상의 의미를 지니는 것이었다. 예로부터 결혼은 자식을 얻기 위해서 행해진 것이다. 곧 출산의 전제가 결혼인 것이다. 그러므로 결혼하면 곧 새 생명을 포태胞胎하는 임신의 현상이 나타난다. 임신에서 출산까지의 사이에 그 어머니는 태아를 위하여 몸가짐을 조심한다. 불결한 것을 보지도 않고 듣지도 않고 더러운 곳에 앉지도 않는다. 이것을 태교라 한다. 새로 태어날 생명은 이렇게 고귀하다는 것이다. 예로부터 이 잉태의 현상을 남·녀의 성교의 결과라고 생각하지 않고 이것은 하늘이 지시한 운명이라고 생각하였기 때문에 임신에 관한 민간신앙도 많았다.

그런 점에 있어서 씨앗이 잉태되는 순간부터 생명으로 취급하여 나이를 셈하는 우리 나이 셈법이 서양의 셈법에 물들어 점차 사라지고 있지만, 오히려 인본주의적이며 타당할 수 있는 것이다.

이러한 한국인의 자연사랑에는 풍수사상도 내재하여 있지만 근본적으로 우리 민족의 일반적인 신관에는 물활론物活論[30]적인 애니미즘animism, 만유정령설이라 해서 무생물에도 신이 내재해 있다고 믿는 경향이 없지 않았기 때문이다. 이러한 의식체계에 들어 있는 정령관념에는 인간의 도리라는 엄격한 도덕과 규범이 수반되고 있으며 사회질서의 근간이 되기도 했다. 즉 '하늘이 알고 땅이 알고 귀신이 안다.'하여 일반 백성조차 남이 보지 않다고 사사로이 행동하지 않는 도덕규범의 원천이 되기도 하였다.[31]

정령관념을 통해 우리 선조들은 이미 오래전부터 인간과 자연이 다름 아님을 몸소 실천으로 보여주었다.

조선 시대의 길은 손보는 이도 없을 만큼 협소하여 짐이나 사람의 운송 수단은 대부분 조랑말이나 소, 가마 등과 지게밖에 없어서 당시 조선을 방문한 외국인들의 눈에 불편하기 짝이 없었다.

이어령은 '왜 길을 개조하지 않고 지게를 만들었으며 길을 나에게 맞추어 만들지 아니하고 어째서 나를 길에 맞추려 하였는가?' 묻고 있는데, 우리 선조들의 자연관을 극명하게 보여주는 사례라 하겠다.

---

30) 물활론物活論「철학」hylozoism; animism, 범심론汎心論의 한 형태. 모든 자연물에 생명력이 있다는 생각(파란사전), 이 세상에 존재하는 모든 것은 다 생명과 정령精靈을 갖고 있다고 보는 원시적 신앙의 형태를 철학에서 물활론이라고 부른다.
31) 비숍이나 맥킨지에 따르면 조선인들은 매우 활기차고 도덕적으로 건전하며, 도덕관념도 우월한 것으로 보여 졌다.

이는 자연을 최대한 훼손하지 않고 순응해서 더불어 살아가야 할 대상으로 여기는 사고관과 유교의 규범이 안빈낙도安貧樂道와 유관하여서 필요 이상의 물욕을 지닌다는 것은 경계의 대상으로 여긴듯하다.

W. R. 칼스는 (조선의)농민들이 식량과 의복을 가지고 있다면 그것으로 부족한 것이 없을 것이라고 생각했을 것이라 언급하고 있는데, 행복지수가 경제력과 꼭 상관관계가 없는 점들도 무관하지 않다. 오랜 세월이 흘렀어도 실행되지 못하고 있는 북한 위정자들의 '인민들에게 이밥에 고깃국을 먹이는 것이 소원'이라는 표현은 농경시대 조선농민의 소박한 꿈이지만 이와 유관한 흔적으로 추정된다.

4. 은근과 숙성

우리나라가 다른 나라를 적극적으로 침략하는 경우는 거의 없지만 천 번 이상의 외침을 받았다고 교육을 받아왔다. 땅덩이가 큰 나라도 아니고 인구가 많은 나라도 아닌데 그렇다면 상식적으로 오래전에 사라지고 없어져야 하는 나라임에도 불구하고 오천 년 단일민족의 역사로 건재하고 있다. 상식적으로 보더라도 불가사의하다고 할 수밖에 없는 일이 누천년을 이어온 것이다. 이러한 역사적 배경을 지닌 우리 국민성은 사고가 경직되어 있지 않고 매우 유연하다는 것이며 그렇지만 일방적으로 받아들여 그대로 수용하는 것이 아니라 독특한 문화권을 형성하는 것이다. 이러한 국민성은 무예문화조차 쉽게 받아들이면서도 독특한 문화를 만들었다.

반만년의 역사를 이어온 원동력은 무예문화를 포함하여 모든 분야에 걸쳐 녹아있는데 그중의 하나가 은근하면서 숙성된 맛이라 할 수 있다.

물론 숙성은 대개 발효와 관련된 음식을 표현하는 말이지만 꼭 음식에 한정되는 것만은 아니다.

은근하면서 숙성이라는 표현에는 시간이나 나아가 세월이라는 개념이 녹아있다. 조급하지 않아 직설적이지 않고 크게 드러나지 않지만 조금씩 쌓여 특정한 모습을 드러낸다.

뒤에 언급되는 조공외교도 사실 알고 보면 이러한 기질 없이는 불가능하다. 다만 오랜 세월 누적되어 관례처럼 이루어지다 보니 급격한 변화에 취약하여 여러 번의 국가적 위기를 겪기도 했다.

서울대학교 중어중문학과 허성도 교수의 말을 빌려보자.

조선조 5백년은 왕조로서는 대단히 긴 세월을 유지해왔다. BC 57년 이후에 세계 왕조를 보면 500년간 왕조가 딱 두 개 있는데, 러시아의 이름도 없는 왕조와 동남아시아에 하나가 있다. 그 외에는 500년간 왕조가 하나도 없다. 그러니까 통일신라처럼 1,000년간 왕조나 고구려32), 백제만큼 700년간 왕조도 당연히 하나도 없다. '사색당쟁, 대원군의 쇄국정책, 성리학의 공리공론, 반상제도 등 4가지 때문에 망했다.' 이렇게 가르친다. 우리 선조들이 바보가 아니었다, 인간의 권리를 주장하고 다시 말씀드리면 인권에 관한 의식이 있고 심지어는 국가의 주인이라고 하는 의식이 있다면, 또 잘 대드는 성격이 있다면, 최소한도의 정치적인 합리성, 최소한도의 경제적인 합리성, 조세적인 합리성, 법적인 합리성, 문화의 합리성 이러한 것들이 있지 않으면 전세계 역사상 유례없는 이러한 장기간의 통치가 불가능할 것이다.

박영규는 고구려본기에 그나마 훨씬 이전의 나라인 고구려 당시 주변 정세는 훨씬 복잡하였지만 700년을 지속했다고 한다.

고구려는 동명성제 이후 28대에 걸쳐 700년을 존속했는데, 그 기간 중국 대륙에서는 서한, 신, 동안, 삼국의 위·촉·오, 진, 서진과 동진, 변방 5족의 16국, 남북조의 송·제·양·진·북위·동위·서위·북제·북주, 수, 당 등이 몰락과 성장을 거듭했다.

---

32) 『삼국사기』 권22 '고구려 본기' 끝에 실린 사론에 "고구려는 진나라, 한나라 이후부터 중국의 동북쪽 모서리에 있었다."는 내용과 보장왕 27년 2월 기사에 "고 씨는 한나라 때부터 나라를 세운지 이제 900년이 된다."는 기록을 토대로 '고구려 900년설'을 제시했다.

재일동포 기업가 손정의가 차세대 전문경영인을 양성하고자 하는 의도의 배경을 다음과 같이 피력하고 있다.

인류 역사상 300년 이상 존속한 국가는 의외로 드물다. 동로마제국, 중국의 청나라를 포함해 11개국 정도다. 이들은 하나같이 장자상속을 포기했다. 능력과 상관없이 큰아들이라, 혹은 내 핏줄이란 이유로 후계자로 삼는 건 매우 위험하다.

혈족의 미리 정해진 승계에 대해 우려를 표명하는 납득할 만한 분명한 이유가 없지 않은 것이다. 즉 미리 예측을 한다는 것이 장기적인 안목을 지닐 경우 여러 가지 문제점들에 대해 준비하고 수정계획을 세울 수 있지만, 단기적인 안목은 이후의 변수들에 대한 쉽게 안주하는 인간의 속성 때문에 여러 변수에 대해 적응하기 어렵다. 평화시대가 오랜 기간 지속한다거나 호황이 장기간 이어진다면 맨 윗사람부터 너나 할 것 없이 모든 사람이 특별한 동기유발의식이 사라지면서 쉬이 안주하게 되고 치열한 경쟁에서 밀려나며 급속히 허물어진다.

조선의 왕들이나 현실에도 수많은 경쟁을 통해 최고의 자리에 오를 경우 경쟁력이나 자생력이 강해서 더 많은 난관을 쉽게 돌파할 수 있는 것과도 같다. 역사적으로도 치열한 경쟁을 통해 왕위에 오른 임금들에 비해 그러지 않은 경우, 즉 세습과정에 철저한 준비 없이 혹은 치열한 경쟁 없이 왕권을 물려받은 임금들은 어려운 상황에 대한 판단이나 안목이 낮아서 그러한 시기에 혹은 바로 그 이후의 임금들은 전란에 휘둘린 사례가 빈번한 것이다.

그러나 아무리 노력한다고 하더라도 인간 세계에서 노력 여부와는 별개로 흥망성쇠의 흐름이 존재하게 되는데, 이는 한 개인 혹은 한 국가만이 홀로 존재하는 것이 아니라 주변이나 주변국과 맞물려 돌아가기 때문에 생기는 불가피한 변수가 자리 잡고 있기 때문이다.

역사를 통해 이해하듯이 어떤 왕조이건 주변국과의 불가분 치열한 경쟁이나 전쟁을 통해 지켜가려 하지만 영원히 유지해 갈 수는 없다. 중국에 존재했던 수많은 왕조가 대표적인 증거들이다. 그런 점에서 속칭 '강한 자가 살아남는 것이 아니라 오래 살아남는 자가 강하다'고 하듯이 조선이 택한 방식이 후자였다면 결과만을 놓고 볼 때 사대주의를 택한 불가피한 단면이 분명히 존재하고 있다.

일본국은 바다로 둘러싸여 다른 나라의 침입을 받을 염려가 거의 없는 대신에 일본 국내 정황은 전국시대부터 조선침략으로 이어지는 끝없는 전쟁의 연속이었다. 민중과 병졸들은 피곤에 지쳤고, 히데요시에 대한 다이묘들의 충성심도 흔들렸다.

일본 막부의 인식은 군병을 오래도록 한가하게 두고 쓰지 않으면 반드시 자중지변自中之變이 생긴다. 그러므로 역사를 일으켜 안일하지 못하게 한다. 그래서 성을 쌓고 못을 파는 일이 없는 해가 없다.33)

대개 왜인倭人은 재력材力이 박약하여 우리나라의 최하인 자에도 미치지 못하다34) 했듯이 그들은 물산이 적어 먹고살기 위해 해외로 눈을 돌려 왜구들이 조선과 중국을 넘나들며 약탈과 방화를 자행했고 전혀 문화가 다른 나라였던 유구(오키나와)를 침략하여 상상을 초월하는 착취를 하였다.

『해사일기海槎日記』에도 관백이 새로 즉위한 뒤에 반드시 우리나라의 통신사를 청하는 것은 대개 남의 힘을 빌려 군중의 마음을 진압하려 함이라 하니, 더욱 한심하다고35) 하였다.

---

33) 『해사록海槎錄』〉慶七松海槎錄 〉 7월 17일(정미)
34) 『동사일기東槎日記』 곤坤 해외기문海外記聞

그들의 이런 행태는 오늘까지 이어져 현 정권의 지지율이 떨어지게 되면 가장 가깝고 만만한 우리나라에 얼토당토않은 빌미를 만들어 반복적으로 내부 결속을 다지는 것이다. 이는 아무런 대책 없이 틈만 있으면 던지는 독도 문제도 마찬가지이다. 우리가 볼 때는 어처구니가 없는 노릇이지만 그들은 오래전에 습성화되어 부끄러움을 모르고 반복하고 있다.

현대에는 우리가 흔히 생각 없이 쓰는 무도武道라는 용어도 원래는 동양에서는 거의 사용되지 않는 용어였다.

원래 무도武道는 동양에서 문무도文武道에서 나왔지만 문도文道와 무도를 구분하여 사용하지 않았다. 『조선왕조실록』36) 등에서 보이는 기록들은 문무도文武道로 나타나는데, 이는 문도文道와 더불어 무도武道를 동시에 의미하는 경우도 있고 문왕과 무왕의 덕37)을 언급하는 경우가 있다.

그런데 일본에서는 영조 24년(1748)에 통신사通信使 종사관從事官 조명채曺命采가 그때의 견문을 기록한 『봉사일본시문견록奉使日本時聞見錄』 곤坤 무진년(1748, 영조 24) 7월 7일(기축)의 기록에 무도라는 용어가 다음과 같이 나타나 있다.

왜인이 어린아이에게 가르친다는, 판각하여 유행하는 글을 보니 대략 이러하다. 문도文道를 모르면 무도武道도 마침내 승리할 수 없는 것이니, 이는 문자의 도리를 모르면 무도에서도 마침내 승리를 얻을 수 없음을 뜻한다.38)

---

35) 『해사일기海槎日記』 갑신년 2월 27일(기유)
36) 世宗 51卷, 13年(1431) 3月 17日(辛巳) 3번째기사/39卷, 12年(1466) 5月 5日(乙亥) 1번째 기사 등
37) 『중용』 제18장(中庸 第十八章)에 나오는 문왕과 무왕의 덕을 칭송하여 "무왕이 말년에 명을 받았는데, 주공이 문왕과 무왕의 덕을 이루고 태왕과 왕계를 왕으로 높이고 위로 선공先公을 천자의 예로써 제사지냈다. 이 예가 제후와 대부 및 사士·서인에게까지 이른다. 武王末受命 周公成文武之德 追王大王王季 上祀先公以天子之禮 斯禮也 達于諸侯大夫 及士庶人/관자管子 제8권 20편 소광편小匡篇 21에 드디어 문왕과 무왕의 업적을 천하에 이루었다. 以遂文武之跡於天下」
38) 見有倭人之敎小兒文刻行者。畧曰。不知文道。而武邊終不能勝利。此謂不知文字道理。則雖

일본이라는 나라는 사실 도道가 없는 나라이다. 도道가 없는 나라이기에 그 반작용으로 무엇이든지 도道자를 붙이는데, 검술을 검도라 하고 다예를 다도라 하고 심지어 꽃꽂이를 화도라 한다. 동양에서 중요한 일에 대해 경천사상敬天思想으로서 일정한 의례를 두고 정성을 다하는 경우가 있다. 소위 '신이 인간에게 내린 선물'이라는 차도 마찬가지이다. 차는 천제를 지낼 때나 제사상에 올리기도 했지만, 예전에 우리네 조상들은 차를 상식했기에 흔히 일상적으로 일어나는 일에 대해 다반사茶飯事라는 표현을 썼다. 이러한 차는 같은 사람이 같은 자리에서 내더라도 팽주烹主의 마음 상태에 조차 민감하게 반응해서 그 맛이 다르다. 차를 마시는 데 있어서 소정의 격식은 필요할 수 있을는지 모르나 다도茶道라는 이름을 붙여서 지나친 엄격함을 유지하는 것은 오히려 차 맛을 제대로 음미한다거나 다담茶談을 나누는 데 있어서 추사의 유천희해遊天戱海39)와는 괴리가 있으며 지나친 형식이 본질을 훼손하는 감이 없지 않다. 하지만 한 잔의 차를 마시는데도 엄격한 격식 과정은 합리적이고 실증적인 서구인들에게는 이해하기 어려운 가운데서도 감성적인 호기심을 유발했다. 이렇듯 일본인들은 역사적 배경 상 문화콘텐츠의 가치를 훨씬 우리나라 사람들보다 빨리 받아들였다.

불佛과 무武를 중시하던 일본은 도쿠가와 막부에 들어서면서 분란의 여지를 줄이기 위해 불교에서 유교로 전환하고 탈도령과 폐도령을 통해 거친 기존의 무사들의 손발을 묶었다. 이 가운데는 조선통신사들이 매우 중요한 역할을 차지했다. 도시의 빈민으로 전락하게 된 무사들은 생존의 자구책으로 격검 흥행을 통해 새로운 활로를 얻게 된다. 이후 메이지 유신을 거쳐 서양문물을 적극적으로 받아들이면서 근대화의 기반을 다지게 된다.

於武道。終不能得其勝利之意也。
39) 추사의 유천희해遊天戱海는 무한히 넓고 깊게 즐거움을 쫓는 것은 단순한 쾌락이 아니라 수행자의 도락이라 하였다.

1899년 니토베 이나조(新渡戶稻造·1862~1933)가 미국에서 영어로 '사무라이'(원제BUSHIDO-The Soul of Japan)를 출간하게 되었다. 책의 서문에 그는 "종교교육을 하지 않는 일본에선 도덕을 어떻게 가르치는가"라는 벨기에 학자의 질문에 답이 궁해진 적이 있었다. 곰곰 생각해 본 결과 서양의 기사도나 '노블레스 오블리주'를 참고로 어릴 때 어렴풋이 듣던 유교적 덕목이나 사무라이 전설들을 버무려 상상력의 산물로 책을 출간했다. 이 책은 바로 미국은 물론 유럽에서도 베스트셀러가 되면서 일본에 역수입되었다. 그 뒤 무사도는 일본인의 의식 속에 자기네 고유의 도덕규범이나 미덕으로 각인되었는데 때마침 불어 닥친 군국주의 바람도 집단최면을 거들었다. 무사도라는 게 정말 일본의 전통으로 이어져 내려왔다면, 왜 하필 사무라이의 시대가 끝난 뒤에야, 그것도 미국과 독일에서 공부한 니토베 이나조의 손으로, 미국에서 영어로 먼저 쓰였을 리 없는 것이다. 서양인도 그들의 귀족계급은 관심사이지만 동양의 귀족에 비견되는 무사들의 새로운 도덕적 모럴moral은 참으로 인상적이었다.

　근대화시기에 일본과 중국의 경우 서구의 신문명을 적극적으로 받아들이면서 생명력을 잃은 전통문화를 폐기하려는 움직임이 드세다가 20세기 초에 들어오면서 전통을 축으로 하여 서구문화를 선별적으로 수용하려는 자세로 전환하였을 정도였으며, '우리의 근대화는 한마디로 말하면 서구화'라고 표현할 정도로 한 시절의 모든 가치 기준은 맹목적으로 서구 중심이었다. 이러한 점은 이미 서구의 문화를 먼저 받아들인 일본에 있어서도 예외는 아니었으며 근래에 이르기까지도 일본을 막론하고 이러한 풍조는 만연하고 있었다. 1884~1885년의 박대양朴戴陽의 수신사 기록 『동사만록東槎漫錄』에 보면 얼마나 서구 중심으로 바뀌었나를 미루어 짐작할 수 있다. '이 나라에서도 일찍이 공맹孔孟의 학문을 존숭尊崇하여, 상을 봉안하여 존경하고 경전을 강습하였는데, 개화 이후로 경사經史는 다 폐지하여 곁채의 협실夾室에 치워 버리고, 정당正堂 좌우의 서가書架에 가득

한 책들은 다 서양의 서적뿐이다.'40)

그러한 상황 속에서 서구로부터 일본 부시도武士道의 역수입과 무도의 결합이 서구사회에 얼마나 큰 반향을 일으켰는지, 김용옥은 '동양의 서양화의 전초는 기독교.였다. 그런데 서양의 동양화는 바로 무술이었다고' 할 정도로 서구인들의 정신세계에 영향을 미쳤으며 실천적 경험 대상으로 각광을 받는 것이다.

특히 니토베 이나조의 무사도에 대한 날조는 동양에 대한 인식이 낮은 서양인들에 의해 재정립되어 역수입됨으로써 결과적으로 동·서양 학자들의 관심을 촉발했으며, 이로 인해 동양무예에 대한 호기심을 불러일으켰을 뿐 아니라 스포츠화된 무예 경기구조가 세계시장에 확산하는 중요한 모티브가 되었다. 하찮게 여겼던 동양의 문화 가운데 무도를 익히게 됨으로써 그야말로 일반 백성들은 쳐다볼 수도 없었던 기사도騎士道, chivalry나 노블레스 오블리주noblesse oblige에 비견되는 자격을 획득하게 된다는 문화콘텐츠로서의 가치도 중요한 몫을 차지하였다고 하였다.

진검을 쓰는데도 불구하고 격검이라 부르고 죽도를 사용하면서도 검도劍道라는 아이러니가 이와 무관하지 않은 것이다.

송형석은 금세기에 이르러 사회가 점차 스펙터클화되면서 사람들은 실제 내용보다 내용을 포장하고 있는 껍데기에 관심을 갖게 되는데 현재 스펙터클 사회에서는 실제로 능력이 있는 사람보다는 능력 있는 것처럼 보이는 사람이, 실제로 건강한 사람보다는 건강하게 보이는 사람이 선호되고 있다고 하였다. 따라서 옷치장과 몸치장이 그 어느 때보다도 중시되고 있다. 이러한 논리를 동양무예에 대한 취향에도 적용할 수 있는데 서구인들은 실제로 강하고 공격적인 무예보다는 그저 강하고, 공격적인 것

---

40) 을유년(1885. 고종 22) 1월 19일

처럼 보이는 무예를 원한다고 할 수 있다고 지적하고 있는 부분은 문화 콘텐츠의 방향설정에 중요한 모티브로 되새길 만하다.

현대 무도武道의 개념은 당초의 개념과 터무니없이 평가 절하되어 한 단면만이 사용하고 있다. 거창한 듯 무도를 이야기 하지만 포장지로써 제품을 평가하는 꼴이어서 진정 무도의 의미를 얼마나 알고 사용하는지 의문이 든다.

물론 한 왕조가 오래 유지된다는 것만이 바람직하다고만 볼 수 없다. 무사안일이나 매너리즘에 빠져 불가분 여러 부작용이 나타날 수밖에 없는 것이다. 임진왜란이나 병자호란이 그러하며 결국 조선말에는 일본에 의해 나라를 잃는 결과를 초래했듯이 대개 한 왕조의 몰락 시기는 아래 위 할 것 없이 극심한 혼란에 빠지기 마련이다.

구한말 조선을 방문한 서구인들의 기록에는 조선이 '중국의 속국으로서 조공을 바치는 나라'라는 표현이 빠지지 않고 나오고 있는데, 박영규는 조공이 곧 속국화를 의미하는 것은 아니라 조공은 당시 동아시아 국제사회에 이루어졌던 일반적인 외교관례였으며, 외교상의 대의명분을 얻고 입지를 강화하려는 시도로 이루어졌다고 하였다. 이 외교원칙이 지켜지지 않으면 전쟁이 일어났는데 말하자면 조공외교는 전쟁을 피하기 위한 약국의 실리적 선택이었다고 하였다. 대국도 마찬가지로 먼 나라를 무력으로 다스리려면 그 이상의 소득이 있어야 하는데 주변에 적국으로 둘러싸여 있으면서 조공 외교로 충분히 해결될 사안을 전쟁을 일으키면서까지 구태여 모험을 할 가치가 있는가 하는 이해득실을 따지는 부분도 없지 않았다. 그런 의미에서 조공외교가 대국이나 주변국에서도 서로 도움이 되는 외교였다. 실제로 『해사록海槎錄』에 예로부터 중국이 오랑캐와 사귄 것은 모두 사랑하고 그리워서가 아니라, 부득이 행한 것입니다. 태왕太王이 구슬·가죽·비단·개·말을 가지고 섬겼고, 한漢 나라 이래로 해마다 10만의 예물을 주어, 백성의 고혈膏血을 다해 가면서 원수인 오랑캐를 섬긴 것이 어찌 즐거워서 한 바이겠습니까? 다 마지못한 일이었던 것입니다. 이번에 통신사를 보내는 것도 마지못한 것이니, 마지못하여 보낸다면 어찌하여 20필의 비단을 아껴서 적국敵國이 좋아하는 것을 잃겠습니까?41) 라는 기록으로 보아 조공 외교가 약소국가의 일방적인 선택이 아님을 알 수 있다.

조선을 건국한 태조 이성계가 위화도에서 회군할 때 가장 먼저 내세운 명분이 작은 나라로서 큰 나라를 섬기는 것은 나라를 보전하는 도리입니다42)라고 한 것이나 또 『태종실록』에 우리 황제가 본래 큰 것을 좋아하고 공功을 기뻐하니, 만일 우리나라가 조금이라도 사대의 예를 잃는다면, 황제는 반드시 군사를 일으켜 죄를 물을 것이다. 나는 생각하기를 한편으로는 지성으로 섬기고, 한편으로는 성을 튼튼히 하고 군량을 저축하는 것이 가장 오늘날의 급무라고 여긴다는43) 기록도 같은 맥락이라 하겠다.

『예종실록』에도 승정원에 전지하기를, 작은 것으로써 큰 것을 섬기는 것은 진실로 마땅하다. 그러나 근래에 명나라 사신이 오면 억지로 구하는 물품이 자못 많으니, 전죽箭竹·각궁角弓 등과 같은 것은 장차 별공別貢이 될까 두렵다. 또 당나라 사람으로서 포로가 되었다가 도망하여 온 자를 모두 돌려보내게 하였는데, 그 쇄환刷還한 자가 우리나라의 일을 갖추 알고 있으니, 지금부터 부득이 쇄환하는 사람 이외에는 멀리 남방으로 옮기고 돌려보내지 않는 것이 어떻겠는가?44)

---

41) 동명東溟 김세렴(金世濂, 1593-1646)이 인조 14-15년(1636-1637) 일본 사행록 일기 - 병자년(1636, 인조 14) 9월 25일(병인).
42) 태조 1권 총서 84번째 기사, 태조가 조민수와 함께 위화도에서 회군하다.
43) 태종 13권, 7년(1407) 4월 8일 1번째 기사, 편전에서 병조 판서 윤저 등과 궁방 대책에 관해 의논하다.
44) 예종 6권, 1년(1469) 7월 21일(임인) 4번째 기사, 중국에 보내는 조공과 습진에 대한 교서.

물론 그렇다고 해서 조공외교도 만만한 것은 아니었다. 한 가지 변수만 발생해도 살얼음판을 걷는 듯 위험에 처하거나 사직이 흔들리는 경우가 여러 번 있었다. 특히 나라의 위기상황이 없이 평화 시대가 지속하면 안일에 빠져 국방력이 약해지면서 주변국이 호시탐탐 노리는 먹잇감의 대상이 되었다. 특히 조선 중기 명·청에 끼어서 양쪽의 눈치를 보다가 나라는 더욱더 어지러워지고 임진왜란 후 명明에 대한 재조지은再造之恩은 조선에 굴레가 되어 명·청 양쪽으로부터 고통을 받았다.

1627년의 정묘호란, 1636년의 병자호란이 일어났는데, 특히 병자호란을 통해 조선의 인적 물적 피해는 극심하였다. 사상자 수는 셀 수도 없거니와 조선인 피로인 숫자는 최대 50만 명으로 추산되었다.

한편 김강녕은 항복과 함께 강화조약 조건에 따라서 소현세자와 봉림대군, 그리고 김상헌(척화파 거두)과 3학사(홍익환, 오달제, 윤집)를 비롯한 척화파 대신 등 200여 명을 포함한 수많은(20만 명)45) 조선 처녀들은 전리품이 되어 청의 수도 심양으로 원통하게 끌려가는 절차를 밟게 되었다.

『연려실기술燃藜室記述』에 청나라 사람들이 이른 아침부터 행군하여 큰길에 세 줄을 지어 우리나라 사람 수백 명이 앞서가고 한두 오랑캐가 뒤따라갔는데, 종일토록 그치지 않았다. 뒷날 심양에서 속바치고 돌아온 사람이 60만이나 되는데 몽고 군사에게 잡힌 자는 이 숫자에 들어 있지 않는다고 46)하였으니 60만이 훨씬 넘었을 것으로 추정된다.

도성에서 살아남은 사람은 10살 미만의 어린애들과 70살이 넘은 노인들뿐이라는 보고가 올라왔다. 그나마 그들은 굶주린 채 추위에 방치되어 죽기 직전의 상황에 처해 있었다(한명기).

---

45) 이영춘(2003)은 10여만 명으로 추산하고 있다.
46) 『연려실기술』 제25권, 인조조고사본말仁祖朝故事本末/병자노란丙子虜亂과 정축 남한출성南漢出城

병자호란은 1636년(인조 14) 12월부터 1637년 1월까지 일어났는데, 당시 일본통신사로 다녀온 김세렴(金世濂, 1593-1646)의 사행일기 『해사록海槎錄』의 기록에는 전쟁이 끝난 지 한 달여가 지난 3월 초순인데도 불구하고 그 참혹한 광경이 이루 말할 수 없다.

경기에 들어오니, 병화의 참혹함을 차마 볼 수 없다. 도로에 시체를 실어 나르는 것이 연달았고, 고을 안의 인가가 모두 불에 탔다(정축년(1637, 인조 15) 3월 7일). 용인에 닿으니, 현감 이명열李命說이 먼 마을(遠村)로부터 보러 왔다. 마희천馬戲川에 이르니, 시체가 쌓였고 피가 수십 리에 잇따라서, 말이 나아가지 못하였다. 충청 감사 정세규鄭世規가 싸움에 진 곳인데 참혹하고 슬픔을 말할 수 있겠는가! 신원新院에 이르니 인마가 나아갈 수 없고, 또 양재良才에 인가가 없다는 말을 듣고 마지못해 여기서 묵었다(3월 8일). 한강을 건너가니, 강 언덕 일대에 여염집들이 모조리 없어졌다. 죽산부터 한강까지 2백 리 사이에는 인가에 연기가 나지 않았고 떠도는 자는 벌써 귀신의 행색이 되었다. 도성都城에 들어가니, 남대문·종로 이하로 좌우의 행랑行廊이 모조리 재가 되었다(3월 9일).

은근과 숙성이 관련 있는 조공외교는 급변하는 어려운 시기에는 더욱 힘든 상황으로 내쳐지기도 했다.

왜란을 겪으면서 명明에 대해 어느 정도 자율성과 자존의식을 내세우려 했던 조선 전기의 분위기는 이후 완전히 달라졌는데, 왜란 이후 명군이 철수할 무렵 명 내부에서는 조선에 대해 보상을 요구하는 심리가 고개를 들기 시작했다.

조선에 와서 은銀을 마주 징색하여 향후 명사들의 은銀 수탈에 서막을 열었던 인물은 1602년(선조 35) 3월, 명의 황태자 책봉 사실을 반포하려고 서울에 왔던 한림원 시강侍講 고천준顧天埈이란 자였다. 그가 국경을 넘어와 의주에서 서울로 이르는 동안 은銀과 삼蔘에 대한 징색이 너무 심하여 『선조실록』의 사평史評에 따르면 '의주에서 경성까지 천리에 걸쳐 마음대로 약탈을 자행하여 인삼・은냥・보물을 남김없이 가져갔으니, 조선 전역이 마치 병화兵火를 겪은 것 같았다'고 묘사하고 있다.47)

명과 후금과의 미묘한 상황 그리고 조선과의 관계에서 아슬아슬한 줄타기가 이어졌다. 이는 광해군이나 인조반정 이후에도 계속 이어졌는데 인조 때는 그 피해가 극에 달했다. 명 조정에 선조의 승하 사실을 알려 시호諡號를 내려줄 것을 요청하고, 광해군의 즉위도 승인받고자 하는 과정에 명 차관差官 엄일괴嚴一魁와 만애민萬愛民에게 광해군은 정치적 곤경을 타개하려고 어쩔 수 없이 은 수만 냥을 풀고48) 이후 조선에 오는 명사明使들은 예외 없이 손을 벌리고 이는 선례를 남겼다. 인조를 조선 국왕으로 인정하는 공식적인 책봉례冊封禮를 주관하기 위해서 극도로 부패한 명의 환관들이 조선에 왔을 때 조선 조정은 접대를 위해 은자銀子 10만 냥과 인삼 2000근을 준비했다.49)

한편 박현모도 결과론적으로 평균 수명이 200~300년밖에 안 되는 중국・일본・영국 등의 다른 왕조와 비교하면 500여 년간 계속된 조선 왕조의 두 배 정도 오래 유지된 비결 중에 하나로 동아시아 국제질서와 조선의 외교능력도 장수 비결을 꼽았다. 자칫 조선에 치명적일 수 있었던 한반도의 지리적 위치가 역설적으로 현실에서는 유리하게 작용했다. 조선은 반독립적인 정치체제를 유지하면서 동아시아의 사대 질서에 적응하고,

---

47) 선조 148권, 35년(1602) 3월 19일(신사) 2번째 기사, 관반 심희수가 중국 사신이 말을 약탈하는 것에 대해 아뢰다.
48) 일괴 등은 비록 이러한 말을 다 사실로 믿지는 않았지만 타고난 성품이 탐욕스러워 수만 냥의 은을 받고는 평이하게 조사한 뒤에 갔다. 一魁等雖不深信, 性貪黷, 受銀數萬兩, 準查而去.『광해군일기光海君日記』광해군 즉위년 무신(1608) 6월 20일(을해) 4번째 기사.
49) 『인조실록仁祖實錄』인조 3년 을축(1625) 2월 12일(신묘) 25번째 기사.

중국의 세력변동에 유연하게 대처하는 실용적이고 탄력적인 외교로 생명을 연장했다. 이런 요소들을 결합시켜 하나의 힘으로 만들어낸 통합의 메커니즘이 왕조를 500여 년간 지탱한 핵심 요인이었다고 분석하고 있다. 조공외교에 대한 시각차를 보여주는 것이라 할 수 있다.

'사대'는 '사대주의'가 아니라 '사대외교'로서, 이른바 성리학 등의 선진문물을 받아들이기 위한, 그리고 민족 보전을 위한 현실적 외교정책으로서 결코 자주성과 모순되지 않는 것으로 파악되어,[50] 현재까지 조선시대의 대명 관계를 설명하는 주된 틀로 사용하고 있다.

이미 앞에서 언급했듯이 심승구는 한국무예는 특히 유학의 영향을 많이 받았는데 유학은 전쟁을 죄악시하며 무기를 흉기로 인식함으로써, 인간의 야만성과 폭력성을 억제하려는 사상이라고 할 수 있다. 그러한 사상은 우리의 국방전략에도 미쳐 '부전이승不戰而勝' 즉 군사적 충돌 대신 외교로 문제를 해결하려는 입장을 갖게 하였다.

즉 사대와 교린은 당시 조선으로서는 불가피한 선택이자 최상의 외교 관례였다.

예전 일부에서는 이성계가 위화도에서 회군함으로써 고구려의 용맹스러운 기상을 버리고 한반도 안에서만 안주하는 굴종의 역사를 보였다는 견해도 있으나 결과론적으로 볼 때 현재의 대한민국이 존재하는 것은 불가피한 선택일 수도 있다.

쇄국을 망국의 짓이었다고 예전 학교에서 가르치기도 했지만, 그 이면에 무로마치 막부시대에 조선 측이 일본의 사절을 위해 지정한 세 갈

---

[50] 박원호는 조선 초기 대명외교의 성격을 살펴보면서, 한영우의 연구를 인용하여, 사대외교를 흔히 사대주의와 혼동하여 자주성이나 주체성과 대립하는 개념으로 이해하는 경우가 있으나, 사대외교는 어디까지나 민족보전을 위한 현실적 외교정책으로서 결코 자주성과 모순되지 않는다는 점을 강조하고 있다.

래 길이 히데요시의 조선 침략에 이용되었기 때문이다(강재언). 1592년 4월 12일 부산에 상륙한 일본군은 불과 20일 만에 한양을 점령했다. 조선이 에도 막부시대의 일본 사절이 내륙을 다니지 못하도록 한 이유는 국내형세와 지리를 일본인들로부터 숨기기 위해서였다고 한다. 1608년 선조가 승하하고 광해군이 즉위했을 때에도 겐소(玄蘇)가 이끄는 324명의 사절단이 부산에 와서 상경을 시도했다.51)

조선은 임진왜란 이후 일본인들의 상경을 엄격히 금지했는데, 과거 그들에게 상경을 허용함으로써 부산에서 서울에 이르는 산천 형세와 지리정보가 모두 유출되었던 전철을 되풀이하지 않으려는 조처였다. 그럼에도 불구하고 정묘호란(1627) 시기 이후 1629년 이정암以酊庵의 외교승 겐뽀(玄方)를 포함한 일행은 조선과 명 그리고 후금과의 미묘한 관계를 이용, 상경했다.

이를 반증하는 것으로 정유재란丁酉再亂에 왜군의 포로가 되어 일본 본토에서 3년 동안 피수생활被囚生活을 하다 귀국한 사인士人 정희득鄭希得의 피로기록被虜記錄 『해상록海上錄』에도

> 전쟁 한 가지만은 이놈들의 장기이며, 또 교병(交兵 전쟁)한 뒤에는 장수로부터 소민에 이르기까지 우리나라에 왕래한 자가 십중팔구인데, 우리나라의 허실과 성지의 험이(險易 험한 것과 편편한 것)를 모르는 이가 없다. 그리고 넉넉한 토산土産에 침을 흘리고, 의식衣食의 넉넉함을 손에 물들였기 때문에 아직도 잠시를 잊지 못한다.52)

김의환은 「한국 통신사의 발자취」에 대마도와 관련하여 다음과 같이 기록하고 있다.

---
51) 『변례집요邊例集要』 권1 별차왜別差倭, 무신戊申 3월
52) 『해상록海上錄』 제1권/부附 일본총도日本總圖/풍토기風土記

대마도에는 우리나라에서조차 희귀하거나 보유하고 있지 아니한 불교문화재들이 많이 남아 있다. 연대 상으로 가장 오래된 것으로서는 7세기의 백제불·8세기의 신라불로부터 고려·조선시대의 불상에 이르고 있는데, 이들 불상의 특징은 고려불상이 가장 많고 대부분이 운반하기 쉬운 소형의 청동불이요, 모두 심한 화상을 입어 도금이 없으며 대부분 과거 왜구의 본거지였던 포구浦口에 집중적으로 전해져 내려오고 있다는 사실이다.…19세기 초의 일본 측 기록인 『쓰시마기지津島紀事』를 보면 8, 9세기 주조 명문이 기각된 신라종들이 있었으며 다른 기록에서도 16세기 주조 명문이 기각된 조선종이 있었으나 모두 메이지시대에 일본 본토로 흘러 들어가 버렸다고 한다. 현재 일본의 중요문화재로 지정되어 이즈하라 다구쯔다마[多久頭魂] 신사에 쓰쓰[豆酸]의 대정大鉦의 이름으로 알려진 고려(1245년)의 금고金鼓를 포함한 고려시대(1357년) 진주에서 만들어진 금고. 그리고 많은 고려의 거울(鏡) 역시 왜구들의 약탈물인 것을 알 수 있다. 왜구들의 약탈 문화재는 이외에도 희귀한 불경 등을 포함되어 있는데, 일본인 불교미술 연구가들은 대마도에 산재해 있는 많은 고려불상을 자랑하여 말하기를 고려시대의 불상은 거의 한국에 남아 있지 않다. 그러므로 한국의 불교미술을 쓸 때 고려시대의 불상에 대해서는 대마도에 오지 않으면 쓸 수가 없을 정도이다.'라고 말하지만, 이러한 자랑에 앞서 과거 왜구들의 방화·약탈의 잔인성을 역사적으로 깊이 반성해야 한다.

이상은 오랜 역사를 거치는 동안 우리 민족이 살아남기 위해 필연적으로 선택해야 했고, 또 선택할 수밖에 없었던 배경과 관련된 부분이다. 그 선택으로 인해 후에 나라가 절체절명의 위기에 봉착하거나 왕조의 붕괴로 이어지기도 한다. 더욱이 우리나라는 근세사에 뼈저린 경험을 지니고 있어 이런 부분에 매우 민감하다. 그렇다 하더라도 분명 세계 그 어느 국가보다도 질긴 생명력을 지니고 있음은 자명한 사실이다. 이 질긴 생명력에 두드러지는 부분이 바로 은근함과 이 과정을 통해 숙성된 맛이다.

택견의 품밟기나 활갯짓을 포함하는 모든 동작은 곡선을 그린다. 특히 공방에 동시에 쓰이는 품밟기는 공수의 2박자가 아니라 공격이 이루어지는 능청(허리재기) 이후에 추스르는 굼실(굼슬르기)과 함께 공격을 위한 굼실(굼슬르기)이 한 번 더 이루어지는 3박자이다. 이 동작들은 리듬을 타는 것이고 완급과 장단이 있다. 두 점 사이의 가장 짧은 코스는 직선이라는 인식이 심어진 현대인의 시각으로 볼 때 충분히 더 단축할 수 있는 여지가 있는 것으로도 비치기도 한다.53) 동작에 직선과 각角이 없는 곡선 동작에 대해 김정윤은 '힘으로 하지 않고 기운으로 하기' 때문이라고 하였다. 이 힘과 기운의 관계에 대해 김정윤은 힘을 쓰면 기운이 써지지 않고 기운을 쓰면 기운과 힘이 함께 써지는데 이것을 '심'이라 하였다. 그리고 힘으로 단련을 하면 힘은 몸 밖으로 내보내도 나가지 않고 몸 안으로 되돌아오며 기운은 몸 안팎을 드나드는 속성이 있다고 하였다.

근력에서 나오는 힘과 마음 바탕에서 나오는 심의 차이에 대한 우리 선조들의 사고관을 단적인 예로 이규태는 다음과 같이 설명한다.

우리나라에서도 '젖을 안 주면 심지가 안 생긴다'는 말이 있다. '심지'를 사전에 찾아보면 마음의 바탕 또는 마음과 뜻을 의미한다. 심지를 아이에게 전도시키는 도체導體이기에 젖은 감정에 예민하다고 알았다. 이를테면 어머니에게 근심이 과하고 울이 멎는다든지, 젖이 나고 안 나고, 적게 나고 과하게 나오며, 또 묽고 진하고는 반드시 희喜-비悲-애哀-노怒-애愛-증憎-울鬱-투

---

53) 품밟기 동작 안에 고도의 현대적 첨단 과학적 기술이 녹아 있다고 언급했다.

妬-오嫉 같은 어머니의 감정에 크게 좌우되는 것으로 알았다. 그러기에 옛날 유모를 고를 때 그 유모의 성깔이나 맘씨가 사람됨을 그토록 까다롭게 살폈던 이유가 바로 젖 속에 영양만이 아닌, 심지가 들어 있다고 여겼기 때문이다. 옛날 우리 왕실에서 태자가 태어나면 성 안에서 현모로 소문난 사대부집에 어느 기간 동안 맡겨 젖을 먹이게 했던 것도 이 양질의 심지를 도입하기 위한 방편이었다.

또한 작지만 강한 국궁은 곡선의 궤적을 그리며 날아가지만 중국의 한 고서古書에서 국궁을 가리켜 '크기는 작지만 사거리가 길고, 그 강도 또한 엄청나 경계해야 할 무기'라고 표현했다. 현재도 국궁의 적정 사거리는 145m 정도이지만 단련된 궁수가 쏠 경우 최대 300m 이상도 거뜬하다고 하며 임진왜란 때는 편전이 420m 넘게 날아갔다는 기록까지 있다.

『세종실록』에 신라의 노弩도 1천보까지 이르렀는데, 당나라 임금이 이를 구하여 갔으나 끝내 기술을 다하지 못하였다54)는 기록이 있다.

일본통신사로 파견된 정사 조엄(趙曮 1719~1777)의 일본 왕환 기록인 『해사일기海槎日記』에는 조선의 대궁大弓의 비거리로 인해 왜인들이 인가를 다치는 일이 있을까 염려하여 그만두기를 간곡히 청하는 기록55)에서도 엿볼 수 있다.

이미 언급되었지만, 임진왜란 당시 왜인들조차 조선의 궁시는 천하제일이라고 하였다. 미국 외교관으로 구한말 황제의 고문으로 활약했던 윌리엄 샌즈William Franklin Sands는 나는 이백 야드(180여 미터)나 떨어진

---

54) 세종 127권, 32년(1450) 1월 15일(신묘) 1번째 기사, 집현전 부교리 양성지가 올린 비변에 대한 열 가지 방책.
55) 『해사일기海槎日記』/갑신년 3월 6일(정사);『해사일기』/장계狀啓 및 연화筵話/연화/7월 8일

과녁의 중앙에 연달아 명중시키는 것을 실제로 목격한 적이 있고, 심지어는 삼백 야드(270여 미터) 거리의 과녁까지 명중시키는 경우를 본 적도 있다고 하였다.

새비지 랜도어는 조선 말기에 인상적인 국궁을 다음과 같이 기록으로 남겼다.

> 동대문 연병장 근처에서였다. 나는 서울을 가로지르는 작은 강을 따라 나있는 동쪽 둑을 조용히 걷고 있었다. 그때 둑 밑에서 「조금 있다! 기다려! 멈춰!」라고 외치는 소리를 듣고 나는 멈추어 서서 밑을 내려다보았다. 그곳에서 200야드 정도 떨어진 곳에 20여 명의 사람들이 모여 있었다. 그러나 햇빛이 너무 강해서 눈을 뜰 수 없었기 때문에, 나는 그들이 무슨 일을 하고 있는지 잘 알 수가 없었다. 그래서 단지 농담으로 고함을 쳤으려니 생각하고 앞으로 걸어가려고 하는데, 로케트가 지나가는 듯한 소리가 들리더니 내가 있는 곳에서 불과 2야드 정도 전방에 한 다발의 화살이 하얗게 둥근 점을 이루며 땅 깊이 박혀서 더 이상 걸어갈 수가 없었다. 수를 세어 보니 화살은 모두 10개였다. 그러나 이 궁사들에게는 내가 처한 위험이 결코 위험이 아니었다. 나는 그동안 그들의 활 솜씨를 지켜보았는데 거의 백발백중이었다. 이 명사수들은 심지어 내 코앞으로 몇 다발의 화살이 획 지나가는 소리도 대수롭지 않게 생각했다.

일차원적인 물리적 힘보다 누적된 기운을 우선한 우리나라는 음식문화에서도 찾아볼 수 있는데 우리나라처럼 숙성음식이 발달한 나라는 드물다. 우리 한국의 3대 음식을 들어보면 김치, 장, 그리고 젓갈이다. 이 세 가지에 공통점이 있다면 익은 맛, 삭은 맛을 요구한다는 것이다. 이 3

대 음식이 모두 발효식품이다. 발효시키는 요리법은 기본적으로 구워먹는 서양 요리법보다 진보한 문명을 나타낸다.

수십 년 전만 해도 된장에 발암물질이 포함되어 있다고 해서 세간을 떠들썩하게 했지만, 지금은 오히려 항암물질이 현저히 많다고 소개되고 있다.

이러한 발효음식을 포함하는 슬로우 푸드, 느림의 미학이라는 제주도 올레길, 현대화라는 미명 아래 오랜 기간 지속한 새마을 사업에도 불구하고 신안증도, 완도청산, 장흥유치, 담양창평, 하동악양, 예산대흥, 전주한옥마을, 남양주조안, 청송파천·부동, 상주이안·함창·공검 등 도처에 산재하는 슬로 시티 등, 온 세계의 급속한 변화 속에서도 역설적으로 원래의 자리를 찾고자 하는 의도에서 지정된 것으로 수많은 흔적이 남아있는데 자연과의 기운교감 혹은 느낌에 의한 소통이 가져온 결과이다.

이규태는 우리 전통악기의 소리에 대해서 소리보다 여운을 더 주목하여 강조했다.

노장老匠들에 의하면 가야금이나 거문고의 생명은 나는 소리보다 그 소리가 끄는 나지 않는 여운의 오묘함에 있으며, 한국 산사의 종소리 또한 마치 거문고 소리처럼 안개 속을 나선형으로 감돌며 무한 공간으로 사라져가기에 '나는 소리' 보다 오히려 그 사라져가는 '나지 않는 소리' 곧 여운에 묘미가 있다고 하였다. 종을 치는 스님도 그 여운이 끝나는 시각을 영감으로 기다렸다가 치곤하였는데 서양종처럼 물리적 소리로 치고 듣는 것이 아니라고 하였다. 그리고 플루트가 항상 도달하고 싶은 음도를 지향하고 있는데, 대해 전통피리는 그 소리에 잠입하여 그 여운이 지향하는 심도를 지향한다.

이는 마치 한국의 전통악기가 마치 감정을 절제하여 쉬이 오욕칠정을 드러내지 않는 은근함이나 시조에 있어서 직설적인 표현보다는 우회적인 은근한 표현 혹은 문장의 행간에 의미를 담는 풍류와도 맥락을 같이 한다.

우리가 수묵화를 볼 때 여백이 있음으로써 그 여백을 통해 자신의 상상을 더 해 바라봄으로써 '여백의 미'가 생기는 것이다. 아이러니하게도 이 여백을 공포로 받아들인 서양의 미술시대가 있었다. 여백의 막연함에 대해 공포로 받아들인 것이다. 미술의 회화에서 '공백공포(空白恐怖 horror vacui)'라는 표현이 있는데, 서양의 중세시대 그림들을 보면 화면 가득히 그림들이 꽉 차 있다. 여백은 완성된 공간에서 얻어지는 미美이지만, 그림으로 채워지기 이전의 공백은 미완성된 공간으로서 인간은 이 공백공포를 아주 두려워했기 때문에 생겨난 현상이다.

우리는 도저히 이해하기 어려운 사이비 종교에 빠져 헤어나지 못하는 사람들을 가끔 대중매체를 통해 접하게 되는데, 가장 큰 이유는 세뇌에 있지만, 그들 스스로가 만든 허상을 끝없는 증폭시키기 때문이다. 확인되지 않은 사실들에 대해 살을 붙여 자의적으로 확대해석하고 전파하는 가운데 눈덩이처럼 불어나는 것이다. 이러한 인간의 속성이 역기능만 있는 것은 아니다. 우리는 지식을 있는 그대로 전달하라는 교육이나 충고를 듣지만 있는 대로만 직시한다면 미래나 꿈도 그리 밝지만 않을 것이다. 결국, 지식의 전달은 한계에 이를 수 있다.

화두를 잡고 끝없는 의문을 이어가는 선은 지식의 전달이 오히려 답에서 멀어지는 길이다. 그래서 한당은 아는 것의 70%만 이야기하라고 설파하였다. 어떤 사물의 대상에 대해 사람들은 각자의 색안경(관점)을 쓰고 바라보는 것이다. 이러한 각자의 색안경은 각자의 고정관념을 만들어 본질과는 괴리가 생길 수 있다. 지식의 일부는 고정관념으로 작용해서 오히려 선禪에서 멀어지는 오류로 작용한다. 말하는 사람은 30%를 억제함으로써 자제심을 기르게 되거니와 듣는 이는 행간을 읽음으로써 더 깊은 의미에 대해 숙고하게 된다.

언어나 문서를 통한 의사전달은 한계가 있기 마련이다. 그 이유가 항상 자신이 알고 있는 고정된 틀 안에서 받아들이려 하기 때문이다. 이는 수분각 수분득隨分覺 隨分得이라는 표현으로 갈음할 수 있다.

우리 전통악기가 소리보다 여운에 주목한 것처럼 우리 음식문화에도 이런 맛이 있다. 감칠맛 나는 마른 영광굴비는 6개월 이상 숙성해야 맛이 난다는데, 가장 깊은 맛은 씹어 삼키고 난 뒤 목 넘김 이후에 생기는 깔끔함과 동시에 지속하는 은은한 향이다.

이 향에 대해서는 제대로 된 표현이 없어서 혹자는 '농축된 참맛', '고소한 맛' 심지어는 '밥도둑' 등으로 막연하게 표현을 하나 그나마 '짭조름한 감칠맛'이 좀 더 제 맛에 다가가는 표현이다. 그러나 이도 그 맛을 다 드러내지 못하였다.

맛과 향을 동시에 표현하기 어려울 뿐 아니라 특히 목 넘김 뒤의 짭조름한 맛과 어우러지는 은은한 향은 수식어가 발달한 우리 우리말로도 표현하기 어렵다. 이 인상적인 은은한 향은 한 번이라도 제대로 된 맛을 본 사람이라면 오래도록 기억된다.

더 표현이 어려운 맛은 다향茶香이다. 좋은 차가 내는 감칠맛인 은은한 다향은 한 잔을 마셔도 강하지 않으면서도 깊은 향이 입안 목 가득히 몇 시간이고 지속한다. 대개 다른 나라의 찻잎이 대엽大葉이라면 특히 우리나라 차는 소엽小葉인데, 어린 일창이기一槍二旗의 잎과 싹으로 만든 차를 저녁에 마시게 되면 잠을 자고 나서도 아침에서도 그 잔향殘香이 목구멍 너머로 전해서 오는 것을 느낀다. 심지어 비린 생선을 먹어도 비린 생선을 거슬러오는 그 향에 한 번 더 취할 수 있다. 그러니 다향 물씬

풍기는 시詩가 마음에서 절로 솟아나지 않을 수 없다. 이런 차를 알게 되면 다른 어떤 차도 멀리하게 된다. 차는 같은 사람이 같은 자리에서 내더라도 팽주烹主의 마음상태에 조차 민감하게 반응해서 그 맛이 다르다. 차 맛은 차를 나누는 모든 사람이 만들어 간다는 사실을 염두에 두어야 한다. 이런 차를 마셔본 사람들은 결코 그 순간을 잊지 못한다. 많은 사람들이 차에 대해서 언급하지만 진정 그 맛을 느껴 본 이는 역사 속에서나 볼 수 있다고 본다.

『동다송東茶頌』제31절에 '대여섯이 마시면 덤덤(泛)할 뿐이며, 일곱 여덟은 그저 나누어(施) 마시는 것일 뿐이다.'는 의미가 바로 그것이다. 찻물을 덥히고 찻잔과 숙우에 덥힌 물을 부어 식히며 차를 우려내는 그 과정은 다담의 연장선이자 차 맛을 만들어가는 의식행위이다.

드러내지 않은 은은하고 미세한 감정의 소통이 이 과정에서 이루어지는데 그러다보니 자연 본질을 외면하고 형식에 치중해질 수밖에 없는 것이다. 차를 마시는데 소정의 격식은 필요할 수 있을는지 모르나 다도茶道라는 이름을 붙여서 지나친 엄격함을 유지하는 것은 오히려 차 맛을 제대로 음미하거나 다담茶談을 나누는 데 있어서 추사의 유천희해遊天戱海[56]와는 괴리가 있으며 지나친 형식이 본질을 훼손하는 감이 없지 않다.

예禮라는 하나의 형식은 군신君臣 간에 혹은 부자父子 간에 또는 친구 간, 크게는 국가 간에 지속적인 관계가 이어지면서 매너리즘에 빠져 자칫 소홀해지기 쉬운 인간사회에서 일정 거리를 둠으로써 일종의 긴장감을 유지해 주는 매개체이다. 이러한 형식을 사회 모든 전반에 걸쳐 엄격하게 적용한다는 것은 풍류와는 분명 거리가 없지 않은 것이다.

이런 형식을 언급할 때 일본을 빼놓을 수 없다. 일본에서는 다도, 화

---

56) 추사의 유천희해遊天戱海는 무한히 넓고 깊게 즐거움을 쫓는 것은 단순한 쾌락이 아니라 수행자의 도락이라 하였다.

도, 무도, 검도, 예도와 같이 사람들의 취미나 마음가짐으로서 학습하는 일들까지 '~도道'라고 하는 것이 많다. 그것은 '예藝'를 통해서 무언가 인간이 있어야 하는 사는 방법에 가까이 가려는 자세를 나타내는 것이라 하였지만 다른 견해도 있다. 일본이라는 나라는 사실 도道가 없는 나라이다. 도道가 없는 나라이기에 그 반작용으로 무엇이든지 도道자를 붙이는데, 검술을 검도라 하고 다예를 다도라 하고 심지어 꽃꽂이를 화도라 한다. 이처럼 형식이 본질에 앞서는 행위는 진정한 참맛을 모르기 때문에 격식이라는 이름을 빌어 형식에 치우쳐 생겨나는 것이다.

갑신정변 직후에, 봉명사신으로 일본에 갔던 정사 서상우徐相雨의 종사관이었던 박대양朴戴陽은 『동사만록東槎漫錄』에서 추당장秋堂丈57)이 말하기를, 이 나라는 꽃 한 송이, 풀 한 포기, 나무 한 그루, 돌 한 개도 인위의 기교를 입지 않은 것이 없소. 모든 거처·기용에 속하는 것도 다 그 해독을 받고 있소.58)라는 문장에 독毒이라는 표현까지 쓰고 있다.

『동다송』 제19절에 '우리 차는 색향기미色香氣味가 한가지다.'라 하였는데 색·향·미는 오관으로 느낄 수 있지만 흔히 '다향에 취하다'는 표현이 단순히 코를 통해서 느끼는 감각을 의미하는 것만은 아니다. 다향은 오직 차를 마시고 난 직후 목 넘김 뒤에 목에서부터 코 안으로 전해져 오는 그 향을 일컫는다. 진정 좋고 귀한 차는 그 향이 너무도 특별하여 정신이 쇄락해진다든가, 찻잔 기울이니/속세의 찌든 때/홀연히 흩어지누나는 표현처럼 기氣와 어우러져 맛을 낸다. '분위기雰圍氣'라는 표현이 말해주듯 차를 내는 적절한 과정이나 차를 나누는 가운데 생겨나는 다담은 차 맛에도 반영된다. 기氣는 형식에 치중할수록 깊은 맛에서 멀어진다. 오히려 완물상지玩物喪志와 다를 바 없다.

---

57) 추당은 정사 서상우徐相雨의 호
58) 『동사만록東槎漫錄』 일기日記 을유년(1885, 고종 22) 1월 12일

지허는 「차」의 지나친 형식에 대해서 기록하고 있다.

  차 한 잔 마시는데 절차가 복잡하기 그지없다. 이것이 일본의 전통적인 다도이다. 일본의 다도가 처음부터 지나친 형식 속에 있지는 않았을 것이다. 섬나라였던 만큼 대륙문화를 특별하고 신기하게 여기는 경향이 있었지 않나 싶다. 그런 가운데 차 자체보다는 형식만을 숭고하게 여겨 형식만 남고 내용이 없는 사태를 낳게 되어 결국은 그 지나친 형식에 의해 차의 본질을 멀리하게 된 것 같다. '예승즉리禮勝卽離'라는 말이 있다. 예의가 지나치면 본질이 달라진다는 말이다.

  『동다송』제31절에 '홀로 마시는 차는 신神이요. 둘은 승勝, 서넛은 취趣'하니 그 또한 의미가 다르지 않으며59) '진실로 선다禪茶의 경지에 들어가면 모든 마음의 유상有相들이 없어지고 평상심平常心의 경지에서 무사無事함을 감득할 수 있는 최후의 경지를 경험할 수 있는 것이 가능하다'는 '다선일여(茶禪一如: 선이 깊어지면 차도 깊어진다)' 역시 겉으로 드러난 형식과는 무관한 것이다.

  태종과 사제지간의 인연이 있던 여말선초의 대표적 다인茶人 운곡耘谷 원천석(元天錫, 1330~?)은 그 오묘한 맛을 시로 남겼다. 그의 다시茶詩 가운데 枯腸潤處無查滓 마른 창자를 축이어 속이 시원하고/病眼開時絶眩花 침침한 눈이 열려 앞이 환하구나/此物神功誠莫測 차의 신기한 공 측량하기 어려워/詩魔近至睡魔賖 시 생각이 이르니 잠에서 멀어진다는60) 의미는 목 줄기를 타고 넘어간 다향이 뱃속부터 머릿속까지 작용하는 그 풍

---

59) 예나 형식은 번잡해질수록 수반되는 것이다. 홀로 마실 때 얻을 수 있는 지극한 맛도 여럿이 어우러져 마시면 얻기 어렵다.
60) 『운곡행록耘谷行錄』卷之五/詩/謝弟李宣差師伯 惠茶

미를 콕 찍어 표현하기 어려워 갈음한 것이다. 이는 한순간에 만들어지는 것이 아니라 여린 찻잎을 덖고 비비는 과정을 되풀이 하면서 그 과정에 풍미가 만들어지는 것이다. 현대의 평범한 차를 마셔본 사람들은 운곡의 시에 과장으로 점철되어 있다고 생각하기 십상이지만 한 번이라도 먹어본 사람은 시공을 넘어 그 의미가 즉각 와 닿는다. 절제를 미덕으로 여겼던 조선의 선비들조차 차를 구걸하는 것을 부끄러이 여기지 않고 서슴지 않았던 것은 정신까지 영향을 주는 그 풍미에 이유가 있는 것이다.

기운으로 차 맛을 안다는 의미는 쉽지 않지만, 예를 들어 설명해 보겠다.

차를 덖을 때 너무 센 불로 덖게 되면 화기火氣가 강해서 차를 머금을 때나 마시고 난 후에 입안에서 단내나 화기火氣를 느낀다. 차를 너무 약한 불에 덖게 되면 차를 마시는 순간 풋내가 살짝 나기도 하며, 뜨거운 물에 너무 빨리 내게 되면 물 냄새가 섞여 나온다. 차를 너무 오래 우리면 타닌 성분으로 인해 떫은맛이 나게 되는데 이는 강한 자극으로 인해 누구나 느낄 수 있다.

차를 덖을 때는 화기가 불가분 하므로 예전에는 그 화기를 제거하기 위해서 마지막에 백차白茶라 해서 차를 우리지 않은 찻물을 받아 마시기도 했다.

차에 관한 기록은 『삼국사기』 흥덕왕 3년(828) 입당入唐했다 돌아온 사신 대렴大廉이 차茶의 씨앗을 가지고와, 왕이 사자에게 시켜 지리산에 심도록 하였다. 차는 선덕왕 때부터 있었지만, 이때에 이르러 성행한다[61] 하나 실제 『삼국유사』 가락국기駕洛國記에 신라 문무왕 즉위년(661) 기사에 가락국 패망 후 끊겼던 종묘다례가 다시 이어져 제수로 술, 단술, 떡,

---

[61] 三國史記 卷第十 新羅本紀 第十 흥덕왕興德王 三年冬十二月 (828년 12월 미상 음력)

밥, 차, 과일 등을 진설하고 해마다 끊이지 않게 하였다고[62] 전하고 있으며, 신라 제31대 신문왕(681-692) 때 태자 보현과 효명형제가 오대산에 수도하면서 차를 다려 공양한 사실[63]과 경덕왕 24년(765) 충담忠談이라는 승려와 차를 나누는 기사[64] 등 여러 곳에서 확인할 수 있다.

일본의 차는 백제에서 건너간 기록이 보이는데, 일본 동대사지東大寺誌에 '백제승려 행기보살(行基菩薩: 668-749)이 동대사에 말세의 중생들을 위하여 차종자를 심었다'고 하였다. 행기보살이 일본 동대사에 건너갈 무렵은 50세(718)경으로 추정된다.

이 자료는 718-728년경에 백제에 차나무가 자라고 있었다는 것을 말해주고 있다.

장남원은 선종禪宗과 함께 수행 중에 차를 마심으로써 다선일여가 생활화되면서 사찰과 왕실에서 수양과 불교 교단의 각종 행사 등에 필수품목으로 국가행사에서 진다의례(進茶儀禮 : 임금에게 차를 진상하는 의식)를 할 정도였다고 한다.

권혁란은 다도茶道를 통하여 청정淸淨의 경지에 몰입하려는 행위는 단순히 차를 마시는 다사茶事에 있지 않고 불교의 선사상禪思想에서 추구하는 직지인심견성성불直指人心見性成佛의 오묘함을 직접 체득하려는 정신과도 그 궤軌를 같이 한다. 즉 일정한 행위 규범과 차를 마시는 음다飮茶의 실제는 일상에서 불교의 선수행禪修行과 계합契合되는 계기를 제공하고 있기 때문에 일반 다인茶人들의 품격에도 중요한 요소로 작용한다는 것이다. 그러므로 일상에서의 다규茶規는 다인뿐만이 아니라 승려들의 일상생활과

---

62) 三國遺事 卷 第二 제2 기이紀異第二 가락국기駕洛國記 가야 멸망 이후 가야왕들의 제사 (661년 3월 미상 음력)
63) 三國遺事 卷 第三 제4 탑상(塔像第四) 대산오만진신臺山五萬眞身
64) 三國遺事 卷 第二 제2 기이紀異第二 경덕왕・충담사・표훈대덕景德王・忠談師・表訓大德

하나가 되는가 하면 불교적인 행사 때의 의식과도 어울리고 예불과도 일체를 이루는 규범이라 하였다.

삭힌 홍어를 즐기는 식도락가들이 많은데, 정도는 낮지만 삭힌 홍어에서 목 넘김 뒤의 풍미를 다소나마 즐길 수 있다. 톡 쏘는 암모니아의 강한 자극 뒤에 목 넘김 뒤에 생기는 은은한 향은 개운함을 더해주는데 일종의 중독성을 지녀 식탐을 부르기도 한다. 이 향을 더 즐기려면 덜 자극적인 소금 간을 통해 섭취하면 효과적일 수 있다. 더 진한 은은한 향을 제대로 느끼자면 잘 말린 굴비를 반찬삼아 먹게 되면 목 넘김 후의 잔향을 오래도록 느낄 수 있다. 잔향은 미각과 더불어 미묘한 감각으로 이어져 오래도록 인상적인 기억을 남긴다. 잘 말린 영광굴비가 비싼 이유가 바로 그 때문이다. 그래서 풍미를 지니는 차나 몇 종류의 발효음식들은 식탐으로 이어지거나 특히 차를 많이 마시게 되면 일종의 중독현상으로 다벽증茶癖症이 생기기도 한다.

흔히들 서양 사람들은 네 가지 맛밖에 모르고 중국 사람들은 다섯 가지 맛밖에 모르는데 비해 한국 사람들은 여섯 가지 맛을 안다고 한다.

서양 사람들은 단맛, 신맛, 짠맛, 매운맛의 네 가지 맛이요, 중국 사람들은 이 네 맛에 쓴맛이 더해 다섯 맛이 된다.

곧 다섯 맛을 조화시킨다는 '오미조화五味調和'가 중국요리의 기본이 되고 있다.

이에 비해 한국 사람은 이 외국인들이 잘 모르는 '삭은 맛'을 맛보며 살아왔다. 삭은 맛이란 쉽게 이야기해서 김치가 알맞게 익었을 때나는 맛이다. 김치류나 된장, 간장, 고추장 그리고 젓갈같이 부패하기 이전까지 변질시켜 내는 맛이 곧 삭은 맛이다.

삭은 맛을 과학적인 말로 달리 표현하면 아미노산의 맛이라 한다. 이 맛은 오랫동안 먹어도 질리지 않는 게 특성이기도 하다.

우리가 유독 숙성된 발효음식의 맛을 즐기는 이유에 대해 이규태는 또 음성학과 관련해서 설명한다.

> 서양 사람들은 이빨로 씹으면서 맛을 느낀다 한다. 우리 국어사전에서 전 어휘의 약 6분의 1이 목구멍 발성의 'ㄱ'자 어휘이다. 우리는 입술, 이빨, 혀, 목구멍 등 광역廣域의 미각을 동시에 동원시키지만 목구멍에 넘어갈 때 가장 농도 짙은맛을 느낀다. 서양말 계통에 치음齒音이 많고 우리 한국말에 목구멍에서 내는 자음이 많은 것도 이 미각을 느끼는 부위의 감각 발달과 전혀 무관하지 않은 것 같다. 그리고 '이 광역의 미각을 완벽하게 커버하는 식품이 국수'라 하였다.

실제 국수나 라면은 한국인들이 가장 선호하는 음식 중에 하나이다. 현대화되면서 미각은 일차원적이고도 자극적인 입맛으로 바뀌었다. 하지만 몇 종류의 음식은 은근하면서 숙성된 맛을 즐기는 문화가 남아 있다. 음식이나 차를 맛으로 섭취하는 것이 아니라 향으로 혹은 미각을 넘어선 감각으로 섭취하는 문화야말로 고도의 미각 문화이자 진정한 풍류가 아닐 수 없다.

이러한 은근하면서 숙성된 맛은 이전의 남녀관계에서도 찾아볼 수 있다.

조선 말기에 외국인들은 한결같이 한국인 부부 간에 사랑이 없으며, 그 이유는 얼굴도 모르는 당사자 간의 부모에 의해 혼인이 결정지어지기 때문이다.

제임스 게일은 조선의 마음 중에 남녀 간에 사랑에 대해 다음과 같은 상징적인 표현을 썼다.

언젠가 내 아내와 나는 산책하러 나갔다가, 어부 같은 사내 하나를 보았다. 그는 돌 위에 주저앉아서 아주 절망한 사람처럼 울고 있었다. "도대체 왜 그러시오?" 그는 잠깐 눈을 치떴다가 다시 고개를 숙이더니, 계속해서 울었다. 우리들은 자꾸 그 이유를 캐물었다. 그는 자기의 아내가 죽었다고 말하면서 "아이고! 아이고!" 하고 통곡했다. 그야말로 아내가 죽은 순간 애정의 눈이 떠진 모양이었다. 우리들은 이 세상의 원리를 가지고 그를 위로하려 했다.

"그 여자는 당신을 사랑하지 않았는데, 어째서 당신은 그 여자를 사랑하는 거요?"

"사랑이라니요? 누가 그 여자를 사랑한단 말씀이요? 아무튼 그 여자는 내 옷을 빨아주고, 내 밥을 지어주곤 했소. 그 여자 없이 내가 어떻게 산단 말씀이요? 아이고! 아이고!"

비참했던 조선여성들의 지위에 대해 부언할 것이 있다. 고려 여성들의 지위는 조선시대의 남존여비사상처럼 그리 낮지 않았다. 몽고에 복속되고 난 후, 원종(元宗, 24대) 15년부터 결혼도감結婚都監이란 관청을 신설하고 원나라에 그들의 강요로 공녀貢女를 바치기 시작하다가 충숙왕忠肅王 때에 이르러 처녀童女를 바치라고 독촉하기 시작했으니 사대부 집안에서는 딸을 낳게 되면 감추고 외부에 알리지 않게 되면서부터 여성들의 지위는 불가분 급락하게 되었으며 이름조차 없이 집안에 갇힌 폐쇄된 삶을 살게 되었다.

서긍(徐兢, 1091~1153)의 『선화봉사고려도경宣和奉使高麗圖經』[65])에 저녁이

---

[65]) 송휘종宋徽宗이 파견한 고려에의 국신사國信使 일행에 제할인선예물관提轄人船禮物官으로

되면 으레 남녀가 떼 지어 노래하고 즐기며,66) 또 남자와 여자의 혼인에도 경솔히 합치고 쉽게 헤어져라67)는 대목에 차주환은 우리나라 여성사에서도 주목할 만한 구절로서 조선조 여성의 지위는 송유宋儒의 처녀 숭배사상의 영향을 받아 여성의 처녀성處女性을 중요시했기 때문에, 여성은 중문 밖을 나가지 못하는 내외법內外法을 강요당하였다고 하였는데 이면에는 원나라에 바치는 공녀가 핵심 역할을 한 것으로 받아들여진다.

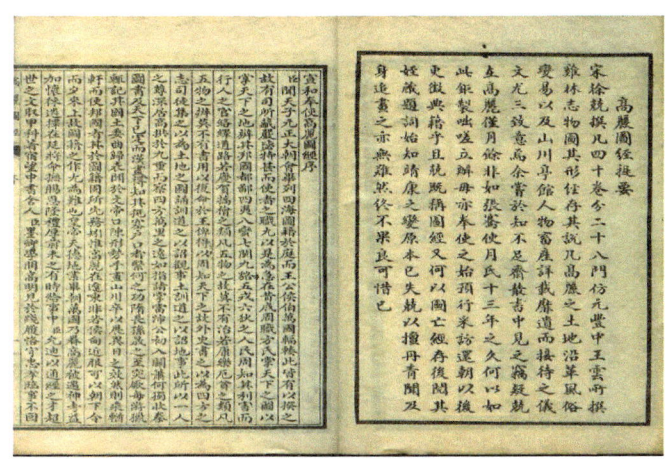

「선화봉사고려도경」

『고려사』에 충렬왕 34년에 충선왕이 평양공平陽公 왕현王昡에게 시집가서 3남 4녀를 낳았으나 왕현이 죽으매 이를 들였으며, 즉위함에 미쳐서 순비順妃로 책봉하였다68)는 기록이나 또 『고려사절요』에 1219년(고종 6) 최충헌이 죽자 그 뒤를 이어 최고 집정자가 된 최우崔瑀가 후군진주後軍陣主 상장군 대집성大集成의 딸을 맞아 계실을 삼았는데, 새로 과부가 된 대씨가 자색이 있다는 소문을 듣고, 우가 장가들었다69)고 하여 왕실이나

개경에 다녀간 경과와 견문을 그림을 곁들여서 엮어 낸 사행보고서.
66) 『선화봉사고려도경宣和奉使高麗圖經』제17권/祠宇, 暮夜輒男女群聚。爲倡樂
67) 『선화봉사고려도경』제19권/民庶, 男女婚娶。輕合易離
68) 『고려사』 89권 열전 제2권 후비
69) 『고려사절요』 제16권, 고종 안효대왕 3(1232) 임진 19년

최고위층에서까지도 아이 딸린 과부와의 혼인이 없지 않았다.

이에 대해 김지용은 고려시대 여성들의 의식구조가 서긍의 1개월간의 관찰기록과는 다소 차이가 있어서 전통적인 수절사상과 효의식 그리고 사회참여 의식이 강했다고 언급하고 있다.

그리고 김병인은 묘지명을 통해본 고려 여성들의 유형은 정절, 효, 남편내조, 자녀교육 등으로 구분되어지며 이 중 정절의 경우 일반적인 고려시대 여성의 모습과는 다르며 여성들이 불교보다는 유교적 성향을 지니고 있음이 확인된다고 하였다.

조선조로 들어서면서 남녀칠세부동석, 부부유별夫婦有別, 여필종부女必從夫 등 말이 여성에게 굴레처럼 작용했던 것에 비하면 대단히 자유분방한 것이다. 조선의 조혼早婚문제도 원의 잦은 공녀와 결부되어 있다. 서양인의 관점에서 조선의 주자학이라는 통치이데올로기가 여성을 과도하게 억압하였다고 하지만 실질적으로 경제권(열쇠권)은 여성이 지녔다.

현대적 시각에서 볼 때 가부장적이라는 겉모습은 남자들의 명분뿐인 것이다. 이나미는 임진왜란과 병자호란을 겪으면서 남자의 숫자가 줄어들고, 지나치게 보수적인 예학에 치우치다 보니 극단적인 남아선호사상이 자리 잡았을 수 있다고 하였다.

16세기 전반기의 것으로 추정되는 대전 유성구 안정 나씨安定 羅氏 묘에서 출토된 한글 편지는 남편이 아내에게 쓴 정이 담긴 애절한 내용으로 고어 한글로 정성스레 썼고 특히 16세기 사용되던 경어체 '~하소'라고 적어 부부가 서로 존칭을 사용했음을 알 수 있다.

제임스 게일은 사실을 말하면 울안에 갇힌 여자는 남편의 요구에 의해서 그처럼 비천해진 것이 아니며, 아무튼 그녀는 남편의 배우자인 동시에 가정 내에서 상위에 있고, 바로 이 조선의 신사(양반)보다도 더 치맛바람에 휘어 잡힌 남자는 보기 드물다는 것을 알 수 있다고 하였다.

조선시대 사대부들은 심지어 왕과 왕세자의 배우자 선발을 위한 공개적인 간택제도까지 반대했다. 김종성은 사대부가 간택제도 반대한 이유 중의 하나가 사대부 아가씨들의 체면이 손상된다고 판단했기 때문이며, 그리고 신부집안의 결혼주도권을 침해한다고 봤기 때문이다. 『연려실기술』 권12에 따르면, 사대부들은 '남자가 여자보다 먼저 행동하는 것이 예법'이라고 생각했다. 다시 말해, '신랑이 신부 쪽으로 찾아가는 것이 예법'이라고 본 것이다. 왕실과 외척이 되는 것에 대하여 당사자인 여성이 현대인들이 생각하는 신데렐라 스토리와는 전혀 다른 시각을 보여주는 것으로 그만큼 여성을 귀하게 여기는 측면이 자리 잡고 있었다.

샤를르 달레는 『한국천주교회사』에 남녀의 문화에 대해서 다음과 같이 기록하고 있다.

> 여자들은 일정한 친등(親等)의 친척에게가 아니면, 그것도 소정의 예법에 의해서가 아니면, 아무에게도 무릎을 꿇고 절하지 않는다. 가마를 타고 가는 여자들은 대궐문 앞을 지날 때에 내리지 않아도 된다. 이런 관습은 예의 관념에서 요구되는 것 같으나, 분명히 여성에 대한 멸시와 풍기문란에서 오는 다른 관습들도 있다. 가령 여자들은, 어떤 사회계급에 속하든, 어떤 위법행위를 범했던, 자기들 행위에 대하여 책임이 있다고는 인정되지 않으므로, 법정에 소환되는 일이 거의 없다. 가령 또, 여자들은 집안 어디고 들어갈 수 있으며, 언제나 심지어 밤중이라도 서울 거리를 돌아다닐 권리가 있는데, 이에 반해 남자들은 종소리가 통행금지를 알리는 아홉시부터 새벽 두 시까지는 절대로 필요한 경우 이외에는 아무도 외출할 수 없고, 위반하면 막대한 벌금을 내게 된다.

이를 현대적 시각으로 바라보더라도 여성에 대한 멸시나 풍기문란에서 오는 다른 관습으로 받아들일 수 있는 여지는 전혀 없다.

새비지 랜도어는 특히 상류 계층 송사가 일어나는 분란이 절반은 여자로 인한 것이며, 아내는 스스로 통치자가 되는 대신에 비록 드러내 놓고 그렇게 하지는 않지만 현명하고도 은밀한 방법으로 무기력한 남편을 마음대로 주무른다. 승진, 처벌, 사형들은 대개 여자들이 꾸민 일의 결과이다. 또 왕비도 왕에게 큰 영향력을 행사하는 것으로 알려져 있는데, 조선 사람들의 말을 빌리자면 조선을 실질적으로 다스리는 사람은 왕이 아니라 왕비이다. 또 탐관오리들의 수탈에 대해서도 여자들은 자신의 야심과 못된 습성을 만족시키기 위해 거머리처럼 백성들로부터 더욱 많이 우려내도록 끊임없이 관리들을 부추긴다고 실제 겉으로 드러나는 모습과는 전혀 다른 이면을 기록하고 있다.

조선 말기에 조선을 방문한 외국인들은 한결같이 한국인 부부는 사랑이 없다는 표현은 현대의 잣대로 보면 그 말은 틀림이 없다. 그러나 당시로 볼 때 분명 문화적 차이가 있는 것이다.

사랑으로 맺어진 현대 부부들의 현실은 어떠한가. 현대의 이혼율은 급증하고 있으며 많은 사람들은 채워지지 않는 자신의 욕구를 충족시켜 줄 사랑을 찾아 방황한다. 우리 선조들은 사랑이라는 감정은 언젠가는 넘어서야할 오욕칠정의 대상으로 보았으므로, 그 감정에 휘둘리지 않기 위해 부단한 노력을 아끼지 않았다. 오히려 그 단계를 넘어섬으로써 한때 불타다가 꺼져버리는 것보다 오래도록 변하지 않을 숙성된 사랑을 실천하고자 했다.

412년 만인 1998년 4월 경북 안동에서 고성 이씨 문중의 묘를 이장하면서 세상에 알려진 고성 이씨 15세 이명정(李明貞,

1504 ~1565)의 아내인 일선 문씨一善 文氏가 미이라 상태로 발견 됐고, 20여 일 후인 4월 24일 그의 손자인 이응태(李應台, 1556~ 1586)가 염습 당시 모습 그대로 발굴됐다. 미이라 상태로 발견된 시신도 화제였지만 세상 사람들의 콧날을 시큰하게 한 것은 시신의 가슴 위에 놓인 이응태의 부인이 남편에게 보낸 마지막 한글 편지였다. 병석에 누워 있던 남편이 31살의 젊은 나이로 죽으니 아내는 하늘이 무너지는 듯한 슬픔 속에 눈물을 머금고 한 자 한 자 써 내려갔다. 남편을 먼저 보내야만 하는 아내의 안타깝고 애틋한 사랑은 구구절절 글자마다 배어있고, 작별하는 아쉬운 마음은 편지의 여백까지도 빼곡히 채우고 있다. 또, 무덤 안에는 편지와 함께 자신의 머리카락을 잘라 삼줄기와 함께 정성껏 짠 미투리, 그리고 남편이 소중히 여겼던 아직 태어나지 않은 배 속의 아이에게 줄 배냇저고리까지 함께 들어 있어 죽은 남편의 넋을 위로하려는 각별했던 정성이 담겨 있었다. '원이 아버지에게'와 눈물과 함께 짰을 머리카락으로 삼은 미투리(신발)는 450년 전의 한 여인의 죽은 남편에 대한 애절한 사랑을 보여주어 모두에게 화제를 모았다.

먼저 떠난 남편의 관 속에 머리카락을 베어 삼줄기와 같이 엮어 짠 미투리와 사부곡思夫曲은 시공을 넘어 많은 이들의 심금을 울려 주고 있는데, 현대인의 사랑으로는 도저히 상상할 수 없는 지극한 부부간의 사랑을 보여주는 것이다.

세계적인 인문지리 잡지 '내셔널 지오그래픽'은 2007년 11월호에 남편 병환이 깊어지자 저승 갈 때 신고 가라고 삼 껍질과 자신의 머리카락으로 미투리(짚신)를 삼은 '원이 엄마'의 사연과 미투리를 '사랑의 머리카락Locks of Love'이라는 제목으로 소개되기도 했다.

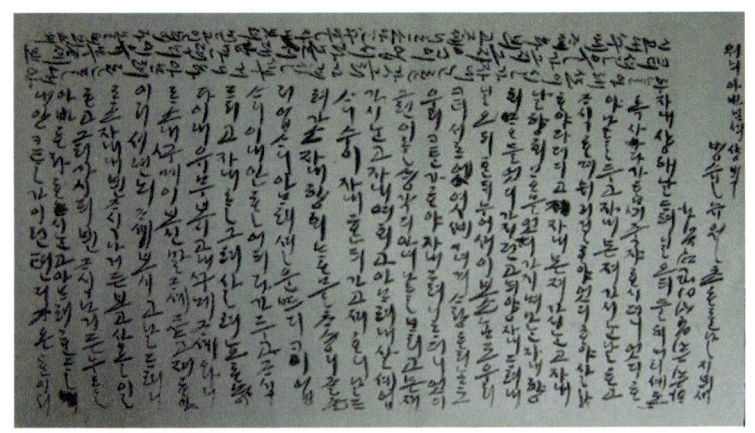

먼저 세상을 떠난 남편 관에 넣어준 '원이 엄마'의 편지(안동대박물관)

정보시대에 이르러 서구화된 요즘 젊은 세대가 자기방어적인 경향이 커서 조금이라도 불안하면 시도조차 하지 않던가, 상처를 최소화하는 방법으로 연애를 일찍 끝내거나 결혼을 하더라도 쉽게 돌아서는 경향으로 볼 때 경종을 울리는 대목이기도 하다.

은근하면서도 숙성된 음식문화를 포함하는 생활문화와 철학은 우리 전통무예에서도 찾아볼 수 있다.

'원이 엄마'가 자신의 머리카락을 뽑아 삼줄기와 엮어 만든 미투리(안동대 박물관)

제4장 무武와 병兵에 대한 인식

보물 제392호 동래부순절도東萊府殉節圖(육군박물관 소장)

1. 무武와 병兵에 대한 인식

한국무예는 유학儒學의 영향을 많이 받았는데 유학은 전쟁을 죄악시하며 무기를 흉기로 인식함으로써, 인간의 야만성과 폭력성을 억제하려는 사상이라고 할 수 있다. 그러한 사상은 우리의 국방전략에도 영향을 미쳐 '부전이승不戰而勝' 즉 군사적 충돌 대신 외교로 문제를 해결하려는 입장을 갖게 하였다.

노자의 『도덕경』 31장에도 대저 훌륭한 병기라도 상서롭지 않은 기물(夫佳兵者 不祥之器)이고…라고 나와 있는데 이러한 인식은 우리 국민에게 있어 보편적인 관념으로 보인다.

『삼국사기』에 7년(408) 봄 2월에 왕이 왜인倭人이 대마도對馬島에 군영을 두고 무기와 군량을 쌓아 두어 우리를 습격하려고 한다는 말을 듣고서 그들이 일어나기 전에 우리가 먼저 정예 군사를 뽑아 적의 군영을 격파하고자 하니 서불한舒弗邯 미사품未斯品이 신이 듣건대 '무기는 흉한 도구이고 싸움은 위험한 일이다.'라고 하였다.[70]

『정종실록』에 성균 악정(成均樂正) 정이오鄭以吾가 상서上書한 내용 가운데, 노자老子가 말하기를, 날카로운 병기兵器는 상서롭지 못한 기구인데, 그 일이 되돌아오기를 좋아한다고 하였고, 『좌전左傳』에 또한 말하기를, 군사는 불과 같아서 그치지 않으면 장차 스스로 불탈 것이라고 하였으니, 이것이 모두 본받을 만하다는[71] 기록은 무武와 병兵에 대한 인식을 보여준다.

---

70) 『삼국사기三國史記』 卷第三 신라본기 第三/실성實聖 이사금尼師今 칠년춘이월, 대마도에 군영을 정벌하려다 그만둔다(408년 2월 미상 음력).
71) 『정종실록』 4권, 2년(1400) 6월 20일(계축) 2번째 기사, 방간의 휘하였던 진무소 갑사 3백 인을 혁파하고, 군기와 갑옷을 모두 삼군부로 보냈다.

또 군사를 여러 사람이 주관하는 것을 꺼리어 가병家兵을 혁파하고자 했다. 『정종실록』에 처음에 사헌부司憲府에서 상소하여 가병家兵을 혁파하기를 청하였다. 군사라는 것은 성인聖人이 부득이하여 만들어 놓은 것입니다. 지식止息하지 않으면 자멸自滅하는 재앙이 있습니다. 『주역』에 말하기를, 혹 군사를 여시輿尸하면 흉하다고 하였는데, 정자程子가 주석註釋하기를, 여시輿尸라는 것은 여러 사람이 주관(衆主)한다는 말이라 하였다. 그러므로 공자가 말하기를, 예전에는 집에 병기를 감추지 않았다고 하였으니, 사병이 없었다는 것을 말한 것이다. 『예기禮記』에 말하기를, 병혁兵革을 사가私家에 감추는 것은 예禮가 아니다. 이것이 인군을 협박하는 것에 이른다고72) 하였다.

수많은 외침을 당하는 상황에서도 대표적인 병기로 칼에 대한 사람들의 인식은 상황이 급박해서도 그리 좋지 않았다. 칼로서 직접 눈앞의 적을 해한다는 생각 때문에 꺼렸으며 그래서 먼 거리의 적을 방어하는 활이 발달한 것이다.

경산에 사는 미모의 사비私婢 덕지에게 왜구가 쳐들어와 겁탈하려 하였으나, 기운이 센 덕지는 패도로 왜구를 물리쳐 수절할 수 있었다. 그 후 용감한 여인을 열녀로 정려旌閭키 위해 상신했을 때 문제가 생겼는데, 부녀자의 몸에 지니고 다니는 패도는 자결용이지 보신용이 아니라는 유권해석이 내려져 정려를 받지 못했다. 난리 통에 생명과 정조를 유린당하려는 상황에서 이를 지키려는 패도의 사용에 대해 운운하는 도리를 앞세우는 인식이 앞섰다.

선조 당시에도 우리나라의 검술이 없지 않았다. 선조 31년(1598) 선조가 동작강에서 명군의 진법 연습을 관람하는 가운데 타권과 몇 가지 무

---

72) 정종 4권, 2년(1400) 4월 6일(신축) 9번째 기사, 사병을 혁파하니, 병권을 잃은 자들의 불만이 노출되다.

기술을 보고 난 후 우리의 칼 쓰는 법을 명군의 진유격에게 보여주는 대목73)이 나온다. 상(선조)이 우리나라 칼 쓰는 법을 보여주니, 유격이 말하기를, 기법은 좋으나 다만 죽기를 무서워하지 않도록 가르친 뒤에야 쓸 수 있습니다. 가히 단병기에 대한 인식을 엿볼 수 있다.

대개 칼은 사람을 살상하는 흉기여서 꺼리는 바가 없지 않았다. 임진왜란이라는 미증유의 사태 속에서도 이러한 인식은 바뀌지 않아 칼을 사용하는 살수들은 기피되었고 종래는 분별없는 나이 어린 아동대나 보급될 정도였다. 그렇다 하더라도 원래부터 전혀 소질이 없는 것은 아니었다.

기록에는 거의 남지 않았지만 『해사록海槎錄』에서

> 군관 백사철白士哲이 옥포玉浦에서 왔다.
> 당초에 김광립金光立은 훈련도감의 장관將官이고, 이준망李俊望은 별초청別抄廳의 무사武士이고, 백사철은 옥포 만호이었는데, 내가 그들의 무예가 나라 안에서 제일임을 들었었다. 마침 유생들이 상소하되, '일본 가는 통신사는 모름지기 뒷날에 대장이 될 자를 가려서 보내야 합니다.'
>
> 하니, 이 일을 비변사에 내렸다. 비변사가 계청하여 군관을 모두 잘 선택할 것을 허락하여, 내가 드디어 세 사람을 요청하였는데, 훈련도감·별초청이 모두 방계防啓하니, 상이,
> '뛰어난 재주가 있다면 보내 주도록 하라.'
> 하니, 이로부터는 훈련도감이 다시 말을 못하였다.74)

---

73) 선조 99권, 31년(1598) 4월 6일(경신) 2번째 기사.
74) 동명東溟 김세렴(金世濂, 1593-1646)의 인조 14-15년(1636-1637) 일본 사행록 일기 - 『해사록海槎錄』 병자년(1636, 인조 14) 9월 13일(갑인)

장래가 촉망되는 무사를 조선통신사에 딸려 보내 경험을 쌓게 하는 용의주도함을 보이고 있다.

이외에도 영조 9년, 훈련대장訓鍊大將 장붕익張鵬翼의 집에 도적이 들었다. 이때에 장붕익이 도성都城 안의 중요한 병권兵權을 오래 장악하였기 때문에 사람들이 많이 시기하여 검객劍客을 모집하여 살해를 도모하였던 것이다. 장붕익이 영조에게 아뢰기를

> 잠결에 창밖의 사람 그림자를 보고서 칼을 들고 나가니, 사람이 칼을 가지고 대청마루 위에 섰다가 이내 뛰어서 뜰 아래로 내려가므로 함께 칼날을 맞대고 교전交戰하여 외문外門까지 옮겨 갔었는데 그 자가 몸을 솟구쳐 담에 뛰어 올라 달아났습니다.[75]

장붕익이 검계劍契를 워낙 엄히 다스렸기에 검계에서 보낸 자객으로 알려져 있다. 당시 장붕익은 환갑이 다된 노인으로서 이 일이 있은 2년 후에 졸하였다.

당시로 치면 환갑이 다된 나이에 죽기 2년 전 상당한 노년에도 불구하고 잠결에도 전문적인 자객을 상대로 접전을 벌여 달아나게 할 정도이니 그 솜씨를 가늠할 수 있다.

우리나라 역대올림픽 하계종목 메달집계를 살펴보면, 기묘하게도 대부분 격기종목에 몰려있다. 유럽선수들에 비하면 신체조건이 상대적으로 불리하지만 메달을 획득하는 것을 보면, 여러 요인이 있을 수 있겠지만 단순히 노력뿐만 아니라 한국인의 특유의 기질적인 민족성에 기인한 것으로 보인다.

---

[75] 영조 9년 5월11일(신묘) - 5월12일(임진)

남을 직접적으로 해치는 수단이 아닌 일정한 규칙 안에서 상대를 다치지 않게 하면서 승부를 가리는 스포츠 종목에서 발군의 실력을 보인다. 그런 경향은 제23회 로스앤젤레스대회부터 제31회 리우데자네이루대회까지 레슬링, 유도, 복싱, 태권도 등의 격기종목이나 양궁, 사격, 펜싱 등의 종목의 성적을 봐도 알 수 있다. 만약 이들 종목이 없었다면 올림픽에서 후진국을 면치 못했을 것이다. 한국 펜싱선수는 유럽 선수보다 팔·다리가 짧지만 이를 빠른 발로 극복하면서 펜싱 강국으로 부상하고 있다.

예를 들어 애틀랜타 올림픽 참가국에서 한국은 10위라는 성적을 올렸다. 이탈리아 유력 경제지인 '24시간의 태양'은 각국 메달 수와 국력의 함수관계를 분석한 기사를 실었는데 79개 국가 및 지역의 국내 총생산(GDP)을 총 메달 수인 842개로 나누면 메달 한 개당 코스트는 2백5만 달러가 된다고 하였다. 이를 근거로 하면 독일 68개(실제는 65개), 프랑스가 48개(37개), 캐나다가 21개(22), 한국은 GDP 비로 10개의 메달이 적정수준인데 실제로는 27개로 크게 기준을 상회하고 있으며, 일본은 1백42개인데 반해 10분의 1인 14개에 그쳤다(장주호). 대략의 비교지만 발군의 성과가 보이는 부분이다. 흉기로 사용될 때에는 기피하는 기질적 특성이 있지만, 스포츠용으로는 또 다른 능력이 발휘되는 것을 보면 가히 민족적 성향이 드러나는 것이다.

이러한 인식에도 불구하고 양병養兵이 불가피한 딜레마는 여러 곳에서 보이는데 『태종실록』에 승추부에서 양병養兵에 관한 몇 가지 조목을 올렸다. 군대란 것은 그들로 하여금 흰 칼날과 날아오는 화살을 무릅쓰고 죽음에 나아가게 하기를 사死는 곳에 나아가게 하듯이 하며, 노고勞苦에 나아가게 하기를 안일安逸한 곳에 나아가게 하듯이 하여야 하는 것입니다. 그러므로 평소 방략方略을 세워 그들을 가르치지 아니하면 뜻하지 아니한 때에 혹 잘못된 근심이 있을 것입니다. 옛날에 양병을 잘한 사람은, 나라가 잘 나스려지고 천하가 태평하여 한가한 때에 범이나 곰과 같은 군사를 기르고 그들을 인의로써 품어주며, 은혜와 신의로써 맺고 법률로써 위엄을 보여주며, 부오部伍를 정돈하고 호령을 엄하게 하며, 대군大軍을 휴식시켜 사기를 진작시킨 까닭에, 그들로 하여금 적과 대항케 하면 이겼고, 그들로 하여금 수어守禦케 하면 견고하였으니, 이것이 어찌 교양敎養함에 있어 근본根本의 명효明效라 아니하겠습니까?76) 라고 기록하고 있다.

세종 21년(1439) 기록에 우리나라의 무에 대한 인식을 한편으로 엿볼 수 있다. 만일 한나라·당나라 이하로 본다면, 한갓 문사文士를 높이고 무비武備를 중히 여기지 않고서 능히 천하를 차지한 자는 있지 않았다. 하물며 우리나라는 북으로는 야인野人과 연하고, 동으로는 섬 오랑캐와 접하였으니, 강무훈련의 법을 더욱 폐할 수 없다.77)

또 『세조실록』에 임금이 『병장설兵將說』을 친히 지었는데, 인의에 근본하지 않으면 적敵이 없어도 스스로 파멸할 것이요.78)

문종 즉위년에 병조에서 아뢰기를, 무예武藝는 반드시 모름지기 항상 익히기를 더하였다가 창졸倉卒한 때를 당하여서 여유 있게 대처하는 것이요.79) 경상좌도처치사慶尙左道處置使 선형宣炯이 아뢰기를, 본도本道80)는 섬 왜인(島倭人)에게 가까이 있는데, 왜인이 근래에 국가에서 무휼撫恤함으로 인하여 비록 면모面貌로는 귀순歸順했지마는, 그러나 조금이라도 뜻대로 되지 않는 일이 있으면 문득 격분한 말을 하게 되니, 무예를 연습하여 변방을 방비하는 것은 조금이라도 해이하게 할 수가 없습니다81)라고 기록하고 있어 한시도 마음을 놓을 수 없는 우환거리였음을 시사한다.

---

76) 『태종실록』 3권, 2년(1402) 6월 1일(계축) 5번째 기사.
77) 세종 86권, 21년(1439) 7월 4일(경술) 4번째 기사.
78) 세조 27권, 8년(1462) 2월 18일(계미) 3번째 기사, 친히 『병장설兵將說』을 짓자, 신숙주 등이 전문箋文을 바치다.
79) 문종 4권, 즉위년(1450) 11월 8일(무신) 4번째 기사.
80) 경상도.
81) 세조 7권, 3년(1457) 4월 6일(기해) 3번째 기사.

성종 21년(1490)에 전 장악원 임중이 포영사 종사관으로 있을 때 느낀 바를 상소하면서 대개 도이島夷82)와 산융山戎83)은 밖으로는 조빙朝聘의 의식을 닦으면서 안으로는 도둑질할 꾀를 품고서, 틈을 엿보고 이로울 때를 타서 변경을 침략하는 일이 없을 때가 없습니다.84)

세종 14년(1432)의 기록에는 중국의 제도는 안팎이 모두 큰 칼을 차고 시위하는데 비해 우리나라는 무반 재상武班宰相들도 모두 칼 차는 것을 부끄럽게 여겨서, 심지어 거둥(擧行)할 때에도 별배(伴人)들을 시켜 칼을 차게 하니, 이것은 중국과 매우 같지 않다고 하여 칼을 차는 것은 단지 응변應變하자는 것만이 아니고 의식을 위한 것이니, 집현전 관리들은 옛 제도를 상고하여 아뢰라85) 한다.

세조 10년(1464)에 한명회가 장차 평안도로 돌아가려고 하니, 활 50장張을 내려 주고 사목事目을 주었는데, 이르기를,…1. 사냥을 겸하여 관병觀兵하면서 도로를 체탐體探하되, 적을 죽이기에 힘쓰지 말고 귀순하는 자는 무수撫綏하고 반역한 이름이 있는 자를 문죄할 것이라 한다.86)

연산 8년(1502)에 종친宗親 덕림정德林正 이자李孜 등이 상소하여 무예를 시험보이기를 청하기를, 이르므로 윗사람이 아랫사람을 뽑을 적에는 장점만 취하고 단점을 억지로 시키지 않는 것이니, 이것이 우리 성조聖朝에서 문무의 기예를 시험보인 본의입니다.87)

우리나라는 물론 곡류를 주식으로 하는 농경사회의 특성이기도 했지

---

82) 왜인倭人
83) 야인野人
84) 성종 236권, 21년(1490) 1월 24일(정축) 10번째 기사, 전 장악원 임중이 포영사 종사관으로 있을 때 느낀 바를 상소하다.
85) 세종 58권, 14년(1432) 10월 29일(갑인) 6번째 기사.
86) 세조 34권, 10년(1464) 8월 15일(병신) 1번째 기사.
87) 연산 44권, 8년(1502) 6월 18일(무오) 1번째 기사, 덕림정 이자 등이 무예를 시험보이기를 상소하다.

만, 식습관조차도 전쟁과는 걸맞지 않은 형태를 보인다.

『세종실록』에 달달達達이 성城을 공격할 때에 이기지 아니한 적이 없었던 것은 유목하는 종족으로써 음식을 많이 하지 않기 때문이다. 여진의 풍속도 역시 이와 같다. 우리나라 사람은 그렇지 아니하여 항상 음식으로써 일을 삼으니, 급할 때에 이르면 장차 어떻게 할 것인가[88]라는 우려를 보인다.

전통적인 유교 관에 있어서는 몸을 직접 부닥뜨리는 행위를 꺼렸다.

그렇다고 해서 개인적인 감정의 폭발이나 원한 관계에 있어서 전혀 없는 것은 아니었다.

특히 상투를 잡히면 속수무책이어서 서로 상투를 먼저 잡기 위해 애를 썼다. 언더우드 부인은 아내에게 상투를 잡힌 조선 남자가 꼼짝하지 못하고 끌려 다니는 모습을 인상 깊게 기록으로 남기기도 했다.

나는 머리끝까지 화가 치민 어떤 아낙이 술 취한 자기 남편을 술집에서 질질 끌고 집으로 데려가는 것을 본 적이 있다. 또 화가 치민 아낙이 자기의 주인인 남편의 상투를 꽉 움켜쥐고는 푸짐하게 벌을 주는 것을 한 차례 넘게 보았다.

어느 나라 사람이나 다 그렇듯이 빚쟁이가 채무자에게 달려든다. 내가 보기에 이러한 싸움의 주요한 특징은 싸움꾼들이 상대방의 상투를 잡아채려고 하는 것이다. 일단 한 손으로 상대방의 상투를 잡은 다음에는 심하게 머리를 흔들고 다른 한 손으로 소나기처럼 강타를 퍼붓는 동시에 쉴 새 없이 발길질하며 더욱더 상스럽고 난폭하게 행동하는 것으로 보아

---

[88] 『세종실록』 123권, 31년(1449) 3월 6일(병술) 1번째 기사, 경기 지역에 동궁이 대행할 강무장을 세울 것을 의논하다.

그들이 정말 적대자임을 알 수 있었다.

이규태는 우리 한국 사람은 고기를 먹을 때 피를 빼지만, 유럽에서는 피가 스며 나오게끔 설익혀 먹는다. 우리 한국 사람은 서로 싸우다가도 어느 한 쪽에서 조금이라도 피가 나오면 그것으로 공격 측이 침묵한다. 그러기에 피를 보는 게임이 고래로 없다. 로마 시대 이래 유럽에는 검사劍士의 결투, 투우, 복싱 등 피나는 게임이 허다하다. 우리 한국인이 자살할 때도 유럽 사람처럼 손목을 잘라 피를 쏟질 않고 목을 매거나 투신을 하거나 비상을 먹는 이유도 피를 혐오하는 문화 때문이라 하였다.

그래서 흰옷을 선호한 백의민족은 개인끼리 싸움을 하더라도 피를 흘리면 싸움은 끝이 난다. 그래서 길모어는 조선 사람들은 상처를 입는 것을 매우 저어한다. 그리고 호레이스 알렌은 '보통은 코피가 나면 양 당사자는 화를 누그러뜨리고 군중들은 잠잠해진다.' 고 하였다.

자연 단병기로 상대를 살상하여 피를 보는 것을 꺼리기 마련이었다. 상대가 피를 흘리는 것도 싫지만 내 흰옷에 그 피가 묻히는 것도 싫은 것이다.

임진왜란 중에도 살수殺手의 필요성을 절감하고 당하堂下 무신武臣들에게 5개월간의 검술훈련을 시켰지만, 그 성과도 기대수준 이하였으며 이러한 결과에 대해 일부 측에서는 검술은 조선의 장기가 아니기에 무용한 군사훈련이며 혹은 창검술은 참으로 헛된 일이며, 비록 포수가 살수보다 낫다고 하더라도 조선의 장기인 화살만은 못하다는 평가가 나오기도 하였다. 조선 정부는 왜검술의 습득에 대해 단기적인 대책보다는 장기적인 계획으로 아동을 뽑아서 왜검술을 익히게 하였다. 이와 같이 조선군 내에서도 단병기의 필요성을 절감하면서도 실제 꺼리는 바가 적지 않았다.

숭문천무의 풍조를 보이는 조선시대 이전인 고려에서도 맨몸으로 부닥치는 수박手搏은 어전행사에서 수박희가 흥행하면서도 천한 기예로 취급을 받은 사례가 있었다.89) 조선조에 이르러 세조 이후 수박을 통해 군사를 충원한 예는 없듯이90) 수박은 대부분 개인적인 활동에서 드물게 보일 뿐 선군과정에서 수박이라는 용어는 마지막으로 사라진다. 사대부들은 육체적인 활동을 배격하고 유학과 문약에 빠져 무예를 천시하는 경향이 강하였으므로 자연히 무예는 천민들이나 평민들의 재주거리로 전락하게 되었으며 사대부들로부터 배격된 유희와 오락은 귀족들의 관람 대상으로부터 아동이나 서민들의 것이 되었다.

최복규는 통시적 무예사武藝史 측면에서 고려 말기에 화약병기가 개발된 이후 장병기가 중시되면서 비교적 단병기 무술이 쇠퇴한 것으로 볼 수 있는데 이런 성향은 병법에서 '진법이 우선이고 기예는 차선'이라는 선진후기先陣後技의 관념 때문에 심화되었으며 각개 병사의 무술은 경시되었다고 하였다. 맨손무예의 일반명사로 불리던 수박은 지배계급이나 양반의 관심을 떠나 대중의 몫이 되었다.

---

89) 爲伍其舅上將軍 文儒寶聞之曰 搏賤技也 非壯士所爲 그의 장인 상장군上將軍 문유보文儒寶가 이 말을 듣고 그에게 이르기를 "수박手搏이란 천한 기예이니 장사壯士가 할일이 아니다"『高麗史』 제100권 列傳 제13/杜景升條
90) 수박은 마지막 세조 13년(1467년 7월 14일 4번째 기사) 이후로 선군과정에서 사라진다.

2. 사냥과 강무

우리 선조들의 만물일여 개념에는 전술훈련을 위한 사냥에서도 그 면모가 엿보인다.

사냥하더라도 농사철이 지난 다음에 하여 백성의 민폐를 덜어주고 사냥은 강무講武를 겸해서 하고 짐승을 잡더라도 가려서 잡을 뿐 아니라 잡은 짐승은 하늘에 제사를 지냈으니 사냥을 한다는 의미는 단순한 것이 아니었다.

『태종실록』에 예조에서 수수법蒐狩法[91]을 올렸다. 그 계문啓文은 이러하였다. 삼가 고전古典을 살펴보건대, 천자天子와 제후諸侯는 일이 없으면 한 해에 세 번씩 사냥한다. 일이 없어도 사냥하지 아니함은 「불경不敬」이라 하고, 사냥을 예禮로써 하지 않는 것을 「포진천물暴殄天物」[92] 이라 한다. 짐승이 많으면 오곡五穀을 해치기 때문에 병사兵事를 익힌다. 설자設者가 「불경」이라 하는 것은 제사를 간소하게 지내고 빈객賓客을 소홀하게 대접함을 말하며, 「포진천물」이라 하는 것은 못[澤]을 포위하여 떼[群]째로 짐승을 잡아 새끼와 알을 취取하며, 뱃속의 태胎를 죽이며, 단명短命에 죽게 하며, 둥우리를 뒤엎어 버리는 것이라고 하였다. 여러 짐승들이 서로 따라다니면 다 죽이지 아니하며, 이미 화살에 맞은 것은 다시 쏘지 아니하며, 또 그 얼굴을 쏘지 아니하며, 그 털도 깎지 아니하며, 표지標識 밖으로 나간 것은 쫓지도 아니한다.[93]

『세종실록』에서도 유사한 내용으로 사냥을 통한 훈련을 언급하고 내용에서도 짐승들에게 가혹한 행위를 금하면서 어길 시에는 엄격한 군율로

---
91) 사냥하는 법.
92) 물건을 함부로 쓰고도 아끼운 줄 모르는 것.
93) 『태종실록』 태종 3권, 2년(1402 임오) 6월 11일(계해) 3번째 기사.

다스렸다. 여러 짐승을 서로 따르는데, 다 죽이지 아니하고, 이미 화살에 맞은 것은 쏘지 아니하며, 또 그 면상을 쏘지 아니하고, 그 털을 자르지 아니하고, 그것이 표表 밖에 나간 것은 쫓지 아니한다. 삼군三軍이 차례대로 포열布列하여 에워싼 속으로 짐승을 모두 몰이하여 들이는데, 빠져 나가는 놈은 군사들이 쫓아가서 화살로 쏘는데, 그 위차位次를 지나면 그치고 쫓지 말게 하며, 모든 잡인들은 에워싼 앞으로 먼저 가게하고, 에워싼 안에서 화살을 쏘고 매와 개를 내놓지 못하게 한다고94) 명시하고 있다.

또 도진무都鎭撫 정효전鄭孝全 등과 병조 참의 김흔지金俒之 등을 불러 말하기를, 새와 짐승들이 곡식을 해롭게 하여, 백성들이 견딜 수 없어서 유리流離하는 자까지 있으니, 내가 경기京畿의 하루, 이틀길[一二程]되는 새와 짐승들이 많이 번식한 곳에 동궁東宮의 강무講武하는 곳으로 삼고, 그 나머지 먼 곳은 또 군사들의 조련하는 곳으로 삼고자 하는데, 어떠한가라고95) 묻고 있어 비록 사냥하더라도 불가피하여 위민爲民과 더불어 강무講武를 동시에 고려하고 있다.

또 성종 8년(1477)에 지응사支應使 이조 판서吏曹判書 강희맹姜希孟이 아뢰기를, '근일에 타위打圍에서 화살에 맞은 짐승들이 많이 도망하였으니, 청컨대 수색搜索하도록 하소서.' 하니, 임금이 말하기를, 백성들이 찾아서 이를 먹는다면, 이것도 또한 임금이 내려 주는 셈이 된다고96) 하였다.

『연산군일기』에 선왕의 사시로 사냥하는 것은 무사武事를 강습하고 새·짐승을 종묘에 드리는 것이니, 원래 폐지할 수 없으나 어찌 이것을 으레 하는 일로 하오리까. 변방지역이 편안하고 사방에 근심이 없더라도 안일한 데에 젖어 있을 수 없는 일인데, 이런 시기에 무사를 강습하고 군사를 다스리는 행사와 3면으로 몰아서[三驅]97) 피를 드리는 예를 가졌다가

---

94) 『세종실록』권133 오례五禮/군례 의식軍禮儀式/강무의講武儀
95) 『세종실록』 123권, 31년(1449) 3월 6일(병술) 1번째 기사.
96) 성종 85권, 8년(1477) 10월 7일(신축) 1번째 기사.

만일 박상剝牀의 재앙과 목전目前의 우환이 있게 된다면 예사例事에만 하필 얽매어서 구차스럽게 급하지 않은 일을 하오리까.98)

사냥을 유독 즐겨한 연산군도 있었지만, 사냥은 조상에게 짐승을 잡아 제사를 지내고, 임금이 친히 열병99)을 통해 강무하면서 사람들과 농사에 해악을 끼치는 짐승을 잡으면서도 관가觀稼100)에 있었다.

『중종실록』에 영사 성희안이 아뢰기를, 근래에 오래도록 사냥을 폐지하여, 사람과 곡식을 해침이 많습니다. 다만 천참泉站으로 가는 길은 큰 냇물을 건너는 곳이 많아서 다리를 놓지 않을 수 없으니, 경기 백성들의 노곤勞困이 더욱 심할 것입니다. 청컨대 청계산에서 사냥하게 하소서. 그리고 중종 8년에 지난해 사냥의 일을 이미 정했는데 재변으로 인해 사냥을 행하지 못하였다. 위로는 천금薦禽101)을 하는 것이요, 아래로는 열무閱武를 하는 것이니 행하지 않을 수 없다. 만약 행하고자 한다면 지금이 적시이니, 동교東郊나 서교西郊에서 관가觀稼 및 사냥을 하는 것이 어떠한지, 정승에게 물어 아뢰어라.102) 하여 부역에 따르는 백성의 고통까지도 염두에 두고 있다.

---

97) 선왕先王이 사냥을 할 때 세 쪽만 포위하고 한 쪽은 언제나 열어 주어 완전 포위를 않았으므로 제왕의 사냥하는 것을 뜻함.
98) 연산 35권, 5년(1499) 9월 16일(계유) 1번째 기사, 좌참찬 홍귀달이 우레와 번개의 재변과 변방의 적변은 군주의 치덕과 관계있다고 하다.
99) 임금이 친히 열병閱兵하는 것.
100) 임금이 친히 농사를 살피는 것.
101) 조상에게 짐승을 잡아 올리는 것.
102) 중종 18권, 8년(1513) 9월 26일(신묘) 2번째 기사, 관가 및 사냥의 시기를 전교하다.

3. 조선의 전술은 방어적 개념

전쟁에서 공격을 강화하려면 전투력도 중요하지만 기동성도 매우 중요하다. 하지만 조선에는 대부분 여러 여건상 전술자체가 방어적 개념이라 기동성과 관련된 음식문화나 도로사정은 최악이었다. 산악지형에다가 농사를 짓는 땅을 제외하고는 초지가 많지 않아서 운송수단인 우마를 대량으로 사육할 수도 없었다. 자연 기동력을 갖춘 기마병을 제대로 갖추기도 어려웠고 수상운송수단은 한계가 있었다. 조선시대 지게를 이용하거나 봇짐장수로 대표되는 보부상이 성행하였던 것도 그 이유 때문이다. 이뿐만이 아니라 무기체계조차도 방어용인 활과 화포였다. 아울러 수성을 위한 성곽문화의 발달을 들 수 있다.

흔히 사람들의 인식에는 용맹하고 공격적이면서 남을 지배하는 민족적 기질을 선망하는 유전적 요소가 있다. 하지만 아무리 넓은 영토를 차지하고 지배했던 민족도 돌이켜 보면 극히 제한된 짧은 기간만 영화를 누렸을 뿐이다. 그 영화도 일부에게 혜택이 돌아갈 뿐 관련되었던 수많은 사람들의 희생이 뒤따라야 했다. 그런 역사를 누리지 못한 민족들은 반작용에 대한 콤플렉스로 인해 갈망할 수도 있으며 인간적인 측면에서 당연하다. 하지만 그런 역사적으로 짧은 영화의 이면에 민족과 국가가 사라지는 대가를 지불해야 한다면 선뜻 맞바꾸려 하지 않을 것이다.

1) 음식 문화

전투식량은 휴대하기가 간편해야 하며 장기간 보관에도 안전해야 기동성에 도움이 된다. 가장 좋은 것은 음식을 말려 보관하는 것이고 적은 양에도 불구하고 열량이나 영양이 확보되어야 한다. 근래에 통조림이나 레토르트 파우치 등의 저장용기가 발달한 이유도 이와 관련이 있다. 하지만 우리나라 음식 문화는 의외로 가리는 것이 많아 전시에 장거리와 장시간 전투에 임하기 위해서는 적극적인 공격 전술보다는 방어적 개념이 발달할 수밖에 없었다.

우리나라 쌀(米)농사는 마치 원예와 같아서 88번의 손이 필요하다고 한다. 그만큼 정성이 뒤따라야 한다는 말이다. 그런데 재배에만 정성이 필요한 것이 아니다. 밥과 반찬을 하는데도 시간이 오래 걸린다.

문제는 농본주의 사회여서 끼니 사이에 새참이 있을 뿐 아니라 과거에는 어마어마한 양을 먹었던 것으로 나타나 임진왜란 시기에는 조선인의 평균 한 끼 섭취량이 왜군보다 3배 이상 섭취했던 기록이 보인다.

조선 말기에 조선을 방문했던 새비지 랜도어는 한 조선 사람이 평균 유럽인의 3인분에 해당하는 점심을 먹고 순식간에 접시 위의 모든 과일을 먹고는 '오늘은 기분이 별로 좋지 않고 식욕도 없다'고 무심히 말했다고 조선인의 식탐에 대해 적고 있다.

우리나라는 산악이 발달한 나라여서 농사지을 땅은 좁고 쌀농사라는 게 원예작물을 가꾸듯 수많은 노동력이 필요하여 수확량이 노동력에 순전히 비례하는 것이 아니어서 노동을 통해 음식의 질을 보장받기에는 한계가 있어 오직 질보다 양을 따지는 습속이 발달하였다. 육고기를 평시에 먹는다는 것은 언감생심이었고 바닷가에 흔한 생선조차 말리거나 염장을 한 상태에서 오로지 내륙으로 등짐을 통해 운반을 하는 처지라 쉽게 먹을 수 있는 형편이 아니었다. 특히 과도한 노동에 대한 대가로서 오직 음식의 질보다도 양을 따지는 경향이 발달하였다. 더군다나 단백질 공급을 오로지 쌀에서 충당하여야 했기에 식사량이 어마어마할 수밖에 없었다. 대가족 제도나 장자상속제도도 농본주의 사회에서 노동력의 확보를 위한 불가피한 제도였으며 소출에 비해서 소비량에 한계가 있어 식탐이 발달할 수밖에 없었다. 이러한 사정을 모르는 외국인들의 눈에 비친 한국인의 식탐은 자연 경이로울 수밖에 없었다.

『조선천주교회사』에서 조선 사람의 또 하나의 큰 결점은 폭식이다. 이 점에는 부자와 가난한 사람, 양반과 상민 사이에 조그마한 차이도 없다. 많이 먹는 것은 명예스러운 일이고, 식사의 큰 공은 회식자에게 내는 요리의 질에 있는 것이 아니라 그 양에 있다. 그러므로 식사 중에는 거의 이야기를 하지 않는다고 언급하고 있다.

문제는 이러한 음식 문화가 전시에는 오히려 걸림돌이 되었다. 적은 음식량으로 여러 사람들이 나누어 먹어 국물을 먹는 음식 문화가 발달했는데 전시에는 이러한 음식 문화가 여러 걸림돌로 작용했다. 적어도 전쟁과 관련된 측면에서 조선의 번잡한 음식 문화를 보면 다른 나라에 비해 과연 전쟁할 의지가 있는가 할 정도로 기동력에 영향을 끼쳤다. 전쟁 통에도 밥과 음식을 장만해야 하고 먹으려면 훨씬 기동력이 떨어질 수밖에 없었다. 이러한 음식 문화는 현대에도 크게 달라지지 않았다. 현대에는 특별히 개량된 전투식량이 보급되었지만, 특수한 경우를 제외하고는 크게 달라지지 않았다.

전투는 기동성이 매우 중요한 관건이다. 그런데도 이러한 음식 문화를 변함없이 수용하고 있는 것을 보면 전쟁을 적극적으로 수용하려는 의지가 과연 있는가 하는 의문이 들기도 한다. 즉 이러한 음식 문화로 적극적으로 공격보다는 방어개념이 우선하였다.

2) 도로 사정

도로의 발달은 병력이나 무기뿐 아니라 물자를 위한 대량수송체계가 뒤따라야 하므로 전쟁에 필수적인 요소 중 하나이다. 도로가 발달하지 않았다는 것은 전쟁과는 거리가 먼 상황이거나 특별히 도로를 개설할만한 지형 조건이 맞지 않다는 의미이다.

조선의 도로 사정은 전쟁과는 거리가 먼 상황이었다. 전쟁을 치르려면 인마와 물자 수송이 필수적이어서 도로를 잘 닦을수록 기동성이 뛰어나게 된다. 하지만 조선의 도로는 그와는 정반대 상황이었다. 여러 번의 전란을 거치면서도 웬만큼 주요 도로조차 바퀴 달린 교통수단을 이용할 수 없을 정도로 열악했다. 그래서 대부분 사람들은 등짐을 지고 이동했으며 짐이 무거운 경우에는 지게가 이용되었다. 말이나 노새를 이용할 수는 있었지만, 일반 백성들이 실제로 이용하는 경우는 흔치 않았다. 이는 자연을 가급적 파괴하지 않으려는 경향도 있었지만, 도로를 개선함으로써 전시에 적의 기동성을 떨어뜨리려는 점도 간과할 수 없다.

기동력과 관련해서 세계를 정복한 몽골군은 여러 마리의 예비마를 직접 끌고 다니며 기동성을 높였다는 이야기가 있으며 병자호란 때 우리나라를 직접 침범한 후금의 이야기도 빼놓을 수 없다. 청나라 태종으로 중국을 통일한 누르하치의 여덟째아들 홍타시가 두 번째 조선을 침범한 병자호란 때 조선의 군사들은 방어를 위해 길목을 지키지 않고 방어거점인 의주 부근의 백마산성, 평양 부근의 자모산성으로 병력을 옮겼다. 그러나 청군의 철기鐵騎는 이를 무시하고 기동력을 발휘해서 한양까지 내쳐 치달아 인조와 조정이 강화도는커녕 남한산성으로 들어갈 여유조차 주지 않았다.

과거 조선의 도로 사정과 관련된 내용들을 소개해 보면, 에도 시대에 막부의 명령으로 파견된 쓰시마의 사절단은 모두 부산 왜관에서 동래부의 접대를 받았고, 조선 내륙 여행은 금지되었다. 예외적으로 1629년 기하쿠 겐보를 정사로 한 사절 일행만 상경이 허용되었다. 이는 무로마치 막부 시대에 조선 측이 일본의 사절을 위해 지정한 세 갈래 길이 히데요시의 조선 침략에 이용되었기 때문이다. 1592년 4월 12일 부산에 상륙한 일본군은 불과 20일 만에 한양을 점령했다. 조선이 에도 막부 시대의 일본 사절이 내륙을 다니지 못하도록 한 이유는 국내 형세와 지리를 일본인들로부터 숨기기 위해서였다.

이런 연유를 포함하여 조선의 도로사정은 무척 열악하였다.

조선 말기 외국인들의 기록을 보면 한결같이 조선의 나쁜 도로 사정을 언급하고 있다.

제물포에서 서울까지 가는 길이 조선에서는 나쁜 편은 아니었으나 물론 말을 타고 가기에 적합할 정도였지 어떤 크기의 차량으로도 접근하기에 거의 불가능함을 알 수 있을 것이다.

조선에는 사실상 두 바퀴짜리 짐마차[牛車]나 그 밖에 바퀴 달린 다른 어떤 교통수단도 없다. 그리고 대부분 길은 짐 나르는 짐승(말·소)마저 다닐 수가 없으므로, 국력國力은 오직 머슴의 어깨에 의존하고 있다.

이처럼 인력에 의한 운송 수단 이야기를 장황하게 늘어놓은 데에는 다 이유가 있다. 조선처럼 그것의 중요성이 강조될 만한 나라를 일찍이 보지 못했기 때문이다. 우선 국토의 대부분이 산으로 이루어져 있고, 변변한 길 또한 거의 없는 이 나라의 실정이 인력에 의한 운송수단의 소형화와 다양화를 가져왔다. 자동차는 아예 존재하지도 않을뿐더러, 말 또한 거의 모든 정부 관리들을 위해 그 사용이 제한되어 있기 때문에, 모든 운송품들은 자연히 상인들의 등짐을 통해 운반될 수밖에 없는 것이다.

조선 말기에 우리나라를 방문한 외국인들의 하나같은 불평은 제대로 된 길이 없어서 이동에 매우 불편을 겪었다.

새비지 랜도어는 『고요한 아침의 나라 조선』에 다음과 같이 기록하고 있다.

바퀴 달린 운송 수단을 위한 좋은 도로가 이 나라에 없기 때문에 조랑말은 이 왕국 어디서나 많이 이용되고 있다. 사실상 수도와 가장 중요한 항구 및 조선의 다른 지역의 도시 사이에는 넓은 말이 다닐 수 있는 길이 주요한 연락 수단을 형성한다.

1884년 보덴스Baudens가 쓴 『착한 미개인 동양의 현자』에 다음과 같이 기록하고 있다.

한국은 수세기 동안 완전한 고립 상태에서 살고자 했다. 한국의 해안은 외국 선원들의 접근이 불가능하도록 하기 위해 황폐화했다. 한국과 중국 사이에는 사람이 살지 않는 중립지대를 만들어 놓았는데 폭이 20리에 이르는 사막이다. 이 사막을 만들기 위해 그곳에 있던 네 개의 도시와 마을들을 지금으로부터 300년 전에 파괴했다. 그러한 고립 속에서 한국은 외부세계로 통하는 두 개의 문을 남겨놓았다. 하나는 일본 방향의 바다에 있는 부산이고, 다른 하나는 북서쪽 중국 국경에 있는 의주이다.

마예트P. Mayet는 1883년 한·독 통상조약 체결을 위해 당시 일본주재 독일 총영사 차페Zappe씨와 동행한 후 이듬해 극동민속학회에서 발표한 서울 기행문에 도로사정을 적고 있다.

조선의 땅은 산이 대부분이어서 도보가 많지 않다. 찰스 다윈Charles Robert Darwin씨가 쓴 한국에 의하면 서울에는 40마일 안팎으로 우마차가 다닐 수 있는 길은 들밖에 없으므로 여행자는 도끼와 삽을 들고 다녀야 한다고 했다. 우리가 서울을 떠나 귀국길에 올랐을 때 조정에서 내준 인력거 세 대를 제물포까지 가는 도중에 험한 도로사정 때문에 다 망가뜨렸다.

제임스 게일은 길을 닦지 못한 데는 풍수설의 영향도 컸지만 예로부터 우리나라에서는 길을 함부로 넓히거나 강에 다리를 놓지 않았는데, 이는 험한 길이나 강이 외적을 막는 방패 구실을 했기 때문이라 적고 있다.

우리나라의 좁고 험한 길은 역사적으로도 이미 오래되었다. 『세종실록』에 우리나라는 산천이 높고 험하여 도로가 좁고 막히고 하였는데, 어찌 능히 수레 싸움의 법을 쓰겠는가.[103] 하여 수레로 싸우는 것의 불가함을 함길도 도절제사 김효성에게 전지하고 있다.

조선 해변마을의 황폐는 쇄국정책도 관련이 있지만 훨씬 이전의 왜구의 노략질과도 관련이 없지 않다.

---

[103] 『세종실록』 99권, 25년(1443) 1월 19일(을해) 1번째 기사, 수레로 싸우는 것의 불가함을 함길도 도절제사 김효성에게 전지하다.

3) 조선의 방어적 전술

우리 선조들은 무기는 흉한 도구이고 전쟁은 위험한 일104)이라고 생각했으므로 가급적 사용을 자제하려했다. 그렇다고 도이島夷와 산융山戎의 침입을 손 놓고 있을 수도 없어 전술자체가 방어적 개념으로 불가피하게 최소한으로 사용되었다.

궁시와 마찬가지로 우리나라의 석전石戰은 방어용이자 원거리 전투용이어서 근접전을 좋아하지 않았다. 하지만 일본은 이와 달랐다.

에도 시대 초기에 조선통신사로 일본을 방문한 경섬慶暹이 남긴 『해사록海槎錄』(下, 1607년의 사절단 기록 - 6월 큼 5일) 기록에는 우리네 단오절 씨름하듯 패거리를 모아 칼싸움을 치르는 광경을 목격한 사실을 적고 있다. 단오절 오후에 66주의 사람들은 곳곳에 수천 명씩 모여 창과 칼로 싸움을 벌인다. 싸움은 해가 질 때까지 벌이는데 죽은 자가 40여 명에 이르렀다. 사절단의 숙소에서 각축전이 벌어졌는데 일본 측 관리들은 이러한 처참한 광경을 외국인에게 보이고 싶지 않아서였는지 사신들에게 이날 우리나라에서는 으레 이런 놀이를 즐깁니다. 사신이 묵는 곳에서 가까우니, 만약 소란스럽다면 금지하겠습니다. 이에 우리 측은 나라의 풍속이므로 금지할 필요까지는 없다. 속으로야 어쨌든 그네 문화를 존중하는 모습을 보인다.

부언 내용으로 대개 일본이라는 나라의 풍속은 사람을 잘 죽이는 것을 담용으로 삼는다. 그러므로 살인을 많이 하는 자는 비록 저잣거리의 천한 사람일지라도 그 명성이 드높다. 두려워서 회피하는 자는 비록 권세 있고 귀한 신분의 자제일지라도 온 나라 사람이 그를 버린다. 심지어는

---

104) 『명종실록』 32권, 명종 21년 3월 2일 계사 1번째 기사.

친구로 받아들이지도 않는다. 그 삶을 가벼이 여기고 죽음을 즐기는 풍속이 이와 같다.

1600년 세키가하라 전투 이후 서군 측에 가담한 많은 다이묘가 숙청당했다. 전쟁에서 숙청당한 무사들은 신분을 박탈당했고, 일부는 낭인이 되어 해외로 이주할 수밖에 없었는데 시마바라[島原]의 난 시기에 많은 일본인이 동남아시아 각지로 이주하여 타이와 마닐라 등지에는 일본인촌이 형성될 정도였다.

이러한 기질은 오늘날까지 이어져 위안부에 대한 반성이나 강제징용에 대한 해결책은 젖혀두고 경제보복으로 대처하고 있다.

우리나라에서 조공외교가 발달하게 된 원인이 바로 싸우는 것을 싫어해서 생긴 것이다. 전쟁이 나게 되면 나라나 백성들의 그 피해는 이루 말할 수 없다. 한번 전쟁에 휩싸이게 되면 그 다음부터는 항상 무력으로 해결하려 하게 마련이다. 그리고 무력으로 일어선 나라나 정권이 오래가는 경우가 드물다.

조선의 무기체계는 발사무기가 보편적이었는데 대표적인 것이 활과 화포였다. 조선의 전쟁은 대부분이 지극히 방어적 개념[105]이었고 그러다 보니 성에 의지해서 싸우는 전술이 발달하였다. 그런 상태에서 전투는 활이 대단히 유용했다. 반드시 성에 의지하지 않더라도 멀리서 적을 공격할 수 있는 활은 조선군의 제식무기였으며 그것이 극단적으로 발달한 것이 천자총통을 위시한 화포였다. 특히 화포는 경신년(고려 우왕 6년, 1380) 가을에 왜선 3백여 척이 전라도 진포鎭浦에 침입했을 때 위력을 발했다.

---

[105] 『태종실록』에 견고堅固한 것을 의지하고 험험險한 것을 믿어, 병법兵法에 의하지 않고 깊고 험한 곳을 택하여 산성山城을 쌓아, 늙은이와 어린이를 안치安置하고 콩[菽]과 조[粟]를 거두어들이고, 봉화烽火를 들어 서로 응하며 샛길로 가만히 통하여 불의不意에 출격하여 승리를 취하는 것은 동방東方 사람의 장기長技입니다(태종 13권, 7년(1407) 1월 19일 (갑술) 2번째 기사, 영의정부사 성석린이 국방대책 등의 시무 20조를 진달한 상서문).

방어적 개념의 전술로서 활과 화포는 눈앞에서 병장기로 직접 사람을 살상하는 일에 익숙하지 않았다. 물론 그 자체가 겁이 나는 일일 수도 있지만, 그보다는 태생적으로 몸에 익숙하지 않은 것이다. 선조 때 삼수병을 뒀지만 직접 검劍을 쓰는 살수병殺手兵은 모두가 꺼려 결국 흐지부지 된 것이다.

『태조실록』에 최무선이 졸卒하였다. 고려조에 벼슬이 문하 부사에 이르렀다. 일찍이 말하기를, 왜구를 제어함에는 화약火藥 만한 것이 없으나, 국내에는 아는 사람이 없다고 하였다. 경신년 가을에 왜선 3백여 척이 전라도 진포鎭浦에 침입했을 때 조정에서 최무선의 화약을 시험해 보고자 하여, 「무선을」 부원수에 임명하고 도원수都元帥 심덕부沈德符·상원수上元帥 나세羅世와 함께 배를 타고 화구火具를 싣고 바로 진포에 이르렀다. 왜구가 화약이 있는 줄을 뜻하지 못하고 배를 한곳에 집결시켜 힘을 다하여 싸우려고 하였으므로, 무선이 화포를 발사하여 그 배를 다 태워버렸다. 배를 잃은 왜구는 육지에 올라와서 전라도와 경상도까지 노략질하고 도로 운봉雲峯에 모였는데, 이때 태조가 병마 도원수兵馬都元帥로서 여러 장수들과 함께 왜구를 「한 놈도」 빠짐없이 섬멸하였다. 이로부터 왜구가 점점 덜해지고 항복하는 자가 서로 잇달아 나타나서, 바닷가의 백성들이 생업을 회복하게 되었다. 이것은 태조의 덕이 하늘에 응한 까닭이나, 무선의 공이 역시 작지 않았다고[106] 하여 일찍부터 그 진가가 드러나 있었다.

『세종실록』에 방어무기로서 가장 효용성이 높은 활과 화포의 두 장병기를 동시에 시험한 기록도 보인다. 이날에 앞서 미리 군기감軍器監에서 갑주甲冑를 입힌 풀로 만든 사람[草人] 3백을 장막의 서쪽 1백 50보의 위치에 세워 놓았는데, 먼저 화약수火藥手로 하여금 방포放砲하고, 다음은 대호군 권복權復과 호군 김윤수金允壽 등 6인에게 명하여 「활」을 쏘게 하여,

---
[106] 태조 7권, 4년(1395) 4월 19일(임오) 1번째 기사.

방포한 것과 활로 쏜 것으로 갑옷을 꿰뚫은 심천深淺을 실험하고,…107) 하여 활과 화포를 동시에 시험하고 있다.

이 두 장병기가 최상의 방어무기였음은 다음의 기록에서 확인된다.

세종 7년(1425)에 병조에서 계하기를, 편전片箭은 적을 막는 데에 중요한 것입니다.108)라고 기록하고 있으며, 세종 15년(1433)에 영의정 황희가 아뢰기를, 화포는 성城을 지키는 데는 사용할 수 있으나, 넓은 들판에서는 마땅치 못하옵니다.109) 세종 24년에 함길도의 감련관監鍊官이 아뢰기를, 화포를 쏘는 방법은 적을 방어하는 데 있어서 가장 급무急務입니다.…110) 하고 있으며 또 세종 23년에 함길도 도절제사에게 전지하기를, 화포가 방어무기로써 가장 유리한 무기임을 언급하고 있다. 화포는 적병을 막는 데에 가장 유리한 무기이다. 일찍이 들으니 중조中朝에서 북방을 정벌할 때에 오직 방사인放射人만이 가진 것이 아니라, 혹은 말[馬]에 싣기도 하고, 혹은 한 사람으로 하여금 가지고 따르게 하여, 쏘아서 다 없어지면 전해 주게 하였으므로, 적을 막을 때에 매우 이익이 있었다고 한다.111)

문종 즉위년에 의정부議政府에서 아뢰기를, 마전磨箭112)·편전片箭113) 등의 외적 방어에 쓰이는 이기利器를 평양 등의 고을에 도회소를 정하여 그

---

107) 『세종실록』 30권, 7년(1425) 11월 27일(임술) 1번째 기사, 동교에 거둥하다. 세자가 호종하다.
108) 세종 28권, 7년(1425) 4월 21일(경신) 5번째 기사, 도목·갑사 시험 때 편전 시험을 보도록 청한 병조의 계
109) 세종 59권, 15년(1433) 1월 15일(기사) 1번째 기사, 올량합의 동정을 살필 것과 화포를 시험할 것에 관해 의논하다.
110) 『세종실록』 97권, 24년(1442) 7월 22일(경진) 2번째 기사, 함길도의 감련관이 화포 쏘는 방법과 보관을 엄히 할 것을 건의하다.
111) 『세종실록』 93권, 23년(1441) 6월 3일(무진) 3번째 기사, 함경도 도절제사에게 화포의 효력과 실행 여부에 관해 묻다.
112) 전쟁에 쓰는 화살의 하나. 『세종실록』 오례의五禮儀에 보면, "화살의 깃이 좁고 철촉鐵鏃이 작은 것을 마전이라 한다." 하였음.
113) 1천 보步 이상의 먼 거리를 쏠 수 있는 가늘고 짧은 화살. 『세종실록』 오례의를 보면, "철촉鐵鏃에 살대의 길이가 1척 2촌인 것을 편전이라 한다. 편전은 통筒으로 쓰는 화살이다." 하였음.

도道의 도절제사都節制使로 하여금 고찰하여 많이 만들어서 그 방어 상태의 완급에 따라서 적당히 나누어 주어 그들로 하여금 상시로 활쏘기를 익히게 하여,114) 문종 1년에 좌찬성 김종서가 아뢰기를, 적을 막는 기구로써는 궁시보다 좋은 것이 없습니다.115)라 언급하고 있어, 우리민족의 궁시와 화포는 방어무기이면서 이 두 가지가 적극적으로 활용됨으로써 전술 또한 방어적 개념이었던 것을 알 수 있다.

고려조에 벼슬이 문하 부사에 이르렀으며 우리나라에서 처음으로 화약과 화약을 이용한 무기를 만들어 사용한 최무선도 일찍이 말하기를, 왜구를 제어함에는 화약만 한 것이 없으나, 국내에는 아는 사람이 없다고 하였다.116)

특히 편전은 사거리가 길고 관통력이 커서 이 병기의 누출에 대해 여러 차례 고심한 흔적117)들이 보인다. 깃이 좁고 철촉鐵鏃이 작은 것은 '마전磨箭'이라 하고, 철촉鐵鏃에 살대의 길이가 1척 2촌인 것은 '편전片箭'이라고 한다. 편전은 통筒으로 쏘는 화살이니, 통의 반을 쪼개서, 길이를 보통 활에 사용하는 화살과 같게 한다. 화살을 통속에 넣어서 화살을 시위 위에 얹고, 통 옆에 구멍을 뚫어 작은 노를 꿰어서 팔목에 맨다. 활을 당겨서 쏘면, 넓은 통이 손등을 향하여 화살을 격발하게 된다. 적을 쏘면 맞은 사람을 꿰뚫게 된다. 모두 전진戰陣에 사용한다.118)

『세조실록』에 동지중추원사同知中樞院事 양성지가 상서하기를 신이 그윽이 우리나라의 역대의 일을 보건대, 수나라와 당나라는 고구려에 크게 패하였고, 사구沙寇도 또한 고려에 패하였습니다. 강감찬이 거란의 30만 병

---
114) 문종 1권, 즉위년(1450) 3월 17일(신유) 3번째 기사.
115) 『문종실록文宗實錄』 문종 8권, 1년(1451) 6월 21일(무자) 3번째 기사 .
116) 『태조실록太祖實錄』 7권, 4년(1395) 4월 19일(임오) 1번째 기사.
117) 세종 69권, 17년(1435) 8월 11일(경술) 6번째 기사, 세종 76권, 19년(1437) 3월 6일(병신) 2번째 기사, 세종 76권, 19년(1437) 3월 19일(기유) 5번째 기사.
118) 『세종실록』/오례/군례 서례/병기/활·화살

을 막을 때 한 필의 말도 돌아가지 못하였고, 윤관이 여진을 몰아낼 때 천리의 땅을 개척하고 구성九城을 쌓았으니, 그러한 사실이 역사에 실려 있어서 훤하게 상고할 수가 있습니다. 신이 연경燕京에 이르니, 한 사람이 이르기를, 귀국에서 야인들을 많이 죽인 것은 진실로 통쾌한 일인데, 귀국에서는 편전片箭의 예리銳利함이 있으니, 야인들이 어찌 감히 귀국과 대적하겠는가? 라 하였고, 한 사람은 이르기를 소전小箭은 중국에서도 또한 비로소 사용한다고 하였는데, 이와 같이 말하는 자가 한둘이 아니었습니다. 편전은 진실로 우리나라의 장기이니, 뜻을 두어 강습講習하지 아니할 수가 없습니다. 화포의 제도는 신라 때부터 시작하여 고려 때에 이르러 갖추어졌고 본조本朝에 이르러 그 진가를 다하게 되었으니, 가위可謂 군국軍國의 이기利器라 할 수 있을 것입니다. 경인년에 진포鎭浦의 싸움과 계축년에 북벌을 할 때 크게 그 활용을 보게 되었는데, 또 공격하고 수비하는 도구는 임시에 만드는 것이 옳지 못합니다.

　우리나라는 수성守城을 잘한다고 이름났는데 수나라와 당나라가 천하의 힘을 모아서 공격하였으나 능히 이기지 못하였습니다. 고려 현종顯宗이 24반般의 병기를 변성邊城에 설치하였기 때문에 몽고의 군사가 내침할 때에 이르러서 방어하여 조금 늦출 수가 있었습니다. 수성의 도구는 세상에 전하는 바가 없고 공성의 일은 또 전혀 들은 바가 없습니다.119) 또 세조가 의주 목사義州牧使 우공禹貢에게 유시하기를, 우리나라 사람은 본래 활을 매우 잘 쏘고 저들 도적들은 활을 잘 쏘지 못하여, 우리가 도적들을 대적하기란 천균千鈞의 무게로 달걀을 깔아뭉개는 것과 같은데, 요사이 변방의 사람들이 도적들의 실정을 알지 못하고 겁을 먹고 두려워한다.120) 하여 궁시가 외적들에게 가공할 무기였음을 밝히고 있다.

---

119) 세조 34권, 10년(1464) 8월 1일(임오) 2번째 기사, 양성지가 군법·군정·군액·군제·사역에 관한 일로 상서하다.
120) 세조 41권, 13년(1467) 3월 23일(무자) 1번째 기사, 평안도 관찰사가 변방 동정을 치계하니 그 대책을 변방 지방관에 유시하다.

성종 9년(1478)에 좌부승지左副承旨 김승경金升卿이 아뢰기를, 신은 생각하건대 오랑캐의 장기는 칼[劍]과 창[戟]에 있고 우리의 장기는 활쏘기[射]와 말달리기[御]에 있는데, 장기를 버리고 익히지 않는 것은 매우 옳지 않습니다.121)

실제 조선에서 적극적으로 다른 나라를 침략한 경우는 드물며 대마도를 정벌한 '쓰시마정벌', 이른바 '을해동정乙亥東征' 또한 왜구로 인한 피해가 극심해서 불가피하게 근거지를 발본색원하려 한 사례일 뿐이다. 조선조에 실제 대마도의 정벌(시기)을 제외하면 적극적으로 이웃나라를 침략한 경우도 없다. 대마도정벌도 왜구들의 노략질이 심해 불가피한 적극적인 방어개념이라고 볼 수 있다.

이러한 방어적 개념은 강 하나로 북쪽과 맞닿아 있는 양계兩界122)에 비해 일본은 큰 바다를 사이에 두고 있어서 한결 쉬운 상대로 간주하였고 이로 인해 누적된 결과가 더 심각한 상황으로 이어졌다.

중종 5년에 일어난 삼포왜란三浦倭亂도 조선정부는 입국 왜인에 대한 법규가 각 분야에 걸쳐 제정되어 있었으나 왜구 재발에 대한 의구심, 대의명분이라는 정치도의와 상국上國으로서의 자세 그리고 교린정책의 기본 정신이 합쳐져 왜인에 대한 유화정책으로 일관했는데, 왜인들의 법규위반 사태가 빈번히 일어났음에도 오히려 관용·묵인함이 상례화되었다. 1506년 반정으로 즉위한 중종은 정치개혁의 일환으로 왜인에 대하여 법규에 따라 엄한 통제를 가하자 그들의 불만이 고조되어 1510년(중종 5) 4월 삼포왜란을 일으켰다.

그럼에도 불구하고 5년이 지난 중종10년에 정부와 병조·호조 당상堂

---

121) 성종 94권, 9년(1478) 7월 16일(을해) 1번째 기사, 진장과 군대의 장비를 엄격하게 하는 등의 병무에 관한 정사를 보다.
122) 평안도와 함경도

上 등에 전교하기를, 지난번에 남방에서 왜란이 일어나게 될 형세를 말하는 자가 매우 많았는데도 조정에서는 근심이 없다 하며 별로 조치를 하지 않다가 경오년의 난123)을 가져와서 성이 함락되고 장수가 살해되며 남방 사람들이 어육魚肉이 되었으니 어찌 참혹한 일이 아닌가?

그러나 사람들이 모두 말하기를 '남이南夷는 북적北狄만큼 막기가 어렵지는 않다.'고 한다.124)

김영자는 외국인들의 시선에서 바라본 조선 군인들의 모습을 기록했는데

성안에서 생각은 동양식이오, 무기는 서양식을 메고 다니는 병졸들을 자주 보게 되는데 이들이 하는 일이 무엇인지에 대해서는 아직도 해답을 못 찾았다. 이 병졸들의 태도는 정말 나무랄 데가 전혀 없는데다 목단(만주)에서 만난 만주 군대에 비하면 아주 교양이 있다. 역시 한민족은 만주족과는 전혀 다른 피를 가진 높은 문화를 가진 민족이다. 서울은 근본적으로 무력이 지배하는 곳이 아닌 선비들이 사는 곳이라는 것을 금세 느낄 수 있는데 이를 뒷받침하듯이 바로 병졸들까지도 문인에게서만 찾아볼 수 있는 온유한 모습과 성품을 지니고 있다. 지금까지 나의 경험에 비추어본다면 일본은 무인국武人國이다. 일본 사람들은 용감하고 전쟁을 좋아한다. 반면에 조선은 문인의 나라로 조선 사람들이 전쟁터에서 소리를 지르며 살상을 한다는 것은 상상할 수 없다.

---

123) 삼포 왜란三浦倭亂
124) 중종 21권, 10년(1515) 2월 8일(병신) 1번째 기사, 정부와 병조·호조 당상 등에게 북방 방비책을 의논하도록 전교하다.

이러한 현실은 전시에 전쟁을 해야 하는 병사들조차 이미 오래 전부터 습속에 물들어 전쟁은 남의 일인 양, 무관한 듯한 태도로 일관하고 있었다는 것이다.

4. 무武를 쉽게 익힐 수 있는 단계

우리 선조들은 주변국과의 여건 때문에 사람을 살상하는 무예를 익히는 데 있어 체질적으로 맞지 않는 무예와 전술을 익혀가는 과정을 일정 단계를 두어 단계적으로 몸에 배게 하는 습득과정을 두었다.

나이가 어린 아이들은 유희나 놀이 개념으로 이를 익혔으며 좀 더 성숙한 청소년들은 놀이나 경기개념을 통해 무예를 익혔다. 성인들은 경기개념이나 혹은 사냥, 석전石戰 등을 통해 전술훈련이 이루어졌다.125)

사람을 살상하는 기술을 익힌다고 생각하면 소위 무협지식 사고로서 몸과 마음이 동시에 긴장하여 근육의 경직으로 오히려 익히는 데 있어서 가장 비효율적인 상태가 된다. 이런 단계를 쉽게 넘기 위해서 우리 선조들은 언급한 몇 가지 단계 과정을 도입했다.

무예라는 부담을 쉽게 떨치고 이를 극복할 수 있으며 가장 부담 없이 할 수 있는 것이 어린아이들이나 청소년들 층에서 이루어지는 놀이, 즉 유희이다. 그 다음 좀 더 진전된 단계는 경기이다. 마지막은 좀 더 실전에 근접한 훈련으로써 사냥을 통한 전술훈련이나 조선 말기 외국인들의 기록에서 거의 빠지지 않고 확인되는 석전石戰이다. 이 일련의 과정들은 처음부터 의도한 바는 아니었지만 사회여건 상 자연스럽게 심각하고도

---

125) 청소년이나 성인들 간에도 놀이 개념은 존재했다. 그러나 일부는 상대가 과격하여 일종의 무예를 익히는 한 과정으로서 무예놀이에 해당할 것이다. 일례로 수박희, 각저희, 격구희 등 희戱의 접미사가 붙는 단어라고 할 수 있으며 심지어 석전石戰에도 희를 붙여 석전희石戰戱라고 부른 사례(『고려사』권134 열전 제47 우왕 6年(1380) 5월 미상 첫 번째 기사)가 보이는데 성인들의 놀이치고는 상당히 과격하여 일종의 전쟁놀이처럼 보인다. 『세종실록』(권44세종 11년 6월 무인)에 판부사判府事 허조許稠가 계하는 내용 가운데 석척희擲戱, 석척패石擲牌를 언급하고, 석척군石擲軍을 폐지하자는 청을 올리고 있다. 당시에도 사상자가 발생했는데, 이를 반증한다. 무과武科 복시覆試에서 창 쓰는 법을 농창弄槍(태종 21권, 11년 5월 4일 1번째 기사)이라 일컬은 것도 무관하지 않은 것으로 추정된다.

각박한 전투기술을 가장 심리적 부담이 적은 것에서부터 조금씩 부담을 증가시켜나가는 단계별 과정을 두었다.

어린아이들의 유희에도 일부 포함되어 있었듯이 우리나라에서는 민속경기뿐 아니라 무예에 이르기까지 오래전부터 현대적 개념의 경기가 이루어졌다. 이러한 전통적 경기와 관련되어 우리 민족의 독특한 기질 중의 하나는 각박하고 심각한 전쟁이나 전투기술까지도 유희화, 경기화를 통해 쉽게 풀어내는 성향이 많다.126)

고려사에 사람을 살상하는 기능을 지닌 수박을 순화시켜 유희화, 경기화 한 수박희의 사례나 『선조실록』 비망기備忘記로 정원에 전교傳敎하기를, 또 권법은 용맹을 익히는 무예인데, 어린아이들로 하여금 이를 배우게 한다면 마을의 아이들이 서로 본받아 연습하여 놀이로 삼을 터이니 뒷날 도움이 될 것이다. 이 두 가지 무예127)를 익힐 아동을 뽑아서 종전대로 이중군李中軍에게 전습傳習받게 할 것을 훈련도감에 이르라한 것이다.128)

그리고 조선 말기에 단오 무렵 어른들의 택견판이 벌어지기 전에 여남은 살의 아이들에 의해서 이루어지던 애기택견이 바로 그러한 사례이다. 아이들은 놀이문화가 별반 없어서 어른들이 하는 일조차 놀이화하였으며 어른들이 하는 그 모든 것을 흉내 내어 따라 했는데 알렌은 조선의 아이들조차도 편을 갈라 석전도 한다고 기록했다.

---

126) 전통무예경기에서 우리민족의 독특한 기질은 생사가 걸린 심각성을 이런 식으로나마 완화하고자 하는 의도가 내재되어 있는 것이다. 이완된 상태에서의 수많은 반복이 그야말로 단련이 되는 것이며 실전에서 평시와 같은 동작의 구현이 이루어지는 것이다. 그야말로 '유희를 이용하여 전투를 연습한다'는 표현 가운데에는 유희를 즐기는 부분도 있지만, 그 내면에는 유희를 통한 수많은 반복에서 자연스러운 전투행위가 몸에 배게 한다(연습과정)는 의미가 내포되어 있다.
127) 이전의 내용에서 木棍과 권법을 말함.
128) 『선조실록』 124권, 33년(1600) 4월 14일 2번째 기사.

무예를 여흥삼아 놀이화시킨 것 가운데에는 검무나 마상재 등도 있다. 검무는 무인만 추는 게 아니라 현재도 그러하지만, 당시에는 나이 어린 기생들도 추었다.129)

검무에 관한 기록에는 황창랑黃昌郞이 빠지지 않고 나오는데,『동문선東文選』에 다음과 같이 황창랑의 검무를 설명하고 있다.

    황창랑은 신라 어느 대의 사람인지 모르나, 속설에 전하기를, 그가 여덟 살 난 어린애로서 신라왕과 꾀하여 백제에게 분풀이를 하려고 백제 저자에 가서 검춤을 추니 저자 사람들이 담처럼 둘러서서 구경하였다. 백제왕이 듣고 궁중에 불러들여 춤추라 하니, 창랑이 그 자리에서 왕을 찔러 죽였다한다. 이제 그 춤을 보건대, 빙빙 돌면서 돌아보며 흘겨보며 휙휙 번쩍번쩍, 지금에도 늠름히 아직 생기가 있는데, 그 춤은 절주節奏만이 있고 가사歌詞가 없기로 아울러 시를 짓는다.130)

연행사신들이나 일본통신사들의 기록에는 여흥으로 기생들의 검무를 구경하는 기록들이 여러 군데 나온다.131)『연행록燕行錄』에 변방의 습속은 기생들조차 말을 잘 타고 검무를 좋아한다고 적고 있다.132)

---

129) 임수간(任守幹, 1665-1721)의『동사일기東槎日記』건乾/신묘년(1711, 숙종 37) 7월 4일
130)『동문선東文選』속동문선 제4권/칠언고시七言古詩/동도악부 칠수東都樂府七首
131) 김창업金昌業의『연행일기燕行日記』(1713, 숙종 39), 김정중金正中의『연행록燕行錄』(1791, 정조 15), 저자 미상의『부연일기赴燕日記』(1828, 순조 28), 임수간(任守幹, 1665-1721)의『동사일기東槎日記』건乾(1711, 숙종 37)
132)『연행록燕行錄』/기유록奇遊錄/신해년(1791, 정조 15) 11월 11일-선비로 따라간 김정중金正中이 기록

신윤복의 「쌍검대무」 (간송미술관 소장)

숙종 38년(1712) 임진년 북경北京에 다녀온 김창집의 아우 노가재老稼齋 김창업金昌業의 연행기록에 13세의 어린 기생 초옥의 절묘한 검무에 대한 후기가 나온다.

밤에 가학이 어린 기생[兒妓] 초옥楚玉과 검무를 추었는데, 초옥은 더욱 절묘하였으며, 나이는 13세라 하였다. 검무는 우리들이 어렸을 때는 보지 못하던 것으로 수십 년 동안에 점차 성하기 시작하여 지금은 8도에 두루 퍼졌다. 기생이 있는 고을은 모두 검무의 복색을 갖추어 놓고 풍악을 울릴 때는 반드시 먼저 기생을 바쳤다.133)

『영조실록』에 '역적 이인좌李麟佐의 아들은 나이가 다섯 살인데 능히 검무하는 모양을 짓고 있다'134) 하였으니 검무는 아이들의 유희이기도 했다.

『청성잡기靑城雜記』에 다음과 같이 검기가 예사롭지 않음을 보인다.

파녀는 호가 설암雪菴인데 파주坡州 선비 백상구白尙九의 첩이라서 파녀라고 한 것이다. 그의 시는 당시唐詩의 풍격이 있어서 여류 시인의 작품 같지 않았다. 글씨와 그림, 바둑과 활쏘기, 춤과 노래가 모두 남보다 뛰어났는데, 특히 검무를 잘 추어서 때로 홀로 춤을 출 때면 검기가 사방으로 뻗쳐 무인지경인 듯 거칠 것이 없었다.135)

1682년 일본통신사로 선발된 오순백은 선발당시 종6품직인 부사과副司果인데 검무와 마상재가 일품이었다.136)

조선통신사 마상재 시연(국립중앙박물관 소장)

---

133) 『연행일기燕行日記』 연행일기 제9권/계사년(1713. 숙종 39) 3월 18일(을미)-숙종 38년(1712) 임진년 북경北京에 다녀온 김창집의 아우 노가재老稼齋 김창업金昌業의 연행燕行 기록
134) 『영조실록』 영조 4년 무신(1728)/7월 24일 (계유) 2번째 기사.
135) 『청성잡기靑城雜記』 청성잡기 제5권/성언醒言/불우한 여류 시인 파녀坡女
136) 역관 홍우재(洪禹載, 생년 몰일 미상)의 『동사록東槎錄』/일록/임술년(1682. 숙종 8) 5월 15일, 5월 20일.

『인조실록』에 이귀는 아뢰기를, '신들이 장사將士들로 하여금 검무를 추게 하고 스스로도 일어나 춤을 추며 마냥 즐기다가 파하였습니다.'137) 하여 무사들의 여흥이기도 했다.

한편 궁시와 창검으로 치고 찌르는 형상을 춤사위로 만든 곳도 보인다. 『세종실록』에 수양대군 이유李瑈 역시 성악聲樂에 통하였으므로, 명하여 그 일을 관장하도록 하니, 기생 수십 인을 데리고 가끔 금중禁中에서 이를 익혔다. 그 춤은 칠덕무七德舞를 모방한 것으로, 궁시와 창검으로 치고 찌르는 형상이 다 갖추어져 있었다.138)

중종 6년에는 승지 윤희평尹希平은 아뢰기를,…지금 습속은 말타기를 익히지 않으니, 진실로 작은 걱정이 아닙니다. 해조該曹로 하여금 마상재를 시험하도록 하소서.139)하는 내용이 보일 정도로 말타기가 침체되어 있었다. 그러나 이후 마상재는 오히려 일부에서 행해지는 눈요기꺼리로 전락하게 된다. 일본에서는 '조선의 마상재가 천하제일'이라고 할 정도로 마상재가 인기가 있었으며140) 관백이 마상재를 구경하자고 청하는 것은 규례였다.141)

필자의 마상재 시범

---

137) 『인조실록』 인조 1년 계해(1623)/3월18일 (무신) 6번째 기사.
138) 『세종실록』 126권, 31년(1449) 12월 11일(정사) 1번째 기사, 신악의 존폐 여부를 의정부와 관습도감에서 논의하게 하다.
139) 중종 14권, 6년(1511) 12월 6일(임오) 2번째 기사, 김수동 등과 중국의 정세와 군사의 일에 대해 의논하다.
140) 『변례집요邊例集要』 권1 별차왜別差倭 甲戌
141) 정사 조엄趙曮 1719~1777)의 일본 왕환 기록인 『해사일기海槎日記』/갑신년 3월 1일(임자)

김동철은 마상재는 통신사와 별개로 1회, 통신사 구성원으로 7회, 합계 8회를 일본에 갔으며 1회마다 마상재는 2명이었다고 하였다. 그리고 군관들의 사후射侯는 이전부터 있었지만, 마상재에서 이루어지는 사예射藝는 1719년 통신사 때부터 시작되었다.

격구는 마상격구와 지상격구(보행격구) 2가지가 있었는데, 이무연은 조선시대 무예의 유희적 활동 중 하나로 취급하고 있다.

『자치통감』에 격구는 이미 발해에서도 행해지고 있었다.

> 소효충蕭孝忠 중희重熙 7년에 동경유수가 되었는데, 때에 발해인의 격구행위를 금지하였다. 소효충이 말하기를 동경은 최고 중요한 진鎭으로 사냥이 금지된 곳이다. 만약 격구와 말타기를 허용하지 않는다면 무엇으로 무예를 익히겠는가.142)

> 발해국사 왕문구王文矩 등에게 타구하게 하고 비단 2백 둔屯을 하사하였다.143)

격구는 고려144)에서도 행해졌는데, 조선의 태조도 격구를 아주 즐겼으며145) 정종은 지경연사知經筵事 조박趙璞에게 병이 있어서 수족이 저리고 아파서 때때로 격구를 하여 몸을 움직여서 기운을 통하게 하려 함이라고 이르고146) 있으나 이를 금하라는 문하부의 상소문에 포함되기도 했

---

142) 『자치통감』권1 총략 상
143) 『자치통감』권2 총략 하
144) 경신에 중광전 남루에 거동하여 신기군의 격구를 사열하고 물품을 차등 있게 하사하였다.(『고려사』권13 세가13/예종 5年(1110) 1월 21일)를 필두로 여러 곳에서 확인되는데 특히 의종 때는 가장 많은 기록을 보인다.: 『선화봉사고려도경』제10권/의물儀物 2/구장毬杖 등
145) 『태조실록』태조 1년 임신(1392) 9월26일 (갑진) 등
146) 『정종실록』정종 1년 기묘(1399) 1월9일 (경진)

다.147) 태종과 세종 때에도 직접 한다든가 관람한 기사가 많이 보이는데, 특히 세종 때는 총제摠制 문효종文孝宗·현귀명玄貴命·원윤元胤에게 명하여, 훈련관 제조訓鍊觀提調와 더불어 군사들에게 격구를 가르치게 하고, 인하여 격구장 30개를 훈련관에 내렸다.148) 또한 전조前朝 전성시대의 격구하던 유희는 대개 그것을 모방하였던 것이었습니다. 격구를 잘하는 자는 말을 타고 활을 쏠 수도 있으며, 창 쓰고 칼 쓰기도 능할 수 있사오니, 이제부터는 무과시취武科試取거나 춘추 도목시험都目試驗에는 아울러 그 재주를 시험하라고149) 장려하였다.

무예도보통지武藝圖譜通志 격구보격毬譜

성종 때는 오히려 다수의 무사가 격구연습을 게을리 하여 무과 및 무예도시에 시험하게 하자는 대목도 보인다. 병조에서 아뢰기를, 격구는 말 위에서 하는 가장 긴요한 재주인데, 근래 다수의 무사가 마음을 써서 연습하지 않으니, 청컨대 옛 관례에 의하여 무과 및 무예도시150)에 아울러 시험하게 하고, 또 굳센 활을 잡아당기는데, 비록 1백 20근에 이르는 자라 하더라도 그 화살은 혹 1백 80보에도 이르지 못하는 자가 있으니, 청컨대 혁파하소서. 하니, 그대로 따랐다.151)

---

147) 『정종실록』 정종 1년 기묘(1399) 5월 1일(경오) 1번째 기사.
148) 『세종실록』 세종 7년 을사(1425) 3월21일 (신묘).
149) 『세종실록』 세종 7년 을사(1425) 4월19일 (무오) 7번째 기사, 49권, 12년(1430) 9월 21일(기미) 6번째 기사에서도 보인다.
150) 병조兵曹·훈련원訓鍊院의 당상관, 또는 지방의 관찰사·병마절도사가 무사를 선발하는 시험으로, 봄과 가을에 실시하던 것.
151) 성종 7권, 1년(1470) 9월 16일(신묘) 6번째 기사, 병조에서 격구를 무과 및 무예도시에

무예의 기능을 지닌 택견은 현재 기록에서 확인되는 것 중 『청구영언』의 「교본역대시조전서」에 "少年 十五 二十 時에 ᄒᆞ던 일이…속곰질 쒸움질과 씨름 탁견 遊山ᄒᆞ기"라는 대목으로서 청소년 및 청년들의 놀이문화로 보인다. 한편 송덕기는 택견을 수련, 운동, 교육 등의 표현보다는 '즐긴다'는 여가적 개념으로 표현했다.

이러한 우리 민족의 독특한 기질은 현대에서도 찾을 수 있는데 사람을 살상하는 기능을 지녔던 근대태권도가 원래의 이미지에서 상당 부분 탈피하여 현재는 경기태권도로 급속히 바뀌었을 뿐 아니라 올림픽 정식 종목으로까지 채택된 경우가 바로 그 사례이다. 이러한 우리의 민족성은 남에게 침략을 당할지언정 남을 침략하는 법이 없는 기질 때문에도 남을 살상하는 무예를 순화시켜 유희화나 경기화 시키는 재주가 있는 듯하다.

사냥을 통한 훈련이나 축국 등에 담긴 의미가 전투를 위한 은미한 뜻이 있음을 보여주고 있다. 『세종실록』에 병조에서 계하기를, 삼가 예전 제도를 상고하오니, 한漢나라의 축국蹴鞠과 당唐나라의 격환擊丸은 그것이 황제의 축국하던 옛 제도로서, 그렇게 하는 까닭은 모두가 유희를 이용하여 전투를 연습하는 것이었습니다. 전조前朝 전성시대의 격구하던 유희는 대개 그것을 모방하였던 것이었습니다.152)라 기록하고, 『세종실록』133권에 그 의식절차가 보인다.153) 『세조실록』에서도 성임이 대답하기를, 사냥은 군사를 훈련하는 것이니 이것이 아니면 무사武事를 익힐 수 없습니다.154)라고 하였다.

『연산군일기』에 전교하기를 춘수春蒐·하묘夏苗·추선秋獮·동수冬狩155)하

시험하게 할 것을 청하다.
152) 『세종실록』 28권, 7년(1425) 4월 19일(무오) 7번째 기사, 무과수취와 춘추 도목시험에 격구를 시험하도록 한 병조의 예
153) 『세종실록』 133권 오례五禮/군례 의식軍禮儀式/강무의講武儀
154) 세조 22권, 6년(1460) 10월 13일(을묘) 2번째 기사, 용당에서 사냥을 하다.
155) 춘수春蒐 : 봄 사냥, 하묘夏苗 : 여름 사냥, 추선秋獮 : 가을 사냥, 동수冬狩 : 겨울 사냥.

는 옛 제도가 엄연히 있는데156), 연산 5년(1499)에 승정원이 아뢰기를, 매달 진법을 익혀야 할 군사로 사냥을 하는 것이오니, '사냥을 좋아한다.'고 말할 수는 없을 것입니다.157)하여 사냥은 강무의 의례였다.

이에 대해 조선시대 실학자 반계 유형원의 『반계수록磻溪隧錄』에 구준이 말하기를 그렇기 때문에 옛날에는 사냥으로 전투훈련을 하였고 제사를 이용하여 사냥을 하였으며 또 짐승을 잡는 일로서 그 기술을 연마하였다. 그리하여 사냥을 할 때에 군인으로 하여금 눈은 신호旗旗에 익숙케 하고 귀는 암호와 명령을 대기하기도 하고 혹은 일어나서 행동하기도 하게 하여 앞으로 나가게도 하며 뒤로 퇴각하게도 하고158), 또한 이덕무의 『청장관전서』에서 그러므로 봄사냥(春蒐)과 가을사냥(秋獮)은 그 말을 사열하는 것이요, 향음주례鄕飮酒禮는 활쏘기를 연습하는 것이며, 투호投壺의 놀이와 축국蹴鞠하는 놀이에 이르기까지 은미한 뜻이 그 사이에 존재하지 않은 것이 없으니.159) 그야말로 유희나 사냥을 이용하여 전투와 전술연습을 염두에 두었다. 민중들에 의해 오랫동안 행해졌던 석전石戰도 마찬가지이다.

---

156) 연산 57권, 11년(1505) 2월 10일(병인) 2번째 기사, 봄 사냥에 경기의 하번 군사를 징발하게 하다.
157) 연산 35권, 5년(1499) 10월 25일(신해) 2번째 기사, 흉년에 사냥하는 것을 구경하는 것이 잘못인지 묻다.
158) 丘濬曰 …於是. 因蒐狩而習之. 因祭以行獵. 用獸以試術. 使其目熟於旌旗. 耳熟於號令. 或坐以待. 或以起. 進而之前. 退而之後… 류형원 『반계수록』권二十三/병제고설/강무
159) 故春蒐秋獮. 所以簡其馬也. 鄕飮之禮. 所以習其射也. 以至投壺蹴鞠之戲. 莫不有微意存於其間 이덕무, 『청장관전서』 권24/편서잡고4

19세기 병풍에 그려진 평양성의 돌싸움(서울대학교박물관 소장)

석전을 고구려 때에는 대보름에, 고려160) 때에는 단오에, 조선 말기에는 대보름에 장정들끼리 편을 갈라 돌을 던지고, 가까이 맞붙으면 몽둥이로 편싸움을 했다. 사상자도 났으나 젊은이들의 기상을 북돋기 위해 나라에서도 장려했다. 서울에서는 마포패·아현패·용산패가, 만리현·우수현(후암동 고개) 등에서, 동대문·서대문·남대문 바깥패와 싸우던 것이 유명했다. 일단 싸움이 끝나면 유감을 품거나 보복하는 일은 전혀 없었다, 나라에서는 유사시에 돌을 잘 던지는 척석 선수를 뽑아 척석군을 조직하기도 했다.

돌싸움을 벌일 적에는 돌을 던지기만 하는 것이 아니라 배수진, 장사진들과 같은 여러 가지 진형과 전법을 써서 실제 전투에 못지않을 만큼 격렬하게 했다. 이 싸움으로 부상자가 많이 나고 때때로 사람이 죽기도 하자 관청에서 못하게 하였으나 쉽사리 사라지지 않았다고 한다.

---

160) 경오에 격구와 석전놀이를 금지하였다. 庚午, 禁擊毬, 石戰戲『고려사』권44 세가 권44 공민왕 23年(1374) 5월 5일/또 우왕 6年(1380) 5월 미상 첫 번째 기사(권134 열전 제47)에는 석전놀이 구경을 말리는 지신사知申事 이존성李存性을 때리고 달아나는 이존성에 탄환彈丸을 취하여 쏘았다는 기록도 보인다. 여기에 설명되는 석전은 근대에 행해지던 석전과 거의 동일한 것으로 묘사되는데 특히 우왕 때의 기록이 비교적 빈번하다.

백성현·이한우는 특히 편싸움은 한강 연안과 대동강 연안에서 활발하게 치러졌다. 서울에서는 만리재 편싸움이 유명했다. 그래서 남편이나 아들이 싸움에서 패하여 집으로 도망 오면 대문을 열어 주지 않고 내쫓아 끝까지 싸우게 할 정도로 여성들도 적극적이었다고 전해진다고 하였다.

새비지 랜도어는 어른들은 아이들을 강인하고 대담하게 만들기 위해 그들이 이러한 경기에도 참여하도록 종용한다. 나는 엄마들이 기껏해야 8살이나 9살밖에 되지 않은 어린아이들을 출발선에 데려나와 같은 수의 동년배들과 싸우게 하는 것을 실제 보았다. 전격적인 교전을 위해 두 지휘관을 앞세운 양쪽 병력이 삼각 편대를 이루며 돌진하기 시작한다. 그리고 잠시 망설이는 듯한 두 지휘관이 봉으로 서로의 머리통에 세찬 강타를 몇 차례 교환하면서 전투가 본격적으로 시작되면 한편이 다른 편을 물리쳐 완전히 몰아낼 때까지 일제히 돌 세례가 난무하며 곤봉들이 춤을 춘다. 이러한 종류의 싸움은 아이들 사이조차 몇 시간 동안 계속되기 때문에, 여러분들도 짐작하겠지만 싸움이 끝날 무렵에는 대부분 소년들이 코피를 흘리거나 이가 부러졌으며 심한 타박상을 입게 된다. 이 싸움에서 승리한 쪽은 그들의 부모와 친지들로부터 선물을 받는다고 적고 있다.

이렇듯 조선의 무예에 대한 인식은 어린아이에서 어른들까지 누구나가 각자의 단계에 걸맞은 형태로 유희나 경기를 통해 단계적으로 개인의 기량뿐 아니라 전술훈련에 이르는 광범위한 형태로 이루어졌다.

「더 그래픽THE GRAPHIC」 1902년 2월 8일자에 실린 삽화 (숭실대 한국기독교박물관)

제5장 한국 전통무예에 깃든 정신과 맥락

활쏘기를 통해 '마음을 바로잡고 비우는 법'을 배운다.

1. 한국 전통무예에 대한 인식 - 마음수련

국보 제83호 금동미륵보살반가사유상(국립중앙박물관, 문화재청)

무武는 한국인들에게 있어서 무겁고, 각박하고, 심각한 대상만은 아니었다. 그것은 무武를 대하고 익히는 과정에서 잘 드러나는데 이것은 동양 삼국에서 중국과 일본 등 다른 나라와 다소 차별화된 모습을 보여준다.

이와 관련하여 몇 가지 패턴이 존재하고 있는데 그중의 하나가 마음수련이다.

마음수련이란 마음을 닦는다는 의미로 흔히 수심修心을 의미한다. 마음수련이라는 표현에 앞서 '마음이란 무엇이고 왜 닦아야 하는 것인가'에 대한 의문을 짚고 넘어가지 않을 수 없다.

'마음의 실체란 무엇인가'라는 질문에 누구라도 선뜻 대답하기란 쉽지 않다. 인간에게 있어 마음은 분명히 존재함에도 불구하고 마음은 인간의 신체에 있어서 도대체 어디에 배속되어 있는가? 라고 묻는다면 쉽게 대답하기 어렵다. 머릿속 혹은 가슴속[161]도 언급될 수 있다. 그러나 전혀 다른 시각도 없지 않다. 가령 어린이집에 있는 자식을 생각하는 엄마의 마음은 어린이집에 있는 아이에게 있는 것인지 아니면 엄마에게 있는 것인가라는 원초적인 의문에 봉착하게 된다. 혹은 마음은 그야말로 마음먹는 대로 분리할 수 있어서 양쪽에 모두 존재할 수 있는 것인지? 가족을 생각한다면 더 많이 분리되기도 한다. 어쨌든 마음은 '마음을 낸다.', '마음을 쓴다.'는 분명한 주체가 있음에도 불구하고 주체와는 명백한 괴리가 있어서 인간의 자유의지보다는 본능인 오욕칠정에 휘둘리게 되는 아이러니가 존재하는 것을 보면 주체가 모든 것을 좌지우지할 수 있는 대상이 아닌 것은 분명하다.

---

[161] '(가슴이) 충만하다', '~ 아려온다', 혹은 '~ 답답하다', '~ 따뜻하다', '~ 먹먹하다', '~ 시리다', '~ 충만하다', '~ 후련하다' 등 다양한 감정에 대한 반응이 가슴과 관련이 있는 표현이 있기도 하지만 실제 중단전 옥당玉堂, 양 젖꼭지를 이은 선에서 몸 정중앙을 따라 1.6치 위 지점을 중심으로 감정을 읽는 연습을 하는 수련도 없지 않다.

이와 관련하여, 한성은 세상 사람들이 흔히 말하는 「마음」이라는 것은 감정과 기분, 생각, 느낌, 기억 등 오욕칠정을 지칭하는 경우가 많은데 정확히 말해 그것은 마음이 아니라 마음의 부산물일 뿐이며 마치 태양의 빛이 지구로 내려와 다양한 생명현상을 일으키듯, 사람들이 친숙하게 알고 있는 마음은 실체에서 뻗어 나와 파생되는 일종의 부산물이라 하였다.

명료하게 드러나지 않는 마음의 본질에 조금씩 다가가는 의미로 인간은 마음의 실체에 대해 행동양식을 통한 간접적이고도 다양한 각도의 접근을 시도하였다. 한편 별개로 직접 '마음을 다스리는 법'이나 자신의 감정을 제어하고자 하는 노력이 인류의 역사만큼이나 오랜 세월 지속하였으며 병행되어 왔다.

스스로 제어하기 어려운 마음을 다스리려는 이러한 시도와 노력들도 마음이라는 실체에 대한 원초적인 의문을 찾기 위한 직접적인 노력보다 우회적인 방법이다. 이는 마음의 실체라는 풀기 어려운 비밀에 접근하는 방법이 마음을 다스리고 제어하는 과정 속에 비밀의 실마리가 있을 거라는 막연한 기대심리도 작용했다. 포괄적인 접근으로 받아들여질 수 있으나 실제 인류의 역사만큼이나 인류와 함께해온 종교나 동양의 여러 수련은 거의 대부분 마음에 초점을 맞출 시 마음과 불가분한 관계라 하지 않을 수 없다.

한국 전통무예의 수련과정에도 이 마음수련에 초점을 맞출 경우에도 예의銳意 다르지 않으며 드러나는 마음수련과 관련된 형태는 몇 가지로 확인된다. 그 하나는 마음을 비움으로써 소정의 목적을 달성하는 '활쏘기'를 들 수 있다. 다른 하나는 흔히 생각하는 무武에 대해 '남과의 다툼'이라는 개념을 생각하고 있으나 한국의 전통무예는 이에 앞서 그야말로 자신과의 싸움克근개념이 우선한다는 사실이다.

특히 숭문천무崇文賤武의 풍조를 지녔던 조선 시대는 무예의 단련과정에 불가피하게 수반되는 남과의 격렬한 신체접촉을 천시하고 꺼리는 경향이 농후했다. 그럼에도 불구하고 그런 과정에서 얻어지는 자신과의 싸움에 주목했으며 스스로를 이기는 극기克己를 염두에 두었다. 그리고 나머지는 시대적 배경 상 어린 시절부터 행해지면서 꾸준한 반복과 연습을 통해 자연스레 몸에 익히고 배게 하는 훈련과정이 이루어짐으로써 극한 상황 속에서도 평상심의 유지에 일조할 수 있었다는 사실이다.

한국 전통무예에서 이러한 마음수련이 지니는 의미는 기질적 특성이 각기 다른 인간들이 직접 부딪힐 때 발생할 소지가 높은 불협화음의 완충역할이라 할 수 있다. 이 완충역할은 인간 간에 조화調和로 이끄는 바탕이며 오늘날에도 사회질서유지에 간과할 수 없는 중요한 방편이기도 하다.

1) 마음수련(修心)

한성의 견해에 의하면, 설혹 마음이 인간의 생각이나 감정이 마음의 부산물이라 할지라도 오욕칠정에 의해 생겨나는 인간의 마음은 본능적 속성을 지니고 있다. 이러한 본능적 속성은 각 개체 즉 인간 간에 필연적으로 충돌할 수밖에 없다. 그런 의미에서 볼 때 인간 사이에 존재하는 도덕예의법률道德禮義法律 등은 인간 서로 간에 있어 각각의 개성이 부딪칠 때 완충역할을 하는 것이라 할 수 있다. 이러한 완충 역할을 하는 제도들이 원천적인 해결책을 제시하지 못하기 때문에 인간은 시각을 내면으로 돌려 이 원초적인 마음을 제도나 법규를 뛰어넘을 뿐 아니라 다스리기 위한 대상으로 간주했으며 나아가 마음이라는 존재에 직접 부닥치고자 했다.

마음을 다스린다는 의미는 무엇인가?, 마음을 다스린다는 게 이상적인 인간상으로 나아가는 것인가?

인류가 찾아낸 마음을 닦는 방법은 여러 가지가 있다. 그 가운데 탄생한 것이 종교 혹은 동양의 여러 수련이다.

순수하게 마음이라는 관점에서 볼 때 마음의 실체를 알지 못하지만 극복하기 위해 궁극의 존재에게 의탁하는 방편을 종교라 할 수 있다. 한편 정면으로 이는 마음을 관觀하는 수련법[162]이 있는가 하며, 특히 한국과 중국은 성명쌍수性命雙修[163]와 심기쌍수心氣雙修[164]라는 몸과 마음을 동시에 닦는 호흡 수련법이 있다.

---

[162] 간화선看話禪과 위빠사나(Vipassana) 명상법 등이 해당한다.
[163] 선도는 성명쌍수법性命雙修法이어서 성(性, 정신)과 명(命, 육체)을 모두 중요시 한다. 즉 선도를 이루기 위해서 몸과 마음을 함께 닦아야 한다.
[164] 호흡 수련을 통해 성명性命을 함께 닦을 수 있고, 육체적 정신적 건강을 동시에 얻을 수 있는 근간에는 기氣외 현묘한 작용이 있기 때문이다. 결국 선도수련의 본질은 기와 마음이므로 니리한 기와 마음을 닦는 심기쌍수법心氣雙修法이라 한다.

기존의 무예는 수련을 통해 몸과 마음을 닦는다는 표현을 흔히 써왔으되, 심신일여心身一如라 해서 몸을 닦으면 자연 마음도 같이 닦이는 것이라는 다소 애매한 표현을 흔히 써왔다. 한편 전통수련단체는 성명쌍수性命雙修나 성명겸수性命兼修165)라 하여 몸과 마음을 동시에 적극적으로 닦아야 한다는 것을 표방하고 있다.

동양적 수련의 개념에 항상 존재하는 것이 바로 정기신精氣神인데 여기서 정精은 육체, 신神은 대략 정신을 의미하며, 기氣라는 매개가 몸과 마음을 이어주는(정신과 육체를 하나로 묶어주는) 특별한 연결고리로 보는 견해가 확인된다.

윤종천 등은 한의학의 정기신精氣神의 개념으로 이해할 수 있는데, 여기서 정을 육체적인 부분으로 말한다면, 신은 의식 또는 정신을, 기는 그 중간을 연결해주는 매개체 역할을 하는 것으로 이해할 수 있다. 즉 우리들의 오장육부나 감각기관, 팔다리, 피부, 근육 또는 인대 등 인체의 각 부분은 '정'에 해당하고, 이 모든 것을 다스리는 것이 '신'이 되고, '기'라는 것은 중간자적인 의미로, 정과 신을 연결하는 그 무엇이 된다. 육신과 의식 사이에 존재하게 되는 매개체가 기氣이고 그 기가 움직이게 되는 통로가 경락이며 그 경락의 기운이 드나드는 곳이 경혈이라고 설명하고 있다. 이종보도 신과학적 관점에서도 정기신에 관한 내용은 크게 다르지 않은 것 같다. 동양학에서는 우주와 생명은 정·기·신의 세 가지 요소가 결합하여 존재 변화하는 것으로 설명해 왔다. 신과학에서는 이것을 현대적인 과학적 용어에 대응시켜서 정精을 물질Natter세계로 그리고 신을 의식Consciousness으로 표현할 수도 있을 터인데, 이 물질세계(精)와 의식세계(神)를 연결해 주고 있는 통로로서 '미묘한 에너지의 세계' 즉 기氣의 세

---

165) 『성명규지性命圭旨』 성명설性命說에서 학문 가운데 성명학보다 더 큰 것이 없는데, 성性과 명命은 원래 한 가지인데, 하늘에서 명령한 것으로 보면 명命이요, 사람이 받은 것으로 보면 성性이라 한다. 석가釋迦도 금단金丹의 도를 얻었으니 성명을 다 닦아(성명겸수性命兼修) 금선金仙이라 한다.

계가 있다는 것을 동양에서는 오래전부터 경험적으로 인식해 왔다고 설명하고 있다.

박방주는 60년대 초 당시 북한 경락연구소 김봉한(평양의대 교수) 소장이 1961~65년 혈액순환계와 림프계에 이어 제3의 순환계 '경락계經絡系'가 있다는 논문 5편을 잇달아 발표한 이후, 40여년이 훨씬 더 지난 최근 국내 연구자들은 경락을 '프리모Primo'라고 다시 이름을 짓고, 이를 재확인하는 국제 학술지에 논문을 발표해 오고 있다고 하였다. 아직 초기 단계여서 더 많은 성과를 통해 좀 더 실체에 접근할 수 있겠지만, 다소 막연했던 인체의 신비가 한 꺼풀을 더 벗고 속내를 드러내는 계기라 할 수 있다.

그런 의미에서 '수련이 되어간다'라고 함을 석문도문은 수심修心이나 운기運氣 그 하나만을 이야기하는 것이 아니라 동전의 양면과 같이 진행되는 것이라고 언급했다.

마음을 닦는 방법의 하나는 심고心苦가 클수록 경험적으로 도움이 된다는 사실을 알게 되었다. 빼앗긴 장난감 때문에 울던 아이가 나이를 먹고서는 장난감에 연연해하지 않고 사랑에 실패한 젊은 세대가 죽고 싶다가도 몇 번의 경험 뒤에는 그 충격이 현저히 감소한다. 우여곡절을 많이 겪은 많은 노인들이 이전 세대들보다 대부분의 충격적인 일에 대해 덜 민감하다는 것은 이를 반증한다.

한성은 고苦는 자기 자신이라는 내적 요소와 타인이라는 외적 요소 그리고 그 둘을 둘러싼 삶의 환경, 이 세 요소의 상관관계에서 일어난다고 하였다. 즉 자신이 가지고 있는 마음의 틀에 어떤 외부의 환경이 들어왔을 때, 그 틀과 외부 환경의 부딪힘에 의해서 생겨난 산물이 바로 「고苦」라고 하였으며 만약 마음의 틀이 그것을 수용할 만큼 커지면 더 이상의 부딪힘은 존재하지 않고 따라서 고는 생기지 않는다고 하였다. 따라서 '수행자와 비수행자의 차이는 문제의 원인을 내 안에서 찾는다면 그는 수행자요. 문제의 원인을 내 밖에서 찾는다면 그는 비수행자'라 하였다.

그래서 일부 종교나 수련단체에서는 교육이나 수련과정에 일부지만 고행苦行을 택하기도 한다. 큰 아픔은 작은 아픔을 가리기 때문이다. 드물게 큰 통증에 시달리다가 호전된 환자가 이후에 또 다른 작은 통증을 유발하는 질환이 숨어있었다는 사실을 깨닫는 경우와 흡사하다. 육신의 가혹한 고행이 마음을 닦는 데 도움이 되는 것은 틀림없다. 큰 고행을 극복한 사람들에게 있어서 인간들의 이기적인 다툼은 하찮게 느껴지거나 부질없음을 깨닫고 있기 때문이다.

세계유수의 국가들에 있어서 특수임무를 띤 군인들이 엄격하고 가혹한 훈련과정을 통해 거듭나며 일반인들은 꿈꾸기 어려운 임무를 수행하는 부분도 같은 맥락이다. 사실 인간은 누구나 유복한 환경 속에서 행복하게 살기를 간구하지만 이런 환경 속에서 사는 사람들의 다수는 마음수련에 대한 별반 관심이 없는 경우가 많다. 구태여 마음수련에 관심을 가질만한 특별한 동기가 없기 때문이다. 그러한 관점에서 본다면, 상대적으로 열악한 환경이나 많은 어려운 고비를 경험한 사람들은 마음을 닦기에 상대적으로 유리한 환경을 지닌다고 말할 수도 있다. 지구를 '인간의 수련장'으로 보는 견해가 전혀 터무니없는 것은 아니다.

그렇다면 한국인에게 무武와 마음수련과의 상관관계는 어떻게 성립되는 것인지에 대해 무의 인식을 통해 살펴보고자 한다.

한국인에게 문무는 문도文道와 무도武道의 음양(병립)관계이지만 다른 한편 이상적인 인간상을 표현하는 용어로 '문무겸비文武兼備'나 '문무지도文武之道'166)라는 용어를 사용하였으며 『조선왕조실록』에 문무도과文武道科167)라

---

166) 태종 25권, 13년(1413) 1월 6일(병술) 2번째 기사, 세종 51권, 13년(1431) 3월 17일(신사) 3번째 기사, 세조 39권, 12년(1466) 5월 5일(을해) 1번째 기사, 영조 115권, 46년

는 용례를 찾아볼 수 있다.

무武에 있어서 마음수련은 마음을 비운다는 개념도 있지만, 상대와 생사를 건 격렬한 승부를 통해 적극적으로 부닥치는 가운데 얻어지는 것이 쉽게 연상된다.

그러나 의외로 우리 전통무예에서 인식하는 마음수련은 비우면서 원하는 바를 얻는 경우나 외적으로 누군가와 격렬한 승부 이전에 내적으로 자신과의 흔들리지 않는 승부(극기)가 선재先在하고 있었다. 아울러 시대적 배경 상 어린 시절 유희화된 무예과정부터 오랜 기간 지속적인 수련과정을 거침으로써 극한 상황 속에서도 평상심의 유지에 일조하였다.

(1770) 6월 18일(임진) 1번째 기사 등.
167) 고종 3권, 3년(1866) 7월 27일(계미) 2번째 기사, 고종 12권, 12년(1875) 10월 1일(갑지) 1번째 기사.

2) 한국 전통무예의 마음수련(修心)

마음이 흔들리지 않고 평정을 유지하거나 한 단계 더 나아가 마음을 조절하기 위한 방법으로 첫째는 마음을 완전히 비움, 둘째는 무武를 매개로 자신과의 치열한 싸움, 셋째는 경험의 반복 등을 들 수 있다.

마음을 비운다는 것은 쉽지 않은 일이지만 우리 선조들은 '활쏘기'라는 무예를 통해 이를 구현했다. 무武를 매개로 자신과의 치열한 싸움을 통한 극기克己는 선조들의 중요한 덕목 중의 하나였다. 그리고 경험의 반복이 모든 경우에 마음의 모든 동요를 가라앉힐 수는 없지만, 미지에 대한 막연한 두려움을 어느 정도 제거함으로써 최소한의 평정을 유지하는 데 도움이 되는 것은 사실이다.

(1) 활쏘기를 통한 마음수련

심승구는 한국무예는 특히 유학의 영향을 많이 받았는데 유학은 전쟁을 죄악시하며 무기를 흉기로 인식함으로써, 인간의 야만성과 폭력성을 억제시키려는 사상이라고 할 수 있다. 그러한 사상은 우리의 국방전략에도 미쳐 '부전이승不戰而勝' 즉 군사적 충돌 대신 외교로 문제를 해결하려는 입장을 갖게 하였다고 한다. 조선은 전투기술에도 단병기 보다는 직접 부닥치지 않는 장병기를 선호했다.

우리나라 사람은 고기를 먹을 때 피를 빼지만, 유럽에서는 피가 나오게끔 설익혀 먹는다. 그리고 서로 싸우다가도 한쪽에서 조금이라도 피가 나오면 그것으로 공격 측이 침묵한다. 그러기에 피를 보는 게임이 고래로 없다. 로마시대 이래 유럽에는 검사劍士의 결투, 투우, 복싱 등 피나는 게임이 허다하다. 우리 한국인이 자살할 때도 유럽 사람처럼 손목을 잘라 피를 쏟질 않고 목을 매거나 투신을 하거나 비상을 먹는 이유도 피를 혐오하는 문화 때문이다.

그래서 흰옷을 선호한 백의민족은 개인끼리 싸움을 하더라도 피를 흘리면 싸움은 끝이 난다.

자연 단병기로 상대를 살상하여 피를 보는 것을 꺼리기 마련이었다. 상대가 피를 흘리는 것도 싫지만 내 흰옷에 그 피가 묻는 것도 싫은 것이다.

조선의 무기체계는 발사무기가 보편적이었는데 대표적인 것이 활과 화포였다. 조선에서 전쟁의 대부분이 지극히 방어적 개념168)이었고 그러다보니 성城에 의지해서 싸우는 전술이 발달하였다. 그런 상태의 전투는 활이 대단히 유용했다. 반드시 성城에 의지하지 않더라도 멀리서 적을 공격할 수 있는 활은 조선군의 제식무기였으며 그것이 극단적으로 발달한 것이 천자총통을 위시한 화포였다. 특히 화포는 경신년(고려 우왕 6년, 1380) 가을에 왜선 3백여 척이 전라도 진포鎭浦에 침입했을 때 위력을 발했다.

이 활과 화포의 장병기가 최상의 방어무기였음은 다음의 기록에서 확인된다.

세종 7년(1425)에 병조에서 계하기를, 편전片箭169)은 적敵을 막는 데에 중요한 것이라고 기록하고 있다.170)

---

168) 『태종실록』에 견고堅固한 것을 의지하고 험險한 것을 믿어, 병법兵法에 의하지 않고 깊고 험한 곳을 택하여 산성山城을 쌓아, 늙은이와 어린이를 안치安置하고 콩[菽]과 조[粟]를 거두어들이고, 봉화烽火를 들어 서로 응하며 샛길로 가만히 통하여 불의不意에 출격하여 승리를 취하는 것은 동방東方 사람의 장기長技입니다(태종 13권, 7년(1407) 1월 19일 (갑술) 2번째 기사)고 적고 있다.
169) 1천 보步 이상의 먼 거리를 쏠 수 있는 가늘고 짧은 화살. 『세종실록』 오례의를 보면, 철촉鐵鏃에 살대의 길이가 1척 2촌인 것을 편전이라 한다. 편전은 통筒으로 쓰는 화살이라 기록한다.
170) 세종 28권, 7년(1425) 4월 21일(경신) 5번째 기사.

세종 15년(1433)에 영의정 황희가 아뢰기를, 화포는 성城을 지키는데 사용할 수 있으나, 넓은 들판에서는 마땅치 못하옵니다.171)

세종 23년(1441)에 함길도 도절제사에게 전지하기를, 화포가 방어무기로써 가장 유리한 무기임을 언급하고 있다. 화포는 적병을 막는 데에 가장 유리한 무기이다. 일찍이 들으니 중조中朝에서 북방을 정벌할 때에 오직 방사인放射人만이 가진 것이 아니라, 혹은 말에 싣기도 하고, 혹은 한 사람으로 하여금 가지고 따르게 하여, 쏘아서 다 없어지면 전해 주게 하였으므로, 적을 막을 때에 매우 이익이 있었다.172)

세종 24년(1442)에 함길도의 감련관監鍊官이 아뢰기를, 화포를 쏘는 방법은 적을 방어하는데 있어서 가장 급무急務입니다.173) 문종 즉위년(1450)에 의정부議政府에서 아뢰기를, 마전磨箭174)·편전片箭 등의 외적 방어에 쓰이는 이기利器를 평양 등의 고을에 도회소를 정하여 그 도道의 도절제사都節制使로 하여금 고찰하여 많이 만들어서 그 방어 상태의 완급에 따라서 적당히 나누어 주어 그들로 하여금 상시로 활쏘기를 익히게 하여…175)를 비롯, 문종 1년에 좌찬성左贊成 김종서가 아뢰기를, 적을 막는 기구로써는 궁시보다 좋은 것이 없습니다.176)라고 언급하고 있어서, 우리 민족의 궁시와 화포는 방어무기이면서 이 두 가지가 적극적으로 활용됨으로써 전술 또한 방어적 개념이었던 것을 알 수 있다.

궁시의 중요성은 비단 조선조 때만의 이야기만 아니며 그 이전인 고려에서도 찾아볼 수 있다.

---

171) 세종 59권, 15년(1433) 1월 15일(기사) 1번째 기사.
172) 『세종실록』 93권, 23년(1441) 6월 3일(무진) 3번째 기사.
173) 『세종실록』 97권, 24년(1442) 7월 22일(경진) 2번째 기사.
174) 전쟁에 쓰는 화살의 하나. 『세종실록』 오례의五禮儀에 보면, "화살의 깃이 좁고 철촉鐵鏃이 작은 것을 마전이라 한다."
175) 문종 1권, 즉위년(1450) 3월 17일(신유) 3번째 기사.
176) 『문종실록文宗實錄』 문종 8권, 1년(1451) 6월 21일(무자) 3번째 기사.

『고려사』 형률조에 박희博戲로써 전물錢物을 내기한 자는 각각 장杖 일백一百이며, 그 유숙시킨 주인 및 범(凡, 내기돈)을 대고, 모여서 도박을 시킨 자도 또한 장 일백이며, 음식을 걸고 활쏘기를 익히는 무예자는 비록 전물을 걸어도 죄가 없다고177) 기록하고 있는데, 활쏘기가 전투에 있어서 유용한 무예였기에 비록 활쏘기를 이용한 도박만큼은 죄가 없음을 명문화한 것이다.

조선왕조에 있어서 유교의 교육관을 대표하는 육례六藝 즉, 예禮·악樂·사射·어御·서書·수數 가운데 활쏘기射에서 강조되는 군자君子의 도道는 유교의 무예관武藝觀을 잘 나타내고 있다. 조선조의 활쏘기는 의례화하여 권장되었는데 조선왕조가 활쏘기를 이처럼 의례화한 까닭은 활쏘기가 단순히 무예만이 아니라 몸과 마음을 닦는 수양의 수단으로 여겨졌기 때문이다. 과녁에 맞히려면 먼저 마음을 바로잡아야 하기 때문(마음을 비운다는 의미와 상통함)이다.

조선의 궁술 만개궁체(만작)

『태종실록』에 세자世子에게 궁중宮中에서 활쏘기를 익히도록 명하였다. 우빈객右賓客 이내李來와 간관諫官 등이 그 옳지 못함을 진술하니, 임금이, 옛사람이 이르기를, '활 쏘는 것으로 덕德을 알아본다.'고 하였고, 또 이르기를 '그 재주를 겨루는 것이 군자의 도道라.'고 하였으니, 활 쏘는 것은 진실로 폐할 수 없다 하였다.178) 또 병조에서 상서하였으니, 그 글에 이르기를, '삼가 주周나라 제도를 상고하니, 옛날 천자天子가 활쏘기로 제후諸

---

177) 『고려사』 권85 志39 형법2조 금령
178) 『태종실록』 17권, 9년(1409) 3월 16일(기미) 4번째 기사.

侯·경卿·대부大夫·사士를 뽑았고, 제사를 지내려 함에 반드시 먼저 활쏘기를 택궁澤宮에서 익혔다'하였으니, 택澤이란 말은 곧 택擇인 것입니다. 몸이 고르고 체대體大가 바르며, 궁시를 견고하게 잡으면, 과녁에 맞는 법이니, 그러므로 활쏘기란 덕德을 보는 소이所以가 된다고179) 하였다.

『세종실록』에 임금이 지신사知申事 곽존중郭存中에게 묻기를, 여러 군君으로 하여금 여러 재추宰樞와 더불어 후侯[射布]에 활 쏘게 하고 이를 관람하고자 하는데 어떠하냐. 혹시 외인들이 희학戲謔한다고 이르지 않겠느냐. 하니, 존중이 대답하기를 활쏘는 것은 육예六藝의 하나이요, 또 활 쏘아 그 「마음」의 덕을 보는 것은 옛 제도입니다. 희학과는 다르다고 하였다.180)

이충무공 전서 『난중일기』에 몸이 불편한 가운데서도 틈만 나면 활을 쏘는 기록들이 보이는데 기량의 습득 못지않게 심신을 수련하는 중요한 방편이었기 때문이다. 이러한 활쏘기는 일본통신사들의 국내 경유기록에도 여러 번 보일 정도로 의례화되어 있을 뿐 아니라 일본에서도 마상재를 포함한 우리 활쏘기에 관한 기록과 에피소드 등이 여러 차례 확인된다.

활쏘기와 관련된 마음 상태에 대해 이규태는 활을 제대로 쏘기 위해서는 갓난아기에게 손가락을 맡기면 무의식적으로 별반 힘들이지도 않고 쥐지만 압박감을 느끼는 듯한 그런 쥠새가 정신력에서 나오는 힘이며, 또 화살을 놓을 때도 갓난아기가 아무 뜻 없이 쥐었던 손가락을 놓듯 무심무념無心無念 상태에서 놓을 수 있는 것이 정신력에 의한 방시放矢라고 가르치며 10년을 도 닦듯 닦아야 그 육체적인 힘의 정신적 안배가 가능해진다고 하였다.

조선의 마음을 다스리는 궁시가 얼마나 뛰어났는지 이수광의 『지봉유

---

179) 태종 21권, 11년(1411) 3월 10일(경오) 2번째 기사.
180) 『세종실록世宗實錄』 27권, 7년(1425 을사 / 명 홍희洪熙 1년) 1월 18일(기축) 1번째 기사.

설芝峯類說』에 임진왜란 시기 한국에 왔던 왜적들이 일찍이 '조선의 궁시와 중국의 창법槍法과 일본의 조총은 천하제일로 이른다.'181)고 기록하고 있다. 임진왜란 당시 왜군에게 포로가 되어 온갖 고초를 겪다가 일본에서 탈출한 수은睡隱 강항(1567-1618)은 『간양록看羊錄』에서 왜적의 말을 인용하여, 일본의 칼은 단지 두어 걸음 안에서 사용될 뿐이요. 조선의 활은 멀리 수 백 보의 밖에까지 미치니, 조선이 만약 힘껏 싸우기만 하였다면 더불어 싸우기 어려웠을 것이다182)고 기록하고 있다. 조선의 활쏘기는 기량의 습득을 위해 필수적으로 마음을 비우거나 바로 잡는데 뛰어난 장병기로 인정을 받았다.

이러한 활쏘기는 우리 민족의 핏속에는 이미 상고시대부터 유전자(DNA)가 존재하고, 비록 국궁과 차이가 있음에도 불구하고 외신外信은 한국의 여자 양궁은 '올림픽 사상 가장 위대한 팀'이라는 찬사를 보내기도 했다.

전통무예에 있어서 마음을 다루는 부분은 활쏘기와 택견이 같다. 그 이유로 택견이 다른 무예에 비해서 남다른 점은 바로 전신에 힘을 빼서 분절이 자유 상태에서 움직이도록 동작원리로 삼은 것을 들 수 있는데 힘을 뺀다는 것은 마음을 비운다는 것과 같은 맥락이다. 잘하고자 하여 마음이 앞서면 결코 힘을 빼는 동작이 이루어지지 않는다. 그래서 욕속부달欲速不達이라는 표현이 생겨났다고 하였다.

활쏘기를 통해 '마음을 바로잡고 비우는 법'을 얻는다고 하였는데 '마음을 비운다'는 의미에 대해 한당은 다음과 같이 언급하였.

> 마음이란 '채웠다 비웠다 하는 것'입니다. 적절할 때 채우고 비우는 것이 도인道人입니다. 이렇게 항상 비울 수 있고 항상 채

---

181) 『지봉유설芝峯類說』/卷十八/技藝部/雜技
182) 『간양록看羊錄』/적중 봉소적中封疏/왜국 팔도 육십육주도倭國八道六十六州圖

울 수 있는 것이 최고의 경지이죠. 그런데 마음을 채우고 비우는 것은 일반인들도 다 합니다. 문제는 그 때이지요. 어느 때 채우고 어느 때 비워야 할지를 알아야 합니다. 소변보는 것은 똑같은데 화장실이냐 거실이냐에 따라 달라지는 것과 마찬가지입니다.

(2) 무武란 자신과의 싸움에서 이기는 것(克己)

조선은 숭유와 주자학이 지배한 사회였다. 『논어』「안연편顔淵篇」에, 안연이 인仁에 대해 묻자 공자가 극기복례위인克己復禮爲仁183)이라고 답을 했는데, 극기복례는 '자기를 이기고 예禮로 돌아가는 것이 인仁의 실천'이란 뜻이다. 그런 점에서 무武란 '극기를 위한 그 어느 것 보다도 치열하고 적극적인 방편'이라고도 할 수 있다.

'군자는 공자의 이상적 인간상이자 인仁을 바탕으로 예를 실천하는 사람인 천인합일天人合一한 사람'이다. 학문을 통해 이룰 수도 있지만 인간 간에 적극적으로 부딪히는 치열함, 특히 숭문천무의 풍조 속에서 가장 금기시되는 육신까지도 부닥뜨리는 치열함을 통해서 그만큼 더 빨리 이루어 갈 수도 있는 것이다. 『논어』「위정편爲政篇」에 보이는 불혹不惑, 지천명知天命, 이순耳順 등의 표현도 나이에 걸맞은 마음수련의 결과이자 단계라 할 수 있다.

다이아몬드를 가공할 때 같은 경도를 지닌 다이아몬드가 가장 효과적이다. 강가에 흔한 둥근 돌들은 당연한 것처럼 여겨지지만 사실 그 이면에는 치열함으로 점철되어 있다. 이 둥근 돌들은 대부분 홍수 때 비중이 큰 탁류 속에서 뜬 돌, 혹은 거센 물결에 휩쓸려 구르는 돌들끼리 부딪

---

183) 顔淵問仁 子曰 克己復禮爲仁

혀 가장 모난 가장자리 부분이 깨어져 나가고 마모됨으로써 점차 둥근 형태를 이루게 되는 것이다. 상류부의 돌들은 거친 면이 두드러지지만 하류로 갈수록 점차 강변의 돌들은 전체적으로 둥근 형태를 하고 있는데 하류로 갈수록 돌들 간에 부닥칠 기회가 많았으며 그런 과정을 통해 가공도가 높다는 의미이다. 이러한 현상은 사회적 동물이라는 인간사회에서도 그대로 적용될 수 있다.

인간도 인적이 드문 산중이나 시골에 있을 때보다 좀 더 복잡한 대도시에 나오게 되면 대부분 개성이 다른 인간끼리 본능적 욕구가 치열하게 부딪침으로 인해 수많은 갈등과 더불어 때로 좌절, 또는 상대를 인정하는 가운데 원만圓滿해지면서 좀 더 심적으로 바람직하고 조화로운 이상적 인간상으로 나아가거나 또는 가까워지게 된다. 그런 관점에서 본다면 무武의 수련은 인간 간에 그 무엇보다도 원초적이자 가장 격렬하고도 적극적으로 부딪히면서 자신과 더불어 상대의 마음을 다듬는 방법이라고도 볼 수 있는 것이다. 이러한 측면을 긍정적으로 바라본다면 인간의 마음을 닦는 데에 있어서 가장 확실하고 빠른 효과를 기대할 수 있는 수련방편의 하나라 할 수 있다. 그래서 '대은大隱은 저자에 숨고, 소은小隱은 산에 숨는다(大隱隱於市 小隱隱於山)'는 표현 내에 또 하나의 숨은 의미가 있음을 미루어 짐작할 수 있는 것이다.

통상적으로 몸과 마음을 갈고 닦는다는 심신연마라 함은 문무를 익히는 것을 말한다. 『태조실록』에 판의흥삼군부사判義興三軍府事 정도전 등이 상서하였다. 예로부터 나라를 다스리는 사람은 문으로써 다스림을 이루게 되고, 무로써 난리를 평정하게 되니, 문무文武 양직兩職은 사람의 두 팔과 같으므로, 한쪽만을 두고 한쪽은 버릴 수 없다고[184] 적고 있다. 여기서 문은 글로서 무는 병기나 혹은 맨손으로 닦는 무예수련에서부터 여타 병학兵學을 포함하고 있다. 이러한 무武의 개념(本) 안에는 문에 가려진 수련이 포함되어 있다. 무를 닦음에 있어서 그 행위자체는 상대를 의식하여 행해지는 행위이지만, 특히 한국에서 무武의 수련이 상대보다는 자신을 더 의식하는 수련의 한 방편이기도 했다.

우리는 무武를 매개로 경쟁 관계에 있는 상대선수나 적과 승부를 나눌 때 복잡한 심리상태에 놓이게 된다. 이미 진행도 되기 전에 각자의 내심에서는 수많은 변수에 대해 격랑이 일고 있다. 설혹 어느 정도 예측이 되더라도 발생하지 않는 상황에 대한 억측 등 내외인內外因은 여러 마음의 작용을 불러일으킨다. 현대에도 오죽하면 어떤 분야건 뛰어난 선수들조차 중요한 경기를 두고 징크스jinx에 매달리는 경향이 없지 않다.

흔히 공포는 무지에서 온다고 한다. 모르기 때문에 막연한 두려움이 증폭됨으로써 더 큰 공포를 낳게 되는 것이다. 본능적으로 경험하지 못한 부분에 대한 막연한 두려움이나 혹은 본능과 더불어 이미 여러 번에 걸친 경험에서 형성된 또 다른 이미지가 내 스스로의 인식체계를 혼란스럽게 만들고 있다. 이러한 공포의 허상 역시 『화엄경』의 핵심 사상을 이루는 '삼라만상은 우리의 마음이 만든 것'이라는 일체유심조一切唯心造의 관점에서 보자면 재고의 여지가 있는 것이다.

좀 더 쉽게 설명을 하자면 무武를 수련하는 무인武人은 무武가 지니는 공

---

[184] 태조 5권, 3년(1394) 2월 29일(기해) 5번째 기사.

격 본능의 반작용으로 인해 오히려 스스로를 절제하는 법을 배워 나간다.

싸우지 않고 이긴다는 표현을 두고 항시 남과의 대결에서 이긴다는 의미로 생각하게 되는데, 한국무예는 사실 그 이상의 의미를 담고 있다. 남과의 싸움에서 승리보다 더 중요한 것은 바로 자신과의 싸움에서 승리하는 바로 그것이다.

보다 궁극적인 무의 목표는 어느 누군가와의 싸움에서 승리가 아니라 자신과의 싸움에서 이기는 것이며 결국 근본적으로 인간의 가장 원초적인 오욕칠정에 꺼들리지 않으면서 자신을 극복하는 극기이다.

흔히 적과 대결에 있어서 자신과의 싸움이라는 표현 이면으로 부동심 혹은 평상심 등 구체적인 표현을 제시하기도 한다. 여기서 사실 부동심이나 평상심은 상대라는 존재에 대해 승리를 의식함으로써 존재하는 것이다. 인간이 신경 쓸 필요가 없는 대상이나 무생물을 대할 때에 이러한 표현은 쓰지 않는다. 산중에서 맹수와 맞닥뜨렸을 때 이런 심정을 유지한다면 초월적 존재이거나 아미그달라(amygdalar, 편도체)에 이상이 있는 상태의 사람일 것이다. 마음이 격하게 일거나 흔들린다는 것은 그 대상에 대해 심각성을 인지하고 있다는 것이다.

정보가 없는 상대와 치열한 승부나 생사를 건 대립관계가 수반되는 경우일수록 부동심이나 평상심에서 멀어지게 된다. 그러나 극한 상황에서도 이러한 마음의 평정을 얻을 수 있다면 지상至上의 경지에 올랐다고 할 수 있다. 상대와 대결을 하는데 상대방이 없는 듯 혹은 상대방을 무시하는 듯 부동심이나 평상심을 견지한다고 하는 것은 참으로 아이러니한 사실이기도 하다. 그런데 문제는 인간에게 있어 극한적인 상황에서는 모든 부분들이 이런 식으로 귀착하고 있다는 사실이다. 이 부분은 절절한 본능과 부닥뜨릴 때 본능을 포기함으로써 오히려 원하는 바를 얻을 수 있다는 아이러니한 사실에 혼란스러워지기도 한다.

싸우지 않고 이긴다는 표현을 두고 항시 남과의 대결에서 이긴다는 의미로 생각하게 되는데, 동양무예는 사실 그 이상의 의미를 담고 있다. 남과의 싸움에서 승리보다 더 중요한 것은 바로 자신과의 싸움에서 승리하는 바로 그것이다.

보다 궁극적인 무武의 목표는 자신과의 싸움에서 이기는 것이며 자신을 극복하는 극기이다.

부동심이나 평상심은 상대를 의식하지 않은 상태에서 언급되지 않는다. 치열한 승부나 생사를 건 대립관계가 수반됨으로써 생겨나는 본능적인 흥분에 반하는 것이다.

특히 격렬한 경쟁이 수반되는 상황에서 상대와 비교하는 잣대는 인간으로서 본능이기도 하며 그러한 본능 의식이 더 마음의 평정을 흔들게 만든다. 그래서 가장 첫 번째로 마음을 닦기 위해서는 '남과 비교하지 말라(不比他人)'는 경구가 나왔다.

진정한 무武는 끊임없이 '가상의 적' 혹은 적정한 '라이벌과의 대결'을 의식해서 수련에 매진하지만 결국은 어떤 상황에도 흔들리지 않는 자신의 위치를 찾아가는 데에 있다. 그러한 여러 단계의 과정을 다행히 통과하게 되면 어떤 상태에서도 흔들리지 않는 평상심에 좀 더 가까이 다가갈 수 있다. 이러한 평상심은 부동심과 대부분 동시에 언급되고 있지만, 실제 부동심과는 다르다. 쉽게 표현을 하자면 평상심은 사람의 마음이 어느 정도 반영된 자연스러운 표현이라면 부동심은 단호한 의지가 개재된 표현으로서 어감은 상당한 차이가 있다.

그래서 어떤 상대와 만나도 평상심을 지닌다는 것은 싸움을 염두에 두고 있지 않다는 것이다. 부동심을 항상 견지하고 있다는 것은 다소 과도한 표현일 수 있겠지만 어느 누구와도 싸울 태세가 되어 있다는 것과 크게 다를 바 없다.

바로 한국 전통무예가 본질적으로 추구하는 것이고 비단 이것은 무예뿐 아니라 인간이 관심을 지니는 모든 분야에 걸쳐서 망라해 있다.

우리 민족이 무예와 놀이의 구분이 모호하고 노동과 일의 구분이 거의 없는 것이 이러한 흐름을 파악했기 때문이다.

일본의 걸출한 검객 미야모토 무사시[宮本武藏](1584-1645)가 검술에서 '평상심'을 강조하였지만 그의 일대기에서 그는 후년에 오래도록 위장병으로 극심한 고통을 겪은 것으로 묘사되었다. 그가 평상심을 견지했다고 했지만 그의 육신은 극도의 긴장 가운데 가장 먼저 위장이 감당하지 못할 만큼 내적으로 힘든 시절을 보냈으며 결국 지병으로 악화하여 죽었다. 외적으로 알려진 부분과는 분명 차이가 없지 않은 부분이며 그런 점에서 볼 때 일반적으로 생각되는 평상심과는 괴리가 있는 것이다.

싸움을 하지 않기 위해서 싸움의 기술을 평생에 걸쳐 혼신의 힘을 기울여 연마하는 그 기술을 버리는 것이다. 참으로 아이러니할 수밖에 없다.

(3) 경험의 반복

1884년 미국 최초로 한국에 파견한 의료선교사 호레이스 뉴톤 알렌은 오랜 세월 일이 많지 않아서 여가는 많지만, 놀이 문화가 발달하지 않아 새롭거나 흥미 있는 것을 보고 듣고자 하는 소모적인 욕구를 지니게 된다. 조선의 아이들은 어른들이 하는 노동을 놀이로 여긴다고 하였다. 이러한 표현의 배경에는 아이들의 놀이문화가 현대처럼 발달하지 않았던 조선시대에는 현대적 시각으로 볼 때 놀이와 노동이 구분되지 않았으며 아이들의 놀이 또한 무武와 구분이 되지 않았다.

『선조실록』에 비망기로 정원에 전교傳敎하기를, 또 권법은 용맹을 익히는 무예인데, 어린아이들로 하여금 이를 배우게 한다면 마을의 아이들이 서로 본받아 연습하여 놀이로 삼을 터이니 뒷날 도움이 될 것이다. 이 두 가지 무예185)를 익힐 아동을 뽑아서 종전대로 이중군李中軍에게 전습받게 할 것을 훈련도감에 이르라한186) 것, 그리고 조선 말기에 단오 무렵 어른들의 택견판이 벌어지기 전에 여남은 살의 아이들에 의해서 이루어지던 애기택견이 바로 그러한 사례이다. 아이들은 놀이문화가 별반 없어서 어른들이 하는 일조차 놀이화하였으며 어른들이 하는 그 모든 것을 흉내 내어 따라했는데 알렌은 조선의 아이들조차도 편을 갈라 석전을 하기도 한다고 기록했다. 당연히 아이들의 놀이에는 활도 포함되어 있었다.

무예를 여흥삼아 놀이화시킨 것 가운데에는 검무가 있는데, 검무는 무인武人만 추는 게 아니라 현재도 그러하지만, 당시에는 나이 어린 기생들도 추었다.187) 『영조실록』에 '역적 이인좌李麟佐의 아들은 나이가 다섯 살인데 능히 검무하는 모양을 짓고 있다'188) 하였으니 검무는 아이들의

---
185) 이전의 내용에서 木棍과 권법을 말함.
186) 『선조실록』 124권, 33년(1600) 4월 14일 2번째 기사
187) 임수간(任守幹, 1665-1721) 『동사일기東槎日記』)건乾/신묘년(1711, 숙종 37) 7월 4일
188) 『영조실록』 영조 4년 무신(1728)/7월24일 (계유) 2번째 기사

유희이기도 했다.

익히 알려진 바와 같이 임진왜란 당시 불세출의 영웅 이순신 장군이 어린 시절부터 전쟁놀이를 했다는 사실 또한 유사한 사례이다.

『교본역대시조전서』에 少年 十五 二十 時에 ᄒ던 일이…속곰질 쒸움질과 씨름 탁견 遊山ᄒ기라는 대목이나 안자산의 『조선무사영웅전』의 「무예고武藝考」에서 근래 청년들이 씨름보다 소이小異한 박희博戱를 행함이 있던 바, 소위 '택견'이라 하는 것이 그 종류이다. 이러한 기록들은 아이들이 어린 시절부터 청소년기를 거쳐 청년이 될 때까지 무예를 놀이삼아 익히면서 성인이 될 때까지 반복해서 익혔다는 사실이다. 무예동작은 오랜 세월 지속적인 반복을 통해 몸에 배게 되면 어떤 상황에서도 경직되지 않고 물 흐르듯 자연스레 구현되는 것이다.

이렇듯 한국 전통무예는 각박하고 심각한 대상이 아니라 삶 속에 자연스레 녹아 있는 놀이문화이자 무예이기도 했다. 어린 시절부터 성인이 될 때까지 반복적으로 익혀온 무예는 생활의 일부로서 당연히 평상심의 유지에 일조한 계기가 될 수 있었음을 추론할 수 있다.

3) 맺음말

한국 전통무예는 무예이자 마음수련의 중요한 수단이기도 했다. 그 대표적인 것이 우리 민족에게 오랜 세월 동안 행해져 온 활쏘기이다. 고려시대에 활쏘기는 도박으로 이용되어도 죄를 묻지 않았다는 기록이 있는데, 활쏘기 통해서 마음수련이 되는 것은 마음을 비워야 만이 비로소 과녁에 적중하기 때문이다.

조선왕조에 유교의 교육관을 대표하는 육례六藝 즉, 예禮・악樂・사射・어御・서書・수數 가운데 활쏘기(射)에서 강조되는 군자君子의 도道는 유교의 무예관을 잘 나타내고 있다. 조선왕조가 활쏘기를 이처럼 의례화한 까닭은 활쏘기가 단순히 무예만이 아니라 몸과 마음을 닦는 수양의 수단으로 여겨졌기 때문이다. 즉 과녁에 맞추려면 먼저 마음을 바로 잡아야 한다.

『태종실록』에서도 임금이, 옛사람이 이르기를, '활쏘는 것으로 덕德을 알아본다.' 하였고, 또 이르기를 '그 재주를 겨루는 것이 군자의 도'라 하였다. 즉 활쏘기라는 무예통해 마음을 비우고 다스리는 즉 마음수련(修心)의 방편으로도 행해졌다. 마음은 누구나 비웠다 채웠다 할 수 있지만, 오욕칠정에서 벗어나 적절히 채우고 비울 때를 자유자재로 할 수 있는 것이 마음수련으로서의 의미이다.

그리고 한국의 전통무예는 자신과의 싸움이자 극기의 한 방편이었다.

싸우지 않고 이긴다는 표현을 두고 항시 남과의 대결에서 이긴다는 의미로 생각하게 되는데, 한국의 무예에서는 사실 그 이상의 의미를 담고 있다. 남과의 싸움에서 승리보다 더 중요한 것은 바로 자신과의 싸움에서 승리하는 바로 그것이다.

보다 궁극적인 무武의 목표는 어느 누군가와의 싸움에서 승리가 아니라 자신과의 싸움에서 이기는 것이며 결국 근본적으로 인간의 가장 원초적인 오욕칠정에 꺼둘리지 않으면서 자신을 극복하는 극기克己이다.

조선은 숭유와 주자학이 지배한 사회였다. 『논어』「안연편」에, "안연이 인仁에 대해 묻자 공자가 극기복례위인克己復禮爲仁"이라고 답을 했는데, 극기복례는 '자기를 이기고 예로 돌아가는 것이 인의 실천'이란 뜻이다. 그런 점에서 무武란 '극기를 위한 그 어느 것보다도 치열하고 적극적인 방편'이라고도 할 수 있다.

즉 한국 전통무예에서 무武의 수련은 인간 간에 그 무엇보다도 원초적이면서도 가장 격렬하고도 적극적으로 부딪히면서 자신과 더불어 상대의 마음을 다듬는 방법이라고도 볼 수 있는 것이다. 이러한 측면을 긍정적으로 바라본다면 인간의 마음을 닦는 데에 있어서 가장 확실하고 빠른 효과를 기대할 수 있는 수련방편의 하나라 할 수 있다.

놀이문화가 현대사회처럼 발달하지 않았던 예전에는 어린아이들에게 있어서 놀이와 일 그리고 놀이와 무예가 크게 구분되지 않았다. 이러한 시대적 배경은 어린아이들이 어린 시절부터 성장하는 가운데 지속적으로 유희화된 무예를 시작으로 점점 성장하면서 정식무예를 수련할 수 있는 계기가 되었다. 따라서 무예는 수많은 반복의 경험 속에서 삶의 일부로서 행해짐으로써 심각하거나 각박하지 않고 자연스레 평상심을 유지하는 계기가 되기도 하였다.

이상 한국 전통무예와 관련된 마음수련에 대해 정리하자면, 첫째는 마음을 비우고, 둘째는 격렬한 상대와의 싸움 이전에 자신과의 싸움을 통한 극기克己에 있었으며, 셋째는 어린 시절부터 유희화된 무예가 행해지면서 자연스러운 반복에 의해 심각하거나 각박한 대상이라는 부담을 어느 정도 덜어냄으로써 급박한 상황 속에서도 평상심의 유지에 일조하였다.

한국 전통무예에서 이러한 마음수련의 의미는 다음과 같다.

기질적 특성이 각기 다른 인간들이 직접 부딪힐 때 발생할 소지가 높은 불협화음의 완충작용을 해주는 것이 바로 도덕예의법률道德禮義法律 등이라 하였는데 여기서 가장 상위 개념이 도道와 덕德이다. 마음수련은 바로 도와 덕으로의 회귀回歸이자 인간 간에 조화調和로 이끄는 바탕이다.

마음을 닦는다는 마음수련에 있어 마음을 비우고 오욕칠정에 꺼둘리지 않으며 평상심을 유지하거나 극기한다는 의미는 결국 스스로의 수련이기도 하지만 주위의 다른 사람을 위한 수련이자 배려이기도 하다. 자신의 욕심을 버리고 충동적인 감정을 다스리고 자제하는 태도야말로 사람이 살아가는데 있어서 매우 중요한 덕목이다. 한당은 수도자가 삼가야 할 것이 있으니 남과 비교하지 말 것이며, 남이 알아주기를 바라지 말며 남들과 비교하는 마음과 남이 알아주기를 바라는 마음에서 비롯된 끊임없는 욕심을 자제하며 벗어나고자 하는 시도에서 출발하여 궁극은 자신을 낮추고 주변과의 배려를 통해서 조화하려는 의도라 할 수 있다.

이러한 조화는 기질적 특성이 전혀 다른 사람들이기에 이루어지는 것이며 기질적 특성이 유사하거나 같다면 조화라기보다 획일劃一이나 부류部類개념으로 더 이상의 균형을 위한 노력이나 시도가 없이 답보상태에 머물게 될 것이다.

도덕에서 법률로 내려올수록 복잡해지고 더 많은 엄격한 잣대가 필요한데 오늘날의 엄격하고도 복잡한 법률구조에도 불구하고 더 많은 범죄가 양산되고 있다는 사실은 조화적인 측면에서 멀어지고 있는 것은 부인할 수 없는 사실이다. 그런 점에 있어서 우리의 전통무예수련에서 얻어지는 마음수련은 특히 세계화 시대에 진입한 오늘날에도 매우 중요한 소통의 방편이기도 하다.

2. 한국 전통수련문화에 내재된 의식배분과 집중

　20세기까지 지배적인 자연과학적 사고의 핵심은 결정론189)과 환원론이었다. 여기에서 비롯된 요소환원주의要素還元主義, Reductionism는 전체 whole와 부분part에 대해서, 부분이 모여 전체가 되고 전체가 흩어지면 요소로 나누어져 더 나눌 수 없는 불변-절대적인 입자粒子로 환원된다는 사상이다.

　이러한 생각은 오늘날 거의 모든 분야에 망라해 만연되어 있다. 특히 현대의학에 두드러져 있는데, 뉴턴에 의해 틀이 만들어지고 뉴턴의 영향

---

189) 원인이 있으면 결과가 정해지는 데 가령 내가 공을 처음에 어떤 속도로 어느 지점에 던질 것인지만 정하면 어디에 떨어질지 완전히 결정되어 있다. 마찬가지로 세상의 모든 일들이 원인을 주면 결과가 결정되어 있다는 이론(최무영, 2012)으로 천체의 운동, 미사일이나 우주선 등 현실에서는 적용되나 양자역학이나 상대성이론 등이 이 개념을 완전히 바꾸어 놓았다.

을 받은 데카르트에 의해 이어져 이 세계관을 뉴턴-데카르트 세계관이라고 한다. 그러나 현대물리학은 이와 관점이 다르다. 구성원이 많으면 그 사이의 상호 작용으로 인해 구성원 하나하나와는 관계없는 집단성질(떠오름)이 생겨나는데, 대표적인 보기가 같은 H_2O로 이루어진 물과 얼음이며 가장 궁극적인 떠오름은 바로 생명이라는 신비로운 집단성질이다.[190]

이를 표현하는 말로 노벨상을 받은 앤더슨이라는 물리학자는 '더 많으면 다르다'고 하였는데, 정량적인 차이가 정성적인 차이를 가져온다는 의미로 존재의 양상을 나타내는 전체는 부분의 합이라는 단순한 환원이 인식의 측면에서는 성립되지 않음을 지적한 것이다.

이러한 차이는 비물질계에서도 성립되는데, 그중의 하나가 바로 집중이다. 어떤 일이건 연구건 혹은 수련이건 모든 일에서 효율적이 되기 위해서 집중은 매우 중요한 요소이다. 고도의 집중은 단순히 노력만으로 쉽게 이루어지지 않는다. 집중을 의식하다 보면 집중하려는 마음이 집착으로 변해 오히려 걸림돌이 될 수 있고 각자의 살아온 삶만큼이나 누적된 습習이 발목을 잡을 수도 있다. 각자가 지니는 가치관의 차이에 의해 집중하고자 하는 동기유발의식의 차이도 변수가 될 수 있다. 집중도 노력한 시간만큼 효과가 있는 것이 틀림없지만 어느 이상의 단계에 이르면 꼭 노력과 시간에 비례하지만은 않는다.

한국 전통무예의 수련에서 집중은 어떤 식으로 이루어졌는가에 대해 관심을 지니고 그 줄기를 찾아낼 수 있다면 훨씬 더 효율적인 수련이 될 것이다. 집중이라는 주제를 가지고 언급하려는 이 의식배분은 일반적으로 생소한 부분이다. 따라서 좀 더 부언 설명이 필요한데 우리 민족의 독특한 수련문화의 한 단면을 의미한다.

---

[190] 이러한 떠오름에 의해 생명현상이 발현된다는 사실에 대해 신학자나 정신과학자들이, 이 견해에 동조하기 어렵더라도 최소 생명현상이 발현될 수 있는 최적의 집합이 되는 것은 틀림없다.

이러한 고도의 집중을 원하는 수련에서 우리 선조들은 이를 위해 의식을 나누는 독특한 의식배분방법을 썼다. 집중을 위해 의식을 모아도 부족한데 배분을 한다는 표현은 쉽게 와 닿지 않을 것이다. 이러한 의식배분을 현대의 실생활 속에서 예시하면, 뛰어난 연기자들이 실제 삶이 아닌 영화나 연극 등을 통해 다양한 삶을 연기할 때 쓰는 표현으로 '연기는 감정 몰입이라기보다 감정 배분'이나 '감정이입이 아니라 먼발치에서 바라봄'으로써 감정에 휘둘리지 않고 성숙한 연기를 할 수 있으며 또 그 상황이 종료되면 쉽게 빠져나올 수 있는 것과 맥락을 같이 하는 것이다.

의식배분을 통한 집중은 고도의 집중으로 여길 만큼 현대인들에게도 유용한 측면이 있다. 일반인은 한 분야에 업적을 쌓는 것조차 쉽지 않은 일임에도 불구하고 다방면에 걸쳐 뛰어난 업적을 보인 위인들의 행적을 보면 거시적인 측면에서 의식배분과 상통하고 있다. 그것은 한 분야에 일정 소양을 지닌 사람들이 다른 분야에서 그것을 두루 꿰고 활용하고 있다는 점에서 크게 의식배분과 다르지 않다.

하나의 이치로써 모든 것을 뚫어보는 일이관지一以貫之는 공자孔子가 그의 제자 증자曾子와 자공子貢에게 한 말로서『논어論語』의「이인편里仁篇」과「위령공편衛靈公篇」에 보인다. 일이관지는 한 우물을 꾸준히 파고듦으로써 일법一法이 만법萬法이자 만법귀일萬法歸一, 만지동근萬枝同根의 묘리를 깨닫는 방법이기도 하다. 그러나 의식배분을 통한 집중은 동시다발적으로 집중을 가능케 하는데 역설적으로 의식분할이나 분산이 아니라 의지에 의한 의식배분인 것이다.

현대에도 중요한 경기를 목전에 둔 선수들은 경기자체보다 경기 외적인 부분인 자신을 추스르지 못하는 과도한 긴장으로 인해 제 기량을 발휘하지 못하는 경우가 허다하다. 수없이 많은 노력과 연습에도 불구하고 자신과의 싸움에서 이기는 즉, 극기克己라는 문턱이 걸림돌로 작용하기 때문이다. 그러한 상황 속에서도 효과적인 집중을 할 수 있다면 경기력은 훨씬 향상될 것이다.

여기서는 한국 전통수련문화에 내재된 의식배분과 집중을 고찰하고 특히 마음수련에 내재된 극기와 긴밀한 관계에 대해서 논의를 전개하고자 한다. 의식배분을 통한 집중과 관련된 선행연구는 미흡하므로 타학문과의 융합 혹은 학제學際간의 통섭을 통한 새로운 접근을 시도하고자 한다.

근래 이러한 추세는 특정 학문에 뛰어난 성과를 보인 사람들에게 자연스럽게 언급되는 부분으로서 다가오는 미래의 중요한 성장 동력에서 핵심 중의 하나로 부상하고 있는데, 영국 옥스퍼드대 앤드루 해밀턴 총장이 언급한 학문적 이종교배를 통한 융합은 성장의 주요 동력이며 대학들은 선택이 아닌 필수라든가 500년 전 융합의 달인 다빈치처럼 이질적 전문 분야의 화학적 융합이 새로운 가치를 창조하는 데 있어서 구심점이 되는 사고가 바로 이 의식분배를 통한 집중과 무관하지 않다.

송형석도 체육학은 영양공급의 문제를 해결하기 위하여 그동안 자신이 쌓아 올린 방벽에 통로를 만들고 타학문들과 적극적으로 소통할 수 있어야 한다고 언급했다. 따라서 이 장은 '의식배분과 집중'과 관련해서 현대물리학과 접목하는 새로운 융합으로 가치를 창출하는 것이 필요하며, 한국 전통수련문화에 내재된 의식배분과 집중을 조명하여 전통수련문화의 발전에 일조하는 데 그 목적이 있다.

1) 한국 전통수련문화와 현시대의 의식배분을 통한 집중의 역할

의식배분을 통한 집중을 비유하자면 '꿈속에서 꾸는 꿈'으로 표현할 수도 있다. 꿈속에서 꾸는 꿈은 설혹 좋거나 그리 좋지 못한 꿈이라도 감정의 여과 과정을 거치기 때문에 깨닫더라도 다만 신기할 뿐 감정의 기복이 적다.

전통무예에 내재된 마음수련의 예시로 마음을 비우고, 자신과의 싸움에서 이기고(克己) 또 지속적인 반복을 통한 평상심의 유지 등 세 가지이다. 여기서 논의되는 의식배분이나 집중은 모두 마음을 바탕으로 이루어지므로 마음수련과 긴밀한 관계에 있다고 볼 수 있다.

이수광의 『지봉유설』에 임진왜란 당시 한국에 왔던 왜적들이 일찍이 조선의 궁시와 중국의 창법槍法과 일본의 조총은 천하제일로 이른다고[191] 기록하고 있다. 활과 관련해서 우리 역사 가운데 빼놓을 수 없는 인물이 바로 조선을 세운 이성계이다. 『고려사』, 『고려사절요』, 『제정집霽亭集』, 『동국통감東國通鑑』 등에 나오는 이성계의 일화를 살펴보면, 그야말로 신기神技의 활솜씨로 적장을 맞혀 싸움에 이기는 여러 사례들이 기록되어 있는데, 거의 활로써 적을 타파하여 이지란과 더불어 조선 건국의 초석을 만들었다 해도 과언이 아니다. 이는 마치 거의 전설과도 같아서 인간의 한계를 뛰어넘는다고 할 수 있다.

석문호흡 수련에서 단계가 올라갈수록 고도의 집중이 요구되어 고도의 집중이 따르지 않으면 수련이 지지부진해지며 더 이상 진전이 없다. 단적인 이 두 예시는 노력만으로는 한계를 넘을 수 없으며 고도의 집중을 위해 요구되는 그 무엇이 존재하고 있음을 보여주는 것이다. 물론 이

---

[191] 『지봉유설』/卷十八/技藝部/雜技

성계가 의식배분을 통해 신기의 활솜씨를 지녔다는 증거는 그 어디에도 없다.

그러나 뒤에서 언급될 시조창을 이용한 의수단전의 효과나 야나기 무네요시가 일본인의 시각에서 찾아낸 조선 다기茶器의 미와 가치에 대해 일본의 도공들이 흉내 낼 수 없는 점에서 극찬을 아끼지 않은 점 등은 의식배분을 통한 집중이 아니고서는 설명이 어렵듯이 이성계의 활솜씨도 같은 맥락으로 이해하는 것이다.

현대 무예나 스포츠에서 의식배분을 통한 집중을 어떤 분야에 어떻게 적용함으로써 그 효과를 볼 수 있는가에 대한 논의는 연구결과가 전무하므로 단언하기는 쉽지 않다. 그러나 상대와 비슷한 실력을 지닌 상태에서 고도의 집중을 유지하면서 과도한 심리적 부담감을 덜어낼 수 있는 경기라면 쉽게 적용이 가능할 것이다. 예를 들어 양궁, 골프 등을 들 수 있다. 격기종목에서도 적용가능 하겠지만 좀 더 신중한 접근이 필요하다. 뛰어난 엘리트선수들은 어떤 동작이든 이미 몸에 배어 있어서 조건반사적으로 반응하며 한순간에 승부로 이어지므로 단지 경기에 임하는 자신의 심리적 부담감을 덜어내는 수준으로 접근해야 한다.

유의할 점은 의식배분도 임계점에 이르는 노력과 시간이 수반되어야 한다는 점이다. 즉, 전문운동선수라 할지라도 운동에만 전념할 것이 아니라 적극적으로 마음을 다스리거나 호흡수련 등을 통해 의식을 배분하고 이를 집중으로 이어지는 인식의 전환이 필요하다.

2) 의식배분意識配分

의식배분은 몇 가지 방법이 있다. 가령 수련의 예로 관찰자의 입장에서 수직적으로 자신과 동시에 자신이 원하는 수련을 객관적으로 의식을 배분해서 바라보는 것이다.192) 예를 들어 단전丹田을 의식하고 기운을 모으는 단전 축기縮氣를 한다면 단전을 의식하는 자신과 단전을 각각 개별적으로 혹은 이 모두를 관찰자가 되어 바라보는 것이다. 다른 하나는 수평적으로 자의적이자 동시다발적으로 이루어지는 수많은 의식의 배분이다. 쉽지는 않지만 이 두 가지 방법을 동시에 행하는 입체적 혹은 통합적 의식배분방법이 있다.

수평적 의식배분은 많은 연습이 필요하지만, 예를 들면 다음과 같다. 호흡 수련에서 기氣를 모으고 이 축기縮氣된 기를 운기運氣하는 마지막 과정으로 '전신주천全身周天' 이라는 단계가 있다. 인체에는 12정경이 좌우 양쪽으로 24경락이 존재하고 있으며 기경팔맥은 대맥, 임독맥을 비롯 좌우양경맥을 포함하여 13맥, 도합 37경락이 존재하고 있다. 이 37경락을 37군데로 의식을 나누어193) 시혈始血에서 종혈終血까지 의식배분으로 동시에 운기194)하는 것이다. 전신의 경락(경락주천經絡周天과 팔맥주천八脈周天)을 동시에 운기한다고 하여 전신주천으로 불리고 있으며 이 운기수련의 마지막 단계이다.

좀 더 쉬운 예로 바둑을 들어보자. 바둑을 두는 경우 가장 먼저 포석으로 시작된다. 포석 이후 놓이는 바둑돌은 항상 포석을 의식한 상태에서 착점한다. 쉽게 말해 이 상태가 가장 간단한 수평적 의식배분이라고 할 수 있

---

192) 위빠싸나(Vipassana) 명상법에서도 있는 그대로 바라보는 이와 유사한 방법을 볼 수 있다.
193) 엄밀히 말하면 임독 양맥은 소주천으로 운기하므로 의식배분은 36개 나뉜다.
194) 가령 폐경(手太陰肺經)의 경우에는 시혈始血인 중부中府에서 종혈終血인 소상少商까지를 말한다. 실제로 이 방법은 쉽지 않다. 그래서 전 단계 과정으로 좌우의 수삼음(수태음 폐경, 수궐음 심포경, 수소음 심경)을 동시에 운기하고 다시 좌우의 수삼양(수양명 대장경, 수소양 삼초경, 수태양 소장경)을 운기한다. 다음은 족삼양 3혈과 족삼음 3혈을 좌우 동시에 운기하기도 한다. 이 경우에도 의식은 좌우 합쳐서 6개로 분산해서 운기한다.

다. 그리고 두다보면 사석捨石이 생겨난다. 이 사석도 나름 쓰임새가 있는 경우가 허다한데 이 사석의 활용 역시 일종의 의식배분에 의한 결과이다. 뛰어난 바둑의 고수일수록 포석을 잘 놓거나 사석활용을 잘하며 그만큼 의식배분에 능란하다는 것이다. 지난至難한 문제나 고민거리가 다른 일을 하고 있을 때 실마리를 찾게 되는 경우도 이와 유사한 사례에 해당한다.

입체적 방법은 역시 바둑을 예를 들 경우 관찰자의 입장에서 언급한 상황을 의식하고 비교적 객관적으로 바라보는 것이며 통합적 방법은 유기적인 입체관으로 관찰자의 입장에서 주변까지 인식하는 것이다. 입체적 통합적 의식배분에는 소위 '유형전합類型全合의 개념'에 대한 이해가 필요하다. 유형전합이라는 개념은 하나의 사물이 더 큰 체제에 편입되어 전체적인 의미를 획득한다는 것을 의미한다. 사물은 그 자체의 구조가 중요한 것이 아니라 그 사물이 광대한 세계에서 차지하는 순차적인 위치를 이야기해야 이해가 가능한 것을 의미한다.

이남복은 독일의 사회학자 루만의 말을 인용하여 우리가 직접 외부세계에 접근할 수 없는 것은 외부세계를 인식하지 않고 인식이 이루어질 수 없기 때문이다. 인식은 단지 자기준거적自己準據的 과정일 따름이다. 인식은 미지의 외부세계와 관련이 있다. 따라서 볼 수 없는 것을 아는 것을 배워야 할 것이라고 하였다. 인간은 각자 자신만의 색안경을 낀 상태에서 세상을 바라보고 있는 셈이다. 물론 이도 긴 안목으로 본다면 공감과 소통을 통해 각자 안경의 색이 점점 옅어지게 될 것이다.

다행스럽게 현대 첨단통신기기의 발달로 다중적, 대중적이자 감성적으로 교신되는 지구적 소통은 자기준거적 범위를 비교적 확장하고 있다. 이에 대해 루만에 따르면 인식과정은 관찰자(인식자)를 관찰할 때 드러날 수 있다. 따라서 그는 관찰자를 관찰하라고 말한다. 관찰자의 관찰은 일차등급관찰에서 이차등급관찰로 전환을 뜻한다. 철학적 작업이 이차등급관찰로 전환하여 다른 관찰자가 어떻게 관찰하는지 관찰할 경우, 세계, 존재, 실재 등에 대한 우리의 이해방식은 급진적으로 변화한다고 하였다.

이차등급관찰이 지니는 장점은 관찰하는 자신과 인식 대상과의 직접적인 영향을 감소시키기 때문에 감정의 기복을 줄일 수 있다. 특히 스포츠에 있어서 첨예한 승부가 개입된 경우에는 감정의 기복을 조절하기 쉽지 않다. 하지만 이차 등급의 관찰자의 입장에서는 감정의 여과 과정을 거치기 때문에 이에 대한 불필요한 감정의 소모가 비교적 낮다. 결국 집중이라는 것은 불필요한 감정의 소모를 줄이고 온전히 몰두함으로써 훨씬 효과적일 수 있다는 개연성과 관련이 있는 것이다.

자기준거는 가변적이며 불확실성을 띠고 있다고 할 수 있다. 인간의 이러한 인식에 획기적인 변화를 가져다준 인류역사상 여러 차례에 걸쳐 존재해 왔다. 토마스 쿤Thomas S. Kuhn은 물리과학에서 패러다임의 전환은 과학혁명이며, 하나의 패러다임으로부터 혁명을 거친 다른 패러다임으로의 연속적인 이행은 성숙한 과학에서의 통상적인 발달양상이라 하였다.

유형전합의 개념은 사물에 한정되지만, 과학혁명과 관련된 패러다임의 전환에 대해 석문도문은 몇 가지로 요약하고 있다.

> 인간의식은 단편성, 복합성, 입체성, 다원성, 다차원성으로 발전하게 되는데 이러한 인간의식이 보편적인 진화와 발전을 하게 되는 중요한 전환점은 거울, 비행기, 인공위성, IT 등이라고 한다. 거울은 그 이전까지 자신의 모습을 객관적으로 인식할 수 없었던 인간에게 자신의 모습을 볼 수 있게 함으로써 사고를 한 방향인 단편성에서 쌍방향인 복합성을 가질 수 있게 한다. 비행기의 발명은 기존의 인간의식이 가지는 단편성과 복합성을 뛰어넘어 입체성을 보편적으로 가지게 한다. 인공위성의 발명은 가

히 유형적인 물질성에 근거한 인간의식의 혁명을 가져오게 하는데, 이것은 인간으로 하여금 자신이 살고 있는 지구라는 것이 어떻게 생겼고 자신의 삶이 어떤 식으로 존속되고 있는지 객관적으로 인식하게 한다. 이를 통해서 각 민족, 국가, 사회로 나누어졌던 인간의식에 커다란 변혁을 가져오게 하여 지구공동체의식을 일깨워내게 한다. IT의 발명은 인간의 보편적인 의식이 다원성에서 다차원성으로 넘어갈 수 있도록 가교한다. 현실 속에서 가상의 세계를 경험하게 함으로써 인간으로 하여금 차원의식에 적응하게 한다. 그리고 다자 상시 통신망을 형성해서 정보를 상시적으로 공유하게 하여 정보의 보편화와 함께 인간과 인간 간의 심리적인 거리를 좁혀서 지구 단일시장, 일일생활권이 형성될 수 있도록 한다. 따라서 이러한 IT기술의 발전을 통해서 인간의 보편적인 의식이 차원성을 가질 수 있게 한다.

바로 거울을 통한 자신의 존재성을 인식한 후 비행기의 발명으로부터 진일보된 인간의식에 대한 유형전합의 개념이 성립되는 것이다. 즉 자신이라는 존재가 속한 다원성과 다차원성을 이해하고 그 개념(의식)으로 자신을 인식하는 유형전합의 개념은 더욱 객관적인 자신에 대한 시각을 지닐 수 있게 한다. 바로 이러한 의식과 시각이 선행된다면 자연스레 의식배분을 통해 스스로가 원하는 집중에 더욱 더 쉽게 다가갈 수 있다는 의미이다. 위에서 '인간은 각자 자신만의 고유의 색안경을 낀 상태에서 세상을 바라보고 있다'는 의미는 우리가 말과 글 혹은 한편의 영화에서 행간을 읽거나 의미를 깨달을 때 '아는 만큼 보인다'고 한다. 이는 수분각수분득隨分覺隨分得, 즉 깨달은 만큼 얻는 것과 같다.

이 모두의 공통점은 의식을 목표로 하는 대상에 100% 직접 부딪히면서 집중하고 몰입하려 하는 것이 아니라 의식을 적절히 배분하는 완충과정을 통해 적당히 제어를 하는 것이다.

의식을 배분하는 방법은 개인적인 부분에 있어 집착을 경계하고 버림으로써 오히려 더 몰입에 이를 수 있다는 아이러니한 부분이기도 하다. 이 집중을 위한 의식배분은 마치 주역을 빌어 설명 하자면 곤위지(坤爲地, ☷☷) 괘상처럼 '앞서면 미혹하고 뒤따르면 얻는 선미후득先迷後得'과 같다. 마치 세밀하면 미혹하고 적당한 거리를 두면 얻는 이치이다.

야나기 무네요시은 일본인의 시각에서 찾아낸 조선 다기의 미와 가치에 대해 일본의 도공들이 흉내 낼 수 없는 점에서 극찬하였다. 그는 상당분량을 할애하여 온갖 미사여구를 동원한 찬사를 널어놓았는데, 복잡하고 장황한 표현은 오히려 핵심을 짚지 못하고 중언부언한 감이 없지 않다. '걸림이 없는' 조선 도공陶工들의 지고至高한 경지를 나름대로 수많은 자료를 근거로 분석하였지만, 일본인의 시각에서는 도저히 상상조차 하지 못함으로써 결정적으로 간과한 것이 바로 조선의 다기를 만든 도공들의 의식배분을 통한 집중이었다. 바로 핵심은 구체적으로는 손으로 도자기를 빚으면서 그 자체에 몰입하지 않고 관찰자의 입장에서 바라보며 작업하는 의식배분을 통한 집중에 있는 것이다.

3) 의식배분과 집중

흔히 젊은 남녀의 관계에 대해 '쫓으면 멀어지고 물러서면 다가온다'는 미묘한 표현처럼 수련에서 집중이란 참으로 어려운 것이다. 집중하고자 하는 마음이 오히려 집중을 저해시키는 경우가 적지 않다.

한당은 양신陽神수련에서 빛이나 여의주의 변화에 대해서는 그저 자연의 경관을 관조하듯 의미 없는 시선으로 물끄러미 바라보기만 하라는 것이다. 그렇지 않고 그 각각의 현상에 집착하거나 의식을 두게 되면 도심道心이 흩어져 빛과 여의주가 보이지 않게 된다. 보려고 하면 보이지 않고, 보는 가운데 보이게 되는 이치를 설명하기란 참으로 어렵다. 여기에서 그러한 이치를 이해하지 못하고 헤매어 길을 잃어버리면 더욱 집착에 빠져 아예 보이지 않게 된다. 절대로 의식을 빼앗겨서는 안 된다는 이야기라고 하였다.

기산 김준근 활쏘기(숭실대 한국기독교박물관)

우리 선조들은 고도의 집중을 위해 의식배분이라는 독특한 방법을 사용했다. 집중을 위해서 의식배분이라는 방법을 통해 집중에 다가가는 방법을 사용한 것이다. 욕속부달欲速不達이라 하여 마음이 앞서가는 것을 경계하기 위해 마음을 한 곳에 쏟아 부음으로써 생겨나는 집착을 항시 경계했다. 과도한 집중

237

에 대한 갈망이 오히려 집착을 부르기 때문이다. 이러한 집착으로 인한 폐해 때문에 한편으로 수련에서 원하는 바를 쫓을 때 집착을 떨어뜨리기 위해서 '즐긴다'는 개념을 도입하기도 했다.

즐기는 개념이 형상화된 것이 유희이며 좀 더 진전된 것이 경기이다. 만약에 사람을 살상하는 무예를 익힌다고 생각하면 심신의 과도한 긴장으로 인해 배우는 과정이 오히려 힘들뿐 아니라 먼 길을 돌아가는 격이 된다. 이러한 과정을 쉽고도 빠르게 단축하기 위해 즐기는 과정으로 유희나 경기의 과정을 도입한 것이다. 그러나 즐기는 것이나 경기를 통한 상태에서 행해지는 집중은 아무래도 한계가 따른다. 그 한계를 극복하기 위해 행해진 것이 바로 앞장에서 언급한 의식배분방법이다.

불가佛家와 수련에서 필수적으로 행해지는 말 가운데 방하착放下着이 있다. '마음을 내려놓는다.'는 의미의 방하착은 '비운다'는 표현조차도 집착으로 작용하기 때문에 '내려놓는다.'는 조심스러운 표현을 쓰기까지 한다. 방하착은 그야말로 모든 것을 내려놓음에서 이루어지는 것이다.

이루려는 욕심이 티끌조차 남아 있다면 한순간에 불가에서 말하는 심마心魔나 마장魔障으로 증폭되는 것이다. 이 심마나 마장들로 인해 마지막 관문을 넘지 못하는 이들이 많아서 이를 경구로 삼으라는 의미의 표현이나 화두가 생각 외로 많다.

진정한 방하착은 백척간두百尺竿頭에서 진일보進一步하는 자세를 견지할 수밖에 없는 것이 바로 마魔가 깃들기 쉬운 집중의 어려움을 반증하는 것이다.

인간 간에 인식의 차이는 각자 소통하기 어려운 장벽으로 스스로를 가두고 있는데, 오히려 그 틀을 깨뜨림으로써 더 큰 세계로 나아갈 수 있다.

다소 논지를 벗어나는 것 같지만, 유사한 맥락으로 사고를 확장하는 사례로 우리 옛 선비들의 풍류 가운데 시조창時調唱이 있다.

이 시조창을 하면서 더불어 단전을 의식하고 집중하는 '의수단전意守丹田'을 해보면 새로운 느낌을 맛볼 수 있다. 즉 단전기감丹田氣感이 좀 더 확연해지는 것이다. 이는 의식배분의 효과이다. 시조창을 통한 의수단전은 시조창을 함으로서 목 일대의 자율신경을 각성시키는 효과뿐 아니라 의식배분이 가져다주는 효과로 인해 의수단전에 매우 효율적이다. 이러한 의식배분은 마음이 앞서는 욕속부달欲速不達을 방지해줄 뿐 아니라 집중이 동시에 이루어짐으로써 의수단전의 효과가 배가되는 것이다. 이런 점에서 우리 선조들이 시조창을 즐겨 부른 이유 중에 하나로 수련의 한 방편이었을 가능성이 잠재한다는 가설을 제기할 수도 있다. 아울러 마지막 종성 끝음절을 생략하는 부분에 대한 가설은 '의수단전'이라는 측면에서 맺고 끊는 자체가 작위적이어서 자연스레 생략된 것으로 유추된다. 시조창이 외형상 단순히 선비들의 풍류만이라고 단정 지을 수 없는 가설이기도 하다.

기질적 특성(개성)이 각기 다른 인간들이 직접 부딪힐 때 완충작용을 해주는 것이 바로 도덕예의법률 등이라 하였는데, 의식이 집중하고자 하는 대상에 일방적으로 머무르려는 시도에는 바로 인간 간의 교류에 비유하자면 완충작용을 해주는 도덕예의법률이라는 매개체가 없다. 따라서 불협화음이 생겨나고 그 결과는 집중이 떨어지고 몰입이 안 될 수밖에 없는 것이다.

이때 의식배분을 통한 집중은 그 과정을 뛰어넘을 수 있게 해준다. 예로 들어 설명하자면 의식을 단전에 집중하고 또 관찰자의 입장에서 자신의 의식집중을 바라본다는 것은 자연스러운 의식배분이 필요하다. 이때 1차 대상에 대해 집중하려는 의식은 2차 배분된 의식집중의 완충역할을 자연스레 하게 되면서 착심着心이 없는 더 깊은 집중으로 다가갈 수 있게 되는 원리이다.

뛰어난 포커게임 프로 갬블러는 몇 판이 돌지 않아 상대선수의 미세한 행동특징을 통해 패를 읽어내고 대응한다. 미세한 변화라도 놓치지 않도록 무의식적으로 의식배분이 숙달되어 있는 것이다.

최신문명 이기의 사용에는 언급한 인간 간의 교류에서 완충작용을 해주는 도덕예의법률 등과 같은 매개체의 개념에 대한 인식이 제대로 확립되어 있지 않다. 현대는 혁신적인 대중매체나 기기의 발달로 전 세계가 실시간 쌍방소통이 이루어지면서 인식의 차이에 의해 만들어진 장벽들이 무너지는 새로운 패러다임이 형성되고 있다. 소셜네트워크 서비스(SNS)나 트위터 등을 통한 인간 간의 실시간접촉이라는 급격한 패러다임의 변화 속에 생겨나는 불협화음은 인간의 접촉과정에서 부닥치게 되는 완충역할이 제대로 자리를 잡지 못함으로써 발생하는 자연스러운 현상이라 볼 수 있다.

4) 현대 물리학의 관점에서 바라 본 의식배분과 집중

집중을 위해 이루어지는 의도적인 의식배분을 현대물리학의 관점에서 바라볼 때 두드러지는 이론은 바로 보어의 상보성 이론과 관찰자 효과이다. 이 이론들은 양자역학을 통해 이러한 원리가 형성되었으나 여기서는 모두 인간의 내적인 부분에 이를 준용하였다.

적어도 고전역학의 입장에서는 입자는 실체이고 파동은 운동 현상이다. 입자와 파동은 개념적으로 양립할 수 없는 성질을 갖고 있다. 그런데 원자 이하의 세계에서는 모든 입자가 파동의 성질도 보이고 입자의 성질도 보인다. 이것이 바로 미시적 세계에서 자연이 나타내 보이는 입자-파동의 이중성이다. 양자역학에서 하이젠베르크의 불확정성 원리(uncertainty principle)를 한마디로 말하면 '한 입자에 대해서 위치와 운동량을 동시에 정확하게 측정하는 것은 불가능하다'는 것이다. 이는 물질이 파동이자 입자라는 이중성에서 온 것으로서 물질의 특징은 관찰하는 동안에 불가피하게 변경된다는 사실을 전제로 하고 있다.

불확정성 원리는 이후에 보어가 제창한 '상보성의 원리(complementarity principle)'로 발전되어 새로운 양자역학에 표준적인 해석으로 자리 잡았다.

이 원리는 물리현상에만 국한되는 것이 아니라 생명현상과 사회현상 등에까지 광범하게 적용될 수 있는 보편적 지혜이며 조직의 원리라고까지 할 수 있다. 예를 들어 인간의 신체 제어에는 교감신경과 부교감신경이 상호 대립적으로 작용하지만, 또한 둘이 다 있어야만 완전해지는 상보적인 관계에 있다. 이 상보성을 임종화는 인문학적 논의에 차용하여 윤리의 상대성·절대성 문제로 발전시킬 수 있는가에 대해 시도한 바 있으며, 박영도는 조선 성리학에 있어서 주요 쟁점인 이기理氣론 가운데 성리학에서는 이기 관계로 서술되며, 이때 그 관계는 주지하듯이 서로 떨어지지 않으면서 서로 섞이지 않는 관계로(不相離, 不相雜), 하나이면서 둘이고 둘이면서 하나의 관계로(一而二, 二而一) 규정된다고 하였다. 이 난해한 구조를 율곡은 기발리승氣發理乘으로 표현하고 있다. 따라서 율곡의 성리학적 이성 개념의 특징은 이 기발리승의 구조를 통해 독해할 수 있다고 하였는데, 김상일은 이런 율곡의 논리를 통논리(通論理, Trans-Logic)라 부르며 상보적인 관계로 관련지었다.

이 두 관점은 겉으로는 모순적인 것처럼 보이지만, 논리적인 모순이 아니고, 상보적이라는 것이다. 처음 보어의 상보성 이론은 후에 이것을 확장해 생물학과 물리학의 관계에서도 적용했다. 짐작했겠지만 닐스 보어 상보성 원리는 동양의 태극과 관련이 있다.

동양에 있어서 음양은 서로 대립하는 개념으로 인식되어 왔지만, 음양의 조화야말로 새로운 것을 창조하는 원동력이어서 음양조화陰陽調和와 음양상합陰陽相合의 표현이 존재하는 것이다.

인간의 의식은 개인마다 다소의 차이는 있겠지만 매우 제한적이다. 동시에 무한대로 의식을 확장해서 사용하기란 불가능하다. 집중에도 반복적인 노력과 시간이 필요하다. 그래서 집중력이라는 표현이 있기도 하다.

의식을 나눈다는 표현에는 불가피하게 생겨나는 잡념의 자리를 적극적으로 대신할 의도가 내포된다. 따라서 의식분산이나 의식분할이라는 표현을 사용할 수도 있다 구태여 여기서 의식배분이라는 표현을 사용한 것은 의식을 나누는 주관자의 의도적인 의미가 명백하게 개입되어 있다는 것이고 집중과 의식배분이라는 상반되는 두 개념이 음양상합의 과정을 통해 새로운 가치를 드러낸다는 것을 보이고자 함이다. 집중과 의식배분은 실제로 대립적인 관계이다. 그럼에도 불구하고 고도의 집중을 위해서는 의식배분이 매우 중요한 역할을 하고 있으며 따라서 이들의 관계는 상보적인 관계라 할 수 있다.

고도의 집중을 위해서 집중에 얽매이다 보면 집중에 대한 집착이 오히려 걸림돌로 작용해서 집중을 방해하는 가장 핵심적인 요소가 될 수 있다고 앞에서 언급하였다. 그렇다고 집중을 위해 집중하도록 노력하지 않는다면 집중에 이를 수 없다. 그렇다면 집중을 위한 의식배분은 어떤 방법으로 이루어지는 것이 바람직한 것인가.

첫째는 한 가지 원하는 목적을 위해서 의식을 배분하는 방법이 있는데 그것은 석문호흡수련에서 볼 수 있다. 몇 단계에서 의식을 단전과 백회로 나누는 것이다.

둘째는 스스로가 관찰자가 되어 자신과 자신의 수련을 관찰하는 방법이다.

셋째는 호흡수련 가운데 단전에 의식을 두면서 원하는 집중에 의식을 배분하는 것이다. 물론 이 방법들을 준용할 수도 있으나 단전에 의식을 두는 방법은 비교적 효과적이다. 이 의식을 배분하는 방법은 어느 정도의 시간과 노력이 수반되어야 하는데, 의식을 단전에 머물도록 하는 가장 큰 이유는 과도한 상념이 오히려 부작용을 유발할 수 있기 때문이다. 즉 담담히 머물러야 하는 의식배분이 되기보다는 빨리 이루려는 앞선 마음이 관찰자 효과에 앞선 상기上氣를 불러와 효과에 앞서 두통을 수반하기 때문이다. 단전에 의식을 머물도록 하는 가장 큰 의미는 수승화강水昇火降과 축기縮氣에 있다. 화두를 잡고 용맹 정진하는 스님들이 수승화강이 되지 않고 상기 때문에 고통을 받기도 하는데 얼마나 고통스러웠으면 그 대안으로 보이차를 상음하게 됨으로써 그 시세를 올려놓았다는 설이 있을 정도이다.

의식배분과 집중은 일반적인 집중 시 수반되는 잡념의 자리를 배분된 의식이 메우고 집중과 상보적인 역할을 함으로써 효율적인 집중에 이를 수 있다. 물론 집중을 위해서는 당연히 의식배분보다 집중에 더 비중을 두어야 한다.

한편 집중력이 의미하듯 집중은 노력과 시간이 필요하다. 의식배분과 집중이라는 상보적인 관계는 마치 우리 전통무예나 수련에서 '마음을 닦기 위해서 마음을 비우는 것'과도 맥락을 같이 한다.

이상에서 논한 의식배분과 집중은 순수하게 자신 스스로를 대상으로 진행된다. 의식배분도 자의에 의해 이루어지며 집중도 마찬가지이다. 관찰자 효과의 가장 중요한 의미는 인식의 확장과 전환으로서 앞서 언급한 Luhmann의 철학적 작업이 이차등급관찰로 전환하여 다른 관찰자가 어떻게 관찰하는지 관찰할 경우, 세계, 존재, 실재 등에 대한 우리의 이해방식은 급진적으로 변화한다는 표현이 있었지만 자신을 관찰 대상으로 스스로가 이차등급관찰자로 전환한다는 구체적인 표현은 명시되어 있지 않다.

관찰자 효과와 관련하여 흥미로운 결과가 심리학계에서 보고되었는데 그것은 사람의 의식이 어떤 부분을 본다고 하는 선택작용이 없으면 관찰자 효과가 일어나지 않는다는 것이다. 즉 무의식적으로 관찰하였을 때는 관찰자 효과가 일어나지 않았으나 의식적으로 관찰하면 관찰자 효과가 있는 것으로 드러났다. 의식배분은 당연히 관찰자조차 외부를 대상으로 행해지는 것이 아니라 모두 의식을 배분하고 집중하는 자신을 중심으로 이루어진다.

방건웅은 저 바깥세상에 실재하는 것이 있으나 주관적인 의식이 작용하는 한 관찰자 효과 때문에 그 실상을 제대로 인지할 길이 없다. 오직 한 가지 길이 있다면 무의식적으로, 무심하게 자연과 하나가 되는 것이라 하였는데, 자신조차 분리하여 무심함을 견지하는 의식배분이야 말로 집중의 핵심적인 요소이다.

석문호흡 수련 가운데 심법이 있다. 심법은 세 번 마음속에 각인시키고 수련 내내 잊는다. 잊는다는 것은 마음에 두고 있지 않다는 것이다. 바로 목적하는 바를 심법 하나로 끝내고 오직 단전이나 자신이 원하는 단계의 수련만 이어가는 것이다. 바로 심법을 통해 수련 의지를 보이지만 심법에 매달리지 않고 의수단전을 하는 그것은 어찌 보면 바로 무심한 상태라 할 수 있다. 특히 대맥이나 소주천을 포함하는 몇 단계의 운기과정은 심법 이후에 무의식을 사용한다는 점에 주목할 필요가 있다.195)

욕속부달欲速不達이라는 표현이 있듯이 이루고자 하는 마음이 앞서면 원하는 바를 얻을 수 없다. 그래서 마음을 가라앉히고 비워야 한다. 하지만 마음이란 것이 비우고자 한다고 해서 비워지는 것이 아니다. 즉 비우고자 하는 마음조차도 마음에 긴장으로 작용을 한다. 마음을 가라앉힌 듯 수련을 하지만 자신도 모르게 어깨에 힘이 들어간다거나, 입을 앙다문다거나, 혀끝에 힘이 들어가는 경우가 있다. 어떤 이들은 내관內觀에 치중한다고 하면서 심지어 감은 눈에 힘이 들어가기도 한다. 그래서 마음을 비운다든가 평상심이니 부동심이니 쉽게 표현하지만, 그 경지에 이르기는 쉽지 않다.

심법의 역할은 바로 여기에 있다. 마음을 완전히 비운다면 수련의 의미가 없는 것이고, 수련의 목적상 마음을 완전히 비우지 않는다면 진실로 깊은 몰입에 들어가기 어렵다.

즉 순수함만을 가지고 수련의 깊은 정진이 어렵다. 순수는 수련에서 매우 중요한 덕목이지만 수련의 중요한 방편으로 이어지기까지는 순수를 결집할 수 있는 순일純一한 마음의 단초가 필수적이다. 이때 이 단초를 제공

---

195) 하주대맥을 운기할 경우 심법을 건 후 철저히 무의식을 사용해야 하며 하단전에 축기만 계속하면 된다. 만약 의식적으로 대맥을 운기하려면 진기眞氣가 생기生氣로 변하여 원하는 수련에서 멀어지게 된다(석문도문, 2011). 여기서 생기는 일반적으로 생명활동을 관장하는 기이며 진기는 이보다 더 근원적이고 높은 차원의 기를 진기라 한다(황퐁, 2000).

하는 것이 심법이라 할 수 있다. 진정 자신이 원하는 바를 이루자면 마음을 비우고 심법心法만이 작용하도록 해야 한다. 심법은 '마음을 쓰는 법'이다.

현대물리학에서 비국소성非局所性, non-locality 원리란 우주의 어떤 구성요소도 전체에서 분리되어 독립된 실체로 존재하지 않고 공간적으로 떨어져 있어도 실상은 서로 연결된 비국소성을 지닌 이론을 말한다. 따라서 떨어져 있는 입자들은 하나로 연결되어 있어서 상호작용이 거리와 상관없이 빛보다 빨리 동시적으로 순간적으로 이루어진다. 아울러 관찰자와 대상은 시간적으로도 과거, 현재, 미래가 분리되어 있지 않고 서로 연결되어 있다.

놀랍게도 비국소성은 공간적으로만 아니라 시간적으로도 성립한다는 것이 밝혀졌다. 비국소성의 사실을 강하게 입증하는 사고 실험적 방법이 1978년 블랙홀의 개념을 처음 설명한 John A. Wheeler에 의해 연역되었고, 그 후 1984년 Maryland 대학교와 독일 München 대학교의 실험실 테스트하였다. 이 실험을 Wheeler는 "지연 선택 실험"이라고 불렀는데 실험결과 빛이 과거의 영향을 받으며 실험자의 입장에서는 현재의 빛이 미래에 영향을 줄 가능성을 내포하며 관찰자와 대상이 시간적으로도 분리되지 않는다는 것을 의미한다.

빛이 과거의 영향을 받는다는 의미를 확대해석하면 현재의 빛은 당연히 미래에 영향을 끼치는 것으로, 누적된 과거가 현재에 지대한 영향을 주듯이 현재가 누적되면 미래에 많은 영향을 줄 것이라는 인과율에 대한 통설이 어느 정도 부합되는 것을 알 수 있다. 언급한 심법은 미래지향적이자 자신이 진정 갈망하는 것으로 특히 영향력이 큰 무의식을 활용하고 있다는 점에서 주목할 만하다. 아울러 심법의 활용도를 높이면 바로 자신의 미래를 창조하는 구심점으로 작용할 소지를 내포한다.

5) 맺음말

효율적인 일을 위해 집중은 매우 중요한 비중을 차지한다. 이것은 무예와 수련도 마찬가지이다. 똑같은 시간과 노력이 수반되더라도 사람마다 결과가 다르게 나타나는 것은 집중과 관계있다. 이러한 집중도 고도의 집중을 필요로 하는 단계에 이르면 꼭 노력과 시간에 비례하지는 않는다.

고도집중의 어려움은 집중하고자 하는 집심執心이 오히려 집착으로써 집중에 걸림돌이 될 수 있고 사람마다 살아온 삶만큼 누적된 습習이 발목을 잡는 요소가 되기도 하며 각자의 가치관에 따라 집중에 임하는 마음가짐이 다를 수 있다.

우리 전통무예와 수련에서 이런 고도의 집중은 집중을 버리고 의식배분을 통해 고도의 집중상태에 이르는 독특한 방법을 썼다. 여기서 의식배분이란 집중하고자 하는 자신과 의식을 분리해서 일종의 제삼자 즉 관찰자의 관점에서 객관적으로 멀거니 바라보는(집심이 일지 않도록 바라보며 집중하는 것을 의미함) 방법을 활용했다. 이러한 형태는 물론 전통수련과 호흡수련에서도 찾아볼 수 있는데 가장 쉽게 떠올릴 수 있는 부분이 바로 내관內觀이다.

불가佛家와 수련과 관련해서는 방하착放下着과 긴밀한 관계가 있다. 의식배분을 통한 집중은 자신이 믿고 있는 진리라는 틀조차 깨뜨림으로써 더 큰 세상으로 나아가는 것과 같다. 이는 천외천天外天이라는 의미와 관련이 있어서 마치 '눈이 멀어지고서야 비로소 심안心眼이 열리고 귀가 어두워짐으로써 내면의 소리를 듣게 되었다'는 표현과도 상통한다.

사람들은 잘하려고 노력하는 자세를 중요한 덕목으로 취급한다. 하지만 '너무 잘하려는 것'은 '빨리 이루고자 하는 앞선 마음'만큼이나 문제가 있다는 것을 깨닫지 못한다. 어떤 수련이든 오랜 기간에 걸쳐 너무 잘하려는 심리가 지속하면서 저마다 마음의 습이 생겨나는데 이러한 마음의 습은 결국 수련 자체의 진전에 발목을 잡는다. 오히려 '낙수落水 방울이 댓돌을 뚫는다'는 적수천석滴水穿石의 의미를 새겨둘 필요가 있다.

의식배분을 통한 집중에 대해 주역의 괘상을 빌어 설명하자면 곤위지(坤爲地, ☷☷)로서 '앞서면 미혹하고 뒤따르면 얻는 선미후득先迷後得'과 같다.

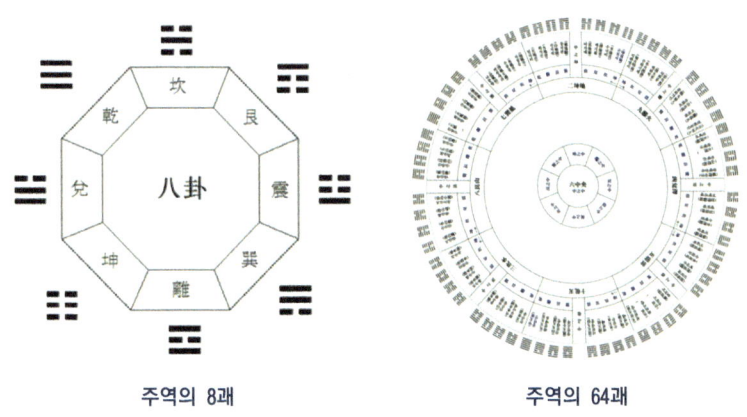

주역의 8괘　　　　　　　주역의 64괘

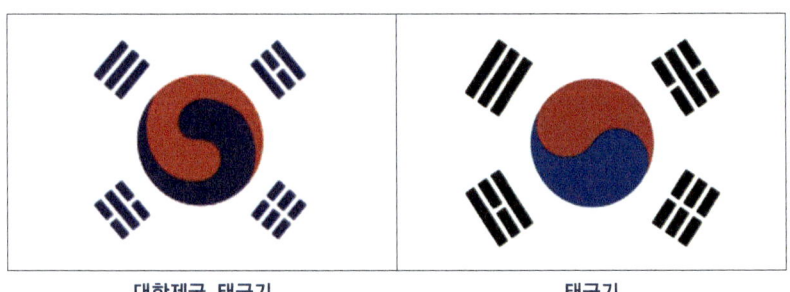

대한제국 태극기　　　　　　태극기

현대물리학을 바탕으로 의식배분과 집중에 대해 살펴보면, 닐스 보어의 상보성 원리와 관찰자 효과를 들 수 있다. 자의적이고 의도적인 의식배분이 집중과 상보적인 역할을 하면서 집중을 효과적으로 더 높일 수 있다. 그리고 관찰자 효과에 대해서는 무심한 듯 집중하는 스스로를 관찰하는 관찰자 효과가 집중하려는 대상과 집중하려는 의식과 완충역할을 함으로써 더 쉽게 집중에 이를 수 있다.

집중은 집중하려는 대상과 그 의식이 이질적일 뿐만 아니라 일방적이어서 처음부터 소통이 쉽지 않고 소정의 집중에 이르기까지 어느 정도 시간과 노력이 요구된다. 그러나 고도의 집중에 이르기까지는 시간과 노력만으로 한계가 없지 않다. 이때 의식배분을 통한 집중은 배분된 의식이 완충작용을 함으로써 양자 간에 어느 정도 쌍방소통을 가능케 하고 결국 이 소통은 일방적인 것이 아니라 양자, 즉 집중하려는 대상과 의식이 서로 대등한 관계에서 소통이 이루어짐으로써 고도의 집중에 이르게 되는 이치이다.

의식배분을 통한 집중이 현대 스포츠 경기에서 어떤 역할을 할 것인가에 대한 기대는 적지 않은데 가장 접근성이 높은 부분은 바로 경기에 있어 상대적 의뢰성이 높은 분야라고 할 수 있다. 전문운동선수들의 기량은 거의 미세한 차이밖에 나지 않는데 심리적인 부분이 오히려 변수로 작용하는 경우가 없지 않다. 이러한 종목에서 의식배분은 경기에 임하는 심리적 부담을 줄여주고 나아가 경기에 집중할 수 있게 해줄 수 있다. 유의할 점은 의식배분도 연습이 필요하여 임계점에 이르는 노력과 시간이 수반되어야 한다는 점이다.

서론에서 '더 많으면 다르다'고 표현한 물리학자 앤더슨의 말과 더불어 구성원이 많으면 구성원 하나하나와 관계가 없는 집단성질(떠오름)이 생겨난다고 하였다. 이는 물질계뿐 아니라 비물질계에도 동시에 적용된다. 그리고 전문운동선수라 할지라도 운동에만 전념할 것이 아니라 적극적으로 마음을 다스리거나 호흡수련 등을 통해 의식을 배분하고 이를 집중으로 이어지도록 인식의 전환이 필요한데 이 또한 상보성과 무관하지 않다.

3. 한국 전통무예의 한 단면
- 다원적 사회의 흔적과 관련하여

김홍도의 「단원 풍속도 - 타자」 (국립중앙박물관)
우리민족의 공동체 무화와 의식은 노동집약적 농업사회에 기반

우리민족에게 두드러진 공동체 문화와 더불어 공동체 의식은 근현대 시기까지도 많은 노동이 수반되어야 하는 노동집약적 농업사회에 기반을 둔 까닭도 있겠지만, 다인종 사회, 다문화주의, 종교의 다원성이 전적으로 수용된 우리민족의 개방적이고 포용적인 다원적 사회성과 결부시킬 개연성이 없지 않다.

의외처럼 느껴질 수도 있겠지만 우리나라는 다인종, 다문화, 다종교가 융합된 사회였다. '은자의 나라'[196]로 불리던 조선은 대원군의 쇄국정책으로 인해 동양에서 가장 늦게 문호를 열었는데, 이러한 상황은 오래도록 조선을 '미지의 세계'라는 점에서 세계열강들에게 호기심의 대상이 되었다. 동양의 여러 나라를 경유해오면서 대체로 동양에 대해 나름대로 풍부한 지식을 지녔던, 당시 조선을 방문한 서구의 외국인들 눈에 비친 한민족은 의외로 다인종의 사회였음을 간파하고 있으며, 그러한 견해를 여러 기록에서 남기고 있다. 심지어 새비지 랜도어는 마치 아시아에 거주하고 있는 거의 모든 인종의 표본이 이 조그만 반도에 정착한 것처럼 보인다고 하였다.

『성종실록』에 우리나라의 재인才人과 백정白丁은 그 선조가 오랑캐의 종족입니다. 그래서 비단 말을 잘 타거나 활을 잘 쏠 뿐만 아니라 천성이 모두 사납고 용맹스러워 걸어 다니면서 짐승을 잡는 데 익숙하다고[197] 적고 있는데, 이는 이미 당시에도 북방 이민족의 상당한 유입이 있었음을 알려주는 기록이다. 그 이전의 기록인 서긍의 『선화봉사고려도경』 제19권 공기工技조에는 고려에 항복한 거란인 포로 수만 명을 언급하고 있다. 이 가운데 10명 중 한 명의 공장工匠을 골라 왕부에서 썼다는 기록이 있는데, 이희근은 이들이 양수척(후대의 백정)으로 불리었다고 하였다.

---

[196] 일본 도쿄제국대학 교수였던 그리피스(William E. Griffis)의 은자의 나라 한국(Corea: The Hermit Nation, Charles Scribner's Son, New York, 1907)에서 썼던 표현.
[197] 성종 22년(1491) 4월 23일(무진) 4번째 기사.

이러한 다인종 사회를 시사하는 기록뿐 아니라 다문화에 관해서는 대륙과 섬을 연결하는 반도로서 지정학적 위치에서 찾는 견해도 보인다.

고려왕조의 역사가 다원주의에 기반을 둔 다원적인 사회였다는 사실은 별반 알려지지 않았다. 박종기는 고려왕조기 대외환경을 특징짓는 다원적인 국제 질서는 고려왕조의 발전과정과 역사적 특징을 이해하는 데 매우 중요한 요소이며 개경 부근의 벽란도는 당시 무역의 중심지로서 멀리 아라비아 상인들까지 와서 거래할 정도였다고 한다.

다문화에 관해서는 현대에도 크게 다르지 않다. 전통을 고수하고 집착하는가 하면 최첨단 기기의 활용은 거의 세계적이다. 'OECD 브로드밴드 통계' 보고서에 따르면 2011년 12월을 기준으로 우리나라의 초고속 무선인터넷 보급률은 104.2명으로 OECD 회원국 중 가장 높았다.

다종교에 관해서는 한국에서보다 높이 숭상되는 '이교적異敎的 관용성'의 좋은 예는 다른 나라에서 볼 수 없다는 표현들이 있는데 우리민족은 극히 자연스럽고 당연한 일임에도 불구하고 그들은 매우 인상적인 관점에서 바라보고 있다. 즉 이는 어떤 종교이건 배타적이지 않고 수용했으며 심지어 융합시키기도 했다.

미국인 선교사 헐버트Homer B. Hulbert(1863~1949)는 한국인은 사회적으로는 유교도이며 철학적으로는 불교도이며, 고난을 당할 때에는 영혼숭배자라고 하였다. 우리나라는 기독교가 전해진 후에도 샤머니즘조차 소거되지 않고 변질함이 없이 오히려 발전되었다. 물론, 이미 오래전에 유입되었던 도교나 불교도 한국화의 과정을 거쳤으며 기독교조차 전통적 샤머니즘적인 요소가 포함되어 있다는 견해는 다종교의 융합뿐 아니라 다문화와 관련되어 주목할 만한 문화적 포용성과 관련이 있다.

우리 민족에게 공동체 의식은 노동집약적 농업사회에서 기반을 둔 까닭도 있겠지만, 다인종 사회, 다문화주의, 종교의 다원성이 의미하듯 우리 민족의 개방적이고 포용적인 다원적 사회성을 의미하는 것이다. 우리나라 사람들의 외래문화를 쉽게 수용하는 양식을 보면 우리의 전통문화는 벌써 오래전에 사라졌어야 함에도 불구하고 고유하고 독특한 문화권을 형성하고 있다. 우리나라가 다른 나라를 적극적으로 침략하는 경우는 거의 없지만 천 번 이상의 외침을 받았다고 교육을 받아왔다. 그렇다면 상식적으로 오래전에 사라지고 없어져야 하는 나라임에도 불구하고 오천 년 단일민족의 역사로 건재하고 있다. 상식적으로 보더라도 불가사의不可思議하다고 할 수밖에 없는 일이 누천년累千年을 이어온 것이다. 이러한 국민성은 사고가 경직되어 있지 않고 매우 유연하다는 것이며 그렇지만 일방적으로 받아들여 그대로 수용하는 것이 아니라 독특한 문화권을 형성하고 있다.

이러한 다문화를 쉽게 수용하는 우리 민족은 과거 농경사회를 근간으로 하는 공동체 사회에서 비롯된 공동체 의식이 발달하였는데 이를 일컬어 '보자기 문화', 또는 '비빔밥 문화' 그리고 더러 '상선약수上善若水' 등으로 축약 표현되기도 했다. 특히 공동체 의식에 수반되는 집단적·감성적 소통이 익숙하여 '음주문화'가 발달하였을 뿐 아니라 음주습관에도 비교적 관대한 편이다. 현대에도 국제경기에서 집단응원을 의미하는 '붉은 악마'나 IMF 당시 '금모으기' 등의 세계적으로 유례없는 현상들이 두드러진 부분에 대해 같은 맥락으로 받아들일 수 있다.

이러한 부분들이 우리 전통무예의 한 단면으로서 어떤 경로를 통해 영향을 미쳤는지에 대해 사료의 한계로 추적하기는 어렵겠지만 그 배경을 밑받침으로 형성된 다원주의적 흔적들을 통해 더듬어 볼 수 있다. 그런 점에서 본 연구에서는 우리 전통무예에 있어서 그 흔적의 결과론적 형태에 대해 각각의 논의는 어렵겠지만 복합적이고 포괄적인 연관성에 대해 논의하고자 한다.

기산 김준근 풍속도 「편싸움」

우리의 전통무예도 이러한 기질적 특성이 쉽게 확인된다. 조선은 숭유와 주자학이 지배한 사회로서 숭문천무의 풍조는 자연스레 전반적으로 무武의 경시로 이어졌다. 그러한 상황 속에서도 무武는 대중들에게 광범위하게 행해졌는데,198) 아이에서 성인에 이르기까지 다양한 연령대에서 이루어졌으며 심각한 무예적 특성을 유희화하거나 개인적인 경향을 지니는 무의 속성을 공동체 문화와 결부시켜 결련結連태껸, 석전石戰, 편사便射처럼 마을 간의 집단문화 행사이자 연례행사로 자리 잡기도 했다.

물론 무예의 놀이적 기능과 문화적 기능만 부각되는 것은 아니다. 임진왜란 당시 화살이 떨어진 병사들은 맨주먹으로 싸우다가 전사하기도 했다.199) 그리고 국가적 위기인 임진왜란이나 병자호란뿐 아니라 6·25 등 현대사에 이르기까지 의병, 승병, 학도병 등의 이름으로 모든 국민이 다양한 위치에서 자발적으로 나서 개인적 모든 희생을 감수하면서까지 구국에 앞장을 서왔다.

이러한 다양한 결과 나타난 무武의 형태가 적어도 무武라는 테두리 안에서는 다원적 사회의 흔적과 전혀 무관하다고 할 수는 없다.

---

198) 『고려사』뿐 아니라 『세종실록』 그리고 『세조실록』을 통해 보면 '갑사甲士를 포함하는 시위 군사나 승속僧俗할 것 없이 심지어 노비들까지도 수박을 즐긴 것'을 알 수 있고 『명종실록』에 북도北道에 있는 내수사의 노예와 공사천公私賤 중에 무재 있는 자를 가려 뽑아 사변事變이 있게 되면 그 위급함에 따라 싸움을 돕게 하소서(명종 16권, 9년(1554) 5월 19일 3번째 기사.라는 대목이나 『선조실록』에 경상도와 강원도는 무예를 연마한 사람들이 많이 피난하고 있다(선조 26권, 25년(1592) 5월 23일 6번째 기사).

199) 『국조보감』 제31권/선조조 8/25년(1592), 『선조수정실록』 26권, 25년, 1592년 9월 1일, 8번째 기사

1) 다인종 · 다문화 · 다종교가 융합된 사회

(1) 다인종 사회

조선 말기에 한국을 방문했던 선교사, 여행가, 외교관 등을 포함한 많은 외국인들은 이미 조선을 방문하기 이전에 여러 국가를 통해 얻은 경험이나 지식을 통해 다양한 인종들에 대한 단편적인 지식을 지니고 있었는데, 그들이 경험한 시각에서 한국인의 인상에 대해 비교 언급했다.

이런 견해는 당시 발간된 대부분의 책들에서 발견되는데 공통적인 견해는 조선인들이 현재의 인식과는 다소 다르게 '다인종 국가'라는 사실이다.

이들 가운데 몇 가지만 발췌해 보면 다음과 같다.

조선 주차 영사(1884-1885)를 역임한 칼스William Richard Carles는 18개월간의 조선체류에서 얻은 정보와 지식을 토대로 쓴 『조선풍물지』에서 파란 눈의 한국인을 만난 경험을 쓰고 있다. 그는 내가 만났던 관리들 중 일부는 만주형이었고, 어떤 사람은 뻣뻣한 구레나룻을 가진 사람들이었으며, 일부는 옛날 영국의 목사 겸 지주의 얼굴 유형과 같이 둥글고 불그스레한 얼굴을 가지고 있었다. 또 일부는 유태인과 똑같았다고 기록하고 있다.

한편 시볼트Fr. von Siebold는 한국인의 용모에 두 가지 특징이 있다고 하였다. 첫 번째 종족의 특징은 양 눈초리의 안쪽이 오목하고 코는 좌우로 퍼져 있으며, 두 눈 사이는 떨어져 있고 눈초리는 치켜 올라가 있으며, 광대뼈가 튀어나와 있다. 이에 비하여 콧잔등이 높으며 콧날이 똑바른 종족은, 유럽인의 얼굴 생김새에 가깝다는 의견을 제시하고 있다.

의기 잃은 상인(시볼트)　　　선원船員 한국인의 대표적인 얼굴(시볼트)

　　프랑스의 외교관, 이폴리트 프랑뎅Hippolyte Frandin은 그의 여행기에서 같은 의견을 피력하였는데 한국인은 아리안족과 몽골족의 후예라고 하였다. 아리안족에게서는 흰 피부와 큰 키, 건장한 체형, 노란 머리칼과 수염을 물려받았다. 한국인은 자신의 육체적 우수성을 자랑스럽게 여기고, 이런 자만심은 그들의 용기를 한층 자극한다. 날카로운 눈매, 유연한 몸동작은 몽골족으로부터 물려받았다고 적고 있다.

　　로니 교수는 한국인을 세 가지 유형을 다음과 같이 나누어 설명하였다.

　　가장 많은 유형은 넓고 평평한 얼굴에 광대뼈가 튀어나오고 커다란 입과 두꺼운 입술을 가졌으며 눈은 비스듬히 올라갔고 코는 작고 납작하며 수염은 별로 없고 피부색은 황색이다. 이와 반대로 다른 유형은 얼굴이 계란형이고 갸름하며 코가 높고 눈은 밤색이거나 가끔 푸른색 또는 초록색이며 속눈썹은 짧다. 입은 중간 정도이며 입술은 두껍지 않고 귀도 작다. 수염이 꽤 많이 나 있고 피부색은 거의 흰색인 밝은 황색이며 머리는 검으나 주홍색인 경우도 드물게 있다. 세 번째 유형은 첫 번째 유형과 같으나 키가 더 작고 턱이 좀 더 튀어나왔으며 수염이 더 적고 코는 덜 납작하며 피부색은 좀 더 어둡다. 이 세 가지 공통적인 요소는 머리카락이 길고 검은 것으로 주민의 19/20가 그러하다(한국지).

1890년 연말 두 번째 조선을 방문한 영국인 여행자요, 탐험가요, 화가였던 새비지 랜도어Arnold H. Savage-Landor(1865-1924)는 좀 더 세밀한 관찰을 통해 한국인의 이미지에 관한 기록을 남겼는데, 조선이 다인종 국가였음을 시사하는 상세한 글을 남겼다. 그는 한국인이 중국인이나 일본인을 닮았다는 것이 대부분 사람들의 지배적인 생각이었으나 사실상 그 어느 편도 닮지 않았다고 다음과 같이 적고 있다.

 체격과 혼혈에 관심이 있는 사람들에게는 조선만큼 흥미를 끄는 나라가 없으리라 여겨진다. 그것은 마치 아시아에 거주하고 있는 거의 모든 인종의 표본이 이 조그만 반도에 정착한 것처럼 보이는데,…만약 당신이 조선의 왕족을 예로 든다면 왕과 왕비 그리고 모든 왕족, 특히 왕비 가문인 민씨 집안은 코카서스족Caucasian과 같은 백인이며, 고관대작의 가문 중의 일부도 역시 유럽인으로 여겨질 정도이다. 물론 중류계층은 중국인이나 일본인의 평상 표본보다는 약간 더 세련되고 체격이 강하기는 하지만 몽골리안형인 것은 사실이다. 그러나 북방의 이웃인 만주족처럼 그렇게 강인하고 키가 크지는 않으나 많은 면에서 공통적이다.

1890년 조선 주차 미국공사와 이듬해 고종황제의 고문을 지녔던 윌리엄 샌즈William Franklin Sands는 제물포에서 처음 본 조선인에게서 그들의 몸집은 컸으며 긴 수염에 회색과 푸른색 그리고 갈색의 눈에 머리칼은 붉고 안색이 좋았다고 적고 있다. 프랑스 여행가로, 지리학자이자 민속학자였던 샤를 루이 바라Charles Louis Varat(1842-1893)는 어떤 조선인이든 그를 일본인이나 중국인 여럿과 뒤섞어 놓는다고 해도 금방 구별이 되며 그들과의 확연한 차이점과 함께 혼란스러웠던 조선인의 인종학적 분류를 아예 미루고 있다.

이상은 조선 말기 외국인의 눈에 비친 한국인들의 인상에 대한 일부의 기록들이다. 이 내용에서 특히 새비지 랜도어가 언급하는 왕족과 상류계층으로 추정되는 아리안족과의 관련성은 주목할 만하다. 100여 년 전 영국의 외교관이었던 조지 커즌George Nathaniel Curzon(1825-1925)은 조선에서 파란 눈과 금발의 이색적인 유형을 본 적이 있는 몇몇 저술가는 조선이 혈통 속에 서양적 요소가 있다고 가정했다. 그러나 이 가설이 과학적으로 증명되었다는 말을 들은 적이 없다고 적고 있는데, 당시뿐 아니라 현대에도 극소수에 불과하지만 파란 눈과 금발의 순수한 한국인이 존재하고 있으며 매스컴에서도 드물게 소개된다는 사실이다.

UN의 국제식량농업기구(Food Agriculture Organization)에서 스리랑카, 아프가니스탄의 수석고문으로 일을 했던 김병호는 10여 년 동안 세계 곳곳을 다니면서 경험한 사실과 조사한 내용을 바탕으로 언급한 내용과 연관되는 가설을 제기했다. 그는 어느 부족이나 오래전부터 사용해온 기본적인 낱말[200]은 오랜 세월이 흘러도 크게 변하지 않는 점에 주목하여 여러 나라의 기본적인 낱말과 지명의 비교연구를 통해 우리 민족의 뿌리가 우랄알타이족이 아닌 아리안족 계통일 가능성이 크다고 주장하였는데, 이러한 가설은 위 내용과 일부 상통한 점이 없지 않다.

한국의 언어가 남인도의 Dravidians의 언어와 신기할 정도로 비슷하다

---

[200] 하늘, 해, 달, 나, 너, 꽃 등으로 이 낱말들은 대개 270개가량 되는데 인류학에서는 이 기본 낱말들을 일컬어 '스와디쉬 차트Swadish Chart'라고 부른다. 이 스와디쉬 차트에 속하는 낱말들은 시간과 장소와 관계없이 좀처럼 변하는 일이 없는데 통계에 의하면 1천년 동안 겨우 14% 정도 변할 뿐이라고 한다.

는 사실을 처음으로 밝혀낸 사람은 한국에서 활약한 프랑스의 선교사들이었다. 한국어와 드라비다어를 주의 깊게 비교해 보면 음성, 어원 및 구문 상으로 너무도 비슷하여 이것이 단순히 우연의 일치 이상의 어떤 연유가 있다고 시인하지 않을 수 없을 정도라고 하였으며 다른 종족과 혼혈된 흔적이라고는 거의 찾아볼 수 없는 드라비다족의 생리학적 모습은 어느 모로 보나 한국인의 모습과 일치한다고 하였다(헐버트).

파리외방전교회 소속의 신부들에 의해 출판된 『한국어 문법』(Grammaire Coréenne)에 따르면, 한국어는 타타르어 계열에 속하는 것으로 알려졌지만, 어느 그룹에 속하는지가 의문이어서 이에 대한 결론을 유보하고 있다. 동시에 그 저자는 한국어 문법과 드라비드어(Dravidian) 문법 사이의 유사성을 언급하고 있다. 그 유사성은 두 언어 사이에 보편적으로 사용되는 특정한 단어들에 기반을 둔 것이라고 언급하고 있다(칼스).

Hindi어에 상당한 지식을 가지고 있었던 샤를르 달레Claude Charles Dallet는 문법상의 9개 성질을 들어 한국어가 타타르(Tartar, 韃靼)어족에 속한다면서 이 사실은 의심할 여지가 없다고 하였다. 이러한 달레의 견해는 후일 19세기 말에서 20세기 초에 걸쳐서 조선에 관한 많은 논문을 발표했던 헐버트에게 영향을 준 듯하며 헐버트는 1895년 『조선민족의 기원(The Korean Repository II)』에서 드라비다어와의 동계설을 주장하였을 뿐만 아니라 『한국어와 드라비다 방언의 비교연구』(1906)란 저서까지 내놓았다.

강경원은 한국어와 우랄어의 근친성은 수용하기 어려우며 인도의 드라비다어계, 인도-아리아계, 히말라야 산지의 일부 언어, 코카사스지역의 언어 등이 한국어와 유사하다고 밝히고 있다. 강길운은 고대 인도동남부에 위치한 Ayodhya(阿踰陀)를 건설한 바 있는 드라비다족이 기원전에 한반도의 남쪽에 유입되어 가락국을 비롯한 6가야의 지배층이 되었으며

Dravida어가 현 한국어의 어휘 면에 막대한 영향을 끼친 것으로 서술하고 있다. 그러나 언어의 남방기원설도 한반도 내에 아리안족이 유입될 가능성과는 전혀 다른 문제이다.

인류학과 관련된 복잡한 논의는 논외로 하더라도 현실적으로 당시 외국인들의 눈에 비친 한국인에 대한 일부 유럽인의 이미지는 주변국인 중국인이나 일본인의 이미지와는 명백히 구분되고 있다. 아리안족이든 코카서스족이든 혹은 다른 유럽인종이든 우리민족과의 관련성에서 유입시기가 역사적으로 확인되지 않는 점을 감안한다면 그 기원과 관련된 일련의 일들이 역사시대 그 이전으로 소급될 수밖에 없는 개연성도 전혀 배제할 수 없지 않은 것이다. 이러한 견해는 전혀 터무니없는 것이 아니라 윌리암 샌즈도 선사 시대에 반도로 이민된 흔적이 다소 보인다고 언급하고 있다.

(2) 다문화 사회

이혜자는 우리의 민족주의는 태생적인 것이 아니라 가까운 과거에 만들어진 이념이라는 사실이 입증되는데, 특히 3·1 운동과 일제 식민통치를 겪으면서 형성된 이념이라고 보는 견해를 새삼 확인하게 된다고 적고 있다.

근현대에 이르는 서구 열강의 식민지 정책에 의해 형성된 다인종, 다문화국가들이 비교적 그 근거가 역사적으로 확인되는 연장선상에 놓여 있는 것이라면 우리나라의 다인종, 다문화는 이미 역사 인식 이전의 영역도 포함되는 가능성을 배제할 수 없다.

문화적인 측면으로 볼 때 지정학적 관점에서 그 이유를 찾는 경우도 있다. 동양학자 라인Rein이 소개한 바에 의하면 한국은 지정학상 해가 뜨는 나라 일본과 중국 사이의 다리역할을 하면서 불교와 유교철학, 언어, 법, 문학뿐 아니라 심지어는 동물과 식물까지도 조선을 통해서 일본으로 전해졌다고 일찍이 알려졌다(김영자).

이규태는 우리 한반도는 지구상의 가장 큰 대륙의 동쪽 끝에 자리 잡고 있어서 큰 대륙의 잡다한 문화가 흘러흘러 찾아 들어와서는 더 이상 빠져나갈 곳을 모르고 머물고 마는 그런 갸름한 봉투 같은 곳으로 곧 문화의 유랑이 끝나는 종착역이라 하였다. 그리고 오랜 역사 동안 흘러든 그 문화들을 골고루 섭취하여, 버리지 않는다는 이 불사不捨의 생리가, 이질이나 이단의 문화를 선별하거나 맞아 싸워가며 완강히 배척하는 유럽의 생리와는 크게 대조되는 것이다. 그리하여 종교만 하더라도 유불선儒佛仙에 무속까지 구절판처럼 나란히 한대 공존이라고 표현하였다. 이러한 현상은 현재도 다를 바 없다.

서울에 와 본 사람이라면 누구나 한국이 역사와 전통, 현대가 잘 섞여 있다는 것을 느낄 수 있다. 첨단 LED 전광판에서 최신 기술을 자랑하는 스마트폰 광고와 조선시대 궁궐을 동시에 볼 수 있는데 전통과 현대뿐 아니라 시공을 뛰어넘는 입체적인 결합형태이다. 남을 칭찬할 때 일컫는 표현에서도 흔히 나타나는데, '예의 바르면서도 솔직하고, 겸손하면서도 진취적'이라는 표현은 어떤 의미로 이중적이거나 복합적인 잣대를 들이댈 수도 있지만, 그 누구도 반듯한 이미지를 연상하지 부정적인 표현으로 생각하지 않는다.

소설 『25시』로 세상에 알려진 루마니아 작가 게오르규가 1987년에 발간한 『한국-미지의 나라』에서 그는 지도를 펴놓고 유심히 보아도 한반도는 동서양이 연륙된, 이 세상에서 가장 큰 대륙과 이 세상에서 가장 큰 대양을 연결하는 열쇠처럼 걸려있다. 그러므로 사상적으로나 정신적으로 꽉 막혀 있는 인류의 체증을 푸는 열쇠를 한국에서 찾은 것이다.

1901년 입국한 독일 쾰른의 신문사 기자 지그프리드 겐테Siegfroied Genthe(1870-1904)는 토속적인 전통문화와 관습에 매달려 살면서도 새 시대의 발명품에 흥미를 갖고 새로운 것을 거리낌 없이 받아들이고 있고 이 나라의 서울은 퇴보적이고 야만성을 보이는 아시아적 원시상태와 서양의 진보적인 문명이 동시에 병행하고 있다. 이 모든 대등관계가 이 현 사회의 혼동 속에서도 각각 나름대로 위치를 잡고 버티면서 제 갈 길을 걷고 있는 것이 참으로 놀랍고 기이한 현상인데 이러한 사회현상을 세계 어느 나라를 돌아보아도 두 번 다시 찾아볼 수 없으리라 여긴다고 하였는데, 이러한 경향은 조선을 방문한 많은 외국인들의 공통적인 견해이며 현대에도 크게 다르지 않은데 전통과 첨단의 문화가 어우러지는 바로 다문화의 공존을 넘어 일부는 자연스러운 융합과 관련이 있는 것이다.

(3) 다종교의 융합 사회

다인종, 다문화는 쉽게 이해를 하지만 다종교의 융합 현상은 외국인들이 볼 때 우리나라처럼 이해하기 어려운 나라는 찾아보기 어렵다. 이러한 이유를 한국인들에게 잠재되어 있는 의식 가운데 천손민족에서 찾는 가설도 전혀 터무니없는 사실이라고 단정 짓기는 어렵다.

특정문화에서 파생된 여러 갈래의 이질화된 문화가 다시 역수입될 경우 당연히 그 친연성으로 인해 거부감이 덜하다는 것에 대해 전혀 비논리적인 측면만이 존재하는 것은 아니다.

『삼국유사』에서 환인桓因의 서자庶子 환웅桓雄이 천하에 자주 뜻을 두어, 인간세상을 구하고자 하였다. 환웅이 무리 삼천을 거느리고 태백산 정상 신단수神檀樹 밑에 내려와 신시神市라 하고 이에 환웅천왕桓雄天王이라 하였다. 이후 이 단군설화 이외에도 우리 고대 여러 나라들의 건국설화에는 창업주가 천제天帝와의 혈연관계를 언급하고 있는데, 『삼국유사』에 열거되어 있는 70여 개의 나라 가운데 북부여, 동부여, 고구려 삼국의 건국 신화에는 천제 내지 상제上帝와의 관련이 언급되어 있다.

이러한 표현은 『삼국사기』를 포함해서 수 없는 기록이 확인된다. 『삼국사기』에 스스로 천제天帝의 아들 해모수가 비류국沸流國 왕 송양松讓에게 나는 천제의 아들이고 아무 데에 와서 도읍하였다고 하였다. 구한말 선교사였던 제임스 게일도 조선 사람들은 바로 자기네가 하나님의 자손이며, 중국인들과는 약간 피가 섞인 민족이라고 주장한다고 언급했다. 또 『후한서後漢書』 「동이열전」 마한조나 『삼국지三國志』 「동이전」 한韓조에서 여러 나라의 고을에는 각각 한 사람이 천신天神의 제사를 주재하는데 '천군天君'이라 부른다. 또 소도蘇塗를 만들어 거기다가 큰 나무를 세우고서 방울과 북을 매달아 놓고 귀신을 섬긴다는 대목도 이와 관련이 없지 않다.

오래전에 우리나라에 유입되었던 도교나 불교도 한국화를 거쳤다. 차주환은 도교는 우리의 고유한 신앙과 습속에 조절되어야 했고, 또 먼저 전래한 유교 및 불교와의 조정이 불가피했으므로 우리에게 받아들여진 도교는 여러모로 변모되지 않을 수 없었다고 하였다. 독일 출신의 한국관광공사 사장 이참李參은 한국은 원래부터 다원주의 문화를 가진 나라로서 한국은 샤머니즘, 불교, 유교, 기독교를 차례로 받아들여 한국화하고 꽃을 피우고, 평화공존 하는 세계에서 유일한 나라라고 하였다.

최중현은 이것은 이미 언급된 바와 같이 기독교도 별반 다르지 않다. 샤머니즘의 끈질긴 생명력은 유입된 외래종교들이 우리나라에 들어와 국가의 보호 속에서 찬란한 융성의 길을 걸어왔으면서도 어느 종교도 샤머니즘을 제거해 본 적이 없다는 것이다. 오히려 외래종교들은 수용과정에서 샤머니즘에 흡수 융합되어 변질이 되었다. 다른 종교로부터 많은 영향을 받은 샤머니즘의 자체는 변질함이 없이 오히려 발전되었다는 사실이 참으로 놀라운 사실이 아닐 수 없다고 하였다.

헐버트는 한국인은 사회적으로는 유교도이며 철학적으로는 불교도이며, 고난을 겪을 때에는 영혼 숭배자이다. 하지만, 그는 기독교가 전해진 이후, 한국인이 기존의 전통들을 소거하지 않은 채 그 위에 기독교를 하나 더 얹어 신앙의 레퍼토리에 추가했을 거라고는 예상치 못했을 것이다. 다시 말해, 그가 기독교인이자, 유교인이자, 불교적 사상가이자, 무교인으로서 살아가는 현대 한국인의 종교 생활까지는 예상하지는 못했을 것이다.

독일 라히프치히 매일신보 특집에 소개된 헤쎄 바르택Hesse Wartegg의 한국견문기에서 일부 서구의 학자들이 조선에는 종교가 없다고 주장하는데 이는 조선에 '신전'이라고 할 절(Temple)이 보이지 않기 때문이다. 또는 1901년 조선에 입국한 독일 쾰른의 신문사 기자 지그프리드 겐테는 서울에서 '신전'이 보이지 않는 것은 도무지 이해할 수 없다. 조선 사람들에게는 신앙이 없다고 해도 과언이 아니다. 사실상 종교를 갖고 있지 않다고 하는 게 옳겠다. 신앙에 대해서 아주 무관심해 보이는 조선인은 어떤 한 일정한 종교에만 매달리지 않고 종교의 자유를 누린다. 무속신앙이나 자연의 힘에도 의지하고, 유교 사상을 따르다가도, 부처의 가르침도 받는 등 별 거리낌 없이 좋다고 생각되는 것은 다 신봉하는 듯하다는 내용의 의미는 다종교의 융합과 관련이 깊다. 가장 배타적일 수 있는 종교에서조차 이러한 사고방식이었으니 다른 분야에서는 논의조차 의미가 없는 것이다.

헐버트는 수세기를 걸쳐 서로가 익숙해지는 동안에 하나의 종교적인 혼성물을 이루었으며, 한국인들은 이러한 혼성물 중에서 자기가 좋아하는 요소를 취하면서도 그 나머지에 대하여는 아무런 멸시의 감정을 나타내지 않는다고 하였다.

서양인들이 그들의 잣대로 한국인의 종교관을 이해하려 했기 때문에 그들은 초기에 많은 혼란을 겪었으며 이후 종교에 대한 개념이 확장되었다. 기독교적인 시각만으로 해석하다 보니 해석의 여지에 한계가 있었던 것은 분명한 사실이다.

한국인의 하늘관은 그 모든 것을 만든 창조주이자 조물주이다. 선하든 악하든 초월적인 존재건 아니건 간에 모두를 만든 절대자이다. 이러한 하늘관은 조물주에 의해 창조된 그 어떤 종교도 쉽게 수용하고 받아들일 수 있는 배경이다. 실제로 1904년 러일전쟁을 취재하기 위해 대한제국을 방문한 아손 그렙스트Grebst, W. Ason에게 선교학당의 책임자로 있는 피에르가 들려주는 기독교에서 표현하는 하나님에 대한 인식이 크게 다르지 않다. 하나님이란 말은 하늘의 주인이라는 뜻인데 '하나'는 하늘, '님'은 주인에 해당하는데 조선인들의 믿음에 의하면 이 하나님은 전우주의 통치자이며 하늘과 땅에 있는 모든 신들을 통치하며 기독교에서 말하는 신의 개념과 일치하는 점이 놀라울 정도로 많기 때문에 선교사들은 편의상 기독교의 신을 의미하는 말로 하나님의 개념을 사용하고 있다고 인용하고 있다.

게오르규는 『한국 찬가』에서 단군은 민족의 왕이며 아버지이며 주인이다. 그가 한국 민족에게 내린 헌법은 한마디로 요약된다. 그것은 홍익인간이다. 가능한 많은 사람에게 복을 주는 일이다. 그 이후 한국인은 다른 많은 종교를 받아들였지만, 단군의 법은 변함없이 5천여 년 동안 계속 유지되고 있다. 왜냐하면 단군의 법은 어떠한 신앙과도 모순이 되지 않기 때문이다. 그것은 결국 모든 종교나 철학의 이상적인 형태로 '최대한의 인간을 위한 최대한의 행복' 또는 모든 인류를 위한 행복과 평화라고 했는데 이 역시 호칭은 다르지만 같은 맥락이다.

서양인들이 인식하는 유일신의 종교관과는 전혀 다른 우리 민족의 전통종교관을 단적으로 보여주는 에피소드를 게오르규는 다음과 같이 언급하고 있다.

한국인들은 언제나 관용의 종교를 실천으로 옮기며 살아왔다. 민족의 창시자가 가르쳐 준 것처럼. 어느 날 산꼭대기에 세워진 절에서 두 여승이 나에게로 접근하는 것을 보았다. 그들은 아름다웠다. 머리를 깎고 승려복을 입고 있었다. 나에게 인사를 한 후 그들은 눈을 하늘로 들고 십자가를 그었다. 나는 그것을 보고 매우 놀랐다. '당신네들은 불교인 여승들인데…왜 십자가를 긋습니까?'하고 나는 물었다. '당신네들은 가톨릭 신자가 아니지 않습니까?' '그것은 당신과 당신의 종교에 대한 존경의 표식입니다'하고 그들은 대답하였다. 그들의 파벌주의가 없는 점과 관용성이 나에게는 놀라운 일이었다. 모든 기독교 신자가 아닌 사람들도 이 두 여승이 십자가를 그은 것과 같은 마음으로 교황을 맞이하였다.

1892년 감리교 선교사 존즈George Heber Jones(1867-1919)는 『한국의 종교 발달』이라는 제하에서 데몬숭배(demonolatry), 불교, 조상숭배는 서로 가까이 존재하고 있으면서도 부조화를 이루지는 않는다. 한국인은 대다수 사람들이 진정한 이교적(pagan) 관용성을 지니고 자신을 세 전통 모두의 성원으로 인식하면서도 어느 전통으로부터도 출교당할 위험에 처하지 않는다. 한국에서보다 높이 숭상되는 '이교적 관용성'의 좋은 예는 다른 나라에서 볼 수 없을 것이다. 한국 역사에는 종교의 우월성을 확보하려는 무력시도는 알려지지 않았다고 하였다.

오래전에 우리나라에 유입되었던 도교나 불교도 한국화를 거쳤으며, 주강현은 사찰에 수용되어 사찰장승 역시 민간에 널리 존속되어온 장승이 무불융합을 거치면서 수용된 것으로 추측하고 있다. 한편 헐버트는 먼 옛날로부터 한국인들이 믿고 있는 배물교적 미신이나 정령설은 너무도 철저하게 불교와 영합되어 있기 때문에 우리로서는 그 혼합된 종교의 시말을 분간할 수 없다고 혼란스러워하고 있다.

여기서 언급한 우리 민족에 있어서 종교의 다원성, 다문화주의 등과 관련이 있는 공동체 의식은 개방적이고 포용적인 사회성을 의미하는 것이다. 공동체 의식은 후에 파별조성으로 인한 당파싸움, 집단이기주의나 혈연, 지연, 학연 등의 병폐를 낳기도 하였으나 더불어 어울림(조화)이라는 당금의 세계화 시대에서 이미 오래전부터 중요한 덕목을 실천하고 있었다.

조선조의 사대주의 병폐로 인해 서구에까지 고유의 문화가 없는 것처럼 알려졌지만, 분명히 뚜렷한 문화권을 형성하고 있은 것은 사실이다.

'조화'란 동일시되는 것이 아니라 일곱 빛깔 무지개처럼 각각의 선명한 색(개성)을 드러내면서 이루어지는 것이다. 모화사상에 의해 실체가 없는 것처럼 보이는 우리의 독특한 문화권도 그런 점에서 파악되어야 한다.

2) 전통무예와 다원적 사회의 관련성

우리나라는 농업기반 사회로서 노동력이 매우 중요한 위치를 차지했으며 부족한 노동력은 마을구성원들이 어우러져 품앗이를 통해 충당할 만큼 공동체 사회가 보편화되어 있었다.201) 대표적인 것이 황두202)와 두레이다. 공동체와 관련된 조직은 농사뿐만 아니라 양반신분의 동계나 문중계, 마을주민 모두를 대상으로 하는 대동계나 향약계, 촌계, 유산계(놀이계), 서당계 등이 있었다. 그러나 이러한 공동체 사회도 획일화가 아닌 집단 간의 고유한 특성들이 살아 숨 쉬었는데 다원적 사회의 한 현상으로 받아들여진다.

이는 마치 일곱 색깔이 어우러져 아름다운 무지개가 형성되지만 일곱의 각각 색깔은 하나도 훼손되지 않고 나투어지는 것과도 같다. 즉 색채가 이루는 조화는 몰개성이 아니라 각각의 개성이 온존한 가운데 아름다운 무지개가 형성되는 것이다.

조선조는 숭유와 엄격한 주자가례의 틀 안에서 이러한 경향이 별반 드러나지 않았다. 오히려 그 이전 시기인 고려에서 더 쉽게 찾아볼 수 있다. 박종기는 고려문화가 중앙과 지방, 질과 양의 문화가 공존하는 다양성을 특징으로 하면서, 이러한 다양성을 조화시켜 통일성을 지향하는

---

201) 조선 말기 무렵 조선을 방문한 외국인들의 기록 가운데 세 명이 협업하는 농사용 도구 가래 이야기가 많이 나오는데, 1936년 압록강 어귀에 도착한 스웨덴의 동물학자인 Sten Berman(1895-1975)은 용암포龍岩浦 지역에서 여섯 사람용 가래가 일반적이라는 사실을 적고 있을 정도로 공동체 문화가 발달하였다. 1980년대 말까지도 사회주의 국가인 중국의 '생산대'라는 영농공동체집단 가운데 동북삼성에 거주하는 우리민족만 유독 대부분 7인용 가래를 사용하였다고 하는데, 연장자나 우두머리가 대형 가래를 잡고 양쪽으로 줄을 달아 각각 3명의 인원이 그 줄을 끌었다고 하며 그들은 현재 북한에도 그 가래가 존재할 것으로 추정하고 있다.
202) 황두는 마을마다 이삼십 명의 농민들이 '군대'와 같이 엄격한 작업 단위를 이루어 김매기를 수행한 조직이었다. 농사 경험이 많은 황두꾼 중에서 작업반장격인 계수, 부계수도 뽑았다.

특성을 갖고 있는데 이 통일성은 다양한 문화를 하나로 묶어 새로운 문화를 창조하는 역할을 했으며 그 구체적인 예가 팔만대장경의 조성사업이며 사상적 통일성을 추구한 구체적인 예가 팔관회八關會라고 하였는데 이와 다름 아니다.

앞에서 장황하게 언급한 다인종, 다문화, 다종교의 융합에 대한 개념이 우리 전통무예와 관련지을 수 있는 직접적인 자료는 존재하지 않는다. 특히 다인종이나 다종교의 융합과 관련된 직접적인 자료는 거의 없다고 단정 지을 수 있다. 그럼에도 불구하고 장황한 예시나 설명은 우리 민족에게 있어 이미 언급된 고려사회처럼 이들을 토대로 다양한 다원적 사회가 형성되었을 배경에 대한 개연성이 농후하다는 것이다. 이희근은 고려에서 조선에 이르기까지 하층민이었던 백정부류의 기원을 『조선왕조실록』 등을 통해 북방 이민족으로 단정했는데, 그들의 존재는 조선말까지도 존재했지만, 고려에서 조선조까지 집단을 이루면서 사회구성원으로 존재했었다고 언급했다. 조선의 백정이 근대까지 이방인시 당했을 뿐만 아니라 소외당한 것은 불과 수십 년 전 일이기도 하다. 이 한 가지 사실 만으로도 다원적 사회와 관련된 개념은 분명히 현대까지도 존재했다고 볼 수 있다. 장황한 이러한 부언들은 일곱 색깔의 무지개와도 비견되는 우리 문화임을 설명하기 위해 몇 가지 예로써 제시된 것이다.

우리 전통문화와 무예가 지니는 공통적인 특성 중의 하나는 바로 다문화가 어우러지는 데서 비롯된 것으로 추정되는 공동체 소산이다. 이런 공동체 현상은 무예에도 팀을 이루어 경합이 이루어지곤 했는데 마을 간에 벌어지는 행사나 경기에서도 볼 수 있었다. 서민이나 중인 계층에서 주로 행해지던 편싸움(석전)과 결련태껸, 주로 양반 계층에서 권장되던 활쏘기에도 편사便射가 있었다. 예로부터 내려오는 사풍을 보면, 사원끼리 편을 갈라 활 쏘는 재주를 겨루는 편사가 널리 행해졌으며 심지어는 아동兒童편사까지 있었다.

마을 간이나 팀별로 이루어지는 이러한 놀이와 경기에는 경쟁 심리와 더불어 흥과 신명이 동반되는데, 특히 근대까지도 성행하였으며 가장 많은 인원이 참가하는 서민들의 석전石戰은 사상자가 나는 가운데서도 치열하게 이루어졌다. 당시 조선을 방문했던 외국인들의 기록에는 그들의 눈에도 인상적이었던 석전의 과정들이 빠짐없이 언급되어 있다. 백성현·이한우는 서울에서는 만리재 편싸움이 유명했다. 그래서 남편과 아들이 싸움에서 패하여 집으로 도망 오면 대문을 열어주지 않고 내쫓아 끝까지 싸우게 할 정도로 여성들도 여기에 적극적이었다고 전해진다고 하였다.

　다문화와 관련이 있는 다원적 경향은 무예도 예외가 아니었는데 바로 무예의 다층구조에서도 찾아볼 수 있다. 즉 무예라는 의미가 우리나라에서만은 각박하고 심각한 대상만은 아니었으며 어린이에게는 유희이자, 성인들에게는 여흥 혹은 문화행사이자 경기로서 사람을 살상하기도 하는 기능이기도 하여 종잡을 수 없는 대상이기도 했다.

　우리나라에서 무예에 대한 인식구조는 무술은 전시에는 살인기술이었다가도 평화가 찾아오면 다시 그것에 맞는 무술이 되며 다시 오랜 전쟁이 지속되면 기존의 기법들은 또한 그 시대에 맞게 변한다는 표현처럼 고려사에 나오는 유희적 경기적 개념의 수박희가 아닌 사람을 살상하는 기능을 지닌 수박과 그 맥을 같이한다. 이후 해방이 되고 일제강점기의 부담이 사라지면서 우리나라의 독특한 민족성 가운데 하나로 '유희를 통해 전투를 연습한다'는 표현처럼 즐기려는(유희) 내적인 욕구가 구체화한 것이 태권도의 경기화이다. 이것은 전쟁이나 전투기술의 심각성을 유희를 통해 즐기면서 쉽게 풀어내려는 우리 민족의 독특한 기질 중에 하나로서 다원직 사회의 흔적과 유관하다.

　이것은 마치 일과 놀이의 구분이 별반 없는 듯하다가도 기회가 되면 몸이 부서져라 일을 하는 양면성이 그대로 우리 전통무예에까지 이어지는 것과 같다. 쉬운 사례로 바로 무예적 속성인 수박과 유희적 경기적 속성을 지니고 있는 수박희를 들 수 있다. 사람을 살상하기도 하고 유희나 경기로 즐기기도 하는 아이러니한 양면성을 지니고 있는 독특한 구조는 택견 내에서도 실전택견과 경기택견, 태권도에서 도장태권도와 경기태권도가 공존하는 역학구조에서도 찾아볼 수 있다.

그래서 수박과 택견만이 아이에서 어른까지 즐긴 것이 아니라 석전이나 활쏘기, 검무, 씨름 등 거의 대부분이 전 연령층에서 각 단계에 맞게 이루어졌다. 여기서 검무는 어린아이[203]나 기생,[204] 여염집 부녀자,[205] 무인武人[206]에 이르기까지 행해진 기록이 보인다.

우리의 전통무예가 이중구조를 지닐 수밖에 없는 이유를 구태여 들자면 사회구조와 밀접한 관계가 없지 않다.

게일James S. Gale은 유교의 좋지 못한 영향 때문에 말살된 조선 민족의 특성을 고스란히 간직하고 있는 존재가 바로 이런 습속에서 제외되어 있으며 그가 가장 흥미진진한 존재로 평가한 머슴이라는 존재라고『코리언 스케치』에서 상당 분량을 할애하고 있다. 즉 엄격한 유교라는 제도 안에서의 대표적인 양반, 사대부 등의 정형화된 모습과 동시대에 같은 공간에 존재하면서도 대조되는 계급이 특수한 경우를 제외하고 오랫동안 충돌 없이 자연스럽게 조화된 것과도 비유가 가능하다.

이는 극단적인 양면성이 충돌하지 않고 동시에 조화롭게 공존하는 다원적 사회의 한 특성을 보여주는 것인데 이러한 현상을 일컬어 '어떤 형태의 물건이건 쌀 수 있지만 푸는 순간 형태가 사라지는 보자기문화'[207],

---

[203] 『동문선東文選』 속동문선 제4권/칠언고시七言古詩/동도악부 칠수東都樂府七首
[204] 『연행일기燕行日記』 연행일기 제9권/계사년(1713, 숙종 39) 3월 18일(을미)-노가재老稼齋 김창업金昌業의 연행燕行 기록.
[205] 『청성잡기靑城雜記』 청성잡기 제5권/성언醒言/불우한 여류 시인 파녀坡女
[206] 김지남의 『동사일록』/일록/임술년(1681) 5월 15일(임술)

혹은 '다양한 재료가 어우러져 독특한 맛을 내는 비빔밥문화'이지만 결코 '개체 하나하나의 개성을 말살시키지 않고 각자의 아름다움을 그대로 간직하면서 마치 일곱 빛깔 무지개 같은 어우러지는 아름다움'을 의미하는 '조화된 사회'를 의미한다. 이는 또 다른 표현으로 상선약수上善若水와도 같아서 물은 어디든 담길 뿐 아니라 어떤 형태로든 존재하면서도 심지어 얼거나 눈으로 존재하더라도 원래의 성질과 형태로 돌아오며 그 속성은 변하지 않는 특성과도 대비된다.

일반적으로 무武를 논할 때 개인의 심신心身관계에 국한해서 설명되는 경우가 없지 않으나 적어도 우리의 전통무예는 사회성이 배제된 상황을 상상하기란 어렵다. 당연히 전통무예를 언급할 때에는 인간 간의 사회적인 측면까지 포괄적으로 염두에 두는 것이 바로 우리 전통무예의 단면이다.

권오륜은 현대 체육학이 인접 분과학문과 통섭(consilience)을 통해 새로운 지식을 창출할 수 있는가에 대해 체육학의 학문적 근거가 되는 신체의 움직임, 즉 몸은 비단 체육학뿐만 아니라 정신과 함께 인류의 지성사를 관통하는 철학적 담론의 중심에 위치한 명제라 하였다.

그러나 현대적 시각으로 바라보는 우리 전통무예는 통섭이나 학문적 이종교배를 통한 융합이란 표현을 거론하지 않더라도 현대의 과학기술 분야를 제외하고는 심신일여나 공동체 의식의 소산이 의미하듯 당시의 거의 모든 사회상 등과 자연스레 유기적으로 연결되어 있음을 깨닫게 된다. 심지어 전통무예는 당시 의학과 결합하여 있기도 했는데, 김동규의

---

207) 이규태는 한국인의 생활구조의 하나로 우리의 보자기에 대해 보자기는 용량에 제한 없이 있는 만큼 감싸고 또 그것이 책이건 수박이건 뭣이든지 담는다. 그리고 기능을 다하고 접어버리면 없어지는 공간 환원을 한다. 보자기는 어머니 품처럼 넓고 또 잘못이 크건 작건 가림 없이 포용한다. 곧 보자기는 그 포용력에서 모성 원리와 통한다고 하였다. 더불어 그는 구미歐美 사람들이 규격화되고 정해진 논리나 약속이나 규범이나 변증법에 준해 사고하는 가방형 사고를 한다면 우리 한국인은 그 논리가 신축하기도 하고 있다가도 없어지는 심정주위주의 보자기형 사고를 한다고 하였다.

현대의학이 발달하기 전 고대의 무도인들의 자연스러운 의료적인 행위가 보편적이라는 표현에서도 알 수 있다.

한편 프레데릭 블레스텍스Boulesteix Frederic은 앞서 언급한 양면성이 우리 문화 뿐 아니라 모든 분야에 걸쳐 형성되어 있다고 지적했다. 그는 17세기 후반부터 주로 프랑스를 비롯한 유럽에 알려진 조선의 이미지 분석에서 가장 중요한 축을 이루는 하나의 핵심어는 바로 양면성(일종의 대비적 성격)이라고 하였다.

교육을 중시하는 태도, 중국식의 효율적인 행정체계 등은 또 하나의 주제, 즉 문명과 문화라는 추가적 주제로 발전한다. 야성성과 문명문화, 이 두 가지 주제는 18세기에 유행하던 '착한 미개인' 혹은 '동양의 현자' 등의 개념과 만나면서 매우 특이한 이미지로 발전한다. 한국은 17세기까지도 세계 13대 문명 가운데 하나로 간주할 정도로 문명국이면서도 동시에 '야성적 인간'들이 사는 '미지의 땅'이기도 한 것이다.

게오르규는 이질적인 양면성이 공존하고 조화를 이루는 데 대해서 서양은 하나의 문화권에 언제나 방어를 위해 상호 간의 이해를 막는 벽을 쌓아왔지만, 한국 문화의 위대성은 벽을 쌓지 않는다는 데 있다고 하였다.

우리의 전통무예는 어린아이들에게는 순수한 유희였으며, 성인들에게는 여흥을 돋우는 면이 있는가 하면 한편 도박에 활용되거나 마을간 경쟁이나 해묵은 감정을 해소하는 경기로 활용되기도 했다. 그러면서도 살상기술이 공존하는 등 각각의 색채가 훼손되지 않는 무지개 색채를 유지해 왔다. 이 모든 것을 훼손하지 않으면서도 하나로 감쌀 수 있는 측면에서는 보자기 문화라 할 수 있으며 바로 이런 형태의 문화야말로 다원적 사회의 한 단면이자 전통무예의 외형적 특성이라 할 수 있다.

다원적 사회의 흔적을 보여주는 것으로 맨손무예 자체 내에서도 찾아볼 수 있다. 전통맨손무예는 손과 발뿐 아니라 유술과 심지어 박치기까지 온몸을 사용하였다. 심지어는 무예武藝의 '예藝'라는 표현처럼 무예를 춤208)으로 승화시키기까지 했다.

맨손무예인 택견은 종합무예이기도 하며 아이에서 성인에 이르기까지 즐겼는데, 택견의 쌈수(싸움기술)를 현대식의 표현을 빌자면 종합적인 맨손무예이다.

일반적으로 다원적 사회에서 가장 큰 문제점으로 예측할 수 있는 부분이 바로 국가적 결집력이라 할 수 있다. 그러나 앞에서 서술했듯이 공동체 의식에 수반되는 집단적·감성적 소통에 익숙한 우리민족은 국난에 처했을 때는 명분이라는 대전제 아래 강력한 결집력을 보여주었다.

『한국의 비극』을 쓴 매켄지Frederick Arthur McKenzie는 조선의 의병을 "정의의 군대(Righteous Army)"라 영역하였다. 한국에서 의병을 직접 목격한 그로서는 의용군(Volunteer)이라는 흔한 보통명사를 붙일 수 없다는 생각에서 의병의 실상에 맞는 새 단어를 만들어냈는데, 그만큼 국가의 위기를 맞은 우리나라 사람들의 의식과 사고가 남달랐으며 명분을 앞세운 데에서 비롯된 것으로 받아들일 수 있다. 박은식은 나라가 위급할 때 의(의병정신)를 무기삼아 즉각 일어나 적과 싸우는 것이 의병인데 이는 삼국시대로 거슬러 올라가며 이것이 누가 가르쳐 준 것이 아니라 우리 민족 고유의 정신이요 이 나라의 국수國粹라 하였다.

아무리 공동체 생활일지라도 한정된 집단 내에서 통용되는 것이고 외래문화가 유입되고 사회가 다분화 되면 여러 가치기준들에 혼란이 오게 마련이다. 현대에서 글로벌화가 가속되어 정점에 가면 국가나 민족이라는 테두리는 엷어진다. 그리고 각자의 가치라는 것이 아주 다분화 되어 공통

---

208) 검무나 태껸무고춤 12마당 등이 해당한다. 송덕기 옹은 실제로 잔치에서 시조창도 하고 태껸무고춤을 춘 적이 있었다는 증언도 있다.

분모共通分母를 찾기가 힘들어진다. 우리 민족에게 있어서 명분은 왕조체제를 유지하는 원동력이기도 했다.

허성도는 1300년대의 역사 구도를 놓고 볼 때 전 세계에서 단일한 집권체가 518년간 이어졌던 나라는 조선 이외에 단 한 나라도 없으며 고려가 500년, 통일신라가 1,000년, 고구려가 700년, 백제가 700년을 지속한 배경에 대해 몇 가지 이유를 들어 설명하고 있는데, 그 이유 못지않은 부분이 우리민족이 지닌 명분에 대한 가치의 덕목을 중요하게 여겼기 때문이라 믿어진다.

그런 점에 있어서 다원적 사회에 있어서 명분은 국난을 맞이하여 중요한 구심점이기도 하였으며 의병, 승병, 학도병 등의 이름으로 심지어 어린 여학생까지 모든 국민이 다양한 위치에서 자발적으로 나서 개인적 모든 희생을 감수하면서까지 구국에 앞장을 서왔다.

3) 맺음말

우리나라는 고래로부터 다인종, 다문화, 다종교가 융합된 사회였다. 즉 우리민족에 있어서 종교의 다원성, 다문화주의, 공동체 의식은 개방적이고 포용적인 사회성을 의미하는 것이다. 특히 현재 세계적으로 종교적 갈등이 대다수 분쟁의 핵심을 차지하고 있는데, 우리나라에서는 특별히 사회적 물의를 일으키지 않는 한 벽을 쌓지 않고 수용했을 뿐 아니라 공존을 넘어 융합현상을 보인다.

이러한 다문화를 쉽게 수용하는 우리 민족은 과거 농경사회를 근간으로 하는 공동체 사회에서 비롯된 공동체 의식이 발달하였는데, 특히 이에 수반되는 집단적·감성적 소통이 익숙하다. 또한 다문화를 결합하는 강력한 힘으로 보여준다.

이상 언급한 내용과 전통무예와의 관련성의 결론은 다음과 같다.

우리나라는 전통적으로 농경사회로서 많은 노동력이 필요했던 원인도 있지만, 기질적으로 다문화를 수용하면서도 독특하면서도 고유한 문화를 이어왔다. 즉 우리 민족은 무예와 놀이의 구분이 모호했던 것이 아니라 모든 문화가 유기적(총체적)으로 연결되어 있다. 공동체 문화와 관련된 특징으로는 석전, 결련태껸, 편사 등을 들 수 있다. 특히 이들을 포함한 검무나 씨름 등은 성인뿐 아니라 어린이들이 즐기는 놀이이기도 했다.

전통무예의 다양한 모습은 다원적 사회와 관련된 흔적으로 어떤 형태이든 각 단계에 맞게 수용하는 기질적 특성과도 유관한 것이다. 무예적 속성을 지닌 수박과 유희적 속성을 지닌 수박희가 공존하고 택견 내에서도 실전택견과 경기택견, 태권도에서 도장태권도와 경기태권도가 공존하는 역학구조도 같은 맥락이다.

석전이나 결련태껸, 활쏘기, 검무, 씨름 등 대부분이 전 연령층에서 연례행사로 각 단계에 맞게 이루어졌으며, 전시에는 바로 전쟁의 수단으로 사용되기도 했다. 아울러 우리의 전통무예는 여흥을 돋우거나 순수한 유희에서 도박에 활용되어 마을간 경쟁이나 해묵은 감정을 해소하는 경기로 활용되기도 했다. 우리 민족에게 무예의 다양한 형태는 다원적 사회의 흔적으로 판단된다.

4. 한국 전통무예의 흥과 신명 속에 내재된 명분

김홍도의 「단원 풍속도첩 춤추는 아이」 (국립중앙박물관)

우리 민족의 기질적 특성을 일컫는 표현 중에 하나로 '흥과 신명'이 있다. 흥과 신명은 개인보다는 집단적 소통과 관련해서 주로 일컫는 말이다. 유구한 세월 동안 노동집약적 농본주의 사회였던 우리 민족은 필요한 노동력의 확보를 위해 대가족 제도나 공동체 생활이 자연스레 형성되었기에 집단적 소통은 특히 민족성과 결부되어 이성적이라기보다는 감성적으로 주로 이루어졌다. 감성에 의해 주로 작동되는 집단적 소통은 집단 내에서 특정 목표가 주어질 때 보다 쉽게 생겨난다.

우리나라는 오랜 과거부터 다인종 다문화 사회였으며 심지어 종교조차도 다종교의 융합특성을 보여주고 있다. 이러한 다원적이자 이질적인 요소들은 쉽게 결합하기 어려운 특성을 지니고 있다. 특이한 개성을 지닌 단체들이 각자의 목소리를 내지 않고 결집한다는 것은 현대인의 사고로 볼 때 쉬운 일이 아니다.

허용·김현수는 씨름에 내재된 민족정서로 흥興을 언급하면서 정서는 감정적 요소와 지적 요소가 결합한 것이며, 모순되는 충동의 갈등체로서 그 조화를 지향하는 기제를 갖고 있다고 하였는데 바로 다원적이자 이질적인 요소들을 결합하고 조화로 이끄는 것이 우리의 흥과 신명이다. 조선의 붕당정치나 현대 정치에 계보니 계파니 운운하는 것이나 혈연, 학연, 지연에 연연하는 부분도 이러한 다원주의적 역사배경과 전혀 무관하지 않은 추측을 지니게 한다. 우리 사회의 다원주의적인 흔적들은 의외로 현재까지도 남아 있는데, 세계 어느 국가에서도 유례가 없는 현상 중에 하나로 연말 송년회 모임이라 하여 한 달 가까이 술자리가 이어지는 것은 특정 집단의 구성원이었음과 그 유대관계의 끈을 놓지 않고 결속력을 확인하려는 다원주의적 잔재일 가능성이 없지 않다.

우리 민족에게 잠재된 다원주의 사회적 경향이 다른 한편으로 결속력을 저하해 모래알처럼 뭉치기 어려운 민족으로 빗대는 종종 자조적인 표현으로 비유되기도 했다.

그럼에도 불구하고 현대에 IMF 금융위기 당시 금모으기 운동이나 국민적 관심을 끄는 국제경기시합에서는 온 국민이 한마음이 되어 열광적인 응원문화를 펼치곤 했다. 그것은 바로 다원주의적 사회 안에서도 '명분'이라는 대전제 아래에서는 그야말로 모두가 한마음으로 상상하기 어려운 결집력을 보이는데 바로 표출되는 형태가 '흥과 신명'이라고 할 수 있다.

우리 민족에게 다중多衆적 대중大衆적 감성표출인 흥과 신명의 그 근저에는 '명분'이라는 구심점이 내재하고 있는데 특히 조선은 반상班常의 구분이 엄격한 계급사회였음에도 불구하고 명분은 신분고하를 가리지 않고 가장 중요한 덕목이었으며 때로 자신의 목숨이상으로 명분을 중요시하기도 했다. 때로 선비들은 대의명분을 위해 목숨을 걸고 지론을 굽히지 아니하였는데, 고려의 성리학자 우탁과 조선의 조헌과 최익현이 올린 지부상소持斧上疏가 바로 그것이다. 도끼를 들고 들어가 죽음을 무릅쓰고 간했으며, 벼슬을 버리면서까지 직간을 했고, 머리를 찧으며 이마에 피를 흘릴 때까지 간했다.

우리의 전통무예에도 이러한 기질적 특성이 쉽게 확인된다. 조선은 숭유崇儒와 주자학朱子學이 지배한 사회로서 숭문천무의 풍조는 자연스레 전반적으로 무武의 경시로 이어졌다. 그러한 상황 속에서도 국가적 위기인 임진왜란이나 병자호란뿐 아니라 일제강점기를 전후하여 6.25 등 현대사에 이르기까지 신분이나 연령의 고하를 막론하고 의병, 승병, 학도병 등의 이름으로 모든 국민이 다양한 위치에서 자발적으로 나서 개인적 모든 희생을 감수하면서까지 구국에 앞장을 서왔다.

우리의 전통무예와 관련된 한 부분에는 명분이라는 대명제가 자리 잡고 있었으며 이 명분을 통해 작게는 집단적·감성적 소통을 의미하는 흥과 신명으로 표출되는 문화적 요소와 더불어 대의명분을 위해서는 자신의 모든 희생을 감수하는 양극단적인 형태의 표출이 공존하는 특이한 다원적 양상을 지니고 있다.

1) 흥興과 신명神明

 인종과 종교의 벽을 뛰어넘어 자연스레 조화를 이루는 포용성으로서 바로 우리의 보자기 문화, 또는 비빔밥 문화 그리고 더러 상선약수上善若水 등으로 축약 표현되기도 한다.

 한당은 이러한 조화에 대해서 물에 비유해서 설명하고 있다. 물은 형태가 없으면서도 사각 병에 넣으면 사각으로, 둥근 병에 넣으면 둥근 형태가 되어 그릇 형태에 맞추어 스스로 변형시켜 조화를 이룬다. 조화란, 모든 만물과 다툼 없이 슬기롭게 지내는 것이라고 하였다.

 하나가 된다는 것은 구체적인 사물로 볼 때 물과 물이 섞이듯 물질적으로 완전히 하나로 합쳐진다는 것을 뜻하기도 하고 다른 면에서 보면 개개의 사물이 독립적으로 존재하면서도 하나화 된다는 것으로 볼 수도 있다. 어떤 사물이 물질적으로 하나가 되지는 않을지라도 기운으로 혹은 마음으로는 얼마든지 하나가 될 수 있다. 이것이 바로 현실에서 자연이 추구하는 만물을 배태한 의도인 '조화'라고 할 수 있다.

 우리민족이 지니고 있는 감성에 의해 작동되는 정령관념은 의식하고 있지 않지만, 서로가 다르다는 것을 인정하는 데서 인간이 만들어 놓은 인식의 장벽을 허무는 계기가 되었으며 서로가 다르지 않음을 인정하는 분위기로 인해 다문화주의를 낳았다. 그리고 이러한 감성적 소통에 대해 과거에는 국가, 남녀, 인종, 종교, 이데올로기 등 인식의 차이에 의해 서로의 다름은 우열의식을 불러일으키는 장벽역할을 하였지만, 현대는 혁신적인 대중매체나 기기의 발달로 전 세계가 실시간 쌍방소통이 이루어지면서 인식의 차이에 의해 만들어진 장벽들이 무너지고 있다. 즉 서양의 논리에 의해 비과학적 취급을 받았던 부분들이 지금에 와서는 가장 현대적인 소통과 관련이 있다.

흥과 신명에는 '더불어 즐긴다.'는 개념이 내포되어 있다. 더불어 즐긴다는 개념은 공동체 의식을 의미하기도 하지만, 집단적인 감성적 소통을 의미한다. 우리민족은 이미 오래전부터 집단적 감성소통에 익숙하였다. 공동체 사회 개념은 농경사회에서 품앗이나 향약계 등도 있지만, 현대에도 친척이나 이웃의 큰일에는 십시일반 품앗이를 하는 것이 관습으로 이어지고 있다. 집단적인 감성에 의한 소통209)은 혁신적인 대중매체가 발달한 현대사회에서 가장 첨단적인 소통방법이기도 하며 흥과 신명은 이러한 감성적 집단소통을 통한 표출이기도 하다.

현대에도 국민적 관심을 끄는 국제경기 응원문화나 나라가 정치적210)으로나 경제적211)으로 파탄에 직면해 있을 때 금모으기가 아니더라도 쉽게 접할 수 있는 게 바로 우리 민족의 음주문화이다.

정연진은 우리 음주·가무 문화의 특성이라면 여럿이 한데 어울려 신명나게 노는 것으로 기쁘나 슬프나 함께 노래하고 춤추며 마음을 풀어버리는 신명 DNA는 한을 극복해 승화시키는 힘이자, 고난에 찬 힘든 역사를 버티어 오게 한 힘이라고 하였다.

---

209) 우리 민족의 집단적인 감성에 의한 소통이 사회 전반에 걸쳐져 있는 현상 중의 하나로 헐버트는 "한국에는 시가조차도 서정시는 있어도 서사시는 없다."고 하였다.
210) 한국인들은 의로운 일이라면 돈을 우습게 알고 쾌척하는 성질이 있다(헐버트)고 조선 말 당시 한국을 방문한 외국인들의 기록에서도 찾아볼 수 있다. 1907년 남자는 담배를 끊고 여자는 비녀 등을 모아 일본에 진 빚을 갚자는 국채보상운동은 익히 알려져 있다. 1919년 한국을 방문했던 미국인 화가 르로이 볼드리즈는 가난한 청진 주민들이 독립 자금에 쓰라고 정성스럽게 내놓은 금과 은 장신구들을 받아 몸 안에 감추고 온갖 위험을 무릅쓰고 압록강을 건너 밀반출하여 상해 임시정부 요원들에게 전달해 주는 자발적인 모험을 강행하기도 했다. 당시 일본에 의해 한국 내 금을 국외로 반출하는 것이 엄격히 통제받고 있었으며 청탁받기 얼마 전에도 3명의 학생들이 금을 몰래 소지한 채 600마일 이상을 걸어와 압록강 다리를 건너 밀반출하려다 발각되는 바람에 2명은 현장에서 4만 달러어치를 압수당했으며, 거의 같은 양의 금을 지녔던 나머지 한 학생은 강물로 뛰어들어 만주로 헤엄쳐 가려다 그만 금 무게를 못 이겨 익사했던 사건이 있었다. 금을 내놓은 사람들은 노부인에서 어른과 대동한 남루한 옷을 입은 어린이, 짐꾼 심지어 여인들의 결혼반지까지 포함되어 있었다고 한다(백성현·이한우).
211) 1997년 우리나라가 IMF 금융 위기에 처했을 때 전국적으로 금모으기 운동이 일어났다.

그리고 김정룡은 판의 문화라는 표현을 썼는데, 판이란 낱말은 우리 민족만이 쓰는 특이한 언어로서 술판, 춤판, 노래판, 도박판, 오락판, 개판, 한판 벌인다는 등 이러한 말은 타민족 언어로 정확히 번역되지 않으며 세상에서 우리민족만큼 각종 판을 벌이기를 좋아하는 민족은 없다고 하였다. 이러한 예증으로 현재 세상에서 노래방이 가장 발달한 곳이 곧 한국과 연변이며 이는 과거 우리민족의 판문화에 대한 연속의 표현이라 하였다.

비숍Bishop, Isabella Bird은 한국에서는 어떤 사람이 이성을 잃을 정도로 곡주를 마신다고 하더라도, 누구도 그를 짐승으로 여기지 않는다. 훌륭한 고관이 술에 취해 마루에 뒹군다고 하더라도 특권 계급으로서의 권의를 잃지 않는다고 까지 언급하고 있다.

공동체 문화는 우리의 전통무예에도 마을 간의 석전이나 혹은 결련태껸, 편을 갈라 활을 쏘는 편사 등 소위 현재의 단체전의 성격을 통해서도 확인된다. 여기서 단체전이라는 의미에는 집단 간의 우열을 가리는데 있어서 대동大同적인 성격이 두드러진다.

즉 '나'가 아닌 '우리'라는 개념이다.212) 특출한 개인의 능력으로 팀을 승리로 이끌 수도 있겠지만, 들쭉날쭉한 개인의 기량을 마을단위로 묶어 판을 벌이는 것이나 심판이 없는 대신 관객이 적극적으로 경기에 개입213)하는 것이다.

---

212) 서구의 근대화 물결 이후 우리의 전통적 공동체 윤리규범은 많이 희석되었다. 권오륜은 "스포츠 윤리문제에 있어서 한국 사회는 유교문화가 시민윤리의 잠재적 지배가치가 주류를 형성하고 있는데, 나로부터 시작하여 우리로 전개되는 연고주의, 연고 집단의 긍정적 가치는 새롭게 주목받고 있다."고 하였다. 즉 스포츠 경기를 통해 집단적 감성에 의한 소통의 장이 새롭게 열리면서 다시 과거 공동체 윤리규범이 다시 주목받는 경우라 할 수 있다.
213) 이러한 경향은 우리 전통음악에서도 볼 수 있다. 우리 음악을 이해하는 사람들은 흔히 '1고수, 2창, 3청중' 이라는 말을 자주하는데 구체적으로 청중이 참여하는 것은 추임새를 넣는 것이다.

경기는 우열을 가리는 목적이 있지만, 특히 우리민족에게는 내기나 경쟁을 선호한 기질이 다른 나라 사람들보다 더 농후한 듯하다. 특히 팀별로 일을 시키더라도 할당량을 정해주고 경쟁을 붙이면 그야말로 죽자 살자 하면서 젖 먹던 힘까지 다해서 일하는 '돈내기'[214]을 들 수 있다.

우리 민족은 일할 때 일하고 놀 때 노는 그런 민족이 아니다. 일과 놀이가 어우러지고 뭉뚱그려져서 일하는 듯 노는, 노는 듯 일하는 듯 하는 게 우리 민족의 일과 놀이이고 생활이다. 신명나게 놀수록 힘이 넘쳐서 일하고, 신명나게 일할수록 놀 때도 흥이 넘친다. 어려운 일을 마치고 직원들끼리 회식을 하면서 노는 나라는 우리나라밖에 없다.

우리 민족문화의 특징을 보면 일과 놀이를 구분하는 것이 아니라 일과 놀이를 동일시하여 일의 효율성을 높이고 있다. 특히 공동체 내에서 이루어지는 노동 가운데 노래를 부르는 노동요가 발달하고 그러다가 신명이 나면 춤을 추고 흥겹게 노는 풍습은 단편적으로 아직도 접할 수 있다. 힘든 노동을 심각하게 하는 것이 아니라 놀이와 접목함으로써 흥과 신명을 통해 어려움을 극복하려는 독특한 문화의 산물이자 기질적 특성이기도 하다.

우리 민족에게 무예와 놀이만 구분이 모호했던 것은 아니었으며 전반적으로 우리 민속 문화의 특징은 두드러진 뚜렷한 구분성이 없다는 점과 모든 문화가 총체적으로 서로 연결되어 있다는 점이다. 일반적으로 문화는 삶과 유기적으로 결합하여 있는데 우리 문화는 그 결합성이 더 강하다.

원래 민속 문화의 기원은 주로 삶의 현장에서부터 출발했는데 특히 농경사회로서 많은 일손이 필요했던 우리 사회는 대가족제도를 포함하는 공동체 의식이 발달했다. 그중에서도 많은 부분이 노동과 일로부터 시작되

---

[214] 공사를 할 때, 일정한 분량의 일을 단위에 따라 품삯을 미리 정하고 하는 것.

없다고 할 수 있다. 우리 민족의 다양한 놀이들도 대부분 일과 결합한 형태이며, 그 밖의 많은 민속놀이도 실제적 삶에서 벗어난 것은 거의 없다.

이처럼 실제적 삶과 유리되지 않은 놀이는 일과 뚜렷이 구분할 수 없는 특질을 가지고 있다. 이처럼 일과 놀이를 구분하지 않고 실제적 삶과 결합한 형태로 나타나는 것이 우리 민속 문화의 특성이다.215) 이러한 영향으로 우리나라 사람들은 놀 줄도 모르고 쉴 줄도 모른다고 한다.

이렇듯 일과 놀이의 구분이 별반 없어서 소위 '일을 하는 것도 아니고 제대로 노는 것도 아닌' 것처럼 비치지만 사실은 더불어 여럿이 일을 즐기면서 하는 개념이다. 예전의 일이란 모두 육신을 쓸 수밖에 없는 힘든 노동이었기에 공동체문화가 불가피하였으며 공동체문화 아래 노동이 자연 반복되다 보니 소위 '죽이 척척 맞다'는 식으로 손발이 척척 맞음으로써 일이 어려워도 흥이 돌고 신명이 나는 것이었다.

이 흥과 신명을 주체하지 못해 노랫가락까지 집어넣었으니 바로 노동요인 것이다. 한편 생각에 역설적으로 즐기면서 극복하고자 한 것처럼 보이지만 그런 의도와는 무관하게 즐기면서 일을 하다 보니 자연스레 극복이라는 말이 무색하게 된 것이고 노동요 또한 힘든 일을 극복하고자 생겨나기보다는 흥과 신명에 겨워 자연적으로 발생한 것일 수도 있다. 주강현은 이러한 노동공동체문화로서 '황두와 두레'를 손꼽았는데 특히 황두에 비해 늦게 시작된 두레에 대해 '생동감 넘치는 노동공동체'라는 표현이 그 전모를 짐작케 한다.

게일James S. Gale은 존즈George Herber Jones 목사의 글을 인용하여 인상 깊게 밭을 가는 도구인 '가래'에 대해 언급했다. 한 뙈기의 밭을 갈기 위해 일꾼 한 사람을 썼는데, 당초 약속한 삯으로 일꾼 네 사람을 불

---

215) 알렌은 "조선의 아이들은 어른이 하는 노동을 놀이로 여긴다."고 하였는데, 어린아이들의 놀이 문화가 적었기 때문에 생긴 이유 가운데 하나일 수도 없지 않다.

러 미국제 삽에다가 새끼줄을 양쪽으로 두 줄씩 매어 의기양양하게 일을 했다고 하며 이런 것은 조선 머슴의 정신의 문제일 뿐 아니라 그 기구의 힘이기도 하다고 썼다.

맞는 말이지만 좀 더 구체적으로 표현을 한다면 바로 흥과 신명이 곁들어져 있기 때문에 가능한 것이다. 오랫동안 같이 일을 한 사람들끼리 손발이 척척 맞음으로써 흥이 돋고 신명나는 것이다. 이런 상황이면 어려운 일은 이미 어려운 일이 아니라 즐거운 일이 되는 것이다. 조선의 일꾼들이 셈을 할 줄 몰라서 의기양양하게 일을 한 것이 아니라 흥과 신명이 나서 즐긴 것이다.

흥과 신명으로 대별되는 우리 전통문화에는 풍물굿, 고싸움, 동채싸움, 줄다리기 등을 쉬운 예로 들 수 있지만, 실제 부락제를 포함하는 모든 동리행사는 축제로 승화시키기도 했는데 심지어 장례葬禮까지도 축제와 놀이화[216]하는 경향을 보여 왔다.

---

[216] 주강현은 진도의 다시래기, 황해도의 상여돋음, 경상도의 장례놀이 대돋음, 경북의 빈상여놀이, 충북의 대드듬, 충남의 호상놀이, 경기도의 상여놀이 등을 예로 들어 슬픔에 잠긴 유족들을 달래는 한편 우리의 장례문화가 원래 놀이마당이 아닌가 하는 조심스러운 추측과 함께 역사기록을 통해 가능성을 점치고 있다. 그런 점에서 우리민족의 축제를 인간이 신에게 풍요와 안녕을 기원하는 제천의례 즉 종교적 행사로서 행해져 왔다는(정은영, 2009; 허용, 김현수, 2012) 관점은 다소간의 재고가 필요한 부분으로 여겨진다. 박종기는 고려 시대, 매년 음력 10월 15일은 개경에서, 11월 15일은 서경에서 토속신에게 지내던 제사 의식으로서 팔관회八關會가 사상적 통일성을 추구하는 구체적인 예라고 하였다. 그런 점에서 종교의식이나 장례문화가 이질적 공동체 사회를 결합하기 위해 놀이마당이나 제천의식을 의도적인 축제의 장으로 자연스레 연결한 게 아닌가 하는 추측을 낳게 하는 것이다.

2) 신명을 일으키는 명분

우리 민족에게 일과 놀이의 구분이 없다고 하였지만 구분이 전혀 없는 것은 아니다. 내기에 강한 우리민족의 성향은 일정한 일의 할당량을 주고 경쟁을 시키는 '돈내기'에서는 그야말로 죽으라고 일을 한다. 우리나라 건설업체가 초기 중동에 진출하여 경험이 많지 않음에도 불구하고 '철야작업'과 '돌관突貫작업'으로 공사일정을 훨씬 앞당김으로써 세계 건설시장에 주목을 받은 부분은 바로 우리 민족의 기질적 특성인 '돈내기'에 있는 것이다. '돈내기'라는 표현이 속된 느낌이 전혀 없을 수 없지만, 속내를 들여다보면 돈내기는 바로 우리 한국인에게 명분을 의미하는 것이다.

앞에서 언급한 흥과 신명에 가장 필수적인 매개체가 바로 명분이다. 그리고 목표와 희망이라는 예측이자 기대심리이다. 예측과 기대심리가 동반되지 않은 흥과 신명은 존재할 수 없다. 동물이 상황에 즉각 반응하는 본능적 존재라면 인간은 좀 더 먼 앞일을 예측하고 계획, 준비하는 이성적 존재인데 이는 인간과 동물 간에 구분 지을 수 있는 확연한 잣대 중의 하나이기도 하다. 즉, 흥과 신명은 한국인에게 명분을 구심점으로 일어나는 전통적인 집단적 감성표출이다. 다른 민족에서도 집단적 감성표출이 없지 않겠으나 우리 민족처럼 명분을 매개로 한 집단적 감성표출은 흔치 않다.

임진왜란이나 병자호란 등 미증유의 국난을 맞이해서는 의병, 승병의 활약이 두드러졌으며 근대사에도 일제강점기 시절을 전후해서 그리고 6.25 사변을 맞이해서 의병과 이름도 없이 사라져간 학도병 등은 바로 누란의 위기에 처한 국가를 지키고자 하는 명분을 그만큼 중요하게 취급했기 때문이다. 실제 조선의 승려는 사대문 안을 출입할 수 없을 정도로 홀대와 천시를 받았지만, 그들은 국난에는 목숨을 걸고 앞장서서 발 벗고 나섰다.

스포츠를 그리 즐기지 않는 사람도 우리나라 선수들이 겨루는 올림픽이나 월드컵경기는 챙겨보며 서로 얼굴도 모르는 사람들끼리 모여 대형 전광판 앞에서 밤을 새워가며 광란의 응원을 보내는 것이 흥과 신명이라고도 표현하지만, 그것은 흥과 신명으로 표출된 것이고 그 이면에는 국제경기의 승패가 바로 현대에는 국가 간 대리전쟁이라는 명분이 자리 잡고 있기 때문이다. 그래서 특히 역사적 갈등이 많았던 일본과의 경기에서는 초미의 관심이 집중되기도 한다.

한명기는 임진왜란을 경험한 뒤, 일본은 조선 사람들에게 '영원히 함께할 수 없는 원수(萬歲不共之讐)'로 자리 잡은 까닭으로 1986년 서울 새마을체육관에서 열린 제10회 아시안 게임 유도경기에서 일본을 누르고 전체 8체급 중 6체급을 석권한 사실을 '새마을 대첩'이라는 표현과, 1977년 9월 일본 도쿄에서 열린 프랑스 월드컵 축구 아시아 최종 예선 1차전의 역전승을 '도쿄대첩'이라고 신문에서 불렀던 사실 등을 열거하고 있는데, 바로 그 중심에는 명분이 자리 잡고 있다.

공동의 목표가 있을 때 흥과 신명으로 나타나는 우리 민족성의 기질을 단적으로 드러내는 표현이기도 하지만 그 이면에는 반드시 명분이 존재하며 명분이 분명하면 대립관계에 있던 모든 세력뿐 아니라 모든 국민이 결집한다.

다원주의 사회 안에서 여러 계층을 막론하고 명분은 중요한 결집의 대상이었다. 단적인 예로 보부상을 들 수 있다. 조영준은 보부상 조직이 시장발달을 촉진하는 단일 기능적 결사체로서의 경제단체가 아님은 명확해 보이는데, 공동체로서 역할 중 어떤 것이 이들의 존속을 100년 이상 유지될 수 있었는가의 분석 가운데 중요한 한 가지로 신분이 중시되는 사회에서 말업末業에 종사한 상인들의 의식구조 내면에 그럴듯한 대의명분으로 효제충신孝悌忠信의 이데올로기가 이식되었던 것이라 하였다.

현대에도 우리나라 사람들이 명분에 집착하는 경향은 영화에서도 잘 드러나고 있다. 한국영화시장은 지난 10여 년 사이 전 세계에서 가장 가파르게 성장한 시장으로 평가받고 있다. 에인트잇쿨뉴스 등 해외 영화마니아층이 즐겨 찾는 스쿠프 사이트들에선 한국 영화흥행에 대해 종종 의문과 놀라움을 표하는 포스트들이 올라오고 있다. 대표적으로 지난해 공개된 '아저씨' 상황이 있다. 포스트들은 '아저씨'가 지난해 한국영화 중 최대흥행기록을 세웠다는 점을 들며, 어떻게 이런 진지한 영화가 팝콘 블록버스터들을 제치고 1위에 올랐는지 궁금해 하고 있다. 미국 입장에서 이런 영화는 팝콘무비가 아니라 차라리 예술영화에 가까운데 이런 영화에 국민의 4분의 1 이상이 몰린 게 희한하다는 것이다. 한국영화 역대 흥행 10위권 안에 전반적으로 진지한 주제의 드라마들이 많다. 이것은 사회적으로 많은 이슈와 파문을 몰고 와 관련 학교 허가취소와 시설폐쇄뿐 아니라 공소시효가 끝난 사이에 대해 재수사 입장을 밝힌 영화 '도가니'도 같은 맥락이다.

여기서 말하는 한국 관객의 영화에 대한 성향 선택이나 사회적 코드는 명분을 중요시하는 한국인의 기질과 상당히 관련이 있다.

3) 전통무예와 의병의 명분 관련성

우리 전통무예의 특징 중에 하나도 바로 명분이다. 이 명분은 작게는 마을 간에 벌어지는 연례행사의 구심점이 되거나 크게는 나라가 누란의 위기에 처할 때는 의병들이 봉기하는 결정적인 요소로 작용하였다. 명분과 관련된 부분을 바로 석전이나 결련태껸에서도 찾아볼 수 있는데, 『동국세시기』에 석전에서 속설에 삼문 밖의 편이 이기면 경기지방에 풍년이 들고, 애오개 편이 이기면 다른 지방에 풍년이 든다고 한다. 그리고 마을 간의 결련태껸에서 이긴 쪽 마을에는 쌀농사가 잘되고, 진 쪽 마을에는 밭농사가 잘된다고 말 인심을 쓰는데, 이것은 풍흉을 점치면서 풍년을 기원하는 주술적 의미가 들어있다. 물론 공동체간의 경기에 있어 경쟁과 흥미를 유발하고 참여를 유도하기 위해 이러한 명분이라는 빌미를 주었을 수도 없지 않다. 하지만 그만큼 우리민족에게 사소한 명분이라도 명분은 그만큼 의미가 있었다는 것이다.

이러한 명분이 때로는 왜곡되어 부작용을 낳은 사례도 없지 않다. 그것은 도박조차 명분인양 빌미로 삼은 것이다. 어느 민족이건 간에 도박은 중독성이 있을 만큼 걷잡을 수 없이 빠지게 되지만 우리나라 사람들의 도박에 대한 사랑은 유별나다. 조선 말기에 방문한 외국인들의 기록에는 빠지지 않고 언급하는 것이 돈내기에 관한 것이다. 샤를르 달레는 조선에서 가장 유행하고 있는 것은 투전인데 이것은 법률로 금지되어 있지만, 이 노름은 특히 서민들 사이에 매우 성행한다. 어떤 파수막에서 야근하는 병사들에게만은 잠드는 것을 막기 위해 허가되어 있다고 적고 있다.

윌리암 샌즈는 조선에서는 보통 남자 하인을 두고 있었고 모든 계층이 만성적인 도박꾼들이었다고 언급하고 있다. 거창한 명분이 아니어도 노름으로 돈내기를 즐겨한 우리민족에게 사소한 돈내기라도 명분의 빌미로 포장되었다.

기산 김준근 「택견」 (숭실대 한국기독교박물관)

그래서 무예경기를 통한 돈내기가 오랫동안 성행되었다. 그 사례를 살펴보면, 『고려사』 형률조에 박희(博戱, 수박희)로써 전물錢物을 내기한 자는 각각 장杖 일백一百이며, 그 유숙시킨 주인 및 범(凡, 내기 돈)을 대고, 모여서 도박을 시킨 자도 또한 장 일백이며, 음식을 걸고 활쏘기를 익히는 무예자는 비록 전물을 걸어도 죄가 없다(『고려사』 85권 39지 형법2조 금령)는 기록이 보이고 조선 말기 서예가이며, 문인이었던 최영년에 의해 1925년 편찬된 『해동죽지』 탁견희托肩戱조에 '옛 풍속에 각술脚術이라는 것이 있는데 서로 대하여 서로 차서 꺼꾸러 뜨린다. 이것으로 혹은 원수를 갚기도 하고 혹은 재물과 여자를 내기하여 빼앗는다. 법관으로부터 금하기 때문에 지금은 없어졌다. 이 놀이의 이름을 '탁견'이라한다'라고 기록하고 있다.

육태안은 신씨(신한승-중요무형문화재 제76호 택견 예능보유자)가 전해준 말에 따르면 구한말까지 전국의 씨름판을 돌며 황소를 타가는 전문씨름꾼들처럼 경찰의 눈을 피해 은밀하게 거액의 돈이 걸린 결련태껸판이 벌어졌었고, 패자는 반죽음의 상태에 이르곤 했었다는 송덕기 옹으로부터 전해들은 것으로 추정되는 신한승의 증언을 적고 있다.

격투기를 이용한 돈내기에 관한 기록은 조선말 우리나라를 방문한 여러 외국인들의 기록에서도 확인된다. 그리피스의 기록이 있고, 1890년 연말 조선을 방문한 영국인 새비지 랜도어는 조선에서 볼 수 있는 독특한 광경 중의 하나로 일대 일의 격투이다. 그들은 자주 다른 도시 혹은 다른 지역 패거리 간에 현상금을 건 격투를 보면서 흥겹게 즐기는데 싸움꾼들은 대체로 주먹을 이용해서 싸우나, 프랑스에서처럼 무릎과 발을 사용하는 것도 허용되어 있다. 군인들끼리 하는 싸움이라도 조선인 남자의 싸움은 머리채를 잡아끄는 것이 제일이었다. 상류층은 자신의 평판이 깎이기 때문에 공개적으로 주먹질을 벌이지 않는다. 그 대신에 그들 간의 이해관계는 비싼 돈을 치르고 산 싸움꾼들이 그들의 면전에서 해결하도록 한다고 유사한 기록을 남기고 있다.

위의 내용은 택견의 겨루기를 묘사한 것이다. 기산 김준근의 풍속도에서도 머리채를 잡아끄는 그림들을 볼 수가 있는데, 고용우의 인터뷰 (2013.9.11. 미국 로스앤젤레스 커피숍)에서 이○림씨가 석사논문을 쓴다고 하셔서 할아버지를 소개를 해주기 위해서 만났는데, 태껸에 대해서 얘기하시다가 이○림씨의 머리채를 휙 잡는 거예요. 할아버지는 머리채를 잡으면 하루 종일 끌고 다닐 수 있다고 하시면서, 태껸은 옛날부터 머리채를 잡아당긴다고 하였다고 진술했다.

또 1900년 러시아 재무성에서 출판한 『한국지』에서도 이와 유사한 내용들이 빠짐없이 수록되어 있다. 위 내용들은 1872년에 집필하고 1874년에 간행된 샤를르 달레의 『한국천주교회사 上』에서도 나온다. 여기서는 다만 돈내기와 관련된 사항은 언급되어 있지 않으나 당시에도 역시 성행하고 있었음이 분명하다.

우리 전통무예의 특징 중에 가장 큰 명분은 국가가 누란의 위기에 처했을 때 봉기하는 의병이다. 이 의병은 민간인들뿐 아니라 승병이나 6.25사변 당시의 학도병까지 포함할 수 있다.

1907년 경기도 양평군 인근에서 영국신문
매켄지 특파원이 촬영한 '정미의병' 사진

『한국의 비극』을 쓴 매켄지(Frederick Arthur McKenzie)는 조선의 의병을 "정의의 군대(Righteous Army)"라 영역하였는데 한국에서 의병을 직접 목격한 그로서는 의용군(Volunteer)이라는 흔한 보통명사를 붙일 수 없다는 생각에서 의병의 실상에 맞는 새 단어를 만들어냈는데, 그만큼 국가의 위기를 맞은 우리나라 사람들의 의식과 사고가 남달랐으며 명분을 앞세운 데에서 비롯된 것으로 받아들일 수 있다.

박은식은 나라가 위급할 때 의(의병정신)를 무기삼아 즉각 일어나 적과 싸우는 것이 의병인데 이는 삼국시대로 거슬러 올라가며 이것은 누가 가르쳐 준 것이 아니라 우리 민족 고유의 정신이요 이 나라의 국수國粹라 하였다.

우리나라의 의병 역사는 매우 오래되었다. 『경북의병사』에 의하면 삼국시대부터 있어온 것으로 유추하고 있다. 그러나 현재와 같은 의병에 대한 인식이 자리 잡은 시기는 바로 한·중연합군과 일본의 국제전쟁으로 임진·정유왜란 당시의 의병봉기를 들 수 있다. 이후 이러한 전통은 이어져 인조 5년(1627)과 14년에 있었던 정묘·병자양난 때의 의병, 한말을미乙未의병과 을사조약 이후의 의병, 일제강점기 이후 중국에서의 한인의병과 독립운동가를 들 수 있다. 당시 내외가 엄격했던 유교의 주자가례 풍습 속에서도 여성의 활약이 돋보이는데 외당畏堂 유홍석의 며느리인 윤희순은 시아버지의 의병항쟁을 지성으로 도왔을 뿐 아니라 여성의병을 조직하여 의병활동을 함으로써 우리나라 최초의 여군이 되었다. 이러한 역사적 전통은 6.25를 맞이하여서도 그대로 이어졌는데 바로 학도병이 그것이다.

전국에서 275,200여 명의 학도병(학도의용군)이 편성되었으며 안동, 다부동, 안강, 영천, 포항전투 등 대규모 전투에 투입되어 낙동강방어선을 지키는데 커다란 역할을 하였으며, 참전 첫날 계급과 군번도 없이 사

참전한 학도병 모습(영천신문)

라져 갔다. 소녀병, 소녀해병도 있었는데, 한국전쟁 참전 해병대 4기 여군전우회장 문인순씨에 의하면 해병 4기에는 여교사와 여학생 126명이 지원하여 합류했다. 재일 학도병은 1,000명이 넘는 지원자 가운데 642명이 선발되어 국내로 들어와 수많은 전투에 참가했다.

미 극동군사령부가 극비리에 운영하던 한국인 첩보부대, 이른바 켈로(Korea Liaison Office·KLO·8240부대)부대 요원은 6·25 당시 적진에서 활동했는데 모두 6천 명 정도가 투입됐었으며 이 중에서 무려 5천명이 전사한 것으로 추산되며 이중 여성대원이 20%나 차지했다고 한다.

사명대사가 승군을 이끌고 전투하는 장면의 기록화 (대구 임란의병관)

한편 승군僧軍의 역사기록은 삼국시대에서 확인된다. 승군은 의승군義僧軍, 의승병, 승병僧兵 등으로 불리었는데, 사원에 소속한 군사 활동은 삼국시대부터 있었다. 당 태종이 고구려를 정벌하였을 때 고구려는 보장왕 4년(645) 승군 3만을 징발하여 격퇴하였

고,217) 신라 말 진성왕대 해인사 부근에서 치열한 전란이 있었고, 이 전란에서 사망한 승군僧軍들의 넋을 위로하고자 탑을 만들고 탑지塔誌218)에서 그 승군의 기록이 확인된다.

삼국시대부터 활동해온 승군은 고려시대에 와서 더욱 확대되었다. 고려전기에는 수원성도를 징집하여 출정군에 편제하였으며, 숙종대에는 별무반의 항마군에 정규군으로 편제하였으며, 무신집권기에는 귀족의 휘하 사병이었다.

조선의 의승병은 의병이자 민병의 성격을 지니고 있었다. 국난 중에 휴정(休靜, 1520~1604)이 팔도십육종도총섭八道輝敎十六宗都摠攝이라는 관직을 부여받기도 했지만, 도총섭은 영군토적領軍討賊이라는 군사적 의미를 지닌 것이 아니라 오직 불교계 영도자로서의 상징적인 칭호였다. 휴정의 뒤를 이은 2대 도총섭 유정 그리고 최초로 의병 봉기한 영규를 비롯, 의암은 황해도, 처영은 전라도 지리산에서 봉기하였다. 의승병이 참가한 주요전투들은 조헌과 영규의 금산전투를 비롯하여 1~3차에 걸친 평양수복전투, 행주산성전투, 노원평전투 등을 포함한 다수의 전투를 들 수 있다.

1887년에서 1889년까지 미국의 한성 주재 총영사이자 공사관의 서기관으로 부임했던 샤이에 롱Chaillé Long(1842-1917)은 당시 조선말까지도 "현 정부는 이들 사찰들과 그에 딸린 이른바 수원승려隨院僧侶들을 소위 '도총섭都摠攝'과 '대접사大接司'라는 이름의 승병장僧兵將 밑에 통솔되도록 하고 있다. 전국적으로 6백여 명에 달하는 승려들은 그렇게 해서 현재 '승군'219)에 등록된 상태이다. 이들은 명실공히 군인과 똑같이 취급되며

---

217) 『고려사』 권113 열전 권 제 26/諸臣/최영/최영이 백성을 구제하고 전함 건조를 독려하다 "唐太宗征本國, 本國發僧軍三萬, 擊破之"
218) 진성왕 9년(895)의 해인사 묘길상탑지海印寺 妙吉祥塔誌와 오대산 길상탑사五臺山 吉祥塔詞
219) 달리 '승병'이라고도 하는데, 모든 생명체의 존귀함을 강조하는 종교인데도 불구하고 극동지방의 몇몇 나라에 이처럼 군인승려가 존재한다는 사실은 놀랍기 그지없다. 특히 한반도에서 불교는 이른바 '호국신앙'으로서의 역할이 큰데, 그러한 가치 아래 종교인

제복도 지급된다."고 적고 있어서 특별하게 편제된 정규군의 성격을 띠고 있는 듯하다.220)

비숍은 허가 없이 사대문 안으로 들어서는 승려는 죽음을 각오해야 하는데 불승들에 대한 가혹한 법령 제정 이유를 3세기 전(임진왜란을 의미) 일본의 침략 시에 일본인들이 불승을 가장하여 도시에 들어 온 뒤에 있다고 적고 있다.

칼스William Richard Carles는 서울의 삼각산에 대해 위태로울 때 왕의 피난처가 되는 곳이다. 이곳에는 쌀과 간장이 비축되어 있으며 평시에는 천시 받고 억압받는 승려들이 왜 그러한 위기에 동원되는지는 알 수 없지만 그것은 엄연한 사실이라 하였다. 이러한 홀대를 받는 승려들조차 국난의 위기에 앞장을 서는 것은 명분을 소중한 덕목으로 알고 있기 때문이라 믿어진다.

들도 전쟁터에 나가 용감히 싸워 왔으며, 특히 1592년 일본의 침략을 막아내는 데 큰 몫을 했다.…한양 북쪽에 위치한 북한산의 승군 요새는 그 안에 자리한 중흥사重興寺 도총섭의 지휘를 받으며, 수도 남쪽 광주 근처 남한산에 위치한 요새는 개원사開元寺 도총섭의 통솔을 받았다. 이 각각의 승영僧營에는 370여 명의 승려가 있었다(역자주).
220) 이러한 내용은 칼스의 『조선풍물지』에서도 일부 내용이 보인다. "이곳(삼각산)은 나라가 위태로울 때 왕의 피난처가 되는 곳이다. 이곳에는 쌀과 간장이 비축되어 있으며 평시에는 천시 받고 억압받는 승려들이 왜 그러한 위기에 동원되는지는 알 수 없지만, 그것은 엄연한 사실이며 많은 사원들이 헌신하는 장소로 이용된다."

4) 맺음말

흥과 신명은 개인보다는 집단문화를 대상으로 할 때 일컫는 말이다. 아울러 소통이 쉽게 이루어지는 집단 내에서 특정목표를 대상으로 나아갈 때 보다 쉽게 생겨난다.

우리나라는 오랜 과거부터 다인종 다문화 사회였으며 심지어 종교조차도 다종교의 융합특성을 보여주고 있다. 이러한 이질적인 요소들은 쉽게 결합하기 어려운 특성을 보이고 있다. 어떤 의미로 말한다면 특이한 개성을 지닌 단체들이 각자의 목소리를 내지 않고 결집한다는 것은 현대인의 사고로 볼 때도 쉬운 일이 아니다. 그럼에도 불구하고 우리민족은 고래로부터 공동체 의식과 더불어 개방적이고 포용적인 사회성을 지니고 있었다. 다문화를 쉽게 수용하는 우리 민족은 과거 농경사회를 근간으로 하는 공동체 사회에서 비롯된 공동체 의식이 발달하였는데, 공동체의식에 수반되는 집단적·감성적 소통은 '흥과 신명'으로 표출되었으며 그 이면에는 명분을 중요시하여 명분을 구심점으로 강력한 결속력을 보여 왔다.

우리의 전통무예에서도 간과할 수 없는 이 명분은 작게는 마을간 경쟁이나 해묵은 감정을 해소하는 연례행사의 구심점이 되거나 이와는 달리 부작용으로 돈을 명분으로 삼아 내기가 걸린 격투기가 성행하기도 했다. 그러나 나라가 누란의 위기에 처할 때는 의병들이 봉기하는 결정적 요소로 작용하였다.

마을 간에 벌어지는 연례행사에서도 명분을 내세우는 석전과 결련태껸이 있다. 거창한 명분이 아니어도 노름으로 돈내기를 즐겨한 우리민족에게 무예경기를 통한 돈내기라도 명분의 빌미인 양 포장되었다. 이와 관련된 기록들은 『고려사』에서부터 조선과 근대에 이르기까지 심지어 조선을 방문한 외국인들의 기록에도 찾아볼 수 있는데 오랜 세월 성행해온 것임을 알 수 있다.

　가장 명분이 빛을 발한 때는 바로 외침으로 인해 국가가 누란의 위기에 처했을 때 자신의 목숨은 물론 가정조차 도외시하고 봉기하는 의병들에서 찾아볼 수 있다. 이들 의병의 기록은 삼국시대에서부터 현대의 6.25때까지 꾸준히 그 맥을 잇고 있으며 민간인뿐 아니라 승병, 현대의 학도병을 포함하여 내외가 엄격했던 시절에도 불구하고 여성들이 포함되어 있었으며 심지어 나이 어린 여학생들조차 기꺼이 나라를 위해 나서기도 했다.

◩ 조선의 마지막 태껸명인 송덕기의 「태껸무고舞鼓춤」(김정윤 2002)

허재비춤   태껸舞

태껸舞   태껸舞

　우리 민족의 기질적 특성인 '흥과 신명'이 태껸무고춤에 고스란히 전해지고 있다. 허재비춤은 허수아비를 앞에 두고 추는 춤, 태껸무고춤은 북의 장단과 어우러지는 춤이다. 태껸의 기법을 춤으로 형성화하여 '나' 뿐만 아니라 결련태껸이라는 '동동체'로 이어졌다.

제6장 한국 전통무예의 표출

과거 전통무예는 전쟁의 수단이었으나 현재는 무형유산이자
문화콘텐츠로서 철학적 인문학의 가치로 표출되고 있다.

1. 한국의 전통무예 활쏘기 · 씨름 · 택견에 관한 연구

김홍도의 활쏘기 (국립중앙박물관)

기산 김준근의 각희
(숭실대기독교박물관)

혜산 유숙의 대쾌도 (서울대학교박물관)

우리나라에서는 민속경기뿐만 아니라 무예에 이르기까지 오래전부터 현대적 개념의 경기가 이루어졌다. 이러한 전통적 경기와 관련하여 우리 민족의 독특한 기질 중의 하나는 각박하고 심각한 전쟁이나 전투기술까지도 유희화·경기화를 통해 쉽게 풀어내는 성향이 상당히 높다.[221]

그 예로『고려사』에 사람을 살상하는 기능을 지닌 수박手搏을 순화시켜 유희화·경기화 한 수박희手搏戱의 사례나『선조실록』비망기備忘記로 정원에 전교傳敎하기(以備忘記傳于政院曰)를, 또 권법은 용맹을 익히는 무예인데, 어린아이들로 하여금 이를 배우게 한다면 마을의 아이들이 서로 본받아 연습하여 놀이로 삼을 터이니 뒷날 도움이 될 것이다. 이 두 가지 무예[222]를 익힐 아동을 뽑아서 종전대로 이중군李中軍에게 전습傳習받게 할 것을 훈련도감에 이르라[223]한 기록과 조선시대 실학자 반계 유형원의『반계수록』에 구준이 말하기를, 그렇기 때문에 옛날에는 사냥으로 전투훈련을 하였고 제사를 이용하여 사냥을 하였으며 또 짐승을 잡는 일로서 그 기술을 연마하였다[224]고 기록하고 있다. 그야말로 유희나 사냥을 이용하여 전투연습을 염두에 둔 것이다.

무예의 기능을 지닌 택견에 대해서 송덕기는 택견을 수련, 운동, 교육 등의 표현보다는 '즐긴다'는 여가적 개념으로 표현했으며, 이러한 우리민족의 독특한 기질은 현대에서도 찾을 수 있는데 사람을 살상하는 기능을 지녔던 근대태권도가 원래의 이미지에서 상당 부분 탈피하여 현재는 경기태권도로 급속히 바뀌었을 뿐 아니라 올림픽 정식종목으로까지 채택된

---
[221] 전통무예 경기에서 우리민족의 독특한 기질은 생사가 걸린 심각성을 이런 식으로 완화하는 의도가 내재하여 있다. 이완된 상태의 수많은 반복으로 단련되는 것이며, 실전에서 평시와 같은 동작의 구현이 이루어지는 것이다. '유희를 이용하여 전투를 연습한다'는 표현 가운데에는 유희를 즐기는 부분도 있지만, 그 내면에는 유희를 통한 수많은 반복에서 자연스러운 전투행위가 몸에 배게 한다는 의미가 내포되어 있다.
[222] 이전의 내용에서 木棍과 권법을 말함.
[223]『宣祖實錄』124권, 33년(1600 경자) 4월 14일(정해) 2번째 기사
[224]『반계수록』류형원/권二十三/병제고설/강무
　"丘濬曰…於是。因蒐狩而習之。因祭以行獵。用獸以試術。…"

경우가 바로 그 사례225)이다.

여러 가지 민속경기 중 전통무예와 관련해서는 활쏘기와 씨름 그리고 택견 등을 들 수 있으며 이러한 종목은 오래전부터 전해 내려온 우리민족의 전통무예이자 민속경기이다.

그럼에도 불구하고 구태여 국궁이라는 표현을 쓰는 것은 다른 나라 활에 비해 크기나 형태, 재질 등에 차이가 있으며 사법 또한 다르기 때문이다. 국궁은 가까운 나라인 일본의 활에 비해서도 그 길이가 짧은데 기사騎射 시 거치적거리지 않고 효율적으로 사용하기 위함이며, 흔들리는 말위에서 정확히 목표물을 맞히기 위해 살대를 짜듯이 역근의 원리가 가미된 독특한 전통사법을 쓰고 있다.

씨름 또한 마찬가지로 방법이나 그 규칙이 다른데 가장 한국씨름과 닮았다는 오키나와 씨름조차도 샅바를 허리에 매고 잡는 것이 다른데 현지어로 시마(シマ-角力)라고 불리는 오키나와 씨름은 일본의 스모와도 전혀 다르다.

서구 문화에 대한 맹목적인 추종은 반대로 자국의 전통문화에 대해 새로운 인식을 하게 하는 계기가 되며 세계화가 강조될수록 지역화가 촉진되어 자국의 전통문화를 되돌아보는 자극이 된다고 하였다.

대중매체의 다양하고도 폭넓은 확산으로 세계화의 변화속도는 한층 빨라지면서 반면에 전통은 더욱 강조하게 될 것이다. 이런 점에서 본다면 역설적으로 전통을 통해 서로 다른 문화를 인정하는 계기가 되고 전통이 세계화로 진일보하는 중요한 모티브 중의 하나로 작용할 것이다. 그러한 점은 전통이 중요한 문화콘텐츠로서의 가치를 부여하는 계기임을 시사하

---

225) 현재 태권도의 역사에 대해 수정주의니 신전통주의니 하여 확연한 입장 차이를 보이지만 통시적으로 우리민족의 이러한 기질직 측면에서 접근한다면 그 간격이 좁혀들 것이다.

고 있다. 특히 현대에 이르기까지 전통과 관련되어 우리나라에서 전통무예로 행해지고 있는 활쏘기·씨름·택견 간의 비교연구에 관한 선행연구는 다소 미흡한 편이다. 이와 관련된 선행연구를 살펴보면 다음과 같다.

첫째, 씨름과 택견의 비교연구는 이용복에 의해서 이루어졌다. 그는 씨름과 택견이 일정한 상관성이 있음을 명칭·풍속과 공간의 공유·용어와 성격 등을 통해서 밝히고 있고, 한양명의 「전통씨름의 대동놀이적 성격」에 관한 연구에서는 씨름과 택견을 일부 비교분석한 것을 살펴볼 수 있다.

둘째, 씨름과 궁술의 비교연구는 홍장표·최성대의 「개화기이후 씨름과 궁술의 전개양상에 관한 연구」로 한국 전통적인 신체활동으로 전개된 양상과 근대를 전후한 연결을 분석하고 민족적 저항운동으로서 역할수행을 분석하였다.

셋째, 한국 씨름과 일본 스모의 비교연구에 대한 선행연구 이철희, 1975; 조재기·손명준·박철민, 2004; 송일훈·이동헌·손수범, 2006 등에서 기원과 유래 그리고 경기방식의 비교를 제시하였다.

이러한 선행연구들에서 간과하고 있는 점은 활쏘기·씨름·택견에 대한 비교는 아직 전무한 것으로 사료된다.

따라서 본 연구는 한국무예의 사회·문화적 접근을 통해 동질성을 찾는 중요한 의미를 지니며, 또한 한국 신체문화의 특징을 찾는 중요한 단초가 될 것으로 사료된다.

전통무예 경기들은 다른 형태의 무예이지만 우리나라의 지리적, 지형적, 역사적 그리고 기타 환경적 특성 속에서 독특한 몸짓을 담보로 형성됨으로써 동질성이 녹아있다.

따라서 본 연구는 활쏘기와 씨름 그리고 택견의 신체 문화를 비교적 관점에서 연구하여 상호연관성을 밝힘과 더불어 전통무예 경기의 동질성을 규명하는 데 그 목적이 있다.

1) 전통무예 경기로서 활쏘기 · 씨름 · 택견에 관해

(1) 활쏘기

우리나라는 선사시대로부터 궁시를 사용하였는데, 이는 함경북도의 경흥, 성진, 종성, 회령, 부령 등에서 출토된 타제석촉打製石鏃 이후에 만주, 함경도, 충청도, 경상도 등 전국각지에서 출토된 마제석촉으로 입증이 되고 있다.

활은 후기 구석기 시대의 의·식·주 문제를 해결하기 위한 획기적인 발사도구로서 사냥이나 전쟁에 필요한 실용성에서 기원했다. 활쏘기에 대한 고구려의 고분벽화로 이 수렵도에서는 기사騎射하는 장면이 묘사되어 있고 4세기경으로 추정되는 안악 제1호분과 5세기경의 무용총 벽화 등이다.

손경미는 삼국시대226)의 활쏘기가 무술을 익히기 위한 군사적 훈련은 부차적이고 더 큰 목적은 수련을 통하여 전인적인 인간완성으로 오늘날 체육개념에 적합하다고 하였다.

조선조 숭문천무崇文賤武의 풍조 가운데서도 특히 장병기인 활은 효율적인 전투수단의 운용되기도 했지만, 의례화하여 권장되었는데 조선왕조가 활쏘기를 이처럼 의례화한 까닭은 활쏘기가 단순히 무예만이 아니라 몸과 마음을 닦는 수양의 수단으로 선호하여 과녁을 맞추려면 먼저 마음을 바로잡아야 하기 때문이었다.

---

226) 『삼국사기』에 여러 관사觀射기록들이 나온다. 14년(414) 가을 7월에 혈성穴城의 들판에서 군대를 크게 사열하였다. 왕이 금성 남문에 거둥하여 활쏘기를 구경하였다. 十四年 秋七月 大閱於血城原 又御金城南門觀射(『삼국사기』 권3/신라본기3/실성이사금 14년), 또 고구려 본기에 '부여의 속어에 활 잘 쏘는 것을 주몽朱蒙이라고 하였으므로 이것으로 이름을 삼았다. 扶餘俗語 善射爲朱蒙 故以名云(『삼국사기』 권13/고구려본기/시조 동명성왕 즉위 1년).

CARLES, Willian Richard (1888)
『Lif in Korea』 Macmilla.

활과 관련해서 우리 역사 가운데 빼놓을 수 없는 인물이 바로 조선을 세운 이성계이다. 『고려사』, 『고려사절요』, 『제정집』, 『동국통감』 등에 나오는 이성계의 일화를 살펴보면, 그야말로 신기神技의 실력으로 적장을 맞혀 싸움에 이기는 사례들이 여러 차례 기록되어 있는데, 거의 활로써 적을 타파하여 이지란과 더불어 조선 건국의 초석을 만들었다 해도 과언이 아니다.227)

지역에 따라서 수렵제228) 의미가 내포된 제천의식의 의례행사가 벌어지는 과정에서 각저와 궁술과 같은 전통적인 신체활동이 행해졌다. 특히 활쏘기는 1899년 서울의 종로구 사직동에 황학정이 설립되면서 활기를 띠기 시작하였다. 또한 씨름과 활쏘기는 개화기 이후 1910년대에 민족고유의 경기로 강조되어 3·1운동 이후에도 장려되었다.

---

227) 『고려사』 권116/열전29/제신 심덕부, 『고려사』 권126/열전39/ 간신 변안열. 『고려사』 권133/열전46/신우 3년 8월, 『고려사절요』 권31/우왕 6년, 『고려사절요』 권/32/우왕 11년, 제정집 권4/부록 행장, 『동국통감』 권50/고려기/신우 3년
228) 활을 이용한 단순한 사냥도 있었지만, 활로 잡은 사냥물로 하늘과 산천에 제사를 지내는 경우도 많았다.-고구려는 항상 3월3일에 낙랑의 언덕에 모여 사냥을 하는데, 돼지와 사슴을 잡아 하늘과 산천에 제사를 지냈다. 高句麗常以三月三日 會獵樂浪之丘 獲猪鹿 祭天及山川, 『삼국사기』 권32/잡지1/제사/고구려 백제/제사의례.

(2) 씨 름

씨름은 한국뿐만 아니라 몽고, 중국, 일본은 물론 서양에도 있는 것으로써 몽고는 썰렘Ssulrem, 중국은 쎄기유Ssegiu, 러시아는 삼보Sambo, 일본은 스모Sumo라고 부른다.

우리나라의 씨름 벽화에 관한 자료는 1905년 만주 통화성 집안현 통구 즉 고구려 도읍지인 환도에서 발견된 각저총 현실의 벽화이다. 오늘날의 씨름과 같이 체계화된 방식의 씨름장면이 있는 이 고분벽화로 미루어 대략 고구려 초기에 성행된 씨름풍속을 구체적으로 짐작할 수 있다.

고구려 각저총角抵塚

장천 1호분 씨름

씨름의 이라는 '씨氏'자는 남자를 존칭하여 부르는 대명사이므로 남자를 뜻하고, '름'은 겨룬다는 말로 男子 對 男子가 겨루는 것이라 하여 '판가름'이라는 의미로 '씨름'이 형성된 것이라 한다. 하지만 이는 한자말과 우리말이 붙어 명사화는 부자연스러운 것으로 겨룬다는 동사가 '겨룸'으로 명사화한 경우는 있어도 '름'이라는 말로 독립된 말은 없으며 억지로 끌어대는 말이라는 견해도 있다.

씨름이 문헌에 최초로 기록된 시기는 고려사 충혜왕 즉위년(1339년) 3월 기록으로 왕이 기무를 폐신, 배전, 주주 등에 맡기고 날로 내수와 더불어 각력희를 하니 상하의 예가 없었다고 나온다.229) 특히 씨름은 사서에 용력, 장사壯士 등과 같이 동반 표현됨으로써 단순한 놀이 기능만 포함하는 것이 아니라 무예적 요소가 있음을 시사했는데, 『세종실록』 권50에 중 "상총尙聰이 양복산梁卜山과 장난으로 씨름을 하다가, 복산이 죽었사오니, 율이 교형에 해당합니다."230)라고 한 기록이나 17세기 봉림대군鳳林大君과 함께 인질로 심양에 있을 때 김여준이 청나라 장수 우거禹巨와 씨름을 하다가 우거가 죽었으나 군법이라 하여 죄를 받지 않았다는 기록이 있다.

김홍도의 씨름 (국립중앙박물관)

조선 후기 서민들의 풍속을 그린 김홍도의 단원풍속도첩 중 「씨름」을 통해서 당시의 널리 행해졌다는 것을 알 수 있다.

씨름이 일반적인 놀이 단계에서 군사훈련의 신체적 활동231)을 하는 게임 단계로 발전되어 오다가 현대적 의미의 경기화가 되기 시작한 것은 1912년 10월 7일에 일본 체육의 영향으로 결성된 유각권구락부柔角拳俱樂部의 주관으로 단성사에서 유술柔術, 권투拳鬪, 각력角力의 대회를 개최하였다.

이 대회는 체육 보급을 목적으로 근대적 씨름대회가 처음 개최되었다. 또한 1927년 12월 27일 조선씨름협회가 現 서울에 창립되었으며,

---

229) 『高麗史』 卷三十六 世家 卷第三十六 忠惠王 卽位年 三月
"王委機務於嬖臣佺裴佺朱柱等. 日與內豎爲角力戱. 無上下禮."
230) 『世宗實錄』 50卷, 12年(1430 庚戌) 閏12月 17日(癸丑) 4번째 기사
231) 고려시대 자료에서 씨름을 지칭하는 각희, 각력, 각저희, 각력희 등의 기록이 두드러지게 나타나는데, 勇士 또는 壯士 등도 씨름에 관련된 인물들에 대한 기록으로서, 씨름이 군사훈련의 일환으로 시행되기도 했지만, 유희를 위한 놀이로도 시행되었다고 하였다.

1929년 조선체육회와 조선씨름협회의 공동주최로 서울 휘문고등보통학교 운동장에서 개최되면서 변화를 가져오기 시작했다.

(3) 택 견

민속경기로서 그리고 무예적인 차원의 스포츠로서 언급된 씨름·활쏘기·택견은 순수고유의 전통무예경기이다.

씨름이나 활쏘기에 대해서는 역사적 기록과 함께 오랜 전통에 이견의 여지가 없으나 택견은 현재 기록에서 확인되는 것 중 가장 오래된 것은 영조4년에 김천택이 역대 시조를 수집하여 펴낸 최초의 시조집 『청구영언』(1728) 김민순의 시조에서 '少年 十五 二十 時에 ᄒ던 일이…속곰질 쒸움질과 씨름 탁견 遊山ᄒ기'라는 대목이다. 청년들이 놀이로 씨름과 함께 '탁견'을 언급해 당시에도 택견이 널리 대중화되어 어릴 때부터 누구나 즐기는 놀이 가운데 하나였음을 밝히고 있다.

그리고 정조 22년(1798년)에 편찬한 이성지의 『재물보』에 "변 - 수박은 변이고 각력은 무이다. 지금의 탁견이다.(卞 手搏爲卞 角力爲武 若今之 탁견)"라는 한글표현이 있다. 이러한 '탁견' 기록만을 근거로 일부 관련연구가들은 이전의 맨손무예인 수박이나 수박희와의 연관성에 대해 회의적인 입장을 보인다. 하지만 분명히 『재물보』에 '수박이 탁견'이라고 기재되어 있고, 수박이나 택견이 맨손무예의 일반명사임을 선행연구(김산·허인욱, 2002; 김재일, 2002; 신수용·정재성, 2005; 이용복, 1995; 허인욱, 2002) 등에서 공통적으로 확인된다.232)

---

232) 『재물보』에는 변卞, 시박廝撲, 수박手搏이 각기 다른 항목으로 서술되어 있으며 변과 시박은 탁견이라는 표현을 사용하고 있으나, 수박은 "슈벽"이라는 한글 표기까지 있는바, 이 서술 내용을 따른다면 수박은 탁견, 수벽치기, 시박과 같은 형식으로 분화, 발전하

고려의 수박이나 수박희가 당시의 여건에 의해 민중화되면서 기록문화 중 사서에서 거의 사라지거나 소외된 사실을 간과하고 있다.

세조 13년, 선군과정에 있어서 '힘이 있거나 수박을 잘하는 자는 양천을 논하지 말고 압송하되, 삼가 지체시키지 말라'233)하는 구절에서 이미 수박이 민중화되었음을 반증한다.

인조와 숙종 대의 기록에서도 선군과 관련된 기사를 찾아볼 수 있었는데,234) 일반 백성들의 가장 손쉬운 신분상승의 방법이 무재를 통한 선군이었으므로 이러한 동기부여는 당연히 무예의 대중화에 기여하였다.

세조 이후 수박을 통해 군사를 충원한 예는 없지만, 『용재총화』 어함종조의 수박 기록과 『신증동국여지승람』에서 보이는 여산군 작지마을의 수박에 대한 기록은 여전히 민중들에게 유행하였음을 말해주는데 그렇다면 이 민중화된 수박은 흔적도 없이 사라진 것일까? 수박에 대한 표기는 『재물보』의 편찬시기와 같은 시기에 문집류 등에서 그 기록이 확인되는 바 혼용되어 쓰인 것으로 추정된다.

조선 인조 때의 사관史官을 겸했던 문신인 박동량의 일기인 『기재사초』(1592년), 조선 중기 학자인 강항(姜沆:1567~1618)의 『수은집睡隱集』235), 이덕무(1741~1793)의 『청장관전서』236) 등 열거하기 어려울 정도로 조선시대 문집류를 포함한 야사 등에서도 확인되는데 모두 수박의 용례가 일반명사로 쓰였다.

여 전승됐을 가능성을 내포하고 있다.
233) 『세조실록』, 권9, 13년 7월 정축
234) 『인조실록』, 8卷(1625) 3年 正月 3日/『인조실록』 37卷 16年 7月 29日 경인/『인조실록』 40卷 18年 閏正月 27日 기유/『숙종실록』 50卷 37年(1711) 8月 17日 갑술
235) 『수은집睡隱集』, 睡隱集附錄/行狀/承義郎守刑曹佐郎睡隱姜公行狀
236) 余瘦弱不勝衣。而看人險仄事, 則胸中熱激。直欲手搏。此非君子函容之量也。-『青莊舘全書』卷之五十三/完山李德懋懋官著男光葵奉昊編輯德水李畹秀蕙隣校訂/ 耳目口心書[六]/이덕무李德懋

이용복은 씨름과 택견은 서로 다른 종류의 경기임에 틀림없지만, 발생과 성장의 환경과 토양이 동일한 만큼 서로 많은 공통점을 가지고 있다고 하였다. 실제로 나타나는 기술과 경기구조의 유사성은 물론 문헌상으로도 동질성, 동시성, 공간의 공유성이 발견되고 있다. 이렇듯 씨름과 택견에서 추출되는 공통된 특성은 곧 한국 민속경기의 개괄적 특성이라고 보아 무방하다고 하였는데 기술과 경기구조가 유사한 같은 토양 안에서 수박은 사라지고 씨름만 남는다는 것은 단편적이고 성급한 해석일 뿐만 아니라 같은 맥락으로 사서에 각저나 각력 혹은 상박이 있을 뿐 씨름이 없으니 서로 무관하다는 논리와 같은 것이다.

이상에서 살펴본 바를 정리하면, 고려의 수박이 수박희라는 이름을 거쳐 민중들에게 보급되면서 최소한 택견이 성행한 경기지역에서만큼은 현재에 이르러 택견경기로 분화, 발전하여 전승됐을 가능성을 내포한다.

2) 전통무예 경기의 상호 연관성

(1) 활쏘기와 씨름의 연관성

활이라는 도구를 사용하는 정적인 무예경기인 활쏘기와는 달리 씨름은 상대방의 샅바를 잡은 상태에서 이루어지는 경기로 사용되는 근육이나 동작도 제한될 수밖에 없어서 공통점을 찾기 쉽지 않다. 다만 한국인의 체형이 다른 민족과 달리 유별나게 등 쪽 근육이 발달한 탓에 허릿심이 강하여 전통 활쏘기에서는 유독 허리를 돌려서 허릿심을 이용한 사법을 쓰고 있으며 씨름에서는 대부분 동작에 허릿심을 직접 사용하는 점이 공통적인 특징이다.

굳이 또 다른 공통점을 들자면 택견과 마찬가지로 두 가지가 모두 낱 기술[237]로 전해져 왔다는 정도이며 애써 비교 대상으로 삼기에는 다소 무리가 있다.

(2) 씨름과 택견의 연관성

씨름과 택견은 서로 다른 경기지만, 발생과 성장의 환경과 토양이 동일한 만큼 서로 많은 공통점을 가지고 있어서 실제로 나타나는 기술과 경기구조의 유사성은 물론 문헌상으로도 동질성, 동시성, 공간의 공유성이 발견되고 있다. 이러한 이유로 문헌상에 나타나는 씨름과 택견의 명칭 혼용사례도 적지 않다.

이완희는 씨름에 관한 기록이 『고려사절요』, 『고려사』, 『세가권』에 명

---

[237] 기술이 현대적 체계가 이루어지지 않고 개별기술로 독립되어 전해져 왔음.

시되어 있는데 동일한 사실에 대해 시대와 장소, 인물이 같음에도 그 기록이 각력角力, 각저角抵, 수박手搏, 각저角觝 등으로 문헌에 따라 다르다고 하였는데 이것은 씨름과 택견의 유사성과 동질성 때문이다. 동시성이나 공간의 공유성은 특히 전해오는 풍속화에서 발견되는데, 신윤복의 대쾌도 (1785년), 혜산惠山 유숙劉淑의 대쾌도大快圖(1846년)에서 씨름과 택견이 동시에 묘사되고, 기산箕山 김준근金俊根의 풍속화에서 택견을 찾아 볼 수 있다.

신윤복의 대쾌도(1785년)   혜산 유숙의 대쾌도(1846년)

AH새비지 랜도어의 「고요한 아침의 나라 조선The Land of the Morning Calm」에 격투기라는 제하에 조선에서 볼 수 있는 독특한 광경 중의 하나는 일대일 격투기이다.

1880년대 기산 김준근의 풍속화

싸움꾼은 대체로 주먹을 이용해서 싸우나 프랑스처럼 무릎과 발을 사용하는 것도 허용되어 있다. 훈련도감의 군인은 직접 물을 길어다 먹어야 했다. 비가 오는 날 힘든 파수를 서고 나면 자연히 술집에서 한잔들 하게 마련이었다. 형편없는 대우와 제대로 지급되지 않는 급료가 주 토론거리였으며 그 와중에 싸움도 벌어졌다. 군인들끼리 하는 싸움이라도 조선인 남자의 싸움은 머리채를 잡아끄는 것이 제일이었다.

조선의 마지막 택견명인 송덕기는 머리채를 잡으면 하루 종일 끌고 다녔다고 한다. 예나 지금이나 머리채를 잡는 것은 싸움에서 빠질 수 없는 기법이다.

이러한 양상은 시조나 문헌에서도 볼 수 있다.

조선 후기 영조4년(1728)에 김천택金天澤이 역대 시조를 수집하여 펴낸

『청구영언』에 수록된 김민순의 시조 「교본역대시조전서」에서 청소년부터 청년들에 놀이로 씨름과 함께 '탁견'을 같이 언급하고 있다.

1941년 발행된 『삼천리잡지』(제13권 제4호) 원문에서 『세종실록』을 통해 5월 단오날은 곧 운동날이 되어 서울에도 편싸움이 있었는데 택견, 격구, 기타 여러 가지 무예경기가 있을 때 씨름이 또한 중요한 종목으로 들었다고 하였다. 이는 씨름과 택견이 시공간적으로 함께 이루어졌음을 말하고 있다.

이러한 시공간의 공유성은 경기장이 특별한 시설이 필요치 않은 서민들의 생활여건과 밀접한 민속경기로서 이러한 공간은 공개적으로 개방된 공간이자 관중과 선수가 구분되어 있지 않아 누구나 자발적으로 경기에 참여할 수 있기 때문이다.

씨름은 상대를 붙잡고 넘어뜨림으로써 승부를 나누는 경기며 택견은 발질로 얼굴을 차거나 넘어뜨림으로써 승부를 짓는 경기이지만, 경기규칙의 윤리성과 경기방법의 동질성이나 유사한 용어의 사용에서도 씨름과 택견의 공통점을 찾아볼 수 있다.

씨름은 허릿심을 직접 쓰는 경기이지만, 택견은 허릿심을 이용한 발질을 많이 쓰고 있다. 이러한 허릿심과 관련된 발질에 대해 육태안은 다음과 같이 설명한다.

> 한국민족은 다른 민족과 유별나게 등 쪽 근육이 발달하였다고 할 수 있다. 등 쪽 근육이 발달하게 되면 허릿심이 강할 수밖에 없다. 이 허릿심이라고 하는 것을 다른 말로 표현하자면 '뚝심'이라고 할 수 있다. 몸 전체로 쓰는 '뚝심'은 우리 민족의 힘쓰는 법의 특징이다. 허릿심을 위주로 하는 뚝심이 세야 발차

기를 잘할 수 있다. 그렇기 때문에 뚝심이 유별나게 강한 우리 민족은 발차기를 잘할 수밖에 없다.

이는 씨름과 택견의 발질이 모두 허릿심을 쓰는 것이다. 씨름과 택견은 다른 형태의 경기이지만 승부를 나누는 데 있어서 부상과 위험한 요소를 억제하는 기술들로 이루어진다. 씨름이 상대를 붙잡고 넘어뜨리는 도괴력으로 승부를 나누듯이 택견도 느진발질이나 도괴력으로 가급적 상대를 다치지 않게 승부를 나눈다.

이용복은 용어의 유사성에 대해서 쉽게 발견할 수 있는데 딴죽에 대한 사전의 해석은 "씨름이나 택견 같은 운동에 쓰이는 재주"로 언급하고 있으며 이외에도 낚시걸이, 바깥낚시, 안낚, 뒷낚, 안우걸이, 회목받치기, 회목걸이, 발등걸이, 덜미잽이, 덧걸이, 턱밀기 등의 기술명칭이 동일하다. 기술용어 이외에도 씨름판(택견판), 씨름꾼(택견꾼), 개판, 한팔접이, 단판, 삼판양승, 지우다, 물리다, 판물리다, 판막음, 손재간, 발재간 등 다양한 용어들이 동일하며 일상생활에서도 '책과 씨름한다', '팔씨름', '다리씨름', 등이 있는가 하면 '수접이택견238)(수제비택견)', '앉진뱅이 택견하기', '물택견하기' 등 씨름과 택견이 다른 사물을 설명하는데 비유로 들 만큼 기층문화임을 나타낸다고 하였다.

---

238) 1920년 간행된 『조선어사전』에 수록된 수제비택견은 '어른에게 버릇없이 함부로 덤벼드는 말다툼'이라는 의미를 지니고 있는데, 북한학자 계정희(1964) 연구에 우 아래턱도, 경위도 모르고 함부로 덤벼드는 수+접이(일을 처리하는 방법이나 수완+한팔접이 혹은 바둑이나 장기에서 한 수를 접는다는 의미의 한수접이 등)택견이라 하여 그 의미를 따른다.

(3) 활쏘기와 택견의 연관성

활쏘기는 정적인 자세를 유지하면서 활이라는 도구를 이용하는 무예인 데 비해 택견은 동적인 맨손무예이다. 택견은 주로 발질이 많은 무예의 특성상 몸 전체를 움직이면서 비교적 무게중심이 높은 상태에서 이루어지는 발질을 쓰는데239) 비해, 활은 발시 순간까지 긴장을 유지하여야 하며 몸의 움직임이 있어서는 결코 안 되는 전혀 이질적인 두 무예의 여러 곳에서 의외의 유사점이 발견된다.

우선 활쏘기의 전통 사법 용어 중에 불거름이라 하여 단전을 가리키는데 활에서 만작한 상태에서 분문糞門을 꽉 조이면 불거름은 저절로 팽팽해지면서 숨이 깊이 들어오며 이를 흉허복실胸虛腹實이라 한다. 택견의 '능청(허리재기)'이라는 동작은 일반 무예동작에서 유래를 찾을 수 없는 독특한 동작으로서 특히 품밟기를 반복하는 가운데 자연스레 아랫배 한 지점(단전 혹은 두 다리의 원초점)에 힘이 맺힐 뿐 아니라 힘이 맺히지 않고서는 제대로 된 동작의 구현이 어렵다는 것을 체득하게 된다.

또 이용복은 품밟기에서 발을 앞으로 내밀어 디딜 때 "읷!"하는 기합소리와 함께 호흡이 멈추면서 아랫배가 불러지며 기氣가 가득 차게 된다. 이것은 발을 높이 들어찰 때에도 같은 현상을 나타낸다. 그뿐만 아니라 남자의 경우 낭심이 위로 당겨 올라가고 항문이 바짝 오므라든다. 바로 전통무예에서 단전을 적극적으로 쓰는 방법의 하나기도 하며 국궁에서 분문을 꽉 조이면서 불거름이 저절로 팽팽해지는 흉허복실이 되는 것과 다름 아닌 것이다.

---

239) 택견의 발질에서 항상 동반되는 오금을 굽히는 오금질은 무게중심을 조금이라도 낮추어 비교적 안정된 자세를 유지하는 한편 공격 후에 구부러진 무릎에서 받는 충격량을 흡수하여 조금이라도 안정된 자세를 확보하고자 함에 있다.

한・중・일의 활쏘기의 참법은 한국은 비정비팔이고, 중국은 척칠팔, 일본은 사법팔절이다.

한국의 비정비팔非丁非八을 구체적으로 살펴보면 발의 모양이 한자의 '丁'자도 아니고 '八'자도 아닌 모양이라는 뜻인데, 몸은 과녁과 정면을 향하면서도 약간 오른쪽으로 향한다. 발사와 동시에 몸은 이 버틴 힘의 반동으로 돌아가며 깍지손은 몸이 돌아가는 반대방향으로 뿌려진다. 비정비팔이 과녁의 좌우 끝을 밟고 서게 된 또 다른 이유는 허릿심을 이용하려는 것이다.

비정비팔은 택견의 가장 기초적인 품밟기에서 굼슬르기(굼실) 이후에 한쪽 발을 내딛는 동적인 자세로서 내딛는 발의 지반반력을 공격 발질에 싣게 되는 직접 공격에 개입되는 최초의 자세이기도 하다. 만약에 곁치기나 밭장치기를 할 경우에는 내딛는 쪽으로 허리가 감기게 되면서 허리를 감았다가 되돌아가는 허리의 복원력이 적극적으로 발질에 실리게 된다. 그 어느 무예보다도 택견에 있어서 발차기가 발달할 수밖에 없는 이유가 허릿심에 있으며 이 허리힘은 발질의 정점 직전에 상체를 능청하면서 생기는 반작용을 발질에 실을 때도 사용되는데 활쏘기에서 사용되는 허릿심과 다름 아닌 것이다.

활쏘기 발시 후에 깍지손은 이 살대를 연장한 선을 따라 빠지거나 아니면 살대 연장선 위로 빠진다. 발시 후 손이 펴지는 이유는 사람이 낸 힘을 화살에 온전히 실어보내기 위한 것이다.

깍지손은 화살의 반대 방향으로 작용하기 때문에 살이 떠난 뒤에 남은 힘을 그 방향으로 풀어주어야 한다. 그리고 이렇게 손을 뻗어서 힘을 풀어주는 것은 발시 후에 흐트러지는 동작의 균형을 잡기 위한 것도 있다. 뒷손이 펴지는 동작은 살이 떠난 뒤에 이루어지는 것이어서 어찌 보면 명중률과는 상관이 없을 듯한데, 전혀 그렇지 않다. 이 뒤처리가 제대로 이루어지지 않으면 살은 과녁을 벗어난다. 또 한 가지는 마음의 문제인데 동작이 똑같이 이루어지는 것 같아도 마음먹기에 따라 화살은 전혀 다른 반응을 보인다. 결국, 활쏘기의 결과는 마음에 특히 많은 영향을 받는다는 것인데 이것은 활을 오래 쏜 분들의 공통된 증언이다.

깍지손이 뒤로 뻗치면서 힘을 풀어주는 이 부분은 일종의 카운터밸런스counterbalance라고 하는데 카운터밸런스에 대해 문병용은 운동의 법칙에 따른 신체운동방법의 원리 가운데 '반대작용의 원리'라 해서 달리기 동작에서 두 팔과 두 다리가 반대로 엇갈리게 움직이면서 운동을 자연스럽게 행하면 운동효과가 높아진다 하였다.

택견에 있어서 닮은 이 부분은 주로 발차기 전에 행하는 손동작으로서 두름치기나 곁치기를 할 때 품을 밟으며 밟는 쪽의 한 손을 안쪽으로 긁으며 반대쪽 발을 차는데 이때의 손질을 카운터밸런스라 하였다(심성섭·김영만).

통상 카운터밸런스는 동작을 취하기 전에 이루어지는데, 활쏘기의 경우는 비정비팔 자세에서 흉허복실 상태로 온작溫酌까지 흐트러짐 없이 긴장을 유지해야 하기 때문에 발시 후에 이루어진다. 그리고 택견이 추구하는 동작의 원리 중의 하나는 바로 전신에 힘을 빼서 분절이 자유 상태에서 움직이도록 동작원리로 삼은 것을 들 수 있다.

바로 힘을 뺀다는 것은 마음을 비운다는 것과 같은 맥락이다. 잘하고자 하여 마음이 앞서면 결코 힘을 빼는 동작이 이루어지지 않는다. 그래서 욕속부달欲速不達240)이라는 표현이 생겨난 것이다. 택견은 힘을 빼고 동작이 이루어지면서 한 마디로 능유제강能柔制强의 동작원리라 할 수 있는데 결국 마음을 다루는 부분에서는 활쏘기와 같다.

---

240) 일을 빨리하려고 하면 도리어 이루지 못한다는 의미로 마음이 앞서면 이루지 못한다는 뜻으로 사용.

일상생활에서 잘 쓰이지 않는 근육을 활용해서 활성화해 강하게 활용하는 것을 역근易筋이라 한다. 국궁의 전통사법에는 이러한 역근의 원리가 아주 잘 살아 있다. 전통사법의 또 다른 중요한 원리가 짜임이다. 온몸이 비틀리고 짜임으로써 그냥 당길 때와는 또 다른 오묘한 힘을 낸다. 살대를 짜듯이 하라는 것에는 중요한 이유가 있다. 당기는 힘에다가 짜는 힘을 보태면 훨씬 강한 힘이 나온다. 게다가 짜인 힘이 화살과 일치하는 방향을 취하면 화살이 다른 곳으로 흩어지는 일을 방지할 수 있다는 점이다. 이 짜임의 원리는 양궁에서 볼 수 없는 우리 전통사법의 특징인데 이것은 기사騎射라는 상황에서도 흔들림 없이 활을 쏘아야 하는 이유 때문이다. 말을 타면 몸이 흔들리기 때문에 살을 붙잡아 주지 않으면 안 된다.

기천氣天에서는 언급한 역근易筋과 짜임의 원리를 합쳐서 역근이라는 표현을 쓰고 있는데, 역근의 원리는 역으로 꼬아서 힘이 안배되게 하는 이치로서 근육을 틀어 놓으면 역으로 틀어지려고 한다. 가령 생고무를 꼬아놓았을 때 원래 상태로 돌아가려는 강력한 힘이 생긴다. 또 다른 표현으로 짚은 약하지만 짚을 꼬아 만든 새끼줄은 매우 강하다. 이와 같은 원리가 근육에도 있다. 원형으로 돌아가려는 힘이 발생하는 것이다.

택견은 다양한 발질 특성상 다양한 다리근육을 사용한다. 특히 머리를 차는 유효한 공격이 승패를 크게 좌우하므로 고관절과 사타구니 부근의 근육 사용빈도가 잦다. 심지어 무리한 곁치기를 잘못 사용하였을 경우에는 허벅지 안쪽으로 실핏줄이 터져 멍이 드는 경우가 생기기도 한다.

택견의 역근은 다른 무예처럼 빈번하게 발생하지 않으나 허리를 축으로 이루어지는 곁치기나 발장치기에서 능청동작과 동시에 나타나며 허리를 축으로 꼬이는 역근의 형태이다. 곁치기동작에서 감은 허리가 극에 달하는 순간, 그 반작용을 바깥쪽으로 펼치면서 차는 발끝에 싣는다. 이때 풀리지 않은 허리가 꼬인, 소위 역근상태에 있기 때문에 더 파워풀한 발질이 이루어지는 것이다.

그 외에 택견의 동작에 있어서 상체를 뒤로 능청하는 것은 몸 전체를 신전시켜 마치 팽팽히 당겨진 활에서 쏘아지는 화살처럼 발질이 이루어지도록 하는 것으로 젖혀지는 상체의 반작용을 발끝에 싣는 것이다. 이 능청동작은 동작이 끝난 상태의 비정비동非靜非動자세인데 비해 활쏘기의 만작은 동動이 한껏 부풀어서 정靜의 상태를 유지하고 있지만, 곧 동으로 돌아가기 직전의 정이라는 점에서 정이면서 정이 아니고, 동이면서 동이 아닌 비정비동의 상태를 나타내어 택견의 능청동작과는 대조적인 음양관계를 보여준다.

3) 맺음말

본 연구는 활쏘기와 씨름 그리고 택견의 신체문화를 비교적 관점에서 연구하여 상호연관성을 밝히고, 또한 전통무예경기의 동질성을 규명하는 데 있다.

이러한 활쏘기와 씨름 그리고 택견 동작원리의 상관관계를 포함하여 전반적인 측면에서 상호연관성의 비교에 대해 살펴본 결과, 활쏘기는 장병기를 사용하는 비교적 정적인 무예이며 씨름과 택견은 온몸을 모두 사용하는 동적인 무예라 비교에 한계가 많에도 불구하고 의외로 여러 부분에서 동질성을 보여준다. 이러한 동질성을 살펴보면, 다음과 같이 요약된다.

첫째, 각박한 무예기술을 유희나 경기로 쉽게 풀어내는 민족적 기질과 유관한 경기규칙의 윤리성을 통해 알 수 있다. 이러한 윤리적인 측면에서 활쏘기는 과녁을 맞추려면 먼저 마음을 바로잡아야 하기 때문에 몸과 마음을 닦는 수양의 수단으로 선호되었으며, 씨름이나 택견은 다른 형태의 경기이지만 승부를 나누는 데 있어서 부상과 위험한 요소를 억제하는 기술들로 이루어진다. 씨름이 상대를 붙잡고 넘어뜨리는 도괴력倒壞力으로 승부를 나누듯이 택견도 발장심으로 밀어차는 대신에 발질에 효과적으로 힘을 싣는 능청이라는 뱃심을 발질에 포함함으로써 느진발질이나 도괴력으로 상대를 다치지 않게 승부를 나눈다.

둘째, 신체적 특성과도 유관한 것으로 등 쪽 근육이 발달한 우리민족의 체형과 아울러 좌식생활습관은 허릿심을 잘 쓰고 발질이 능란하다. 처음부터 상대의 샅바를 잡고 상체가 굽혀진 상태에서 경기를 벌이는 씨름을 제외하면 힘의 근원인 단전을 효율적으로 쓰고 있는데 활쏘기에서는 흉허복실, 택견에서는 능청(허리재기)동작이 바로 그것이다.

셋째, 인체의 굴신원리를 최대한 효율적으로 사용한다(역근의 원리, 카운터밸런스의 활용).

넷째, 심신일여를 내세우지 않더라도 마음을 비우는 이치를 동작원리에 적용하고 있다.

또 다른 관점에서 살펴본다면 이 세 가지 무예경기는 관객과 선수가 참여하는 동시성과 공개성을 지니고 있어서 현대의 경기와 조금도 다르지 않다. 다만 심판이 없을 뿐이며, 심판이 없다 하더라도 승자와 패자가 깨끗이 예(禮)로 승복하며 별다른 학습체계라는 게 없이 낱기술로도 전수된다는 공통점이 있다.

이상 활쏘기와 씨름, 씨름과 택견, 그리고 활쏘기와 택견의 공통점에 대해 살펴보았다. 전혀 이질적인 무예 혹은 무예성을 지닌 경기임에도 불구하고 서로 대비가 가능한 이유에는 오랜 세월 세습되어온 한국인의 고유한 몸짓이 녹아 있기 때문에 가능한 것이다.

이러한 관점에서 바라본다면 전통무예경기란, 우리나라라는 지리적, 지형적, 역사적 그리고 기타 환경적 특성 속에서 독특한 몸짓을 담보로 만들어진 경기라 할 수 있다.

이러한 결과는 제한된 소략한 문헌접근을 통해서 이루어져서 새로운 문헌자료를 확보하여 더욱 심도 있는 논의를 이루어내어야 할 필요성이 있다. 또한 한·중·일의 활쏘기와 씨름의 다대한 방면으로의 비교분석이 필요할 것으로 사료된다.

2. 한국 전통무예의 용력勇力과 퍼포먼스에 관한 연구

『삼국유사三國遺事』 등 다양한 사료에서 맨손으로 호랑이를 잡았다는 기록이 있는데, 이는 무인들의 '호랑이 잡기' 용력의 과시와 연관성을 시사한다(사진출처: 지식의 정석: 한국 역사상 최강의 무력을 가진 인물 8인).

조선은 숭유崇儒와 주자학朱子學이 지배한 사회이다. 사회 전반적인 분위기 중 하나는 겸손을 미덕으로 알았으며 옛날부터 아내자랑, 자식자랑을 하는 사람을 두고 심지어 '팔불출'이라고 허물을 잡았다. 이러한 풍조하에서 현재도 '분수'나 '주제'라는 표현들이 심심치 않게 회자하고 있다. 분수分數란 '자기의 신분이나 처지에 알맞은 한도'를 말한다. 주제라는 사전적 의미에는 '변변하지 못한 환경이나 처지'로서 이규태는 "그 사람이 처한 사회적 역할에서 생성된 그 당위의 행동거지"라고 하였다. '분수를 모른다.'거나 '제 주제를 모른다.'는 표현은 상당한 허물로 취급되었다. 그러한 분위기 속에서 자신의 용력勇力을 과시한다는 것은 반사회적인 행위였음은 당연지사나 의외로 사서에는 이와 관련된 기록들이 적지 않다.

동시대를 거쳐 온 우리의 전통무예에서 활쏘기를 제외한 여타 무예들은 특별한 경우를 제외하고는 대부분 천시 받았다. 이는 숭문천무의 풍조를 보였던 조선뿐 아니라 그 이전 고려사에서도 볼 수 있는데, 두경승의 외숙 상장군 문유보가 두경승에게 수박은 천한 기예다. 장사가 할 바가 못 된다.241)는 대목에서도 엿볼 수 있다. 지금은 올림픽 정식종목으로 자리 잡은 태권도 경기이지만 치안이 현재보다 부재했던 60년대까지만 해도 태권도 사범들은 주먹을 쓰는 깡패취급을 받은 부분도 맥락을 같이 한다.

그러나 타고난 용력만은 경이와 부러움의 대상이었으며 그로 인해 일부 장수들은 뭇사람들의 질시와 더불어 비참한 최후를 맞기도 했다.

역사적으로 어려운 시기를 맞이하게 되면 사람들은 난국을 헤쳐 나갈 영웅을 찾기 마련이며 실제 새로운 왕조의 건국시기 즈음이나 전쟁 시기에 영웅들이 탄생하는 사례들도 적지 않다.

---

241) 『고려사』 券100 別傳13 杜景升조

과거 마상재는 용력을 과시하는 전통무예로, 조선통신사는 마상재를 일본에 한류 문화를 이식한 중요한 조일朝日 친선 행사를 주도하였다.

조선 말기 나라가 어지러울 때나 일제강점기 시절에 영웅소설이 다량 읽히게 된 것은 당시의 민족적·민중적 소망을 대리만족을 통해 얻고자 함이었다.

김중권·안기수는 나약한 인간 앞에 놓인 숙명적인 고난을 해결하려는 욕구나 이러한 욕구가 불가능할 때 초월자의 출현을 바라거나 그를 통한 초월적인 힘을 빌려 욕망 실현의 수단으로 이용하려는 종교적 심성의 소산이라고 하였다. 아울러 국가적인 고난은 영웅의 신분상승을 사회적으로 승인하는 절차로서 의미가 있게 되는데 한결같이 무력을 통한 입공立功으로 형상화된다고 하였다.

우리나라 사람에게 있어 용력은 과거나 지금이나 관심의 대상이었다.

한국고전종합DB를 검색해 보면 무武와 관련된 적지 않은 검색대상을 보이는 용어 중의 하나가 용력으로서 『세종실록』에 시직時職이나 산직散職임을 구애함이 없이 지모와 용력이 뛰어나서…242)를 비롯해 인재를 천거하라는 전지傳旨를 내리고 있는데 무인을 뽑는 데 있어서 사료에는 그 필수기준 중의 하나가 바로 용력이다. 조선의 전술은 방어적 개념이었던 궁시도 힘이 있어 멀리 잘 쏘는 자를 시취하였다.

아울러 우리의 전통맨손무예는 이 용력을 이용하면서도 생사가 걸리거나 급박한 상황에서는 머리끝부터 발끝까지 온몸을 다 쓰는 현대식 용어로 종합맨손무예인 듯하다. 특히 호환虎患이 많던 옛날에는 맨손으로 호랑이를 잡았으면 당시 최고의 장사로 이름을 날렸다. 그래서 용맹과 호기를 드러내는 문장이나 시구에는 빠지지 않고 호랑이를 때려잡는 부분이 인용된 사료가 많다.

그런 의미에서 우리 전통무예의 또 다른 특징 중의 하나는 용력을 드러내거나 과시하는 것이다. 그래서 실제 사료들이나 특히 야사 혹은 소설, 설화에는 용력을 드러내는 퍼포먼스에 관한 내용들이 의외로 많다. 다만 조선시대에는 숭문천무의 풍조가 만연하여 정사에 간략한 사실만 기록하고 있다.

따라서 용력을 드러낸다는 것은 조선시대의 유교적 가치관으로 볼 때 바람직하지 않아 대부분 불가피하게(일례로 위기의 순간에 사람을 해치는 호랑이를 맨손으로 잡는 경우) 용력을 썼으며 스스로가 밝혀서가 아니라 주변에 의해 자연스레 알려진 경우가 적지 않다.

---

242) 세종 22권, 5년(1423 계묘) 11월 25日(임인) 2번째 기사.

조선의 이러한 용력과는 차별되게 퍼포먼스는 인상적인 연출을 통해 원하는 바를 얻고자 하는 데 있다. 퍼포먼스도 두 가지 측면에서 이루어진다. 하나는 퍼포먼스를 통해 여러 사람들이 여흥을 즐기는 것이고 다른 하나는 이외의 다른 특정 목적이 수반되는 것이다. 즉 용력을 과시하여 호기심을 유발한다든가 혹은 불필요한 싸움을 피하고자 함이나 과시를 통해 남에게 위협을 주는 등 다양한 의도가 내재하여 있다. 역사를 거슬러 과거에 용력을 이용하는 퍼포먼스는 현재와 크게 다르지 않다. 이러한 퍼포먼스는 우리의 전통무예가 민족의 기질적 특성임을 짐작케 한다.

가령 검무나 마상재는 당시나 현대인의 시각으로 볼 때도 흥을 돋우는 시각적인 효과가 내재하여 있지만, 구경거리가 많지 않았던 조선시대에는 더욱 주목을 받았을 것이다.

본 연구는 용력에 대한 기록과 신체를 활용한 사례 및 용력을 이용한 퍼포먼스에 대한 사서를 살펴보고자 한다.

전통무예 연구에서 용력과 퍼포먼스와 관련된 선행연구는 찾아보기는 힘들다. 용력과 관련된 역사적 인물이 단편적으로 수록된 논문은 김일환(2005)을 들 수 있으며, 남덕현·송일훈(2010)은 용력의 한 부분으로 과시되었던 수박이 다양한 형태의 종합맨손무예였음을 언급하기도 했다. 그러나 용력과 더불어 무예와 관련된 퍼포먼스에 대한 연구사례는 확인되지 않으며 극히 제한된 내용이 수록되어 있을 뿐이다.

그러나 무예와 관련된 퍼포먼스는 오히려 사서에서 쉽게 확인이 된다. 어린 시절 약장수들의 차력시범에서 볼 수 있던 퍼포먼스는 해외진출 태권도인들이 태권도의 홍보를 위해 격파시범과도 그 맥락을 같이 하는데, 극진가라테의 최영의도 벽돌을 깨거나 쇠뿔을 부러뜨리는 퍼포먼스를 보인 바 있다.

우리 전통무예에서 용력이 수반된 무예는 다양한 형태로 나타났다. 삼강오륜이 주요 덕목으로 자리한 사회에서도 퍼포먼스는 당시 많은 주목을 받았으며 사서에 전해지고 있다. 그러한 점에서 용력과 퍼포먼스에 대한 언급이 전통무예의 한 특질로서 의미를 지닌다고 말할 수 있다.

1) 용력과 관련된 기록

용력과 관련된 사료들을 살펴보면 다음과 같다.

『삼국유사三國遺事』

(진덕)왕의 시대에 알천공閼川公·임종공林宗公·술종공述宗公·호림공虎林公-(자장慈藏의 아버지)·염장공廉長公·유신공庾信公이 있었다. 이들은 남산南山 오지암亏知巖에 모여서 나랏일을 의논했다. 이때 큰 호랑이 한 마리가 좌중에 뛰어들었다. 여러 공들은 놀라 일어났지만 알천공 만은 조금도 움직이지 않고 태연히 담소하면서 호랑이 꼬리를 잡아 땅에 메쳐 죽였다. 알천공의 완력이 이와 같아서 윗자리에 앉았다. 그러나 모든 공들은 유신공의 위엄에 심복했다.243)

『자치통감資治通鑑』

남자는 지혜와 꾀가 많으며 날래고 용맹스러워 다른 나라 사람보다 뛰어나기 때문에 발해사람 셋이 호랑이 한 마리를 당해낸다는 말이 있다.244)

『익재집益齋集』「역옹패설櫟翁稗說」

경인년·계사년245) 이후로 재상에 무인武人 많았다. 이의민李義旼이 두경승杜景升과 함께 중서성中書省에 앉았는데 이가 두에게

---

243) 『삼국유사三國遺事』권 제1/제1 기이紀異第一/진덕왕眞德王
244) 『자치통감資治通鑑』권1 총략 상
245) 고려 의종(毅宗) 24년(1170), 고려 명종(明宗) 3년(1173)

자랑하기를, 아무가 제 용력을 자랑하기에 내가 한번 쳐서 넘어 뜨리기를 이와 같이 하였소. 하면서 주먹으로 기둥을 치니, 서까래가 다 흔들렸다. 이에 두가 대답하기를, 어느 때의 일인데, 내가 맨주먹으로 힘 쥐고 휘두르니 사람들이 다 흩어져 달아났다. 하면서 주먹으로 벽을 치니 주먹이 벽을 뚫고 나갔다. 이리하여 당시 사람들은 다음과 같이 시를 지었다.

내가 두려워하는 것 이씨와 두씨(吾畏李與杜)
높이 군림한 참 재상일세(屹然眞宰輔)
재상의 지위는 삼사 년이지만(黃閣三四年)
주먹 바람은 만고에 떨치리(拳風一萬古)246)

『태조실록』에 조선의 임금 중에 태조와 세조는 용력이 뛰어났다. 태조는 신기에 가까운 활솜씨로 여러 마리의 호랑이를 잡는 등 수많은 일화를 남기고 있다.

말 궁둥이에 올라 움켜 채려고 하므로, 태조가 오른손으로 휘둘러 이를 치니, 범은 고개를 쳐들고 거꾸러져 일어나지 못하는지라, 태조가 말을 돌이켜서 이를 쏘아 죽였다.247) 태조가 말을 달려…화살 한 개 쏜 것이 두 마리를 꿰뚫고 화살이 풀명자나무[樝]에 꽂혔다. 이원경이 그 화살을 뽑아 가지고 이르니, 태조가 말하기를, '그대는 어찌 더디게 오는가.' 하니, 원경이 말하기를, '화살이 나무에 깊이 꽂혀서 쉽사리 뽑을 수 없었습니다.' 하였다. 태조가 웃으며 말하기를, '가령 세 마리의 노루라 할지라도 그대의 화살 힘으로도 충분히 관통할 수 있었을 것'이라고 하였다.248)

246)『익재집益齋集』 역옹패설櫟翁稗說/전집 2
247) 태조 1권 총서 31번째 기사.
248) 태조 1권 총서 53번째 기사.

『세조실록世祖實錄』

야인野人의 동나송개童羅松介가 세조의 신이神異한 무술을 보고서 꿇어앉아 말하기를, '참으로 우리의 나연那衍 - 세속에 그 주장主將을 부르기를 나연那衍이라고 이른다. - 이십니다. 우리 땅에 계셨더라면, 진실로 '바투[拔都]'이었을 것입니다. 북방 야인들이 세조를 칭찬하여 이르기를, 진양대군晉陽大君은 큰 호랑이[大虎]이다.' 하였다. 또 동나송개가 몰래 세조의 활을 가지고 당겨보았으나 되지 않으니 크게 탄복하고, 서울로 돌아와서는 사람만 보면 반드시 말하기를, '오직 한 사람뿐이다.' 하였고, 항상「세조를」'바투[拔都]'라고 일컬었다. 세종이 일찍이 두 개의 강한 활을 세조에게 내렸는데, 이는 무인 박성량朴成良이 홀로 당기던 것이었으므로 '쓸데없는 대각大角'이라고 불렀는데, 세조는 항상 말 위에서 이를 썼다.249)

또『세조실록』에 한복련은 호랑이 전문 사냥꾼이었다.

서홍瑞興 재인才人 한복련韓卜連이 임금에게 말하기를, '신이 이 지경에서 생장生長하여 다른 기술은 없고 호랑이를 잡는 것으로써 업業을 삼았는데, 전후에 잡은 것이 무릇 40여 마리나 됩니다.' 하고, 봉산鳳山으로부터 이후로 몰이하는 것을 문득 잡아 바치니 겸사복兼司僕을 명하였다.250)

유몽인(柳夢寅, 1559~1623)의『어우야담於于野談』에는 당시 살았던 신숙주의 아우로 신말주(申末舟, 1429~1503)와 사작乍作이라는 노비, 신말주의

---
249) 세조 1권 총서 15번째 기사.
250) 세조 22권, 6년(1460) 10월 12일(갑인) 4번째 기사.

현손 신응담의 절륜한 효용驍勇에 대해 언급하고 있다. 특히 신응담은 그가 젊었을 적 서대문 밖 모화관慕華館에서 기우제 구경을 하러 갔다가 용력을 드러낸다.

응담에게 청하여 말했다. 당신은 몇 마리 소를 뛰어넘을 수 있습니까? 말하기를 이에 여덟 마리는 할 수 있소.
여덟 마리의 소를 나란히 세워 놓고 몸을 한 번 솟구쳐 뛰어올라, 일곱 마리 소를 뛰어넘고 여덟 번째 소를 발로 차니, 소의 척추가 부러져 엎어져 버리고 말았다.251)

『조선왕조실록』에서 발췌한 부분이다.

김덕령이 언젠가 왜인의 진영에서 호랑이 두 마리를 손으로 때려잡아 왜인에게 주니 왜인들이 탄복하였다.252)
영남의 무인 유이주柳爾胄의 용력勇力이 매우 뛰어나 일찍이 조령鳥嶺에서 채찍으로 호랑이를 쫓아냈음을 성대하게 말하니…253)

또 김덕령의 용력은 『송자대전宋子大全』 송시열과 최신의 대화록에서도 확인된다.

[신] 세속世俗에 전하기로는, 김덕령은 용력이 있는 외에도 신이神異한 일화가 많았습니다. 이를테면 두 겨드랑이에 날개가

---

251) 請應澹曰 子能超幾牛 曰可超八牛 於是 騈立八牛奮身一踊 過七牛蹶第八牛 牛脊折而仆 『於于野談』 社會篇/勇力
252) 宣修 30卷, 29年(1596 丙申) 8月 1日(병신) 1번째 기사.
253) 영조 83권, 31년(1755 을해) 2月 2日(병오) 2번째 기사.

있었다는 말과 수감收監되었을 적에 고문을 무수히 당했으나 살갗이 쇠처럼 단단하여 상처가 나지 않았는가 하면, 형틀을 부수고 지붕 위에 올라앉았다는 등등의 얘기가 있습니다. 또 선조께서 친히 국문하려고 궐정闕庭으로 끌어들였을 때 김덕령이 갑자기 맨몸에서 칼을 빼들고 나아와서 '전하께서 신이 반역했다고 하시는데, 그렇다면 신이 이 자리에서 참으로 반역 행위를 해볼까요?' 하므로 선조께서 '너는 네 스스로 죽으라. 어째서 이처럼 난잡하게 구는가.' 하였다 합니다. 이 같은 말들이 혹 하나라도 근사한 것이 있습니까?

[선생] 김덕령은 광주 사람으로 월사月沙의 가문에 의해 발신發身하였다. 그러므로 김덕령의 일에 관해서는 월사의 자손만큼 잘 아는 이가 없다. 내가 일찍이 백주白洲 이명한李明漢 등 제공諸公에게서 들었는데, 모두 세속에서 전하는 것과 같이 거짓이 아니었다.254)

같은 『송자대전宋子大全』

김장군金將軍은 용력勇力이 뛰어나서 나이 18세에 맨손으로 맹호를 격살하였는데, 이때부터 향인들이 문득 장군이라 부르고 이름을 부르지 않았다.255)

『부상록扶桑錄』

역관 강우성康遇聖이 여기에 와서 말하기를,

---
254) 『송자대전宋子大全』/부록 제18권/어록語錄 5/최신崔愼의 기록 - 하
255) 『송자대전』/제171권/비碑/諡贈遼東伯金將軍廟碑

상관에 있을 때 왜인 하나가 말하기를, 임진년 난리에 조선에 갔다가 장하고 용맹스러운 사람 하나를 보았었다. 경주에 갔을 때 한 사람을 사로잡았는데 왜인 6~7명이 결박할 수가 없었다. 겨우 결박했는데 두 팔을 조금 드니 큰 새끼가 곧 끊어져 버렸다. 창으로 옆구리를 찔러도 조금도 동요하지 않았다. 왜장이, 기이한 사람을 여기에서 죽일 수 없다 하여, 큰 나무 3개에다 온몸을 비끄러매어 작은 배에 실어 일본으로 보냈었다. 8일 만에 도착했는데 물과 장醬을 입에 넣지 않았으나 또한 속히 죽지 않았다. 수길秀吉도 이를 이상한 사람이라 하여 구료救療해서 풀어 주도록 했으나 또한 10여 일을 먹지 않고 죽었는데, 참으로 전에 들어보지 못한 장사였다. 다만, 장사일 뿐만 아니고 반드시 의열義烈스런 사람일 것이다. 왜인 등이 지금까지 칭송稱頌하건마는, 그 성명을 모르는 것이 애석하다.256)

　　밥을 먹은 뒤에 여러 군관과 역관이 문사용文司勇에게 힘을 시험하기를 청하여, 검은 바둑알 10여 개를 손에 쥐고 부스러뜨리게 하니, 곁에서 보던 왜인들이 크게 놀랐다.257)

　　지난번에는 더러 육량전六兩箭을 시험한 일이 있었기 때문에 장사군관들이 궁시弓矢를 가지고 갔는데, 저들이 그 장대壯大함을 보고 인가人家를 다치는 일이 있을까 염려하여 그만두기를 간곡히 청하였다. 그런데 개중에 한 건장한 왜인이 허세로 용력을 과시하며 대궁大弓 당기기를 청하였는데, 들으니, 이는 그들 중에서 장사라고 일컫는 자라고 하였다. 조 비장이 시험 삼아 쉬운 듯이 가볍게 한 번 당겨 보이고는 그 왜인으로 하여금 당기

---

256) 광해군 9년 종사관從事官 이경직李景稷이 회답사回答使로 일본방문 일기를 기록한 『부상록扶桑錄』/정사년(1617, 광해군 9) 8월 13일(을사)
257) 유상필(柳相弼, 1782-미상)의 『동사록東槎錄』/일기日記 신미년(1811, 순조 11) 6월 8일

게 하였더니, 그 왜인은 이를 악물고 팔뚝을 뽐내어 힘을 다해 당기었으나 오히려 활시위를 벌리지 못하였다.258)

『연려실기술練藜室記述』

이징옥의 어머니가 두 아들에게 이르기를, '내가 살아 있는 산돼지를 보기를 원한다.' 하였더니…어머니가 따라나섰더니, 큰 산돼지가 대문 밖에 누워서 헐떡거리고 있었다. 그것은 이징옥이 그 어머니에게 산 놈을 보이기 위하여 산돼지의 뒤를 추적하여 앞서기도 하고 뒤서기도 하면서 산을 넘고 골짜기를 넘어 밤낮으로 쫓아서 기운이 빠지게 한 뒤에 몰고 온 것이었다.259)

『오주연문장전산고五洲衍文長箋散稿』(분류 오주연문장전산고 경사편 5-논사류 1/논사論史-한국/東國神勇辨證說)에는 창해 역사滄海力士를 필두로 계여강桂汝杠, 감사監司 이운징李雲徵, 황계창黃繼昌, 서화담徐花潭(화담은 서경덕徐敬德의 호), 이징옥李澄玉 등의 용력이 상세히 소개되고 있다.

그 가운데 용인현龍仁縣에 사는 정모(鄭某, 혹은 동래 정씨東萊鄭氏)라고도 한다)가 찬撰한 『만오만필晩悟漫筆』수록된 이운징李雲徵의 용력을 다음과 같이 적고 있다.

천고에 뛰어난 용력을 가진 사람을 든다면 감사 이운징을 제일로 칠 수 있다. 그가 젊었을 때 감사 권흠權歆·사인士人 정모丁某와 함께 삼각산 백운봉白雲峯(봉峯은 대臺의 잘못이다.)에 놀러 갔는데, 권흠이 맨 앞에 서고 정모가 가운데 서고 이운징이 맨 뒤에 서서 석벽石壁을 안고 올라가다가 정모가 그 무시무시한 낭

---

258) 『해사일기海槎日記』 4/3월 6일(정사)
259) 『연려실기술練藜室記述』 제4권/단종조 고사본말端宗朝故事本末/이징옥李澄玉의 난

떠러지를 내려다보고는 그만 갑자기 현기증이 일어나 절벽 아래로 떨어져 버렸다. 이때 권흠은 그 사실을 알면서도 감히 돌아보지도 못한 채, 벼락치는 소리와 같은 돌 부딪히는 소리만을 들으면서 가까스로 대臺에 올라가니, 정모와 이운징은 벌써 올라와 앉아 있었다. 하도 괴이하여 내력을 물으니, 이운징이 말하기를 '이 친구(정모)가 절벽에서 떨어져 내려가기에 나도 함께 떨어져 허공에서 이 친구를 붙잡아가지고 힘을 떨쳐 뛰어올라왔소.' 하므로 다시 '그 돌 부딪히는 소리는 어디서 났소?' 하자 '허공에서 용력勇力을 낼 수가 없기에 먼저 돌을 쳐서 용력을 냈던 것이오.' 하였다. 그가 일찍이 탄식하기를 '내가 임진왜란을 만났더라면 왜노 한 놈인들 어찌 제 나라로 돌아가게 놓아두었겠느냐.' 하므로, 어떤 사람이 '수많은 탄환이야 어찌 당할 수 있겠는가?' 하자 그가 '사람이 사뭇 용력을 떨치면 탄환 따위는 반드시 몸에 접근하지 못하고 땅에 떨어지고 만다.' 하였다. 이는 권흠의 손자인 시옹尸翁이 자기 가정에서 익히 들어왔던 말을 나에게 이렇게 말해 준 것이다. 효종이 볼모[質]가 되어 심양에 들어갈 적에 팔장사八壯士를 선택, 그들이 효종을 모시고 들어갔다고 하나, 그들의 용력이 과연 어떠했는지는 모르겠다.

서화담의 용력은 구체적으로 서술되어 있다.

화담선생花潭先生은 아랑곳없이 그 중에 가장 지위가 높은 중 한 사람의 이마를 손으로 치니 피가 철철 흘렀다. 그러자 여러 중들이 큰 종을 두들기면서 왁자지껄하게 떠들고 나와 서로 다투어 덤벼들므로, 화담선생이 몸을 공중으로 날려 중들의 어깨와 목을 밟고는 나는 듯이 오가면서 차니, 중들이 모두 놀라서 어쩔 줄을 몰랐다. 이어 격렬한 싸움이 벌어져 제생諸生들은 모두 분산되어 대臺 앞의 월대(月臺 전각 앞에 있는 섬돌)로 도망쳐 있었다. 이 대는 곧 탄금대彈琴臺인데, 6~7척尺쯤 되는 섬돌이 있고 그 밑에는 미나리못[芹池]이 있었다. 날이 저물자 화담 선생은 그 대 밑으로 투하投下하여 미나리못 가운데 숨어 있다가 밤이 깊어서 중들이 모두 잠잠해진 뒤에야 서서히 돌아왔다. 이날 황계창이 가장 먼저 뛰어 달아났고 중들에게 얻어맞은 제생諸生도 수를 헤아릴 수 없을 만큼 많았다. 중들은 높은 데서 계속 돌을 굴려 내렸으나, 화담 선생이 전후殿後(맨 마지막)가 되었으므로 그를 따른 제생들은 한 사람도 중상을 입지 않았다. 이때부터 그 절에 백인안거법百人安居法이 폐지되었다.

앞서 『연려실기술』에도 소개된 이징옥은 그의 형 징석澄石과 같이 용력이 뛰어났다.

이징석·이징옥은 양산 사람인데, 징석은 징옥의 형으로 다 같이 뛰어난 용력이 있었다. 징옥은 맨손으로 맹호를 때려잡았고, 18세에 강계 부사江界府使가 되어 번호藩胡들에게 위엄을 떨쳤는데, 세조반정世祖反正 이후 조정에서 까닭 없이 그를 소환하자, 그는 자기 후임으로 그곳에 온 사람을 베어 죽이고 '두만강豆滿江을 건너가면 대금황제大金皇帝가 되기에 충분하다.' 하고는 그날로 거사擧事하였는데, 회령 판관會寧判官이 징옥의 숙소宿所 조정판藻井版 위에 장사壯士를 잠복시켜 놓았다가, 그가 깊이 잠든 틈을 타서 장검長劍을 갖고 뛰어 내려가 그를 내리치게 하였다. 이리하여 징옥의 오른팔이 떨어졌는데, 징옥은 깜짝 놀라 일어나서 장사가 들고 있는 장검을 빼앗아 들고 장사를 베어 죽이고 나서 벌거벗은 몸으로 나는 듯이 뛰어나가 왼손으로 수십 명을 쳐 죽이고는 마침내 난전亂箭에 맞아 죽었다. 이때 그는 24세였다.

『용재총화慵齋叢話』

계성군雞城君 이양생李陽生은 본래 서자로 미천한 사람이다… 말달리기와 활쏘기를 잘했으며, 그가 호랑이를 잡는 것은 풍부馮婦260)라 할지라도 미치지 못할 정도였다. 사람의 안색을 보고서 도적을 분변하여 10에 1이라도 실수가 없었으니 소옹邵雍이라도 이만하지는 못하였을 것이다. 매양 호랑이를 잡고 도적을 잡을 일이 있으면 조정에서는 이 사람에게 위임하였다.261)

재상 하경복河敬復이 일찍이 이르기를, 내가 젊었을 때에 용력勇力으로 세 번 화를 면하였다…젊었을 때에 깊은 산에 들어가서 사냥하다가 졸지에 맹호를 만났으나 피할 곳이 없어 할 수 없이 범의 목줄을 잡고 땅에 던지니 그 사이에 사람들이 모두 흩어졌다. 구해 주기를 외쳤으나 와주는 사람이 없고 돌아보았으나 한 치 되는 칼조차 없었다. 그래 별 수 없이 맨손으로 막다가 언덕 밑에 물웅덩이가 있는 것을 보고 밀고 앞으로 조금씩 나아가니 사람과 짐승이 모두 지쳐서 땀이 온몸을 적셨다. 마침내 그 범을 물속에 빠뜨리니 범이 물을 마시고 배가 불러 힘이 빠지기에 나무와 돌을 가지고 때려죽였다. 이는 용력이 없었으면 틀림없이 죽었을 것이다.262)

용력과 관련된 기록은 조선말기 서양인들의 방문 기록에서도 볼 수 있다.

조선인들은 체격이 좋고 힘이 세다. 제물포 부두에서 미국인의 창고까지 약 1마일 되는 거리로 물건을 운반하던 일을 하던

---

260) 예전에 용력勇力이 있어서 범을 때려잡았다는 사람.
261) 『용재총화』제4권
262) 『용재총화』제3권

몇 명의 일꾼들이, 그들 동료 한 사람에게 무게가 500파운드 정도 되는 짐 꾸러미를 들고 운반해 보라고 말했다. 다른 사람들이 그의 지게에 그 짐 꾸러미를 얹어주자 그 사람은 실제로 그 무거운 짐을 다른 도움을 받지 않고 1마일되는 거리로 운반했다. 그것 때문에 그는 짐 나르는 일꾼 조합원들에게 실컷 두들겨 맞았다. 이유는 다른 사람들도 모두 일꾼들이 이와 같이 무거운 짐을 한 번에 날라 주기를 기대할 것이기 때문이다(알렌).

때때로 머슴은 놀라울 만큼 민첩할 뿐만 아니라 기운이 장사인 것을 보여준다. 장연의 곽씨가 짊어졌던 것과 같이 2개의 갈라진 다리가 한데 이어져 있는 격자틀(지게)로 4백 파운드(180여 킬로그램) 포목을 짊어지기도 하고 또 완전히 가공된 사슴의 가죽을 경흥慶興에서 러시아 국경까지 짊어지고 가기도 한다(제임스 게일).

나는 튼튼한 소가 짊어져도 다리가 휠 만큼 무거운 짐을 옮기는 하층민을 본 경우도 있었고…(조지 커즌).

조선은 길이 좁고 험하여 수로 외에 육로는 수레를 이용하지 못하고 소나 조랑말 혹은 등짐이나 지게로 짐을 날라야 했기에 다리와 등힘이 발달하였다. 이러한 상황에서 용력을 쓰는 사람들이 남들보다 두드러지기 마련이었다. 제임스 게일은 조선에는 사실상 두 바퀴짜리 짐마차[牛車]나 그 밖에 바퀴 달린 다른 어떤 교통수단도 없다. 그리고 대부분의 길은 짐 나르는 짐승(말·소·낙타)마저 다닐 수가 없으므로, 국력國力은 오직 머슴의 어깨에 의존하고 있다. 그가 짐을 지고 다니는 것을 보면 세계를 들어 올리는 타이탄, 아틀라스의 하나를 연상하게 한다고 하였다(게일).

독일 라이프치히 매일신보 특집에 소개된 헤쎄 바르텍의 「한국견문기」에서 산채만큼 큼직한 나무를 진 나무장사들이 보이고,(김영자) 100여

년 전 영국의 외교관이었던 조지 커즌(George Nathaniel Curzon, 1825-1925)도 튼튼한 소가 짊어져도 다리가 휠 만큼 무거운 짐을 옮기는 하층민을 보았다고 한결같이 인상적인 경험을 적고 있다.

러시아 재무성편의 『국역 한국지』에서 평민들은 등짐을 지는 것으로 힘을 겨룬다. 싸움하여 힘을 겨루는 것도 매우 널리 퍼져있다. 한국에는 예전에 일본에서도 그랬던 것처럼 직업투사들이 있어서 이들은 명문귀족이나 읍, 리에서 항상 급료를 받고 있다. 정해진 날에 개인들이나 읍, 리에서는 그들의 투사들을 힘겨루기대회에 내보낸다. 이 경기는 매우 활기에 차 있는데 이는 관중들이 투사들에게 크게 내기를 걸기 때문이라고 기록하고 있다.

독일 쾰른의 신문사 기자 지그프리드 겐테는 지게는 조선인의 탁월한 발명품이라 하고 싶다. 다만 10세도 채 안되어 보이는 사내아이들이 자기 몸체보다 배는 더 크고 무거운 짐덩어리를 지게에 지고 운반하는 모습을 보는 것은 그리 달갑지 않다고 술회하고 있는데 노동력을 필요로 하는 농경사회의 한 단면을 보여주는 것이고 불가분 이 용력과 결부되어 있음을 의미한다.

등짐장수(서울역사편찬원)

2) 한국 전통무예는 온몸을 활용

짐을 넘치도록 잔뜩 실은 지게를 잘 지는 한국인의 체형이 다른 민족과 달리 유별나게 등 쪽 근육이 발달한 탓에 허릿심이 강하여 유독 허릿심을 활용하게 되는데 전통 활쏘기에서는 유일하게 우리나라만이 허리를 돌려서 허릿심을 이용한 사법을 쓰고 있으며 씨름에서는 대부분 동작에 허릿심을 직접 사용하는 점이 공통적인 특징이다. 이는 신체적 특성과도 유관한 것으로 등 쪽 근육이 발달한 우리민족의 체형과 아울러 좌식생활 습관은 허릿심을 잘 쓰고 발질이 능란하다. 택견의 발질이 모두 허릿심을 쓰는 것이라 하였다.

발질은 언급된 신응담이나 서화담의 활약, 그리고 택견에서 볼 수 있지만 우리민족의 전통맨손무예는 손과 발뿐 아니라 머리로 받는 박치기와 씨름기술인 유술을 포함하는 현대식 표현으로 맨손종합무예 즉 온몸을 모두 쓰는 무예인 것이 분명하다.

고려의 기록에서도 손발을 다 쓴 사례들을 대강 열거해 보면,

위에 언급한 이의민과 두경승의 주먹자랑을 들 수 있다. 또 『고려사절요』에 다음과 같이 기록하고 있다.

> 왕규가 광주원군을 왕으로 세우려고 도모하여, 일찍이 밤에 왕이 깊이 잠들었는가를 엿보고 자기편을 보내어 몰래 왕의 침실 안으로 들어가 왕을 해치려고 하였는데, 왕이 잠에서 깨어나 한 주먹으로 그들을 때려죽이고 측근에서 시중하는 신하를 시켜 끌어내게 하고는 다시 묻지 않았다.[263]

---

[263] 『고려사절요』 2권 혜종 의공대왕惠宗義恭大王 을사 2년(945)

『고려사』숙종 7년 11월 초하루 임오壬午

왕이 우타천 들판에 이르렀는데 호랑이가 나타났다. 왕이 시위 군사들에게 뒤를 쫓게 했는데 견룡교위 송종소가 맨손으로 때려죽였다. 왕이 옷을 한 벌 하사했다.264)

또『고려사절요』

이자겸의 정변이 일어났을 때 낭장 이적선이 왕을 부축하여 가는 지석숭을 왕에게서 떼어 내려고 그의 가슴을 힘껏 발질로 찼다는 것265)과 고려시기 반역자 홍다구의 애비 홍복원이 장사들의 발길질에 의해 즉사한 사실이 있다.266)

『고려사』에 처음에 낭장 이영李瑛이 몽고로 도망해 가서 말하기를

우리나라의 사천감司天監 오윤부伍允孚는 천문에 밝으며 또 낭장 김희목金希牧은 손으로 능히 돌을 빠갠다. 그래서 황제가 불화가 오는 편에 그들을 불렀으므로 왕이 명령하여 두 사람을 보냈다.267)

---

264)『고려사』제11권 숙종 7年(1102) 11월 1일.
265) 왕이 돌아보고 적선을 꾸짖으며 그 가슴을 찼으나, 그래도 놓지 않아 왕의 옷이 찢어지고 복두 역시 문설주에 부딪혀 부서졌다.『고려사절요』9권 인종 공효대왕仁宗恭孝大王1 병오 4년(1126)
266) 준의 아내는 몽고의 황족인데, 그 말을 듣고 크게 노하여 황제께 아뢰니, 황제가 사람을 보내어 복원을 잡아서 죽였는데…『고려사절요』17권 고종 안효대왕高宗安孝大王4 무오 45년(1258)
267)『고려사』第27券 원종 12년(1271) 1月 미상 8번째 기사.

『익재집益齋集』「역옹패설櫟翁稗說」에 다음과 같이 기록하고 있다.

함양咸陽 사람 박신유朴臣蕤가 나가서 대적하였는데, 두 사람의 칼이 오고 갔으나 서로 먼저 치지 못하다가 신유가 발길로 차서 넘어뜨리고는 그 목을 베니 적들은 크게 놀랐다.268)

조선조에서도 발질 기록이 보인다.

1453년 『단종실록』에 다음과 같이 기록하고 있다.

학생 신경례申敬禮가 그의 아내 내은덕內隱德과 함께 읍성邑城으로 가는 길에 큰 호랑이를 만났는데, 호랑이가 아내를 물려하자, 신경례가 뛰어 들어가 호랑이의 허리를 잡아 땅에 넘어뜨리고 왼발로 호랑이의 대가리를 차고 호랑이 배를 타고 있는데,…269)

그리고 『예종실록』에 다음과 같이 기록하고 있다.

한봉련韓奉連은 관직이 겸사복兼司僕에 이르렀으며 본래 범을 잡은 재인才人인데…270) 무사인 겸사복 마흥귀와의 싸움에서 발길질로 해서 심한 부상을 입었다.271)

---

268) 『익재집益齋集』 역옹패설櫟翁稗說/전집 2
269) 단종 7권, 1년(1453) 7월 16일(신미) 5번째 기사.
270) 예종 6권, 1년 기축(1469년) 6월 12일 갑자 1번째 기사.
271) "겸사복兼司僕 마흥귀馬興貴가 한봉련韓奉連을 차서 다치게 하였으니, 청컨대 죄를 다스리소서." 세조 25권, 7년(1461 신사) 8월 3일 경오
  * 한봉련韓奉連은 본래 범을 잡은 재인才人인데, 관직이 겸사복兼司僕에 이르렀다. 「예종 1년 기축(1469년) 6월 12일 갑자」

또 『성종실록』에 중 죽림이 같은 중인 희욱을 둘러메친 다음 발길로 힘껏 양 옆구리를 차서 죽게 만든 사실272) 등은 15세기 수박 역시 손치기와 함께 발차기를 많이 했다는 것을 보여준다.

조선에 이르러 임진왜란 때에는 화살이 떨어져 맨주먹을 사용하는 사례가 여러 곳에서 나타난다. 『국조보감』에 임진왜란 당시 금산전투에서 화살이 다 떨어진 조헌의 군사가 맨주먹으로 육박전을 벌였는데, 한 사람도 자리를 떠나는 자가 없이 모두 조헌과 함께 전사하였으며, 영규도 전사하였다273)는 기록은 주먹을 많이 쓴 듯하다.

또 『선조수정실록』에 다음과 같이 기록하고 있다.

> 군위현軍威縣의 교생校生 장사진張士珍이 적을 토벌하는 가운데, 화살이 떨어지자 육박전을 벌였다. 한 쪽 팔이 잘렸는데도 쓰러지지 않고 남은 한쪽팔로 계속 분격奮擊하였으나 마침내 전사하였다(宣祖修正 26권, 25년, 1592)274)

『경종실록』에 '강원도江原道 이천부伊川府의 아전 신득리申得利의 아들 신덕윤申德允이 아비를 구하기 위해 주먹으로 곰을 때려잡는' 수박手搏의 기사(경종 10권, 2년, 1722)275) 역시 주먹질에 가깝다.

숙종 18년(1692), 선전관宣傳官 네 사람에게 돌을 가져다가 던지도록 하니, 양익명이 손으로 받아내고 발로 차고 하여 하나도 맞는 것이 없게

---

272) 전라도 무장茂長 죄수 중[僧] 죽림竹林이 중 희욱熙郁을 끌어 자빠뜨리고 발로 양 옆구리를 차고 결박하여 창고 안에 두어서 죽게 한 죄는…〈성종실록 88권, 성종 9年(1478) 1월 16일(기묘)〉
273) 『국조보감』 제31권/선조조 8/25년(임진, 1592)
274) 선조수정 26권, 25년, 1592년 9월 1일, 8번째 기사.
275) 경종 10권, 2年(1722년 11월 3일), 4번째 기사.

하였다276)는 기록은 손발을 다 쓰고 있다.

　씨름 기술을 주로 사용하면서 여타기술을 동시에 사용한 기록들도 보인다. 『세종실록』 권50에 안음현安陰縣 사람 박영봉朴英奉과 김부개金夫介가 서로 장난삼아 씨름을 하였다가 잘못하여 부개夫介를 죽였사오니, 율이 교형에 해당합니다.277) 또 익월 윤12월 기사에서도 중 상총尙聰이 양복산梁卜山과 장난으로 씨름을 하다가, 복산이 죽었사오니, 율이 교형에 해당합니다278)라고 한 기록이나 17세기 봉림대군鳳林大君과 함께 인질로 심양에 있을 때 김여준이 청나라 장수 우거禹巨와 씨름을 하다가 우거가 죽었으나 군법이라 하여 죄를 받지 않았다279)는 기록은 씨름형태이지만 온몸을 다 쓴 듯하다.

　『현종개수실록』에 광주廣州 저자도楮子島에 사는 사노私奴 선先이 한 마을에 사는 세현世玄과 다투다가[角力] 노여움을 견디지 못하여 세현을 찔러 죽였다. 마을 사람들이 그를 결박해 놓았는데, 세현의 처 임생任生이 남편이 비명에 간 것을 원통하게 여겨 즉시 손수 칼로 선을 찔러서 복수를 하였다고280) 적고 있다.

　이무연은 각희角戲, 각저角抵, 각력角力, 상박相撲을 현재의 씨름으로 인식하고 있는데 적어도 『현종개수실록』에 나타난 이 부분의 각력만은 현재의 씨름과는 다소 차이가 있는 듯하다. 두 명의 살인사건으로 이어진 각력이 현재와 같은 경기형태의 씨름으로는 상황설명에 무리가 없지 않기 때문이다. 송일훈·조충현·안진규는 다양한 표현의 용어들이 한·중·일 용례를 통해 격투무예였을 가능성에 비중을 두고 있다.

---

276) 숙종 24권, 18年(1692 임신) 8월 9일(병술) 1번째 기사.
277) 세종 50권, 12년(1430) 12월 26일(임진) 3번째 기사.
278) 세종 50권, 12年(1430 경술) 윤12월 17일(계축) 4번째 기사.
279) 네이트/한국학 홈/역사와 인물/역사 속 인물/인물정보/김여준金汝峻
280) 『현종개수실록』 10卷, 5年(1664) 1月 20日(계미) 6번째 기사.

『승정원일기』 영조 24년(1748) 기록281)에 장사로 유명한 윤창주尹昌周와 맨손으로 돌을 깨는 양익명의 힘 겨루는 내용이 실려 있다. 선조(숙종)의 명에 따라 양인이 힘을 겨루다가 바지가 찢어지기에 이르러 보기 좋지 않다고 하여 다시는 각력을 시키지 않았다. 조동점趙東漸이 말하기를, 윤창주는 훈련원에서 벽의 가장자리에 발을 붙였는데, 대들보 위의 제명題名이 있는 가장 높은 곳입니다. 지금에 이르러서도 불가사의한 날램[神勇]으로 여기고 있다고 한다.

조선 말기 외국인의 기록에서도 다음과 같이 정리하고 있다.

그 두 사람이 하나밖에 입지 않은 웃옷을 벗어 던지고 허리 위까지 벌거벗은 채 서로에게 덤벼들었기 때문이다. 그 가운데 한 사람이 몸을 휙 굽혀 상대편의 허벅지를 잡고서는 그 여세를 몰아 상대방을 머리 위로 내던졌다. 참으로 절묘한 기술이었다. 그 여자가 통곡하는 것과 남자가 쓰러진 곳에 누워 있는 사실로 보아 심각한 사태가 발생했다고 추측한 나는 내가 도울 일이 있을지도 모른다는 생각을 하고 그곳으로 갔더니 그 남자는 목이 부러져 죽어 있었다.

이는 택견의 유술이나 씨름기술이다.

『재물보』에 "박재(撲梓 나무치기)같은 종류도 탁견이라 한다"라고 했으며, 조선일보사에서 발간한 『朝光』의 부제「조선 무예와 경기를 말하는 좌담회」(1941)에서 택견에 대해 자세히 언급하고 있는데 그 일부를 발췌하면, 그 내용은 다음과 같다.

---

281) 『승정원일기承政院日記』 영조 24년(1748) 11월 24일(갑술) 신시.

나무를 차서 배운 사람은 사람을 못 죽여도, 짚으로 배운 사람은 사람을 죽인다고 하지요! 짚을 차서 배운 사람은 가벼운 짚을 차서 착착 부러뜨리는 것이니 힘이 한정이 없단 말에요. 나무로 배운 사람들이 짚으로 배운 사람들에게 선생님 한다는 게죠. 두발당성이니 네발당성이니 하는 것이 택견에서 나오는 말인데 여러 가지 기술이 많은 모양입니다. 이 사람들은 어디를 차면 죽고 어디를 차면 산다는 것을 다 알고 있습니다.

조선의 마지막 택견명인 송덕기 옹의 허재비 발길질(김정윤, 2002)

송덕기의 박치기(김정윤, 2002)

한편 김정윤 편저의 『한국의 옛 무예 태견』「아래대편」(2002)에 송덕기 옹이 시연하는 박치기 사진과 해방 후에 알려진 '평양의 박치기', 그리고 국제태권도연맹(ITF)에서는 현재도 겨루기나 격파에서 머리박기(박치기)를 허용하고 있는데, 이러한 점은 손발뿐 아니라 머리까지 사용하는 이른바 전신을 모두 사용하는 무예임을 보여준다.

머리박기는 『고려사』에서 한희유와 위득유의 싸움을 통하여서도 잘 나타나고 있다. 무관 위득유는 무술에 능한 한희유의 가슴을 두 번씩이나 들이받았는데, 희유는 주먹질로 가까스로 득유의 공격을 물리쳤다고 한다.282) 이것은 바로 머리받기는 고려 무관들도 자연스레 하였다는 것을 보여준다.

고려로부터 근세에 이르기까지 우리의 맨손전통무예는 용력에 의지하며 손발, 그리고 온몸을 다 쓰며 차기, 치기, 박기 그리고 유술을 사용, 넘기기까지 하는 일종의 종합무예로 보인다.

---

282) 위득유가 한희유에게 말하기를, "그대가 어찌 나를 구휼치 않느냐? 나는 직職을 빼앗기고 그대는 상賞을 얻으니 나는 무슨 죄냐?" 하고 인하여 욕하고 꾸짖고 드디어 머리로 두 번이나 한희유의 가슴을 들이 받으므로, 한희유가 쳐 물리치니 위득유가 앙앙怏怏하여…『고려사』104권 열전 제17권 제신 금방경

3) 퍼포먼스

퍼포먼스는 인상적인 연출을 통해 원하는 바를 얻고자 하는 데 있다. 이러한 퍼포먼스도 두 가지 측면에서 이루어진다. 하나는 퍼포먼스를 통해 여러 사람들이 여흥을 즐기는 것이고 다른 하나는 이외의 다른 특정 목적이 수반되는 것이다. 즉 용력을 과시하여 호기심을 유발한다든가 혹은 불필요한 싸움을 피하고자 함이나 과시를 통해 남에게 위협을 주는 등 다양한 의도가 내재하여 있다.

가령 검무劍舞나 마상재는 당시나 현대인의 시각으로 볼 때도 흥을 돋우는 시각적인 효과가 내재하여 있지만 특별한 구경거리가 없었던 조선시대에는 더욱 주목을 받았다.

조선통신사의 서울에서 부산까지의 국내 노정기록은 다음과 같다.

> 청송 기생 두 사람의 칼춤[劍舞]이 볼만했으니 쌍검을 던졌다가 한 손으로 받는 그 솜씨가 참으로 뛰어난 기예였다(靑松妓兩人釰舞可觀。擲雙釰。以一手接之。蓋絶藝也).283)

> 삼사가 객사 동헌客舍東軒에 모여 마상재 오순백을 시켜 검무를 추게 했더니, 구경꾼들이 담을 친 듯이 많이 모였다. 이날 30리를 갔다.284)

> 오순백·형시정邢時挺에게 여러 가지로 말 위에서 하는 재주를 보이게 했더니, 누각 앞 넓은 들판에는 구경꾼이 저자와 같았다. 이것이 바로 객회를 풀어 주는 것이다.285)

---

283) 임수간(任守幹, 1665-1721)의 『동사일기東槎日記』/건乾/신묘년(1711, 숙종 37) 5월 26일
284) 김지남의 『동사일록』 /일록/임술년(1681) 5월 15일(임술)

진남루鎭南樓에 가 마상재를 보았는데, 외지로부터 구경하기 위해 온 사민士民들이 무려 수천 명이었다. 이어 기악妓樂을 베풀다가, 강무당講武堂으로 옮겨 가 활쏘기를 구경했다.286)

마상재 등리장신(국립중앙박물관)

조선통신사의 마상재는 조일朝日 친선관계를 말하는 행사로서 가장 흥미로운 것의 하나였다.287) 그리고 일본 곡마 흥행에 지대한 영향을 주었다.

김동철은 다음과 같이 언급하였다.

일본 곡마흥행의 원조는 원전병부原田兵部였는데, 그는 1726년에 봉행소奉行所에 알리지 않고 사람들에게 돈을 받고 흥행을 한 죄로 곡마 흥행이 정지되었다. 강호의 구경거리를 모은 『배해토산俳諧土産』(1758년 판)에는 여자곡마의 모습이 묘사되어 있어 일본 무사계급의 마술에 깊은 영향을 주었다. 마상재의 영향으로 18세기 이후 곡마가 흥행하고 있는 점이 주목된다. 마상재 이후 조선 말(馬)에 인기가 있어서, 대마도에서는 이를 수입하기 위해 적극적이었다. 대마도에서 수입한 말은 막부장군을 위한 것이었다.

---

285) 김지남의 『동사일록』/일록/임술년 5월 20일(정묘)
286) 임수간의 『동사일기』/건乾 /신묘년(1711, 숙종 37) 5월 25일
287) 中村榮孝(1930), 朝鮮曲馬上覽の起源, 『朝鮮』176호, 조선총독부; 馬上才の江戶城演技, 『朝鮮-風土民族傳通-』, 길천홍문관, 1971

기생들의 검무는 조선 말기에 외국인들의 기록에서도 보인다.

1887년에서 1889년까지 미국의 한성 주재 총영사이자 공사관의 서기관으로 부임했던 샤이에 롱(Chaillé Long, 1842-1917)은 주석여흥에서 두 무희舞姬가 거문고, 피리, 북장단에 맞추어 각자의 칼로 격렬하게 기진해서 쓰러질 때까지 겨루는 모습을 적고 있다.

국립극장 백의선인 공연(필자의 총감독)

한편 앞부분 용력에서 언급한 『동사강목』에 고려의 무신정권과 관련된 "의민과 두경승은 중서성中書省에 있으면서 용력을 지나치게 자랑하였다. 의민이 주먹을 써서 기둥을 치면 서까래가 움직였고, 경승이 주먹으로 벽을 치면 주먹이 벽에 파묻혔다."288)는 기록은 실제 극도로 위협적인 퍼포먼스였으며 이미 훨씬 이전에 "의민이 손으로 폐왕의 등뼈를 꺾어서 시해하였는데, 손을 대자 등뼈 부러지는 소리가 나니 의민이 크게 웃었다"289)는 기록이 보인다.

수십 년 전까지도 한적한 시골 공터에서 보이던 약장수들의 차력시범도 이와 유사한 맥락에 있다. 웃통을 벗은 사람의 배 위에 올려놓은 무를 예리한 검으로 배에 상처 없이 반토막내는 차력사들의 퍼포먼스와 더불어 그들이 공공연히 예리한 검으로 상처 없이 단지 코끝에 얹은 밥풀만을 자를 수 있다고 장담하는 내용은 당시 서민들에게 소위 정체불명의 만병통치약을 팔기 위한 수단으로서 손님을 끌어 모으기 위한 하나의 퍼포먼스이다.

---

288) 『동사강목東史綱目』/제9하 경술년 명종 20년(1190)
289) 『동사강목東史綱目』/제9상 계사년 명종 3년(1173)

전통무예에 외적으로 드러난 대부분은 용력을 과시하고 파괴력과 관련된 것이라 하였다. 이러한 내면에는 우리 민족성과 결부해서 살펴보면 거개가 적어도 용력을 과시하는 한편 불필요한 싸움을 피하고자 하는 양면성이 내재하고 있음을 알 수 있다.

유독 우리 전통무예에서 이러한 격파와 관련된 퍼포먼스들이 많다. 태권도에서의 화려한 격파는 이미 한 장르로 자리 잡기도 했지만, 격파의 대상은 단단한 벽돌에서 차돌, 심지어 쇠솥뚜껑, 병 등 사람들의 주목을 받을 수 있는 것이면 가리지 않는다.

전통차력을 근거로 근대로부터 60~70년대까지 기인이사들의 행적에 많이 등장하고 있다. 예를 들면 흥선대원군은 환술幻術과 차력借力을 하는 자들을 끌어 모아 차력대借力隊라는 특수부대를 창설하기도 했으며, 홍경래와 우군칙과 관련된 차력이야기, 1940년대 후반, 전국에서 유명한 차력사의 우두머리였던 심량, 그리고 극진가라테의 최영의도 '신비의 차력명수 장'에 대해 언급하고 있다. 아울러 차력에서 맨손으로 돌을 깨는 퍼포먼스의 역사에 대해 『고려사』에 낭장郞將 김희목金希牧290)과 『조선왕조실록』에 양익명291)의 사례를 예시하고 있다.

극진가라데 최영의 격파

이러한 것은 단순히 기록물을 토대로 바라볼 때도 고려에서 근현대사에까지 차력이 보여주는 다양한 형태의 퍼포먼스뿐 아니라 다른 분야에

---

290) 고려 원종(元宗) 12년(1271)
291) 숙종 18년(1692)

서 보여주는 퍼포먼스와 유사한 특성이 있다는 것을 시사해준다.

이러한 예시는 여기에만 그치는 것이 아니라 현재 택견에서의 살수기능을 지닌 쌈수나 여타 전통무예에서의 손질은 혹독한 훈련292)을 거친 것이며 『재물보』에 나무판을 두드려 손을 단련하는 박재(撲梓: 나무치기) 역시 파괴력을 키우기 위한 것이었다. 이러한 파괴력은 전통무예의 외형적 양상 중의 하나다.

가라테에서 유독 극진가라테의 최영의가 벽돌을 깨고 소뿔을 부러뜨리는 퍼포먼스를 보여준 것도 같은 맥락이지만 재미 태권도인들이 도장을 개설할 초기에 차력이나 격파 등을 통해 홍보효과를 노린 것으로 미루어 전통무예의 독특한 양상 중의 하나라는 것을 알 수 있다.

극진가라데 최영의 소뿔 격파

단순히 기록물을 토대로 바라볼 때도 고려에서 근현대사에까지 일관된 다양한 형태의 퍼포먼스가 존재하고 있었다는 것을 보여주는 것이다.

이러한 한국 전통무예의 파괴력을 통한 퍼포먼스는 용력을 과시한다는 것은 주의를 환기함으로써 호기심을 불러일으켜 여흥을 돋우거나 혹은 그 이외의 특별한 목적을 위해 행해졌다. 아울러 이러한 행위는 상대를 위협하거나 반대로 불필요한 분쟁의 소지를 미연에 방지하고자 하는 의도가 내재하여 있는 것으로 보인다.

---

292) 뱀개의 유명한 택견꾼 김경운은 발 단련을 심하게 하여 엄지발가락이 안으로 구부러져 있었다고 하며(이용복, 1990) 대표적인 것으로 신차력이나 수차력 등을 들 수 있는데, 용력을 얻기 위해 일반인들은 상상하기 어려운 수련과정을 택하기도 했다(박종관, 1990).

4) 맺음말

조선은 숭유와 주자학이 지배한 사회로서 숭문천무의 풍조는 자연스레 무武의 경시로 이어졌다. 그러나 『조선왕조실록』을 포함하는 사료에는 무武와 관련된 용어 가운데 용력과 관련된 내용이 적지 않으며 또한 남북으로 도이島夷와 산융山戎293)294)이 접하고 있어 용력은 시취試取의 대상이기도 했다. 실제 조선의 전술은 방어적 개념이어서 강궁强弓을 쓰기 위한 용력과 관련된 무예도시武藝都試에 대한 언급295)도 적지 않다. 이러한 경향은 지정학적 요인으로 인해 불가피했던 것으로 보인다. 수많은 주변국의 외침으로 인해 용력은 수시로 도탄에 빠진 백성들을 구해줄 수 있는 작은 희망의 끈이라는 믿음 때문에 용력에 대한 선호도가 생겨났을 수도 있다. 더불어 사람과 짐승을 해치는 악수惡獸들의 존재도 용력과 관련이 높은데 맨손으로 이들을 퇴치하는 기록들도 적지 않다.

조선의 용력과 관련된 사료들을 보면 현대식 표현으로 종합맨손무예를 연상케 한다. 즉 손과 발 그리고 머리까지 모두 사용했을 뿐 아니라 넘어뜨리는 유술(씨름, 택견)도 적지 않다. 실제 각력으로 사람을 살상하는 경우도 더러 보인다. 특히 이 부분은 앞으로 수박이나 택견 등 전통맨손무예와 관련되어 심층적인 연구의 대상이 될 소지가 다분히 남아 있다.

용력에 관한 기록은 다양한 퍼포먼스와도 관련이 깊다. 놀이와 일 그리고 놀이와 무예의 구분이 명료치 않았던 과거에는 특히 현대사회처럼 놀이문화가 발달하지 못하여 용력이나 무예를 이용한 퍼포먼스가 여흥으로 등장하기도 한다.

---

293) 왜인倭人과 야인野人
294) 성종 236권, 21년(1490) 1월 24일(정축) 10번째 기사.
295) 성종 7권, 1년(1470) 9월 16일(신묘) 6번째 기사 등.

단순히 기록물을 토대로 바라볼 때도 고려에서 근현대사에까지 일관된 다양한 형태의 퍼포먼스가 존재하고 있었다는 것을 보여주는 것이다. 한국 전통무예의 파괴력을 통한 퍼포먼스는 용력을 과시한다는 것은 주의를 환기함으로써 호기심을 불러일으켜 여흥을 돋우거나 혹은 그 이외의 특별한 목적을 위해 행해졌다. 아울러 이러한 행위는 상대를 위협하거나 반대로 불필요한 분쟁의 소지를 미연에 방지하고자 하는 의도가 내재하는 것으로 보인다.

〈통신사행렬도 중 국서 부분〉
1711년(숙종 37년) 통신사행렬도 중에서 등성 행렬登城行列에 보이는 국서부분이다. 국서를 담은 함을 가마에 싣고 운반하고 있는 그림이다. 이 통신사행렬도는 통신사를 맞이하기 위하여 일본 측에서 사전에 그린 배치도로 도중道中·귀로歸路·등성 행렬이 있다. (출처: 국사편찬위원회)

3. 전통차력의 현대적 해석

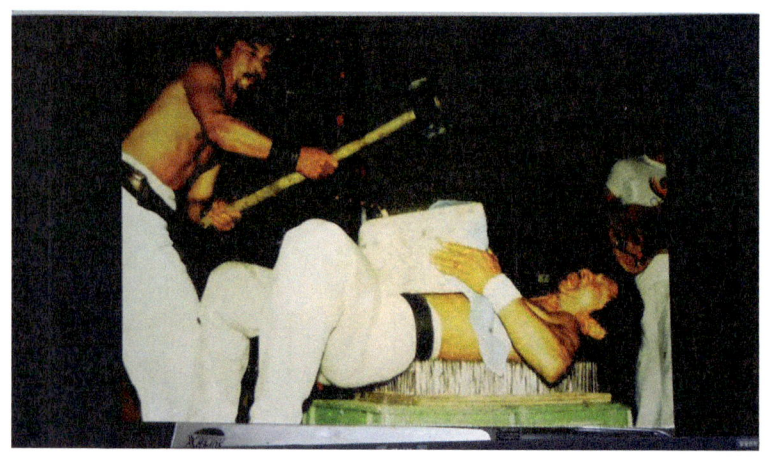

인간의 초인적인 힘에 귀의한 차력
(사단법인 세계차력무술협회 총재 우명덕 左)

제임스 게일James Scarth Gale 목사는 조선인은 원래 영웅숭배자라고 하였다. 그러한 영향 때문인지 초인적인 힘의 귀의는 한국 서민의 전통적인 철학이었다. 이 초인적인 힘을 절대시하는 한국적 특징은 어느 한 신이나 종교나 권력에 집약되는 것이 아니라, 모든 사물에 골고루 분산돼 있다고 믿었다. 건전한 본연의 인간으로부터 결합한 부분만큼만 초인적인 힘에 귀의했다. 그런 형태로 나타난 것 중의 하나가 차력이다.

차력은 "약이나 신령의 힘을 빌려서 몸과 기운을 굳세게 함, 또는 그리하여 얻는 괴력怪力"이라는 의미로서 차력은 크게 신차력神借力, 약차력藥借力, 수차력水借力, 기차력氣借力으로 분류될 수 있다. 그리고 차력능력에 따라 소차력小借力·대차력大借力·신차력神借力등으로 구분되며, 어떤 형태도 도력道力과 같은 힘을 보여준다.

현대에 일종의 퍼포먼스처럼 요령차력(눈속임차력)들이 더불어 행해지고 있으며 영화의 소재로 쓰이기도 하지만, 근대로부터 60~70년대까지 기인이사奇人異士들의 행적에 많이 등장하고 있다. 예를 들면 흥선대원군은 환술幻術과 차력을 하는 자들을 끌어 모아 차력대借力隊라는 특수부대를 창설하기도 했으며, 홍경래와 우군칙의 차력에 관한 이야기, 심량은 1940년대 후반, 전국에서 유명한 차력사의 우두머리였다. 극진가라테의 최영의도 '신비의 차력명수 장씨'에 대해서 언급하고 있다.

과거 길거리 약장수들이 관객을 끌기 위해 보이던 차력이 지금은 코믹퍼포먼스나 요령차력으로 일부 변질하기도 했지만, 예전 수행자들은 차력을 순수한 한국의 것이라고 굳게 믿고 있다. 또한 현대인이 차력으로 부르는 역량가감법力量加減法이 중국에서도 간혹 있었다.

차력은 호기심의 대상이기도 했지만, 평범한 사람들과의 삶과는 다른 세계로 치부됐다. 아울러 전통무예의 성격을 지님에도 불구하고 제도권에서도 소외되어 코믹퍼포먼스로 전락하게 되면서 명맥이 사라질 위기에 있다.

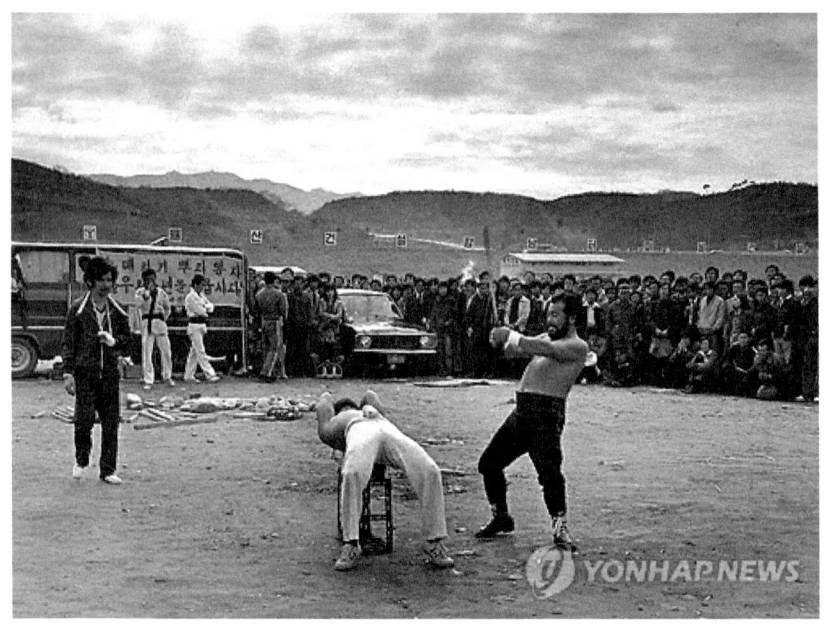

과거에 흔했던 차력시범(연합뉴스)

* 날이 시퍼런 작두를 맨발로 타거나 위에 시범을 보이는 칼날은 무척 예리하여 종이를 쓱쓱 벨 수 있을 정도이다. 그럼에도 별 문제가 없는 것은 칼이나 검은 칼날 방향으로 베어야 효용이 있다. 인간의 근육은 웬만큼 날카로운 검이라도 내려쳐서는 베어지지 않는다. 특히 복부는 상상 이상의 탄력이 있어서 내려쳐서는 피부조차 상하지 않는다. 날카로운 식도로 고기를 썰 때를 생각해 보면 저 원리를 이해할 수 있다. 뼈가 많은 닭고기는 오히려 뼈에 의해 쉽게 토막이 난다. 경험이 많은 시연자들은 앞이 보이지 않은 안대를 두른 채 목옆 근육 위에 얹은 사과를 반 토막 내기도 한다.

차력에서 맨손으로 돌을 깨는 퍼포먼스는 『고려사』나 『조선왕조실록』에도 나온다. 고려사에 의하면 고려 원종元宗 12년(1271)에 "낭장郎將 김희목金希牧은 손으로 능히 돌을 빠갠다.…그래서 황제가 불화가 오는 편에 그들을 불렀으므로 왕이 명령하여 두 사람을 보냈다"296)는 기사가 있고, 조선 숙

---

296) 『高麗史』第27券 元宗 12年 1月 未詳, 예로부터 전해진 차력은 문화콘텐츠로서 가치를 지니고 있으며 무예문화의 한 장르 속에 포함되어 있다.

종 18년(1692)에 "양익명이 주먹으로 돌을 치자 손이 닿는 순간 돌이 곧바로 부서졌다.…이에 선전관宣傳官 네 사람에게 돌을 던지게 하니, 양익명이 손으로 받아내고 발로 차고 하나도 맞는 것이 없게 하였다."297)

과거의 차력 위력이 지금도 전해지고 있다.(사진: 우명덕)

이러한 것은 근현대사에서 차력이 보여주는 다양한 형태의 퍼포먼스가 오늘날 다른 분야에서 보여주는 퍼포먼스와 유사한 특성이 있다는 것을 시사해준다.

현재 특정 굿거리가 문화재로 지정되어 보호 받는 상황에서 차력도 문화콘텐츠의 가치와 무예문화의 한 장르로 인식되어 왔다. 그런데도 차력이 학문적으로 소외가 되어 온 것은 과학적인 접근방법의 문제점이 제기되어 왔기 때문이다.

이미 차력은 전통무예보다 퍼포먼스라는 인식이 굳어져 있을 만큼 과거보다 상당 부분 왜곡되게 알려져 있을 뿐 아니라 사라져가고 있는 현실이다. 차력도 전통신체문화의 일부분이었으므로 소멸하기 이전에 최소한 단편적으로 정리해둘 필요가 있다는 점도 부언해 둔다.

우리민족의 일반적인   신관神觀에는 물활론物活論298)적인 애니미즘

---

297) 『숙종실록』 肅宗 24券, 18年(1692) 8月 9日 1番째 記事
298) 물활론物活論 animism, 범심론汎心論의 한 형태. 모든 자연물에 생명력이 있다는 생각.

animism으로, 만유정령설이라 해서 무생물에도 신이 내재해 있다고 믿었는데, 과거 차력을 익히려는 사람들은 보이지 않는 귀신 혹은 특정한 약의 힘을 빌린다거나 기력氣力을 모으면 큰 힘을 얻을 수 있다고 믿었다. 이러한 각각의 방편을 통해 얻는 힘을 신차력, 약차력, 수차력, 기차력으로 나뉘어 구분 지었는데, 수차력은 신차력과 닮은 점이 많으나 필히 옹달샘이 있어야 하는 점이 다르다.

이러한 차력은 선행연구에서 구체적으로 다룬 연구는 아직 전무한 실정이다. 본 연구는 차력을 연구하는 단초가 될 것으로 생각된다.

따라서 본 연구에서는 차력이 전통무예문화의 한 장르로 인식될 수 있도록 문헌연구를 통하여 신차력, 약차력, 수차력, 기차력을 정의하고 현대인의 의식구조 속에 인식되고 있는 차력의 문화적 가치와 특성을 찾아 현대적인 시각에서 재조명하여 학문적 이론을 정립하는 데 연구의 목적이 있다.

 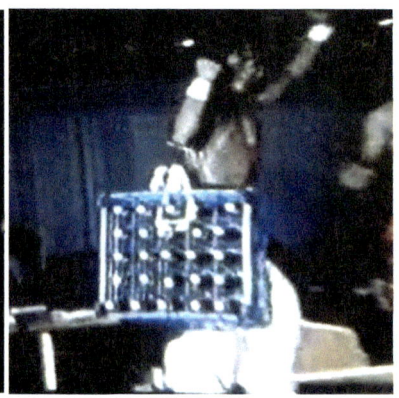

펄펄 끓는 납을 숟가락에 부어 입속에 넣었다 빼면 뜨거운 김이 모락모락 피어난다.

날카로운 쇠침을 시범자의 팔꿈치 아래의 살을 통과시켜 무거운 박스를 들어 올리는 차력

이 세상에 존재하는 모든 것은 다 생명과 정령精靈을 갖고 있다고 보는 신앙의 형태를 철학에서 물활론이라고 부른다.

1) 신차력

서긍의 『선화봉사고려도경』에 "고려의 옛 풍속은 사람이 아파도 약을 먹지 아니하고 오직 귀신을 섬길 줄만 알았으며, 저주呪詛하여 이겨내기를 일삼는다"299)고 하였다. 무라야마 지준(村山智順)의 『조선의 귀신』에서 소개하는 다양한 사례처럼 특히 귀신을 잘 믿는300) 우리나라 사람들은 귀신의 힘을 빌리는 신차력 이외에 수차력, 약차력, 기차력 등을 몰래 익히기도 했다.

귀신을 잘 믿는다는 개념을 꼭 미신적인 요소로만 치부할 수는 없다. 차력신앙에는 동시에 정령관념精靈觀念이 존재하는데, 이러한 정령관념 내에는 인간의 도리라는 엄격한 도덕과 규범이 수반되고 있으며 사회질서의 근간이 되기도 했다. 즉, '하늘이 알고 땅이 알고 귀신이 안다'고 하여 일반 백성들조차 남이 보지 않는다고 사사로이 행동하지 않는 도덕규범의 원천이 되기도 하였다.

정령관념 내에 개재된 인간의 마음은 이성보다는 감성에 의해 작동된다. 또한 우리 선조들은 이미 오래전부터 인간과 자연이 다름 아님을 몸소 실천으로 보여주었다.

감성은 인간이 전혀 알지 못하는 것을 받아들일 때 작동하는 '인식의 성향'으로서, 사람이 새로운 것을 받아들일 때 이성적으로 접근하면 시간이 걸리며 상식 안에서 이것저것 계산해 보고 판단해야 하므로 생각을 많이 하게 된다. 이성은 끊임없이 분석하고 판단하는 작업이 이루어지기

---

299) 『선화봉사고려도경』권제십륙/관부/약국
300) 사실 죽음 이후의 세계와 현실 세계와의 동시성이라는 우리나라 사람들의 전통사고관은 귀신의 실체 여부를 떠나서 사고의 확장이라는 점에서 매우 유연하며 규범이나 질서유지에 밑바탕이 되기도 하였다. 현대에서는 문화로 분류되기도 하는데, 그 사례로 제주칠머리당영등굿은 국가로부터 중요무형문화재로 지정되었고, 2010년 유네스코가 인정한 인류무형문화유산 대표목록에도 선정되었다.

때문에 그만큼의 선입견과 고정관념이 개입될 여지가 있다. 하지만 감성적으로 접근하는 사람은 쉽게 받아들인다. 복잡하지 않기 때문에 마음만 통하면 그냥 받아들인다.

가령 '기쁘다', '슬프다'는 감정의 인식체계에 대해 누구도 철저히 분석한 이후에 느끼지 않는다. 아이들조차 즉각 받아들이면서 이해하지만, 대부분의 사람들은 그러한 감정의 정의조차 논리적으로 내리기 쉽지 않다.

정령관념은 어린아이들의 사고관 속에서 쉽게 발견할 수 있는데, 종교적인 측면보다는 더불어 살아가는 동반자적 입장에서 받아들인 것이다.

이러한 우리민족의 정령관념이 차력이라는 독특한 무예를 만들어내는 원천이 되었으므로 예전 차력수행자들이 '순수한 우리의 것'으로 굳게 믿고 있는 이유로 받아들여진다. 다른 한편 과도한 정령관념이 의식세계에 자리 잡고 있음으로, 특히 과거에는 보이지 않는 대상에 대한 막연한 두려움으로 인해 숭배의 대상으로 받아들여지기도 했다.

영靈은 특별한 존재가 아니며 우리 눈에 보이지 않을 뿐, 살아 있는 사람과 똑같은 행동 양식을 취하는데 누구나 죽으면 영체가 된다. 육신이 없다는 것 때문에 두려움을 갖게 되고, 그들을 모르기 때문에 신으로 떠받들기도 하게 되는 것일 뿐이라 하였다(일사).

영의 세계에서는 영력이 힘이자 권력이며 이 영력은 기본적으로 심력과도 많은 관련이 있으며 영적인 질환을 앓고 있는 사람들에게 심장과 관련된 처방을 내리는 것도 이 때문이다. 마약은 영력을 약하게 만드는 가장 대표적인 물질인데, 마약을 통해 보이는 환각은 말 그대로 환각인 경우도 많지만, 오랜 마약류의 섭취를 통해 약해진 영력을 틈타 주변의 영들이 장난을 치는 경우도 많다.

접신은 영력이 약해서 발생하는 경우가 대부분이나 스스로 원해서 이루어지는 경우도 있으며 가장 큰 원인은 지나친 욕심 때문이다. 영력이 약해서 일어나는 경우, 영력보다 더 중요한 것은 바로 정신력이다. 영력을 좌지우지하고 얼마든지 강화할 수 있는 것이 바로 정신력이다. 나약한 정신력이 의존심을 부르고 그 의존심이 못된 영을 부르게 된다.

신차력은 한마디로 스스로 원해서 이루어지는 접신을 통한 수련법이다.

신차력의 수련은 이러한 막연한 존재에 대한 끝없이 증폭된 두려움이 인간의 잠재적 기능을 극도로 발휘시키는 모티브로 작용하는 것이다. 다만 정신력을 극대화하는 가운데 두려움을 원천으로 잠재력을 끌어냄으로써 더 큰 힘을 끌어낼 수 있다.

신차력은 극대화된 정신력에 걸맞은 영력을 지닌 존재와의 접신을 통해 힘을 얻는 것인데, 엄밀히 말하면 접신이 모티브는 되지만, 육신을 통해서 발휘되는 힘은 자신의 잠재된 능력이다. 그럼에도 불구하고 사람들의 소박한 생각은 귀신을 통해 힘을 빌린다는 '차력'이라는 표현을 썼고 그렇게 믿었다.

일사는 눈에 보이지 않고 논리적으로 설명될 수 없는 영적의 세계는 설명의 차원이 아닌 믿음 차원의 문제라고 하였다.

우리 선조들은 정신력을 키우는 방법으로 수많은 어려운 수행과 극복하는 과정에서 얻어지는 상승효과를 기대하며 스스로 어려운 과정을 통해 방법들을 찾았다. 그러한 과정 가운데 얻어낸 가장 효과적인 방법의 하나는 다릿심을 키우는 것이다. 다리에 힘이 생기면 정신력이 강화되기 때문이다.

속담에도 '사람은 다리, 나무는 뿌리', 뿌리가 깊어야 잎이 무성하다.

사람은 다리부터 늙는다. 즉 사람의 하지下肢는 나무의 뿌리와 같아서 인체의 기초가 튼튼해야 안전하고 구조가 오래 유지되듯이 사람도 하지가 튼튼해야 몸이 건강하다.

운동선수도 정신력 강화를 목적으로 달리기를 많이 하게 된다. 달리기도 다릿심 강화에 상당한 효과가 있는 것은 틀림없지만, 그보다도 더 좋은 방법은 소위 기마자세이다. 이러한 정신력의 강화를 위한 기마자세는 기차력에서도 적용되었다.

무술 분야의 기마자세 또는 마보자세騎馬姿勢가 상당히 많이 수용되고 있다. 그 예로 태권도의 주춤서기, 해동검도의 마법 내가신장馬法 內家神掌, 본국검법의 과호세跨虎勢, 무예 24반의 마보세, 태극권, 당랑권 등 중국무술의 마보馬步등이 있다. 특히 중국무술에서 기마식 보법은 남북 각파에 따라 명칭이나 자세가 약간씩 다르며 기공 분야를 포함해서 다양한 자세들을 도입하고 있다.

중국무술 격언에도 "무술을 수련하되 공功을 수련하지 않으면, 늙어 죽을 때까지 수련해도 허사일 뿐이다(練武不練功, 到老一場空)"라고 하여, 공功을 수련하는 가장 효과적인 방법을 참장수련站樁修鍊을 들고 있다. 정신력과 관련해서 차력은 담력이 없게 되면 그 힘이 소멸한다는 뜻도 내재하여 있다.

이러한 차력을 통한 남다른 용력의 습득은 수련법 자체가 해괴하다는 이유로 기피되기도 하였지만, 조선시대부터는 지방인사가 보통 수준보다 조금이라도 우수한 인재가 있으면 이 인재를 이용하기보다 먼저 모해하는 관계로 고래古來의 체력 증진법이나 체술을 통한 인재 양성을 표면적으로 드러내기 어려웠고, 어느 국한된 사람만 택해서 대대로 그 제자나 자손들에게만 형식을 알게 할 정도였다. 그래서 완전무결한 비법은 스승을 통한 구전심수口傳心授를 받는 외에는 다른 법이 없을 정도로 비밀에 부쳐졌다. 그래서 명맥을 이어오기 어려웠으며 실제 특출한 힘을 지니고 있으면 음해를 받기에 십상이었다.

『선조실록』(宣修 30卷, 29年, 1596年 8月 1日 1번째 기사)에 맨손으로 호랑이 두 마리를 때려잡았다는 김덕령이 옥에서 고문을 받다가 죽으매 남도의 군민들이 원통하게 여기고 그 소식을 들은 왜인들은 기뻐하다는 기사는 개인의 용력을 두려워한 까닭에 임진왜란의 난리 통에도 불구하고 나라의 소중한 인재조차 개인이 특출한 용력을 지녔다는 사실만으로도 무고한 죽임을 당하는 사례를 볼 수 있다.

신차력을 얻음으로써 드러날 수밖에 없는 여러 문제에 대해 우선 염두에 두어야 할 것으로 수련과 관련된 비밀스러운 노력들이었다. 특히 귀신의 도움을 얻고 힘을 빌린다는 자체가 남의 이목을 피할 수밖에 없는 행위이다. 이는 스스로의 힘으로 노력해서 얻어지는 것이 아니라 피동공부를 통해 타력他力을 빌려 물리적인 체력을 얻는 방법이다. 대표적인 신차 가운데 산에서 닦는 산차山借가 있다.

여기서 신차를 얻는 사람을 통령자通靈者라 하고, 그 힘을 얻는 것을 통령通靈이라 한다. 통령은 신령스러운 힘을 통하여 그 힘을 체험, 습득하여 자유로이 사용하는 것이고, 신차는 신령의 영험력을 통하여 신이神異로운 힘을 부릴 수 있다는 의미이다. 이러한 개념은 차력신앙과 동시에 정령 관념이 존재한다는 의미이다.

신차력은 스스로 원해서 영력이 강한 귀신과 통령함으로써 인간이 지닌 무한한 잠재력을 극도로 끌어내는 방법이다. 전문적인 신차력 수련을 하지 않은 일반인이 접신을 통해 변화된 모습들은 놀랍기까지 하다. 접신 사례를 보면 대체로 20대로 추정되는 나약한 미혼여성이 발현된 경우, 여러 성인남성들이 팔다리를 잡아가며 진정시켜도 역부족인 사례가 있다.

전문적으로 신차력을 익히지 않은 접신이 간접적인 위력을 보여주고 있다. 이러한 신차력을 통한 수련이 보통사람 이상의 힘은 생길지 모르나 결국은 자아를 상실하여 스스로 제어불가한 상태가 되는 것이다.

신차력과는 다소 괴리가 있으나 예전 접신상태에서 이루어지는 무당들의 작두타기는 상상을 초월한다. 면도날 이상으로 날카롭게 신문지가 썩썩 베어지는 시퍼렇게 갈아놓은 작두날 위에 버선을 벗고 맨발로 작두를 타는 무당들의 행위에 대해 과학적으로 해명이 불가능하다.

스스로 원해 얻어지는 신차력은 그 무엇보다도 생명을 담보로 잠재력을 끌어내게 된다. 특히 다른 차력에 비해서 인간에게 잠재된 무한한 잠재력을 끌어낼 수 있는 가장 효과적인 방법이다. 특히 신차력을 익히는 가운데 가장 중요한 정신력의 증강은 그에 상응하는 영력의 대상과 접신이 이루어짐으로써 폭발적인 힘을 얻게 되며 그런 만큼 위험성도 배가된다.

망치로 각목에 못질한 못을 입으로 빼는 차력(사진: 우명덕)

2) 약차력

　약을 통해 힘을 얻는 약차력을 상당수의 중국인과 일본인은 약차력의 효과를 신봉하고 있다.

　대체로 약차력은 중국 도교의 복이服餌에 시원을 두고 있는 것으로 유추하고 있다. 복이는 신선이 되거나 불로장생하기 위한 복약법이다. 도교의 복약법은 대단히 발달해서 동양의학사에 중요한 역할을 하고 있다. 약의 효능에 따라 상, 중, 하로 삼대분 하는데 중약은 지금의 보약에 해당하며 상약은 단丹 또는 금단金丹이라고 한다. 여기에는 수은이나 비상 같은 극약이 들어 있기도 하여 중금속이 포함된 인체에 위험한 일부 차력약을 연상케 한다.

　그러나 『삼국유사』에 나오는 단군설화에는 우리 상고의 산악신앙과 신선사상이 얽혀있다. 토착적인 문화와 연관이 있는 각종의 방술이 전해지고 있지만 단언하기는 어렵다.

　약차력에서 소개되는 약방문들은 중금속이 포함되거나 매우 비싸서 구하기 어려운 약제들이 포함되어 있고 처방마다 복용량도 구체적이지 않다. 그리고 약을 복용하는 것만으로 차력의 모든 것을 얻을 수 있는 것이 아니라 다른 차력, 특히 기차력에 수반되는 약물들과 관련성이 있는 것으로 판단된다.

　특히 약차력은 쇠나 구리의 강한 기운을 빌리는 유감주술301)경향이

---

301) 『황금가지The Golden Bough』에서 프레이저Frazer는 주술의 기초가 되는 사고의 원리를 분석하면서 두 가지를 제시하였다. 그 하나는 닮은 것은 닮은 것을 낳는다는 것이다. 또 다른 하나는 이전에 서로 접촉이 있었던 것은 물리적인 접촉이 사라진 후 멀리서도 계속 상호작용을 한다는 것이다. 그는 앞의 것을 '유사類似의 법칙', 뒤의 것을 '접촉의 법칙', 또는 '감염의 법칙'이라고 불렀다. 이 유사의 법칙에 기초한 주술을 유감주술, 또는 모방주술이라고 부르고, 접촉에 의한 주술을 감염주술이라고 불렀다.

농후하다.

하동인이 소개하는 차력약의 하나인 장근제壯筋劑는 오히려 논리적인 측면이 있다. 그 대강大綱은 소화기를 튼튼하게 하여 영양과 약의 성분을 잘 흡수할 수 있게 기본체력을 향상한 다음, 심장과 신장의 기능을 돕는 약을 써서 몸 전체의 조화를 향상하고, 목적에 따라 특수부위를 더 강건하게 보완하는 방법을 쓰면서 간장에 부담이 가지 않는 약을 처방해서 복용한다.

차력약이나 부적은 『국선도법』(부제: '仙'은 생명의 길, 청산거사, 갑인년)에 소개되어 있다. 그리고 『단학비전』에 오행정지환五行定志丸의 방문과 장근제의 복용사례가 있으며, 『산약신서』에 대화환이 소개되어 있다. 구암은 작고한 권태훈 옹이 장군음將軍飮이라는 차력약을 썼다고 하였다.

구리를 차력약으로 쓰면 사람에 따라 얼굴이 검붉게 되어 보기에 좋지 않아 미리 방지하기 위해 철화분鐵花粉을 쓰는 법이 전해지지만, 자세한 내용은 알려져지지 않았다. 구리쇠는 전통적인 차력약의 중요한 재료였으며 옛날 차력약으로 구리가루를 먹다가 구리에 중독되어 피오줌이나 피똥을 누는 사람이 간혹 있었다. 그럴 때는 반드시 질경이를 먹여서 해독하거나 닭 사료에 넣어 법제法製해서 사용하였다.

가령 구리를 법제하는 과정으로 나도향은 닭을 통해서 간접적으로 복용하는 방법으로 계분동을 소개하였다. 계분동이란, 사람이 몸에 구리를 흡수하기 위해 구리의 독을 제거하는 과정을 거쳐 마지막으로 닭에게 먹인 다음, 뼛속에 스며든 구리를 그늘에 말려 다시 사람의 체질에 맞게 생약 처방을 하여 먹는 차력약으로 닭도 3개월 정도 된 토종닭을 골라서 쓴다. 닭들도 법제된 구리를 먹을 능력이 없으므로 인삼을 비롯한 비싼 약제를 닭에게 먹여 기운이 버틸 수 있도록 도와주면서 구리가루(생구리를 펄펄 끓는 유황에 넣어 독을 빼는 과정을 거친다)를 동시에 먹이게 되는데 닭의 변으로 나오는 구리를 또다시 정제하여 먹이고 먹이기를 3개월쯤 하게 되면 드디어 닭의 뼛속을 스며들어 계분동鷄糞銅이라 부르는 차력약이 완성된다.

박종관은 중금속에 의한 중독 현상은 심각한 문제지만, 약차력藥借力의 신봉자들은 그것을 고집하고 있다고 하였다. 그 내용을 구체적으로 살펴보면 다음과 같다.

차력약은 매우 까다로워서 사람마다 그 기준이 다른데, 산삼도 깊은 산중에서 목욕재계하고 기도와 치성을 드린 후에 찾아서 써야 효력을 얻을 수 있다. 몸이 구리나 쇠와 같이 강해지기 위해서는 이들을 먹어야 하고, 어떤 이는 체내에 축적됨으로써 중금속 중독을 가져올 수 있는 매우 위험한 수은을 담배처럼 피우기도 하고 상처나 환부에 약재로 필요하다는 사람도 있다. 구하기 어렵고 값이 엄청나게 나가는 우황이나 사향과 비늘이 갑옷처럼 덮여있는 껍질이 단단하여 천산갑의 피를 재료의 일부로 가공해서 쓰기도 하고, 호랑이의 앞발, 인삼이나 그 외 숱한 약재를 첨가하는데, 이것이 되지 않으면 새로운 비방이 있거나 부작용이 생기면 자신이 제조한 특수한 약을 먹어야 한다. 그뿐만 아니라 약차력藥借力의 약들은 대부분 법제가 필요한데, 법제는 아주 까다롭다.

청산거사의 차력약의 조제 과정에서 한 예를 살펴보면 다음과 같다.

차력약借力藥

① 웅황사경골雄黃四脛骨 - 소발 네 정강이뼈(황소), 흙에 두 달간 묻어 둔 것. ② 호족골虎足骨 - 호랑이 뒷다리 뼈 마른 것. ③ 동銅 다섯 냥 - 구리가루를 가루로 만들어 불에 다려 호도기름에 볶은 것. ④ 모자석毛磁石 두 냥 - 자석을 식초에 담그고 가루로 만든 것. ⑤ 산골 석 냥 - 모자석과 같이 만듦. ⑥ 생부자生附子 석 냥 - 어린아이 오줌에다 이틀 담그고 감초와 검은콩 다린 물에 다시 담갔다가 가루로 만든 것. ⑦ 인삼 일곱 냥人蔘 - 구사灸砂 한 냥, 상사향 삼 푼(사향노루 수컷 향낭). ⑧ 수철분水鐵分 사십 냥 - 논밭 갈던 쇠를 백반가루와 토석土石유황가루를 혼합, 거기다가 수철분가루를 혼합한다. 그리고 오미자 다린 물에 30시간 이상 담가 쇠 독을 뺀 것. ⑨ 기타 백반 이십 냥, 토석유황 이십 냥, 오미자 다섯 냥, 자연동 열 냥, 육계肉桂 열 냥, 용茸 넉 냥, 인삼 열 냥, 감초·생부자 넉 냥, 숙지황 두 근, 당귀 한 근, 백구白求 한 근, 맥문동 한 근, 우슬牛膝 여덟 냥, 파재巴載 여덟 냥, 지골피 두 근, 호골虎骨 다섯 냥, 천궁 한 근, 백작약 한 근, 두충 여덟 냥, 파석지破石紙 여덟 냥, 우황 삼 푼, 숙지황 여덟 냥, 천산갑 두 냥을 합하여 전체 가루로 만들어 환을 지어 복용하는데, 조제법은 기재된 약을 혼합가루 상태로 체에 쳐서 꿀을 섞어 녹두알 만하게 환을 지어 소차력小借力, 일일 삼 회, 공복에 열두 알을 복용하며 중차력中借力은 오십 알을 복용한다. 한편 대차력大借力은 각각의 양이 더 추가된다.

한편 하동인이 소개하는 차력약으로 오행정지환五行定志丸의 방문은 간단하지만 주요 성분은 크게 다르지 않다. 그 내용은 다음과 같다.

오행정지환五行定志丸

① 인삼 석 냥 여덟 돈. ② 구리 넉 냥 일곱 돈. ③ 자석 한 냥 여섯 돈. ④ 호경골 다섯 냥. ⑤ 자연동 한 냥을 꿀로 오동나무 열매 크기의 환을 지어 하루 3번 공복에 사물탕四物湯으로 30~40알을 삼킨다.

차력약은 약리적으로 볼 때 주로 중금속을 법제한 것이 많아 타당성이 없는 것이 대부분이며 약의 복용 이외에도 주문이 수반되는 것으로 미루어 주술적인 방편을 시도하는 것으로 추측하고 있다.

진검을 단단히 묶은 손을 통과시키는 차력(시범: 우명덕)

3) 수차력

    수차력은 대단한 고통을 수반하게 되며 행하려는 사람들의 수도 매우 적다. 물속에 철분이나 동銅분이 많이 함유되어 있을 때 철분이 몸에 들어가면 근육이나 뼈대가 모두 쇠와 같이 튼튼해지고 구리가 들어가면 사람이 동상과 같이 단단해진다는 소박한 생각에서 비롯된 듯하다.

    구한말 선교사로 활동하였던 제임스 게일이 국내에서 사귀었던 문의 원文醫員과의 대화를 살펴보면, 허약해진 경우에 호랑이 뼈로 만든 환약을 주는데, 그가 논리적으로 설명하는 걸 들어보면, 호랑이는 짐승들 중에 가장 강하다. 그리고 그의 몸에서 가장 강한 것은 뼈이니까, 그것으로 만든 환약이야말로 어떤 경우에건 강하게 해준다는 것이었다고 했다. 당시 일부 차력약의 성분에 대한 견해를 보여준다.

    박종관은 수차력은 주송수련主誦修鍊과 마찬가지로 귀신을 보게 되고 싸움을 통해 담력을 키워나가는 과정이나 힘이나 특정한 능력을 얻는 과정들을 경험하게 된다고 하였다. 수차력은 정신력이 매우 강화되지만, 이후의 수련에서는 매우 위험한 일이다. 귀신이 위험하다는 것이 아니라 상단전이 열려 불필요한 것까지 원하지 않아도 보게 된다.

    하단전, 중단전의 순서로 도태된 이후에 상단전을 열어야 하는데도 불구하고 상단전을 먼저 열게 되면 그 이상의 수련진전은 매우 어렵다.

    황풍은 상단전을 먼저 열게 되면 영안靈眼이 열리는데, 흔히 사람들은 남들이 보지 못하는 세계를 알게 되어서 특별한 능력이라고 할 수 있을지 모르지만, 영안은 스스로가 원하는 바를 볼 수 있는 게 아니라 원치 않는 것도 볼 수밖에 없어서 때로는 고통스럽다. 스스로가 원하는 것을 원하는 때에 볼 수 있는 방법은 수련을 통해 도안道眼을 열 수 있어야 한다고 하였다.

그리고 부가되는 주송수련主誦修鍊은 신에게 끌려 다니게 되는 사술邪術일 뿐이며 결코 신을 마음대로 부리게 되는 정도正道가 아니므로 신神에게 부림당하는 사술을 행하면 그게 비록 중생을 구제하는 일이라 해도 뒤가 좋지 않다고 하였다.

뛰어난 능력을 얻기 위해 과도한 욕심에 치우쳐 전후를 살필 겨를 없이 선택을 하므로 '접신은 질병인 동시에 선택'이라고 하는 것이다.

신통력을 얻어서 눈에 보이지 않던 세계가 보이고 없던 능력이 생겨나면 무언가 자신이 특별한 존재인 듯한 느낌이 드는데, 평소에 억눌려 있던 인정을 받고 싶어 하는 욕망, 무언가 남보다 뛰어나고 싶다는 갈증 등이 복합적으로 작용하여 영적인 질환을 신의 선택이라 착각하게 되고 그것이 일종의 질병이라는 생각은 못 하게 된다. 이런 과정을 통해 얻게 된 신이神異한 능력들은 논리적으로 설명하기 힘들 뿐 아니라 당사자들도 구체적으로 소스를 밝히기 꺼리게 되어 대부분 계보가 전해지지 않는 원인이 되기도 하는 것이다.

입으로 자전거 들어올리기 차력(사진: 우명덕)

4) 기차력

기차력은 내공차력으로 불리기도 하며, 관건은 호흡과 호흡을 멈추는 지식止息이다.

차력과 관련된 여러 호흡법이 복잡하게 설명되는 것을 두 가지로 설명될 수 있다. 하나는 흡기 후 유기하는 과정이 포함되며 이런 지식止息 과정이 힘을 길러준다. 사람은 고통이 따를 때 숨을 멈추고 참는 경우를 경험하게 되는데, 이 지식은 강기剛氣를 얻을 수 있다.

한성은 인위적으로 숨을 멈추는 지식은 몸의 내력을 극대화하는 방법이지만 숨을 장시간 인위적으로 멈추는 것은 근원적 생명에너지를 쓰는 것이므로 경계해야 한다고 말했다. 즉 이 지식이 내력을 발생시키는 것이고 오랫동안 수련하게 되면 내력을 증폭시킬 수 있다. 가령 10초 흡기, 10초 유기, 10초 호기를 끊임없이 숫자를 잊지 않고 집중해서 일천회할 수 있다면 차력을 얻을 수 있다고 하였다.

다른 하나는 동양의 수련법이 모두 심력心力을 키우는 고도의 자기최면술로서 목이나 팔뚝피부에 쇠꼬챙이를 끼우고 물이 가득한 양동이를 매달아도 아프지 않고 피가 나지 않는 이유는 강력한 자기최면을 통한 관련 신경과 근육의 조절에 있는 것이다. 숨을 단전에 유기하는 자체가 내력을 쓸 수 있는 일종의 축기과정이다. 더불어 호흡과 응시법, 관념법, 일갈법 등의 과정을 통해 강한 심력을 얻기 위하는 과정이 도입되어 있다. 안중선식 색상차력은 바로 응시법과 관념법을 통해 명료한 이미지를 각인시키는 과정이자 심력을 기르기 위하는 과정과 관련이 있다.

심력은 기력을 바탕으로 커진다. 경험의 반복에 의해 자신감이 상승하면서 더욱 커지는 것이다. 응시법은 한 물체를 오랫동안 응시함으로써 그 이미지를 머릿속에 뚜렷이 각인시키는 것이다. 이를 스스로가 원하는 선명한 이미지로 만드는 과정이 관념법이다.302) 일종의 강력한 이미지 트레이닝이라고 볼 수 있다. 선명한 이미지화된 신념은 심력과 더불어 인체 내에 잠재된 극한의 잠재력을 끌어내는 것이다.

발자국을 한걸음씩 내딛으면서 기합을 넣는 일갈법은 기합을 넣기 전에 숨을 멈춤으로써 내력을 끌어낸다. 또한 기합발성은 목 주변의 자율신경을 각성시켜 신경효율성과 운동효율성을 높인다. 이 둘은 모두 인간의 잠재력을 끌어내는 요소이다.

그러나 기차력에서 지식止息시간의 길이를 대단히 중요시하지만, 생명유지에 가장 근간이 되는 호흡을 무리하게 멈춘다는 것은 바람직하지 않다. 지식을 통해 무리하게 강기로만 운기運氣하는 것도 몸이 받쳐주지 못하면 장기적으로 몸을 상하게 한다. 오랜 기간 지식을 통한 강한 타법이 육신에 무리를 주는 것은 틀림없는 것 같다.

동양의학에서 말하는 경락의 작용에는 운수작용이 있다. 기혈영위를 운반 수송하는 작용으로 강기의 반복적인 사용은 운수기능을 저하한다. 기차력에서 지식에 의해 생겨난 강기剛氣는 수련 후 오랜 시간에 걸쳐 풀어주지 않으면 어혈이 쌓여 육신의 기혈순환을 저해하기 때문에 방지하고자 장근제나 기혈을 보해주는 약을 상복하는 것이다. 무술 수련 시에 쓰이는 복용약은 국내에서 알려지지 않았으나 중국 쪽의 먹고 바르는 약은 일부 알려져 있다.

약의 위험성이나 효능을 떠나 있는 그대로 소개해 보면, 일지선 같은

---

302) 국선도 초창기, 차력시범에서 가장 각광을 받은 철선녀鐵扇女로 불린 홍일점 김단화金丹和가 그의 남편 장수옥 총재에게 송판을 깨는 비법을 공개한 부분에서도 찾아볼 수 있다. "우선 기를 모으면 이미 눈앞에 쪼개진 송판이 보입니다. 미리 선견先見한 틈새를 향해 이마를 내리찍으면 송판이 두 조각이 납니다. 중요한 것은 송판의 정 중앙을 정확히 때리는 거예요. 한가운데를 정확하게 받으면 무조건 쪼개지게 되어 있어요."

음공陰功의 주의사항은 수련과정에서 생기는 음독陰毒을 몸속에 생기게 해서는 안 된다. 음공을 쌓아가는 과정에서 몸이 시들고 노랗게 수척해지는 때도 있는데, 음공수련이 낳은 피로가 안으로 스며들기 때문에 약물을 달여 먹었다. 그래서 음수공부陰手工夫에는 먹는 약과 손 씻는 약이 있다.

예를 들면, 먹는 약은, 천오초 껍질 벗긴 것 3전, 창출 1전, 천궁 1전, 백지白芷 1전, 방풍防風 1전, 세신細辛 1전을 고운 가루로 해 두었다가 연습 중 팔다리가 아플 때 묵은 술로 3푼~5푼을 1회 양으로 해서 먹는다. 이외에도 다른 처방이 있으며 일지선一指禪의 약대藥袋는 훨씬 복잡하여 여기서 생략한다. 철사장 수련에 같이 쓸 수 있으며 철사장 수련에 있어서 가장 간단한 약물은 지골피地骨皮와 소금을 진하게 달여 연공 할 때마다 데워 손을 씻고 비벼 열을 나게 한다. 약공을 아울러 해야 손에 어혈이 안 쌓이고 손에 힘이 생긴다.

이것은 다른 무술도 마찬가지인데, 반복적인 힘든 수련 후 왕성히 순환하던 기혈이 갑자기 정체되면서 어혈이 쌓이기 때문이다. 재미 태권도인 최광조는 동남아의 순회 시범에서 얻은 통증의 치료를 위해 지나치게 딱딱하고 근육에 심한 스트레스를 초래하는 기존의 태권도 동작을 자연스러운 곡선의 흐름을 이용한 새로운 동작으로 바꾸어 치료했으며 명칭까지 최광도로 바꾸었다.

이한철·모진우는 철사장 수련이 끝나면 항상 양손으로 무릎을 잘 풀어주고, 정신을 잠시 가다듬은 후, 천천히 산보하며 손을 흔들고 다리도 올렸다 내렸다 하는 동작으로 근골을 풀어주라고 하였다. 또 중국무술 격언에 이르기를 권술을 수련한 후 산보를 충분히 하면 늙어서도 약방에 갈 필요가 없다(拳後走百步, 到老不用上藥鋪)고 한다.

이와 관련된 형태의 의약으로 오행단五行丹은 형의문形意門의 비전단방

祕傳丹方이며 내공을 끌어 올리는 수련에 특수한 작용이 있으나 만들기 어렵다. 일반적으로는 정제하여 고약으로 만들어 외용약으로 바르며 또한 형의문 직계 정통 제자의 신분증명이다.

이렇게 차력은 신차력과 수차력이 서로 어느 정도 연관 관계가 있고 약차력과 기차력이 서로 관련이 있는듯하다.

박철희는 진정한 의미에서 차력이란 자기가 가지고 있는 힘을 최대한 발휘하는 것을 말한다. 그 힘은 어떤 누군가로부터 빌리는 것이 아니라 훈련을 통해 내가 가지고 있는 힘을 최대로 발휘하는 것이라 하였다.

이러한 차력은 관중들에게 깊은 인상을 심어주게 되므로 초기홍보로 많이 쓰였는데, 국선도를 창시한 청산거사의 차력 시범단이나, 초기 태권도인들도 미국에서 태권도 보급을 위해 차력술 시범 등을 한 것을 들 수 있다.

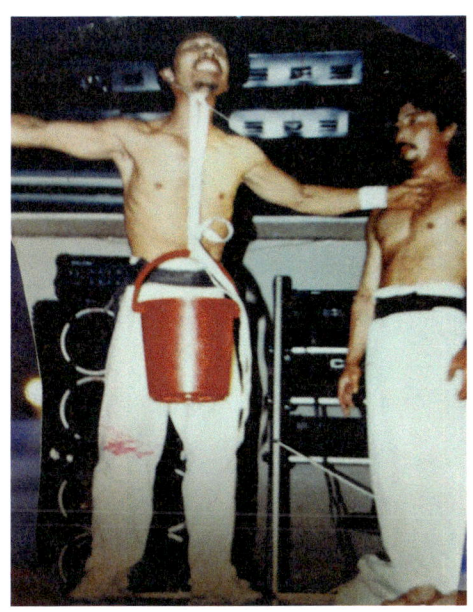

목살에 쇠침을 꽂고 물동이를 드는 차력

5) 맺음말

차력은 근대사에 흔히 등장하던 용력과 신이로운 힘을 상징하는 낱말이다.

힘들고 어려운 시절 속에서 벗어나기 위한 방편으로 당시 제한된 일부 민중들의 희망으로 수련되었다. 특히 우리민족의 정서 속에 내재된 정령관념精靈觀念은 차력의 수련세계를 쉽게 받아들이고 이해함으로써 독특한 전통무예의 한 분야로 자리매김했지만 수련법 자체가 해괴하다는 이유로 기피하고 당시 사회적 여건으로 특출한 힘을 지니고 있으면 음해를 받기 십상이어서 명맥을 이어오기 어려웠다.

이러한 차력은 귀신의 도움을 받든, 약의 도움을 받든, 궁극적으로 인체 내에 잠재된 힘을 최대한 발휘하는 것이라 볼 수 있다. 통상 근筋 변화의 심리적인 요인으로 기합, 동기. 암시, 최면, 약물 등에 의해서 변동된다는 보고도 있지만, 차력의 경우는 대부분 생명과 연관되는 극한의 공포를 통해 정신력을 강화시키고 오랜 기간 고통스러운 수련방법들로 이루어져 기합, 동기. 암시, 최면, 약물 등 보다 비교할 수 없을 만큼 다대多大한 효과를 얻는 것으로 판단되어진다.

차력이 현대에서 사라지게 된 이유를 다음과 같이 유추할 수 있다.

첫째, 과거에 비해 사회가 안정되고 질서가 확립되어 차력의 효용성이 거의 상실되고 어려운 수련과정을 마치고 능력을 얻어도 쓰임새가 없어 호기심을 만족시키는 요령차력이 대신하고 있다.

둘째, 차력약이 현대의학으로 볼 때 중금속을 포함하는 위험한 약재로 취급되어, 중금속 중독을 피해 갈 수 없다. 특히 현대의학의 발달로

철이나 구리를 복용함으로써 강해진다는 속설은 어리석은 미신으로 치부하기 때문에 당연히 설자리가 없을 뿐 아니라 국내에서 멸종된 호랑이 뒷다리를 먹는다는 발상조차 언어도단인 것이다. 아울러 현대의학의 발달로 양질의 의약품이 대체하고 있어 기피할 수밖에 없는 것이다.

셋째, 귀신의 힘을 빌리거나 주문, 부적을 이용한다는 자체가 현대식 교육 하에서는 우매하여 상상하기 힘든 수련으로 받아들이기 때문이다.

넷째, 기차력은 수련 가능한 대상이지만, 문명의 발달로 편안하고 풍족한 생활을 누림으로써 어렵고도 오랜 수련과정을 통해 얻을 수 있는 목표에 대한 가치기준이 옛날에 비해 의미를 상실할 만큼 낮아졌고, 오히려 차력이라는 퍼포먼스 보다는 마술이라는 분야를 더 선호하게 되는 경향이 있다. 그래서 요령(눈속임)차력이 그 자리를 메우고 있는 것이다.

차력은 현대인들에게 있어 시대적으로 별 호응성이 없는 전통무예이다. 그러나 오늘날 우리의 전통문화에 대한 관심이 고조되면서 다양한 문화콘텐츠들이 현대인에게 주목을 받게 되면서 한동안 소외받던 특정 굿거리도 문화재로 지정되어 보호를 받고 있는 실정이다. 따라서 차력도 우리민족의 전통무예문화의 한 분야로 인식하고 제도적인 차원에서 계승시켜 전통무예문화로 보존되어야 될 필요성이 절실한 것으로 사료된다.

목(천돌혈)에 철근을 대고 휘는 차력(필자 흑색 옷 右)

목(천돌혈)에 철근을 대고 휘는 차력

참 고 문 헌

【논문論文】

강경원(2008). 언어유형 구분에 의한 한국어 유사언어와 그 분포. 문화 역사 지리, 20(2).
강길운(1982). 伽耶語와 드라비다語와의 比較(Ⅰ). 언어, 3.
강길운(1983). 伽耶語와 드라비다語와의 比較(Ⅱ). 水原大學校 論文集, 1.
강성문(2002). 朝鮮時代 刀劍의 軍事的 運用. 고문화, 60.
권오륜(2008). 스포츠 윤리철학의 동양철학적 접근. 한국체육철학회지, 16(4).
권오륜(2012). 체육학의 미래와 통섭. 한국체육철학회지, 20(1).
권혁란(2009). 불교(佛敎)의 선사상(禪思想)과 다도정신(茶道精神)에 관한 연구. 한국선학, 24.
김강녕(2008). 정묘, 병자호란의 전황과 교훈. 군사논단, 55.
김동규(2006). 무도의 개념정의와 가치지향을 근거로 한 자생적 과제. 한국체육철학회지, 14(1).
김동철(2006). 통신사 수행 마상재의 구성과 활동. 조선통신사연구, 3.
김문기(1994). 여성의병(女性義兵) 윤희순(尹熙順)의 가사(歌辭) 고찰(考察). 퇴계학과 유교문화, 22.
김산·허인욱(2002). 택견의 어원에 대한 소고. 한국체육사학회지, 9.
김성구(1996). 하이젠베르크의 불확정성 원리. 과학사상, 17.
김신택(2000). 택견의 실제와 원리 연구. 안동대학교 대학원 석사학위논문.
김양(2006). 중국에서의 한국 의병·독립 운동가들에 대한 선양. 의암학연구, 3.
김영만(2010). 민속경기와 전통무예로써 택견 수련체계의 발전 방안. 숭실대학교 대학원 박사학위논문.
김영만(2011). 택견의 입장에서 바라본 문화적 속성으로써 태권도 현대사. 한국체육철학회지, 19(4).
김영만(2013). 한국 전통무예에 대한 인식-마음수련을 중심으로. 한국체육철학회지, 21(1).
김영만(2013). 한국 전통무예의 한 단면 - 다원적 사회의 흔적과 관련하여. 한국체육철학회지, 21(3).
김영만(2014). 한국 전통수련문화에 내재된 의식배분과 집중. 한국체육철학회지, 22(1).
김영만·김용범(2011). 당수의 중국 기원설에 대한 재논의. 국기원 태권도 연구, 1(1).
김영만·박태근(2011). 전통차력의 현대적 해석. 한국체육과학회지, 20(6).
김영만·심성섭(2011). 한국의 전통무예 활쏘기, 씨름, 택견에 관한 연구. 한국체육사학회지, 16(1).
김영만·전정우(2014). 한국 전통무예의 용력(勇力)과 퍼포먼스에 관한 연구. 한국체육과학회지, 23(4).

김유신(2009). 닐스 보어의 상보성과 과학적 지식의 객관성. 과학철학, 12(2).

김이수·송진석(2002). 현암 송덕기에 관한 연구. 국무총론, 배달국무연구원.

김일환(2005). 西北 武人이 기억하는 丙子胡亂과 瀋陽 체험 -『龍灣忠義八壯士傳』을 중심으로-. 한국문학연구, 29.

김재일(2002). 무(武)에 대한 담론. 국무논총. 배달국무논총, 1(1).

김중권·안기수(1994). 古代 英雄小說 變貌의 一樣相硏究. 군산대학교 논문집.

김지용(1980), 文學을 通해 본 高麗女人의 意識構造. 靑坡文學, 13.

나영일·최복규·김성재(2001). 전통무예의 문제점과 과제. 대한무도학회지, 3(1).

남덕현·송일훈(2010). 역사인류학적 관점에서 바라본 고려시대 수박의 재해석. 체육과학연구, 21(2).

노채숙(2009). 불교의 색채인식론. 한국색채학회지, 23(3).

모창배·정진명(20073). 국궁 사법의 원형에 대한 실태 분석. 한국사회체육학회지, 31.

문인순(2008). 한국논단 광장: 이명박 대통령 당선자님! 이젠 늙어버린 우리 소년소녀 학도병들에게도 참전용사의 영예를 명예를 주십시오!. 한국논단, 220.

민병소(1982). 한국기독교와 샤머니즘 이해. 서울: 풀빛목회.

박경자(2010), 공녀 출신 고려여인들의 삶. 역사와 담론, 55.

박성수(1988). 의병전쟁의 민족사적 의미. 국학연구소, 국학연구, 1.

박성수(2008). 한말 의병전쟁과 민족의식의 재조명. 의암학연구, 5.

박양호(2010). 6,25남침 60년 : 잔인한 공산당 만행과 학도병 이야기③, 동족상잔극 60년, 학도의용대 지원자만 27만여. 한국논단, 245.

박영도(2001). 성리학적 이성의 재구성-율곡의 이기론을 중심으로. 정신문화연구, 24(1).

박재광(2006). 임진왜란 초기 의승군의 활동과 사명당. 동국사학, 42.

박현모(2011). 정조 사후 63년-세도정치기(1800~63)의 국내외 정치 연구. 파주: 창비.

방건웅(2004). 과학, 객관적 학문인가?. 한국정신과학회 학술대회, 논문집, 21.

변순만(2003). 한국의 기독교와 샤머니즘과의 관계. 계약신학대학교 대학원 석사학위논문.

소광섭(1996). 보어의 상보성 원리. 과학사상, 18.

소병철(2005). 경제와 윤리의 충돌에 관한 고찰: 양자의 합리적 관계설정을 위한 시론. 범한철학, 36.

손경미(1993). 개화기 체육의 풍속사적 고찰. 동덕여자대학교 대학원 석사학위논문.

손한종(2007). 6,25참전 소년병들 이야기(3): 선배 면회갔다 학도병 입대 -해평전투에 백의종군. 한국논단, 214.

송성수(2007). 불확정성의 존재, 베르너 하이젠베르크. 기계저널, 47(11).
송일훈・이동헌・손수범(2006). 민속 씨름과 일본 스모(相撲)의 유래 및 경기방식과 대회운영에 관한 비교 연구. 한국체육사학회지, 17.
송일훈・이황규・김재우(2005). 미야모도 무사시(宮本武藏)의 오륜서(만리일공)(五輪書(萬理一空))를 접한 최배달의 극진(Karate)에 관한 연구. 한국체육학회지, 44(4).
송일훈・조충현・안진규(2008). 한・중・일 격투무예(수박・상박・각저)에 관한 연구. 한국체육학회지, 47(4)
송형석(2004). 문명화과정과 스포츠, 그리고 동양무예. 한국체육학회지, 43(2).
송형석(2012). 체육학 발전방향 소통의 관찰. 한국체육철학회지, 20(2).
송형석(2013). 스포츠철학의 방법으로서 "관찰자의 관찰". 한국체육철학회지, 21(1).
신성원・이재홍・이은미(2003). 기마자세에 대한 고찰. 대한의료기공학회지, 제7권 제1호.
신수용・정재성(2005); 택견과 수박(手搏)의 상관성. 한국체육학회지, 44(5).
심성섭・김영만(2008). 택견의 능청동작과 유사 관련 동작과의 비교 분석 및 단전의 의미 고찰. 한국체육과학회지, 17(4).
심성섭・김영만(2009). 택견의 동작원리에 대한 운동역학적 접근. 한국체육과학회지, 18(1).
심성섭・김영만(2009). 택견의 차기 동작원리에 관한 연구. 한국체육과학회지, 18(3).
심승구(2001). 한국 무예의 역사와 특성. 군사, 43.
안계현(1972). 조선전기의 僧軍. 동방학지, 13.
연구소자료(1990). 제2장 고대 경북지역의 의거. 경북의병사, 23-48.
양진방(2002). 근대 무술론. 대한무도학회지, 4
이남복(2007). 루만의 구성주의 체계이론 -실재론과 관념론을 넘어서. 한국사회역사학회지, 담론201, 10(2).
이무연(2002). 조선시대 무예의 유희성에 관한 고찰. 대한무도학회지, 4(1).
이병민(2006). 중국 弓術의 시대적 변천양상. 동아대학교 대학원 박사학위논문.
이병민・김동건(2000). 한국 궁도의 기원과 발달과정. 한국체육학회, 제38회 한국체육학회 학술발표회.
이상봉(2001). 한국의 차시배지에 대한 연구. 한국차학회지, 7(1).
이숙경(2010). 여말선초 여성의 고전머리에 관한연구. 건국대학교 대학원 석사학위논문.
이승건・안용규(2004). 유아사 야스오의 동양철학적 심신관. 한국체육철학회지, 12(1).
이영춘(2003). 병자호란 전후의 조선명청 관계와 金堉의 『朝京日錄』. 조선시대사학보, 38.
이완희(1970). 한국씨름의 체육적 고찰. 청주대학교 논문집, 6.

이용복(1993) 씨름과 택견의 민속학적 비교. 중앙민속학, 5.
이익섭(1996). 하느님과 하나님. 철학문화연구소, 철학과 현실.
이장희(1974). 정묘병자호란의병고(丁卯丙子胡亂義兵攷). 建大史學, 4(1).
이재길(1977). 國技(씨름) 競技發達 과정의 硏究. 군산대학교 연구보고, 11(2).
이정근(1972), 하늘의 어원 연구 - 하나님의 호칭과 관련하여. 신학과 선교, 1.
이종보(2003). 단전에 관한 연구. 원광대학교 대학원 석사학위논문.
이철희(1975). 씨름과 일본씨름(상박(相撲))의 비교 연구. 대한체육회, 100.
이혜자(2004). 유럽인의 시각에서 본 조선의 근대화 풍경. 독어교육, 30.
이홍두(2005). 高麗時代의 軍制와 僧軍 : 隨院僧徒의 정규군 편성을 중심으로. 백산학회, 72.
임종화(1994). 도덕성에 관한 상보론적 해석. 청주교육대학교 논문집, 31.
장남원(2005). 고려시대 다(茶)문화와 청자(靑瓷). 이화여자대학교 인문과학대학 교수학술제, 13.
정다함(2010). 조선학/한국학의 통국가적 구성; "한국사"상의 조선시대상-조선전기를 중심으로. 국제한국문학문화학회, 사이間SAI, 8.
정연태(1999). 19세기 후반 20세기 초 서양인의 한국관-상대적 정체성론, 정치 사회...개혁불가피론. 한국역사연구회, 역사와 현실, 34.
정은영(2009). 지역축제의 예술적 속성과 소통의 의미. 한국체육철학회지, 17(4).
정응근・최복규(2001). 무예 인식과 전승 방안에 관한 문제-무형문화재 제도를 중심으로-. 대한무도학회지, 3(1).
정재성(2006). 조선시대 무술의 대중화 요인과 변화. 한국체육사학회지, 17.
정진명(2003). 국궁의 전통사법에 대한 고찰. 청주대학교 대학원 석사학위논문.
정찬모(1990). 고려시대체육발달사 연구. 동아대학교 대학원 박사학위논문.
조성균・남도희・이재돈(2010). 문헌에 보이는 전통무예 택견의 역사성과 정체성(1910-1958년을 중심으로). 한국체육철학회지, 18(3).
조영준(2009). 19-20세기 보부상 조직에 대한 재평가 -원홍주육군상무우사를 중심으로-. 경제사학, 47.
조재기・손명준・박철민(2004). 한국 씨름과 스모(相撲)의 비교 연구. 한국스포츠리서치, 15(4).
최민자(1995). 元曉의 和諍思想과 會通의 政治理念. 한국정치학회보, 28(2).
최복규(2003). 무예도보통지 편찬의 역사적 배경과 무예론. 서울대학교 대학원 박사학위논문.
최상수(1957). 한국의 세시 풍속. 한국민속학보, 2(1).
최성대(2005). 개화기 이후 씨름과 궁술의 전개양상에 관한 연구. 용인대학교 대학원 석사학위논문.

한명기(1992). 17세기초 銀의 유통과 그 영향. 규장각, 15.
한명기(1997). 17세기 초 明使의 서울 방문 연구. 서울학연구, 8.
한명기(2004). 16, 17세기 明淸交替와 한반도. 명청사학회, 명청사연구, 22.
한명기(2006). 정묘호란(丁卯胡亂) 무렵, 조선의 대일정책과 그 역사적 의미. 大東文化硏究, 54.
한명기(2007). '재조지은(再造之恩)'과 조선후기 정치사. 大東文化硏究, 59.
한명기(2008). 병자호란 시기 조선인 포로 문제에 대한 재론. 역사비평, 85.
한명기(2008). '난동', '정벌', '원조'를 넘어: '임진왜란'을 부르는 동아시아 공통의 용어를 위하여. 역사비평, 83.
한양명(2000). 전통씨름의 대동놀이적 성격에 관한 연구. 비교민속학, 18.
허용·김현수(2012). 민속씨름에 내재된 민족정서 -'興'을 중심으로-. 한국체육철학회지, 20(3).
허건식(2003). 동양무도의 문화적 심층구조 분석. 국무논총, 배달국무연구원.
허인욱(2002). 手搏戲에 대한 考察. 한국체육사학회지, 10.
허창욱(2001). 기공에 대한 과학적 접근(The Scientific Approach to Qigong). 한국기공학회, 제1회 한국기공학회 춘계학술대회 초청강연 발표문.
홍성지(2017). 존 로스(J.Ross)의 성경 번역 과정과 번역된 성경에 나타난 한국어의 특성. 국민대학교 대학원 박사학위논문.
홍장표(1985). 한국 씨름의 역사적 성장과정 연구: 시대적 특징을 중심으로. 용인대학교 논문집, 1.
홍장표·최성대(2005). 개화기이후 씨름과 궁술의 전개양상에 관한 연구. 용인대학교 무도연구소지, 16(1).

【단행본單行本】

강명관(2004). 조선의 뒷골목 풍경. 서울: 도서출판 푸른역사.
강원식·이경명(2002). 우리 태권도의 역사. 서울: 상아기획.
강재언 지음, 이규수 옮김(2005). 조선통신사의 일본견문록. 경기: 한길사.
건강도원(1998년 5월호). 건강도원. 서울: 삼한.
게일(James S. Gale) 저 / 장문평 역(1979). 코리언 스케치. 서울: 현암사.
국립민속박물관(2004). 한국무예사료총서Ⅰ, 삼국시대편. 서울: 국립민속박물관.
국립민속박물관(2006). 한국무예사료총서 Ⅱ, 조선시대 의례·지리·총서. 서울: 국립민속박물관.
국립민속박물관(2006). 한국무예사료총서Ⅷ, 조선시대 의례·지리·총서. 서울: 국립민속박물관.

국선도법연구회(1989). 국선도 단전행공. 서울: 한국방송사업단.

권근 저, 권덕주 역(1990). 입학도설. 서울: 을유문화사.

권태훈(1989). 백두산족에게 고함. 서울: 정신세계사.

권태훈 감수, 정재승 편저(1992). 민족비전 정신수련법. 서울: 정신세계사.

권태훈 구술, 정재승 역음(1989). 천부경의 비밀과 백두산족 문화. 서울: 정신세계사.

그리피스(William Elliot Griffis) 저 / 신복룡 역(1985). 은자의 나라, 한국. 서울: 평민사.

기천문(1998). 기천문 입문. 서울: 연구사.

김동광 옮김(1997) / 폴 데이비스 지음. 시간의 패러독스. 서울: 두산동아.

김병국(2001). 경혈도(하권). 서울: 계축문화사.

김병호(1991). 멀고먼 힌두쿠시. 서울: 매일경제신문사.

김산호(2011). 슈벽, 가라데 그리고 태권도. 서울: (주)무카스.

김상운(2011). 왓칭. 서울: 정신세계사.

김상일(1993). 현대물리학과 한국철학. 서울: 고려원.

김승호(1999). 주역원론 1. 서울: 선영사.

김승호(1999). 주역원론 2. 서울: 선영사.

김영만(2009). 택견 겨루기論. 서울: 레인보우북스.

김영만(2009). 택견 겨루기의 이론과 실제. 서울: 레인보우북스.

김영만(2010). 택견 겨루기總書. 서울: 상아기획.

김영만(2012). 택견 기술의 과학적 원리. 경기: 한국학술정보(주).

김영만(2017). 스포츠 택견(Sport Taekkyon) 韓英판. 서울: 애니빅.

김영자(1997). 조선왕국 이야기. 서울: 서문당.

김용(1992). 한국인의 전통양생요법. 서울: 태웅출판사.

김용옥(1994). 태권도철학의 구성 원리. 서울: 통나무.

김원모(1992). 근대한미관계사. 서울: 철학과 현실사.

김의환(1985). 한국통신사의 발자취. 서울: 정음문화사.

김일훈(1990). 구세신방. 서울: 광제원.

김정윤 편저(2002). 한국의 옛 무예 택견〈위대편〉,〈아래대편〉. 서울: 밝터.

김정윤(2006). 택견〈원전제작비화〉. 서울: 밝터.

김정행・김창우・이재학(2007). 무도 지침서. 서울: 대한미디어.

김준호・손심심(1997). 우리 소리 우습게보지 말라. 서울: 이론과 실천.

G. W. 길모어 지음 / 신복룡 역(1999). 서울풍물지. 서울: 집문당.

나도향(2006). 국민 여러분, 조입시다!. 서울: 잎파랑이(제이제이북스).
나현성·조명열·노희덕 공저(1980). 체육사. 서울: 형설출판사.
노태준 역해(1989). 주역. 서울: 홍신문화사.
등원지(藤原知), 근택승조(芹澤勝助) 저; 생활의학연구회 편역(1991). (병없이 삽시다)경락의 대
　　　발견: 봉한 학설의 경이와 증상별 지압법대계. 서울: 일월서각.
러시아재무성 편; 최선·김병린 역(1984). 국역 한국지. 경기: 한국정신문화연구원.
류상채(1977). 산약신서. 서울: 계백.
리처드 도킨스 지음; 홍영남 옮김(1994). 이기적 유전자. 서울: 을유문화사.
릴리어스 호톤 언더우드 저; 김철 역(1984). (언더우드 부인의)조선 생활: 상투잽이와 함께
　　　보낸 십오년 세월. 서울: 뿌리 깊은 나무.
묄렌도르프, G. P. von 원저; 신복룡·김운경 역주(1999). 묄렌도르프 自傳(Ein Lebensbild.
　　　Leipzig, 1930). 서울: 집문당.
문병용(2004). 알기 쉬운 운동역학. 서울: 대경북스.
민경환(1986). 한당선생의 석문호흡법. 서울: 서울문화사.
민경환(1999). 도시 속 신선이야기2. 서울: 석문출판사.
민경환(1999). 고대문명에서 종말론까지. 서울: 석문출판사.
게오르규(Gheorghieu, C.V.) 저; 민희식 역(1984). 한국찬가. 서울: 범서출판사.
박문기(1995). 본주 上. 서울: 정신세계사.
박영규(1997). 고구려 본기. 서울: 웅진출판주식회사.
박원호(1995). 명과의 관계,『한국사』22. 서울: 국사편찬위원회.
박종관(1990). 기공과 차력술. 서울: 서림문화사
박종기(2006). 5백년 고려사. 서울: 푸른역사.
박철희 구술; 허인욱 정리(2005). 사운당의 태권도 이야기. 서울: 장백비교무예연구소.
백성현·이한우(2006). 파란 눈에 비친 하얀 조선. 광주: 새날.
베리만(Sten Bergman) 저; 신복룡, 변영욱 역(1999). 한국의 야생동물지. 서울: 집문당.
비숍(Bishop, Isabella Bird) 지음; 이인화 역(1994). 한국과 그 이웃나라들. 서울: 도서출판 살림.
새비지 랜도어(Arnold H. Savage Landor) 저; 신복룡·장우영 역(1999). 고요한 아침의 나
　　　라 조선. 경기: 집문당.
샌즈(William Franklin Sands) 저; 신복룡 역(1999). 조선비망록. 서울: 집문당.
샤를르 달레(Claude Charles Dallet) 저; 안홍렬·최석우 역(2000). 한국천주교회사(1874).
　　　서울: 한국교회사연구소.

샤를바라 샤이에롱(Charles Louis Varat; Chaillé Long) 저; 성귀수 역(2006). 조선기행. 서울: 눈빛.
석문도문(2010). 석문사상. 서울: 석문출판사.
석문도문(2011). 석문도법. 경기: 석문출판사.
석문도문(2012). 석문도담. 경기: 석문출판사.
소산승청(小山勝淸) 저; 신동욱 역(1992). 미야모도 무사시 10. 서울: 고려문화사.
송기원(1997). 청산. 서울: 창작과 비평사.
송형석(2008). 태권도사 신론. 서울: 이문출판사.
시볼트(Phillip Franz von Siebolt) 저; 류상희 역(1987). 조선견문기. 서울: 박영사.
심우성(1996). 우리나라 민속놀이. 서울: 동문선.
아손 그렙스트(Grebst, W.Ason) 저; 김상열 역(1986). 코레아 코레아-이것이 조선의 마지막 모습이다. 서울: 도서출판 미완.
양재연·임동권·장덕순·최길성 공편(1971). 한국풍속지. 서울: 을유문화사.
육태안(1991). 우리무예 이야기. 서울: 학민사.
육태안(1993). 바람은 눈에 보이지 않나니. 서울: 중토문화사.
윤종천·박승태·조용목(2007). 칠원선침요법. 서울: 도서출판 조은.
이규태(1977). 한국인의 재발견. 서울: 문리사.
이규태(1984). 한국인의 생활구조1. 서울: 조선일보사.
이규태(1984). 한국인의 생활구조2. 서울: 조선일보사.
이규태(1986). 이규태 코너(下). 서울: 조선일보사.
이규태(1988). 세상에 불쌍한 죠선 녀편네. 서울: 신태양사.
이규태(1992). 한국인의 버릇. 서울: 신원문화사.
이규태(1997). 이것이 우리를 한국인이게 한다. 서울: 도서출판 남희.
이규태(2000). 한국인의 정신문화. 서울: 신원문화사.
야나기 무네요시 지음; 이길진 역(1994). 조선과 그 예술. 서울: 신구문화사.
이명훈 엮음(2005). 이예의 사명. 서울: 새로운 사람들.
이어령(1982). 흙속에 저 바람 속에. 서울: 범서출판사.
이용복(1990). 택견. 서울: 학민사.
이용복(1995). 택견연구. 서울: 학민사.
이용복(1997). 택견. 서울: 대원사.
이윤홍(1995). 성명규지(性命圭旨). 서울: 한국문화사.

이중헌 구술, 서허봉 정리; 김태덕 번역(2007). 逝去的 武林. 서울: 두무곡출판사.
이한철・모진우(1979). 비전 혈법・일지선 무술. 서울: 범진문화사.
이호성(1995). 한국무술 미 대륙을 정복하다. 서울: 스포츠조선.
이황 저; 윤사순 역(1987). 성학십도聖學十圖・논사단칠정서論四端七情書. 서울: 을유문화사.
이희근(2013). 백정. 서울: 책밭.
일사(2003). 접신. 서울: 석문출판사.
일연 저; 이수민 역(1982). 삼국유사. 서울: 을지출판사.
정진명(1996). 우리 활 이야기. 서울: 학민사.
조명렬・노희덕・나영일(1997). 체육사. 서울: 형설출판사.
조지 커즌(George Nathaniel Curzon) 저; 라종일 역(1996). 100년 전의 여행 100년 후의 교훈. 서울: 비봉출판사.
주강현(1997). 우리 문화의 수수께끼2. 서울: 한겨레신문사.
지허(2003). 차. 서울: 김영사.
차주환(1986). 한국의 도교사상. 울산: 동화출판공사.
청산거사(갑인년). 국선도법. 서울: 정신도법연구회.
최대림 역해(2008). 동국세시기. 서울: 홍신문화사.
최무영(2012). 최무영 교수의 물리학 강의. 서울: 책갈피.
최영의(1996). 실전 공수도 교범. 서울: 서림문화사.
최중현(1993). 한국교회와 샤머니즘. 서울: 성광문화사.
최진규(1997). 토종약초 장수법. 서울: 태일출판사.
촌산지순(村山智順) 저; 노성환 역(1995). 조선의 귀신. 서울: 민음사.
칼스(William Richard Carles) 저; 신복룡 역(1999). 조선풍물지. 서울: 집문당.
토마스 쿤(Thomas S. Kuhn) 저; 김명자 역(2012). 과학혁명의 구조. 서울: 까치글방.
팽구송・김재선(1996). 동이전. 서울: 서문문화사.
프레데릭 불레스텍스(Boulesteix, Frederic) 지음; 이향, 김정연 옮김(2001). 착한 미개인 동양의 현자. 서울: 청년사.
하동인(1992). 단학비전 조식법. 서울: 단원.
하멜(Hendik. Hamel) 저; 신복룡 역(1999). 하멜 퓨류기. 서울: 집문당.
한국역사연구회(1996). 조선시대 사람들은 어떻게 살았을까. 서울: 청년사.
한당(1997). 천서. 서울: 석문출판사.
한당도담편찬위원회(2007). 한당도담. 경기: 석문출판사.

한성(2008). 하늘예감. 경기: 석문출판사.
한성(2008). 조화조식. 서울: 석문출판사.
한성(2008). 하늘예감. 서울: 석문출판사.
한병철·한병기(1997). 독행도. 서울: 학민사.
헐버트(Homer B. Hulbert) 저; 신복룡 역(1999). 대한제국멸망사. 경기: 집문당.
호레이스 알렌(Horace. N. Allen) 저; 윤후남 역(1996). 알렌의 조선체류기. 서울: 예영커뮤니케이션.
황풍(2000). 수련요결. 서울: 석문출판사.

【기사記事】

강정규(2012.05.04.). [YTN]"어른들은 몰라요"...어린이 행복지수 OECD 꼴찌
김상진(2013.09.29.). [탐사+] 잊혀진 영웅 여성첩보원 "피란민 위장, 북 침투해…". JTBC 뉴스, http://news.jtbc.co.kr.
김승현(2016.08.10.). 매 대회 드라마, 효자종목 자리잡은 펜싱…비결은. http://news.joins.com.
김정룡(2007.10.06.). 수작이란 말의 유래와 우리민족의 음주가무관습, 김정룡, http://zoglo.net.
김종성(2012.05.04.). [오마이뉴스] 김종성의 사극으로 역사읽기. http://www.ohmynews.com.
김철중(2013.05.24.). 500년前 '융합의 달인' 다빈치처럼, 조선일보, http://news.chosun.com.
남윤호(2010.08.12.) https://news.joins.com/article/4377327
네이트 한국학 홈페이지(2010.12.10.) 네이트/한국학 홈/역사와 인물/역사 속 인물/인물정보/김여준(金汝峻). http://koreandb.nate.com.
박방주(2011.10.10.). [중앙일보]암 전이의 중요 통로 경락, 실체 드러났다. http://joongang.joinsmsn.com.
박정진(2010.06.21.)국선도 여자고수 철선녀, 박정진의 무맥. 세계일보, http://www.segye.com.
방가(房家, 2011.09.15.). 초기 개신교 선교사들의 한국 종교 서술. 종교학벌레2; 한국개신교사 자료집, http:// religio.tistory.com/81.
신동아(2011.05.10.). 2002년 4월호 '이종우 국기원 부원장의 태권도 과거'충격적 고백!, http://www2.donga.com.
신진우·박희창(2011.10.29.). [O2/커버스토리]國弓 미스터리… 작지만 강한 '최종병기.
안용호(2009.09.24.). 왕도 꾸짖은 선비, 湖南教育. http://www.ihopenews.com.

윤종준(2011.12.15.). [기호일보] 남편을 그리는 여인의 사부곡(思夫曲) - 원이 아버지에게. http://www.kihoilbo.co.kr.

이규태(2011.06.15.). 신소재 방탄복, 이규태의 과학칼럼. 사이언스타임즈, http: // www.sciencetimes.co.kr.

이균재(2012.08.12.). [OSEN]외신, "韓 女 양궁, 올림픽 사상 가장 위대한 팀" http://osen.mt.co.kr.

이나미(2012.07.22.). [중앙일보]아내는 갑, 남편은을. http://joongang.joinsmsn.com.

이문원(2011.09.26.). 한국영화 '대박공식' 정도껏 써 먹어야. 엔터미디어, http://entermedia.co.kr.

이승록(2011.06.15.). "유네스코 인류유산'제주의 굿'이 미신이란 말이냐."제주소리, 2011.03.15., http://wwwjejus.ori.net.

이정내(2013.02.08.). 한국, 무선 초고속인터넷보급률 OECD 국가 중 1위. 연합뉴스, http://www.yonhapnews.co.kr.

이참(2011.05.10.). 독일보다 큰 잠재력 살려야한다. You Tube, http://www.youtube.com/watch?v=T57HwAdIj.

정연진(2006.12.21.). 음주가무와 신명 DNA. 미주중앙일보. http://www.koreadaily.com.

정용수(2012.06.23.).[중앙일보][6·25 특집] 육군 특전사 모태, 유격군 http://joongang.joinsmsn.com.

조용철(2013.04.07.). 대학의 다양한 학문적 이종교배, 중앙선데이, http://joongang.joinsmsn.com.

kenlee(2012.09.22.). 무예컬럼 No.5. 택견코리아, http://www.taekkyonkorea.com.

한겨레신문(2006.07.19.). [필진] 그대들, 이순신을 얼마나 알고 있는가? - http://www.hani.co.kr.

한명기(1970.01.02.). [병자호란 다시 읽기] (2) 여진족과 만주1

한명기(1970.01.02.). [병자호란 다시 읽기] (74) 병자호란이 시작되다(Ⅰ) http://www.seoul.co.kr

허성도(2010.06.17.). 조선은 대단한 나라. 조화선국造化仙國, http://cafe.daum.net/sooam11/hBS/17.

황수경(2013.06.07.). [한겨레]케네디 대통령이 사이코패스였다고?.

【외국서적】

Amit Goswami, The self-aware universe: how consciousness creates the material world (New York: Jeremy P. Tarcher, Putnam, 1993).

Luhmann, Niklas(1990). Soziologische Aufklä"rung 5: Konstruktivistische Perspektiven. Opladen: West-deutscher Verlag, pp. 170-182.

Luhmann, N(1992). Die Wissenschaft der Gesellschaft. (Frankfurt am Main:

suhrkamp).

John Archibard Wheeler(1996). At Home in the Universe. Springer

John Archibard Wheeler & Kenneth Ford(2000). Geons, Blackholes & Quantum Foam, Q.Q. Norton & Company.

Jones, George Heber(Sep., 1891). The Religious Development of Korea. Gospel in All Lands, 16, 415-416.

찾아보기

【ㄱ】

가라테空手道, Karate ············· 357
가변성可變性 ················ 3, 14
각력角力 311, 312, 314, 316, 349, 350, 358
각력희角力戲 ·················· 311
각술脚術 ······················ 292
각저角抵, 角觝 ·75, 309, 314, 316, 349
각저총角抵塚 ·················· 310
각저희角觝戲 ············ 184, 311
각희角戲, 脚戲 ········ 303, 311, 349
검계劍契 ················ 70, 158
검도劍道 ············ 122, 124, 140
검무劍舞 ····· 186, 187, 188, 189, 220,
          272, 275, 277, 278, 331, 353, 355
검사劍士 ················ 163, 208
검술劍術 ······ 122, 140, 156, 163, 219
격구擊毬 ······ 190, 191, 192, 194, 318
격구희擊毬戲 ·················· 184
격물치지格物致知 ··············· 69
격투무예格鬪武藝 ··············· 349
격파擊破 ····· 155, 331, 352, 356, 357
결련태껸結連 255, 270, 277, 278, 284,
                                291, 298
결정론決定論 ················· 226
결혼도감結婚都監 ·············· 146
경기태권도競技跆拳道 192, 272, 277, 304
경락經絡 ········ 204, 205, 232, 379
경천사상敬天思想 ·············· 122
계분동鷄糞銅 ············ 372, 373

고부갈등姑婦葛藤 ··············· 7
고분벽화古墳壁畵 ········ 76, 308, 310
고싸움 ······················· 287
고유성固有性 ···················· 3
고전역학古典力學, classical mechanics · 241
고행苦行 ············ 28, 43, 44, 206
곡마曲馬 ······················ 354
곤위지坤爲地 ············ 236, 248
공공功 ·················· 126, 368
공간 에너지Space Energy ··········· 19
공간성空間性 ·········· 14, 15, 19
공감共感 ········ 29, 30, 70, 107, 233
공백공포空白恐怖 ··············· 137
공유성共有性 ········ 314, 315, 316, 318
공통분모共通分母 ··············· 276
관념법觀念法 ············ 378, 379
관찰자觀察者 104, 232, 233, 234, 236,
          239, 241, 243, 244, 246, 247, 249
교육열敎育熱 ········ 48, 82, 85, 86
교집합交集合 ···················· 3
교통수단交通手段 ········ 171, 172, 343
구세신방求世神方 ·············· 390
구전심수口傳心授 ·············· 368
구현具現 16, 185, 208, 221, 304, 320
국궁國弓 134, 135, 213, 305, 320, 323
국선도國仙徒 ············ 379, 381
군도群盜 ······················ 70
군사훈련軍事訓練 ·········· 163, 311
군자君子 ············ 211, 214, 222
굼슬르기 ················ 133, 321

궁극窮極 ······ 35, 42, 50, 55, 203, 224
궁술弓術 ················· 75, 211, 306, 309
궁시弓矢 105, 134, 175, 179, 180, 189
    210, 212, 213, 230, 308, 330, 338
권법拳法 ··················· 185, 220, 304
권투拳鬪 ·························· 311
귀일歸一 ··························· 11
균형均衡 15, 16, 17, 29, 30, 224, 321
극기克己 41, 66, 202, 207, 208, 214,
    217, 218, 222, 223, 224, 228, 229
극기복례克己復禮 ··············· 214, 223
극진가라테極眞karate 331, 356, 357, 361
근본이치根本理致 ······················ 9
금의야행錦衣夜行 ···················· 50
금전만능주의金錢萬能主義 ············· 102
기氣 ······ 13, 14, 15, 18, 42, 43, 140,
    203, 204, 232, 245, 320
기경팔맥奇經八脈 ···················· 232
기독교基督敎 · 59, 60, 61, 62, 97, 101,
    102, 124, 253, 264, 265, 266, 267
기동력機動力 ············ 168, 170, 171
기력氣力 ······················ 364, 378
기마병騎馬兵 ··················· 103, 168
기본원리基本原理 ················· 18, 20
기사騎射 ······ 142, 305, 308, 323, 348
기사도騎士道 ··················· 123, 124
기생妓生 186, 187, 189, 220, 272, 353, 355
기예技藝 ············· 161, 164, 328, 353
기저基底 ··························· 31
기질氣質 5, 6, 21, 45, 57, 58, 73, 82,
    84, 90, 91, 105, 117, 168, 176, 185,
    192, 271, 285, 289, 290, 304, 325
기차력氣借力 361, 364, 365, 368, 371,
    378, 379, 381, 383
기합氣合 ················· 320, 379, 382
기휘忌諱 ····················· 107, 108

【ㄴ】

남녀관계男女關係 ··············· 11, 145
남녀칠세부동석男女七歲不同席 ············ 148
남아선호사상男兒選好思想 ············ 148
남존여비사상男尊女卑思想 ············ 146
내공차력內工借力 ···················· 378
내관內觀 ······················ 245, 247
내면內面 6, 33, 42, 66, 185, 203, 247,
    289, 304, 356
내재內在 4, 6, 13, 14, 16, 17, 29, 58,
    84, 104, 115, 185, 225, 229, 230,
    279, 280, 281, 304, 331, 353, 356,
    357, 359, 364, 368, 382
네발당성 ·························· 351
노동공동체勞動共同體 ················· 286
노략질擄掠 ············· 174, 177, 181
능유제강能柔制强 ···················· 322

【ㄷ】

다규茶規 ·························· 143
다담茶談 ··············· 122, 139, 140
다도茶道 ······ 122, 139, 140, 141, 143
다문화多文化 · 5, 48, 63, 64, 101, 252,
    253, 254, 256, 261, 263, 268,
    270, 271, 277, 280, 282, 298
다반사茶飯事 ··················· 113, 122
다벽증茶癖症 ························ 144
다선일여茶禪一如 ············· 141, 143
다원적多元的 6, 64, 251, 252, 253, 254,
    255, 269, 270, 271, 272, 274,
    275, 276, 277, 278, 280, 281

다인종多人種 ···· 5, 252, 253, 254, 256, 258, 261, 263, 270, 277, 280, 298
다종교多宗教 ···· 5, 252, 253, 256, 263, 265, 270, 277, 280, 298
다중적多重的 ················· 29, 233
다차원성多次元性 ············ 234, 235
다향茶香 ················· 138, 140, 141
단전丹田 68, 232, 239, 243, 245, 320, 325, 376, 378
단전기감丹田氣感 ················· 239
단초端初 17, 22, 29, 30, 63, 245, 306, 364
단편斷片 ··· 13, 31, 90, 234, 256, 285, 314, 331, 363
대국적大局的 ······················ 36
대리만족代理滿足 ·············· 7, 329
대립對立 · 11, 20, 27, 34, 58, 63, 80, 81, 100, 130, 217, 218, 241, 242, 289
대명제大命題 ·················· 23, 281
대은大隱 ····················· 98, 215
대의명분大義名分 ·· 48, 60, 62, 95, 100, 125, 181, 281, 289
대중매체大衆媒體 ···· 30, 31, 67, 69, 79, 81, 100, 137, 240, 282, 283, 305
대폭발大爆發 ······················ 17
덕목德目 ······ 26, 54, 57, 72, 96, 123, 208, 224, 245, 247, 268, 276, 281, 297, 332
도교道教 ············ 253, 264, 267, 371
도덕道德 ······· 22, 26, 30, 33, 97, 115, 123, 224, 365
도덕경道德經 ····················· 155
도덕규범道德規範 32, 83, 115, 123, 365
도덕예의법률道德禮義法律 31, 33, 42, 50, 203, 224, 239, 240
도력道力 ························· 361
도로사정道路事情 168, 171, 172, 173, 174

도박꾼賭博 ······················ 291
도안道眼 ························ 376
도장태권도道場跆拳道 ········ 272, 277
도절제사都節制使 ···· 174, 178, 179, 210
독립운동가獨立運動家 ·············· 294
독맥督脈 ···················· 67, 68
독자성獨自性 ······················ 16
돈내기 285, 288, 291, 292, 293, 298
동양무예東洋武藝 ············ 124, 218
동양사상東洋思想 ············· 12, 18
동인動因 ························· 20
동질성同質性 3, 306, 307, 314, 315, 316, 318, 325

【ㅁ】

마보馬步 ························ 368
마보세馬步勢 ···················· 368
마보자세馬步姿勢 ················ 368
마상재馬上才 186, 188, 189, 190, 212, 331, 353, 354
마음心 · 5, 6, 16, 28, 36, 38, 39, 40, 41, 42, 43, 44, 45, 49, 52, 54, 55, 66, 79, 85, 97, 98, 99, 100, 104, 105, 110, 113, 120, 122, 129, 133, 139, 140, 141, 146, 150, 151, 160, 184, 191, 197, 200, 201, 203, 204, 205, 206, 207, 208, 211, 212, 213, 214, 215, 216, 217, 218, 222, 223, 224, 227, 230, 231, 237, 238, 239, 243, 244, 245, 247, 248, 250, 267, 282, 283, 308, 322, 325, 326, 365, 366
마음수련 ·· 4, 6, 39, 41, 44, 45, 199, 200, 201, 202, 203, 206, 207, 208, 214, 222, 223, 224, 229, 230

마장魔障 ··· 238
마전磨箭 ······························· 178, 179, 210
마제석촉磨製石鏃 ································· 308
만물萬物 ·· 11, 14, 15, 16, 17, 18, 20,
　　　　　36, 45, 51, 63, 95, 105, 282
만물생성萬物生成 ································· 14
만물일여萬物一如 ··· 6, 45, 79, 104, 165
만법귀일萬法歸一 ································ 228
만유정령설萬有精靈說 ················ 115, 364
만지동근萬枝同根 ······················ 67, 228
매너리즘mannerism ······················ 125, 139
맥락脈絡 ······ 6, 44, 54, 66, 126, 137,
　　　　　206, 213, 228, 231, 239, 244, 254,
　　　　　266, 277, 290, 314, 322, 328, 331,
　　　　　　　　　　　　　　　　355, 357
맨손무예 6, 164, 274, 275, 312, 320
맨주먹 ································ 255, 334, 348

명분名分 ····· 6, 57, 58, 63, 65, 71, 82,
　　　　　85, 97, 98, 99, 100, 102, 126, 148,
　　　　　275, 276, 279, 281, 288, 289, 290,
　　　　　291, 293, 294, 297, 298, 299
명상법冥想法 ······················· 42, 203, 232
모화사상慕華思想 ································ 268
목화토금수木火土金水 ················ 21, 25, 29
몸body ··· 3, 4, 6, 28, 41, 42, 43, 49,
　　　　　53, 67, 100, 103, 104, 105, 133,
　　　　　156, 158, 162, 177, 184, 185, 190,
　　　　　200, 202, 203, 204, 211, 212, 216,
　　　　　221, 222, 231, 271, 273, 283, 304,
　　　　　308, 318, 320, 321, 323, 324, 325,
　　　　　336, 340, 341, 350, 361, 368, 372,
　　　　　　　　373, 376, 378, 379, 380
몸가짐 ·· 114
몽골군 ··· 171

무武　1, 3, 4, 5, 6, 15, 41, 66, 67,
　　　　　70, 98, 122, 155, 160, 184, 200,
　　　　　201, 206, 208, 214, 215, 216, 217,
　　　　　218, 220, 223, 255, 273, 281, 312,
　　　　　　　　　　　　　　　　330, 358
무과武科 ······································ 184, 191
무과시취武科試取 ································ 191
무극無極 13, 14, 15, 16, 17, 18, 24, 25, 39
무기武器 ······ 106, 130, 134, 155, 171,
　　　　　175, 178, 179, 180, 182, 208, 210
무도武道 ······· 121, 124, 125, 140, 206
무병장수無病長壽 ···································· 4
무사武士 ····· 106, 122, 123, 141, 157,
　　　　　158, 166, 176, 189, 191, 192, 347
무사도武士道 ····························· 123, 124
무속신앙巫俗信仰 ································ 265
무술武術 ····· 124, 164, 271, 308, 335,
　　　　　　　　　　352, 368, 379, 380
무신武臣 ··· 163
무심무념無心無念 ································ 212
무예武藝 ··· 3, 4, 20, 41, 95, 124, 157,
　　　　　160, 161, 164, 184, 185, 190, 192,
　　　　　195, 202, 204, 207, 208, 211, 213,
　　　　　219, 220, 221, 222, 223, 231, 238,
　　　　　247, 255, 270, 271, 272, 275, 277,
　　　　　278, 285, 292, 304, 306, 308, 311,
　　　　　312, 313, 320, 321, 323, 325, 326,
　　　　　328, 331, 332, 345, 350, 352, 358,
　　　　　　　　　　　　　　　　　　366
무예 24반武藝二十四般 ······················ 368
무예경기武藝競技 292, 298, 315, 318, 326
무예관武藝觀 ····························· 211, 222
무예놀이武藝 ·································· 5, 184
무예문화武藝文化 ············· 117, 362, 363
무예수련 ································· 5, 42, 216

무인武人 …… 184, 186, 216, 220, 272, 330, 333, 335, 336
무형성無形成 …………………… 14, 15, 18
무희舞姬 ……………………………… 355
문도文道 ……………………… 121, 206
문무文武 ………………… 161, 206, 216
문무겸비文武兼備 ……………………… 206
문무도과文武道科 ……………………… 206
문무지도文武之道 ……………………… 206
문화콘텐츠文化contents ‥ 122, 124, 125, 305, 362, 363, 383
물극필반物極必反 ………… 26, 29, 32
물질만능주의物質萬能主義 ……………… 97
물활론物活論 …………… 45, 115, 363
미증유未曾有 ………………… 157, 288
민간신앙民間信仰 ……………………… 115
민속경기民俗競技 185, 304, 305, 312, 314, 318
민속놀이民俗 …………………………… 286
민족문화民族文化 ……………………… 285
민족성民族性 ‥ 3, 5, 6, 48, 49, 57, 91, 158, 192, 271, 280, 289, 356
민족주의民族主義 ……………… 5, 64, 261
민초民草 …………………………………… 7

【ㅂ】

박재撲梓 ………………………… 350, 357
박치기 ………………………… 275, 345, 352
박희博戲 ………………… 211, 221, 292
반면교사反面敎師 ………… 71, 80, 105
반작용反作用 ‥‥ 4, 20, 27, 57, 80, 122, 140, 168, 217, 321, 323, 324
발길질 …………………… 162, 346, 347
발사무기發射武器 ……………… 176, 209
발산력發散力 ……………………………… 22

발산성發散性 ………………………………… 14
방사인放射人 …………………… 178, 210
방어防禦 …… 106, 156, 168, 170, 171, 175, 178, 179, 180, 181, 210, 274
방어무기防禦武器 177, 178, 179, 209, 210
방어적 개념防禦的 槪念 6, 105, 168, 169, 175, 176, 177, 179, 181, 209, 210, 330, 358
방편方便 ‥‥ 41, 42, 66, 134, 202, 203, 212, 214, 216, 222, 223, 224, 239, 245, 364, 375, 382
방하착放下着 …………………… 238, 247
방화放火 ………………………… 7, 120, 132
배속配屬 ……………… 21, 40, 44, 200
배태胚胎 14, 16, 20, 24, 25, 63, 105, 282
백의민족白衣民族 ……………… 163, 209
백인안거법百人安居法 ……………………… 341
백척간두百尺竿頭 ……………… 70, 238
범심론汎心論 ……………… 45, 115, 363
변인變因 ……………………………………… 27
변화變化 ‥‥ 3, 11, 12, 14, 15, 17, 22, 23, 25, 26, 27, 28, 29, 30, 31, 33, 36, 38, 46, 60, 63, 64, 65, 80, 81, 88, 99, 100, 101, 117, 136, 204, 234, 237, 240, 244, 305, 312, 369, 382
변화성變化性 ………………………………… 14
변화원리變化原理 …………………………… 12
병기兵器 …… 155, 156, 179, 180, 216
병자호란丙子胡亂 ‥‥ 125, 127, 128, 148, 171, 255, 281, 288
병학兵學 ……………………………… 216
보법步法 ……………………………… 368
보부상褓負商 …………… 70, 168, 289
복싱boxing ……………… 159, 163, 208
복자福者 ……………………………………… 60

본국검법本國劍法 ················ 368
부동심不動心 ········ 217, 218, 219, 245
부류部類 ···················· 30, 224
부부유별夫婦有別 ···················· 148
부전이승不戰而勝 ········· 130, 155, 208
분별심分別心 ···························· 45
분수分數 ································ 328
분쟁紛爭 23, 32, 33, 36, 57, 107, 277, 357, 359
분화分化 ·· 14, 16, 17, 18, 19, 20, 32, 312, 314
불가佛家 ················ 79, 238, 247
불가사의不可思議 ········· 117, 254, 350
불경不敬 ···················· 75, 132, 165
불교佛敎 59, 62, 122, 132, 143, 144, 148, 253, 262, 264, 265, 267, 268, 296
불멸성不滅性 ···························· 14
불변성不變性 ···························· 14
불안정성不安定性 ················ 15, 17
불완전不完全 ·········· 15, 29, 31, 101
불협화음不協和音 31, 41, 202, 224, 240
불확정성 원리不確定性原理 ········· 241
비국소성非局所性 ······ 56, 104, 105, 246
비수행자非修行者 ················ 43, 206
비전단방祕傳丹方 ······················ 380
비정비동非靜非動 ······················ 324
비정비팔非丁非八 ················ 321, 322

【ㅅ】

사고思考 ··· 22, 23, 39, 47, 48, 53, 56, 62, 80, 81, 96, 104, 112, 116, 117, 133, 184, 226, 229, 234, 239, 246, 254, 273, 275, 280, 294, 298, 365, 366, 371

사냥 4, 6, 75, 76, 91, 106, 161, 165, 166, 167, 184, 190, 192, 193, 304, 308, 309, 335, 342
사대부士大夫 · 134, 146, 149, 164, 272
사무라이 samurai ······················ 123
사법射法 ········· 305, 315, 320, 345
사변思辨 ························ 22, 255
사부곡思夫曲 ·························· 151
사상思想 ··· 5, 18, 101, 130, 155, 208, 213, 216, 226, 262, 265, 270, 287
사상가思想家 ············ 51, 59, 64, 265
사예射藝 ································ 190
사이코패스 Psychopath ·············· 27
산차山借 ································ 369
살상무기殺傷武器 ······················ 23
살수殺手 ················ 157, 163, 357
살수병殺手兵 ·························· 177
삼국사기三國時代 ·· 58, 73, 75, 76, 118, 142, 155, 264, 308, 309
삼라만상森羅萬象 ·· 16, 20, 45, 46, 216
삼보 Sambo ·························· 310
삼수三修 ···················· 14, 19, 177
삼재三才 ···················· 19, 20, 25, 27
삼태극三太極 ················ 14, 19, 25
삼포왜란三浦倭亂 ······················ 181
상관관계相關關係 5, 43, 116, 205, 206, 325
상극相剋 ········· 14, 17, 21, 25, 101
상박相撲 ························ 314, 349
상보相補 30, 241, 242, 243, 244, 249
상보성相補性 ········· 241, 242, 249, 250
상상력想像力 ···················· 23, 123
상생相生 ········· 14, 21, 25, 34, 100
상생상극相生相剋 ········· 21, 22, 27
상선약수上善若水 ········· 254, 273, 282
상충相衝 ···················· 12, 30, 58
상투 ···································· 162

상합相合 ·· 12
상호 침투적相互浸透的 ······················ 20
상호관계相互關係 ································ 17
색안경色眼鏡 ················ 28, 137, 233, 235
생동감生動感 ································ 16, 286
생명력生命力 ··· 15, 16, 25, 26, 29, 46,
　　　　　　　57, 115, 123, 133, 264, 363
생명체生命體 ············· 3, 25, 26, 95, 296
샤머니즘shamanism · 74, 104, 253, 264
서사시敍事詩 ··· 79, 105, 109, 111, 283
서정시抒情詩 ······················ 79, 105, 283
석문도문石門道門 43, 81, 99, 100, 205,
　　　　　　　　　　　　　　　　234, 245
석문호흡石門呼吸 ············· 230, 243, 245
석전石戰 ·· 7, 175, 184, 185, 193, 194,
　　　　　　　220, 255, 270, 271, 272,
　　　　　　　277, 278, 284, 291, 298
석전희石戰戱 ······································ 184
석척군石擲軍 ······································ 184
석척패石擲牌 ······································ 184
선교사宣敎師 · 60, 61, 74, 88, 90, 220,
　　　　　　253, 256, 260, 264, 266, 267, 376
선군選軍 ································· 164, 313
선미후득先迷後得 ······················· 236, 248
선비 83, 85, 86, 142, 182, 188, 239, 281
선사상禪思想 ······································ 143
선악善惡 ·········· 22, 26, 32, 33, 34, 80
선입견先入見 ··························· 4, 18, 366
선지자先知者 ································ 69, 72
선진후기先陣後技 ······························· 164
선택적 지각選擇的 知覺 ························· 53
성경聖經 ······················ 60, 61, 62, 87
성리학性理學 ·············· 118, 130, 241, 242
성명겸수性命兼修 ··············· 43, 100, 204
성명쌍수性命雙修 ······· 42, 100, 203, 204
성선설性善說 ································ 22, 26

성악설性惡說 ································ 22, 26
성인聖人 ····· 4, 36, 60, 114, 156, 184,
　　　　　　　221, 255, 271, 274, 275, 277
성찰省察 ·· 4
소녀병少女兵 ······································ 295
소멸消滅 ······················ 25, 26, 363, 368
소요所要 ··· 7
소은小隱 ······································ 98, 215
소주천小周天 ········· 67, 68, 69, 232, 245
소차력小借力 ······························ 361, 374
소통疏通 ·· 23, 29, 30, 31, 39, 45, 46,
　　　　　　　48, 49, 52, 53, 55, 56, 57, 67, 70,
　　　　　　　79, 80, 81, 93, 100, 136, 139, 224,
　　　　　　　229, 233, 238, 249, 254, 275, 277,
　　　　　　　280, 281, 282, 283, 284, 298
소통수단疏通手段 ································ 30
속성屬性 ···· 3, 13, 14, 16, 20, 21, 23,
　　　　　　　24, 25, 28, 39, 42, 45, 61, 63, 99,
　　　　　　　102, 119, 133, 137, 203, 255, 272,
　　　　　　　　　　　　　　　　273, 277
쇄국정책鎖國政策 ············· 118, 174, 252
쇄환자刷還者 ······································ 68
수련修鍊 ···· 4, 36, 37, 41, 42, 43, 55,
　　　　　　　66, 67, 69, 98, 100, 192, 200, 201,
　　　　　　　203, 204, 205, 212, 215, 216, 218,
　　　　　　　223, 224, 227, 228, 230, 232, 237,
　　　　　　　238, 239, 243, 244, 245, 247, 248,
　　　　　　　304, 308, 367, 368, 369, 370, 376,
　　　　　　　378, 379, 380, 381, 382, 383
수련과정 ········· 41, 43, 201, 206, 207,
　　　　　　　　　　　　　357, 380, 382, 383
수련단체修鍊團體 ············ 42, 43, 44, 206
수련문화修鍊文化 ······················· 5, 227
수련방편修鍊方便 ················ 98, 215, 223
수련법修鍊法 28, 42, 203, 367, 368, 378, 382
수련장修鍊場 ································ 44, 206

수렴성收斂性 ················· 14
수박手搏 ······ 164, 185, 255, 271, 272, 273, 277, 304, 312, 313, 314, 316, 328, 331, 348, 358
수박희手搏戲 164, 184, 185, 271, 272, 277, 292, 304, 312, 313, 314
수벽치기手擗打 ··················· 312
수분각수분득隨分覺隨分得 ········· 55, 235
수수법蒐狩法 ······················ 165
수승화강水昇火降 ··················· 243
수심修心 ············ 39, 43, 200, 205
수양修養 ·· 4, 143, 211, 222, 308, 325
수용受容 ···· 7, 43, 51, 55, 57, 58, 59, 62, 63, 64, 77, 78, 83, 117, 123, 170, 205, 252, 253, 254, 260, 266, 267, 277, 298, 368
수절사상守節思想 ··················· 148
수정주의修正主義 ··················· 305
수차력水借力 357, 361, 364, 365, 376, 381
수행자修行者 ··· 43, 122, 139, 206, 361
수화상극水火相剋 ···················· 81
수화상생水火相生 ···················· 81
숙고熟考 ··················· 29, 138
숙성熟成 ······ 5, 6, 66, 117, 128, 133, 135, 138, 145, 150, 152
순행원리順行原理 ················ 11, 12
숭문천무崇文賤武 ···· 41, 163, 202, 214, 255, 281, 308, 328, 330, 358
숭배사상崇拜思想 ·············· 74, 147
스모Sumo ················ 305, 306, 310
습習 ················· 95, 227, 247, 248
승군僧軍 ················ 5, 295, 296, 297
승병僧兵 ······ 255, 276, 281, 288, 293, 295, 296, 299
시련試鍊 ······················ 28, 44
시박廝撲 ························· 312

시원始原 ············ 13, 63, 141, 371
시조始祖 ············· 137, 312, 317, 318
시조창時調唱 ············· 231, 239, 275
신神 14, 15, 16, 43, 61, 62, 76, 101, 115, 141, 155, 179, 180, 181, 204, 266, 361, 364, 366, 377
신神·기氣·정精 ················ 14, 19
신관神觀 ············ 45, 101, 115, 363
신명神明 ··· 5, 6, 48, 61, 91, 271, 279, 280, 281, 282, 283, 285, 286, 287, 288, 289, 298
신명심神明心 ······················ 103
신선사상神仙思想 ··················· 371
신성神性 ················ 95, 102, 103
신앙信仰 59, 115, 264, 265, 266, 364
신전통주의新傳統主義 ··············· 305
신차력神借力 357, 361, 364, 365, 367, 369, 370, 381
신체행위身體行爲 ···················· 3
실전택견 ······················ 272, 277
심고心苦 ················ 43, 45, 205
심기쌍수心氣雙修 ··············· 42, 203
심마心魔 ··························· 238
심법心法 ················ 5, 245, 246
심신연마心身硏磨 ··················· 216
심신일여心身一如 6, 42, 104, 204, 273, 326
심심상인心心相印 ···················· 79
심안心眼 ················ 6, 66, 247

【ㅆ】

싸움 6, 41, 66, 84, 91, 93, 97, 100, 106, 128, 155, 162, 163, 174, 175, 180, 194, 195, 201, 202, 208, 209, 214, 217, 218, 219, 222, 223, 228, 230, 255, 271, 293, 309, 317, 331, 340, 344, 347, 352, 353, 356, 376
싸움꾼 162, 293, 317
쌈수 275, 357
쌍검雙劍 353
쌍방소통雙方疏通 240, 249, 282
썰렘 Ssulrem 310
쎄기유 Ssegiu 310
쓰시마정벌對馬征伐 106, 181
씨름 6, 175, 192, 221, 272, 277, 278, 280, 303, 305, 306, 307, 308, 309, 310, 311, 312, 314, 315, 316, 318, 319, 325, 326, 345, 349, 350, 358

【ㅇ】

아미그달라 amygdalar 217
안배按配 11, 50, 99, 212, 323
안빈낙도安貧樂道 116
애기택견 185, 220
애니미즘 animism 45, 108, 115, 363
야만성野蠻性 130, 155, 208, 263
약장수 331, 355, 361
약차려樂借力 361, 364, 365, 371, 373, 381
약탈掠奪 7, 70, 120, 129, 132
양궁洋弓 159, 213, 231, 323
양면성兩面性 271, 272, 274, 356
양반兩班 60, 64, 88, 90, 149, 164, 170, 269, 270, 272
양병養兵 159
양상수척讓床瘦瘠 82
양신陽神 237
양자역학量子力學 226, 241
어전행사御殿行事 164
여필종부女必從夫 148
여행가旅行家 256, 258
여흥餘興 186, 189, 220, 271, 274, 278, 331, 353, 357, 358, 359
역근易筋 305, 323, 326
역량가감법力量加減法 361
역본설力本說 17
영靈 107, 366, 367
영도자領導者 296
영력靈力 366, 367, 369, 370
영안靈眼 376
영웅숭배자英雄崇拜者 361
영원성永遠性 14, 15
영점 에너지零點energy 19
영혼숭배자靈魂崇拜者 59, 253
예禮 121, 126, 139, 141, 149, 156, 164, 165, 211, 214, 222, 223, 258, 326
예藝 140, 275
예법禮法 149
예수Jesus 29, 61
예승즉리禮勝卽離 141
예의禮義 30, 33, 97, 141, 201, 262
오욕칠정五慾七情 28, 39, 40, 42, 95, 137, 150, 200, 201, 203, 217, 222, 223, 224
오행五行 12, 13, 14, 17, 18, 20, 21, 22, 24, 25, 27, 29, 46
오행단五行丹 380
오행정지환五行定志丸 372, 374, 375

온작蘊酌 ·· 322
올림픽Olympic ····· 159, 192, 213, 289, 304, 328
완물상지玩物喪志 ···················· 54, 67, 140
완충역할緩衝役割 ·· 31, 41, 42, 50, 202, 203, 239, 240, 249
완충작용緩衝作用 ···· 224, 239, 240, 249
왜검술倭劍術 ·· 163
왜구倭寇 ····· 106, 120, 132, 156, 174, 177, 179, 181
왜인倭人 ····· 120, 121, 134, 155, 160, 161, 181, 336, 338, 339, 358, 369
외교관外交官 · 134, 256, 257, 259, 344
외부세계外部世界 ················ 28, 173, 233
요소환원주의要素還元主義 ···················· 226
용력勇力 ···· 5, 7, 311, 327, 328, 330, 331, 332, 333, 334, 336, 337, 338, 339, 340, 341, 342, 343, 344, 352, 353, 355, 356, 357, 358, 359, 368, 369, 382
우주심宇宙心, Universal Mind 36, 37, 45, 55
운기運氣 ··········· 43, 205, 232, 245, 379
원동력原動力 ··· 22, 31, 33, 57, 60, 65, 96, 97, 117, 242, 276
웰다잉well-dying ································· 38
위계질서位階秩序 ···································· 7
유각권구락부柔角拳俱樂部 ················ 311
유감주술類感呪術 ······························ 371
유교儒教 ··· 62, 82, 83, 116, 122, 123, 148, 162, 211, 222, 264, 265, 272, 294, 330
유구琉球 ·· 120
유불선儒佛仙 ·· 262
유술柔術 275, 311, 345, 350, 352, 358
유천희해遊天戲海 ······················ 122, 139
유학儒學 ············ 14, 130, 155, 164, 208

유형성類型性 ···························· 14, 15, 18
유형전합類型全合 ········ 12, 233, 234, 235
유희遊戲 4, 164, 184, 185, 188, 190, 191, 192, 193, 195, 221, 238, 271, 272, 274, 277, 278, 304, 311, 325
육례六藝 ································· 211, 222
육박전肉薄戰 ·· 348
육체肉體 ······· 28, 42, 43, 49, 51, 64, 164, 203, 204, 212, 257
윤리규범倫理規範 ······························ 284
윤리성倫理性 ······························ 318, 325
은근慇懃 ········ 5, 6, 66, 117, 128, 133, 137, 145, 152
을해동정乙亥東征 ······················ 106, 181
음陰 ········ 11, 12, 13, 14, 15, 16, 17, 18, 19, 20, 21, 25, 28, 29
음성학音聲學 ······································ 145
음식문화飲食文化 ···· 65, 135, 138, 152, 168, 169, 170
음양陰陽 ···· 4, 11, 12, 13, 14, 15, 16, 17, 18, 19, 20, 21, 22, 24, 25, 28, 32, 34, 206, 242, 324
음양상합陰陽相合 ······························ 242
음양오행陰陽五行 ······ 5, 11, 12, 13, 17, 18, 21, 31, 46, 104
응시법凝視法 ·· 378
의병義兵 ····· 5, 58, 70, 255, 275, 276, 281, 288, 291, 293, 294, 296, 298, 299
의병정신義兵精神 ······················ 275, 294
의수단전意守丹田 ············ 231, 239, 245
이이제이以夷制夷 ································ 72
이차등급관찰二次等級觀察 · 233, 234, 244
인격장애人格障碍 ································ 27
인과관계因果關係 ·································· 4
인과율因果律 ············ 35, 56, 104, 246
인도人道 ·· 18

인류人類 ·· 22, 26, 29, 40, 41, 42, 49, 50, 65, 80, 101, 119, 201, 203, 234, 262, 266, 273
인류무형문화유산人類無形文化遺産 ······· 365
인류학人類學 ···················· 259, 261
인본주의人本主義 ························ 115
인식認識 4, 6, 22, 24, 28, 29, 35, 38, 59, 70, 71, 79, 80, 96, 99, 101, 102, 120, 124, 130, 133, 155, 156, 157, 159, 160, 168, 195, 199, 205, 206, 207, 208, 227, 231, 233, 234, 235, 238, 240, 242, 244, 250, 256, 261, 266, 267, 271, 282, 294, 305, 349, 363, 364, 365, 383
인식체계認識體系 · 22, 50, 79, 216, 366
일갈법一喝法 ···················· 378, 379
일맥상통一脈相通 ············ 15, 22, 45
일본통신사日本通信使 128, 134, 186, 188, 212
일월日月 ································· 18
일이관지一以貫之 ················ 35, 228
일제강점기日帝强占期 63, 271, 281, 288, 294
일창이기一槍二旗 ······················ 138
일체유심조一切唯心造 ················· 216
임맥任脈 ·························· 67, 68
임진왜란壬辰倭亂 ···· 68, 102, 125, 127, 131, 134, 148, 157, 163, 169, 213, 221, 230, 255, 281, 288, 289, 297, 340, 348, 369

【ㅈ】

자기준거적自己準據的 ········· 28, 29, 233
자연계自然界 ············ 16, 17, 23, 25
자연선택自然選擇 ················ 50, 64

자유의지自由意志 ··· 23, 27, 29, 40, 95, 97, 102, 200
자존심自尊心 48, 57, 65, 73, 82, 83, 84, 85
장군음將軍飮 ························· 372
장쾌壯快 ································ 7
적수천석滴水穿石 ······················ 248
전신주천全身周天 ······················ 232
전통맨손무예 ······· 275, 330, 345, 358
전통무예傳統武藝 3, 4, 5, 6, 7, 20, 31, 41, 47, 48, 64, 66, 152, 199, 201, 202, 207, 208, 213, 219, 221, 222, 223, 224, 227, 230, 244, 247, 251, 254, 255, 269, 270, 271, 272, 273, 274, 277, 278, 279, 281, 284, 291, 293, 298, 303, 304, 305, 306, 320, 327, 328, 330, 331, 332, 345, 356, 357, 359, 361, 363, 382, 383
전통무예경기傳統武藝競技 ········ 185, 306, 307, 308, 312 315, 325, 326
전통무예문화傳統武藝文化 ······· 364, 383
전통문화傳統文化 ········ 3, 95, 123, 254, 263, 270, 287, 305, 383
전통수련문화傳統修練文化 6, 104, 225, 229, 230
전통차력傳統借力 ············ 7, 356, 360
절대가치絶對價値 ························ 26
접신接神 ··········· 367, 369, 370, 377
정기신精氣神 ······················ 43, 204
정령관념精靈觀念 104, 115, 282, 365, 366
정반합正反合 ···························· 17
정신精神 ······· 4, 6, 42, 43, 45, 48, 51, 64, 66, 79, 84, 140, 142, 143, 181, 203, 204, 262, 273, 275, 287, 294, 380
정신과학자精神科學者 ················· 227
정신력精神力 212, 367, 368, 370, 376, 382
정신세계精神世界 ············ 54, 105, 124

정신적 지주精神的 支柱 ·············· 6
조공외교朝貢外交 ···· 72, 117, 125, 127,
　　　　　　　　128, 130, 176
조물주造物主 11, 23, 25, 45, 50, 75, 96, 266
조우관鳥羽冠 ················· 76, 77
조화調和 · 11, 12, 16, 17, 23, 28, 29,
　30, 33, 38, 41, 98, 100, 110, 111,
　144, 202, 215, 224, 242, 268, 269,
　　272, 273, 274, 280, 282, 372
존재가치存在價値 ········ 11, 22, 26, 65
종교관宗敎觀 ········· 48, 59, 77, 266
종합맨손무예 ············ 330, 331, 358
종합무예 ··················· 275, 352
주송수련主誦修鍊 ············· 376, 377
주역周易 ···· 18, 20, 24, 156, 236, 248
주자학朱子學 148, 214, 223, 255, 281, 328, 358
중국무술 ··················· 368, 380
지구촌地久村 ······················ 23
지도地道 ························· 18
지려志慮 ························· 22
지부상소持斧上疏 ·············· 85, 281
지식止息 ·· 22, 29, 88, 111, 137, 156,
　　　　　252, 256, 260, 273, 378, 379
지정학적地政學的 ·· 5, 57, 72, 103, 253,
　　　　　　　　　　　　261, 358
지향성指向性 ················· 22, 51
진리체계眞理體系 ·················· 12
진화進化 ········ 26, 28, 29, 30, 50, 79,
　　　　　80, 95, 96, 99, 100, 234
질서秩序 ··· 5, 20, 32, 33, 34, 35, 41,
　51, 63, 64, 90, 103, 129, 253, 382
집단이기주의集團利己主義 ········ 23, 268
집중集中 5, 6, 57, 65, 104, 132, 225,
　227, 228, 229, 230, 231, 234, 235,
　236, 237, 238, 239, 241, 242, 243,
　　244, 247, 248, 249, 250, 289, 378

집착執着 28, 36, 38, 54, 70, 71, 102,
　　227, 236, 237, 238, 243, 247, 253, 290

【ㅊ】

차력借力 ····· 356, 357, 361, 362, 363,
　　　364, 366, 367, 368, 370, 371,
　　　　　　　378, 381, 382, 383
차력대借力隊 ················ 356, 361
차력명수借力名手 ·············· 356, 361
차력사借力師 ··········· 355, 356, 361
차력술借力術 ····················· 381
차력시범借力示範 ···· 331, 355, 362, 379
차력약借力藥 371, 372, 373, 374, 375, 376, 382
착심着心 ························ 239
참장수련站樁修鍊 ················· 368
창검술槍劍術 ····················· 163
창법槍法 ··················· 213, 230
천도天道 ························· 18
천손민족天孫民族 ······ 6, 47, 48, 73, 74,
　　　　　　　　84, 90, 103, 263
천외천天外天 ····················· 247
천우신조天佑神助 ·············· 47, 49
천인합일天人合一 ················· 214
천주교天主敎 ·················· 59, 60
천지인삼재天地人三才 ··············· 18
철사장鐵砂掌 ····················· 380
철촉鐵鏃 ············· 178, 179, 209, 210
철학哲學 · 4, 5, 6, 27, 47, 48, 51, 59,
　64, 101, 102, 115, 152, 233, 244,
　　253, 265, 266, 273, 361, 364
철화분鐵花粉 ····················· 372
체면體面 · 72, 73, 80, 82, 83, 85, 149
축국蹴鞠 ··················· 192, 193
축기縮氣 ·········· 232, 243, 245, 378

충성심忠誠心 ·· 120
칠덕무七德舞 ·· 189
칠원음양관七元陰陽觀 ······················· 13, 14

【ㅋ】

카운터밸런스counterbalance ····· 322, 326
칼춤劍舞 ·· 353
코카서스족Caucasus ················ 258, 261
콤플렉스complex ················ 20, 27, 168

【ㅌ】

타권打拳 ·· 156
타력他力 ·· 369
탁견托肩 192, 221, 292, 312, 318, 350
탁견희托肩戲 ···································· 292
탐험가探險家 ···································· 258
태공太空 ··· 39
태권도跆拳道 27, 70, 159, 271, 272, 277, 305, 328, 331, 356, 368, 380, 381
태극太極 ················ 13, 14, 18, 24, 25, 32, 34, 39, 242
태극권太極拳 ···································· 368
태극도설太極圖說 ······················ 13, 24
태극문양太極文樣 ······························ 24
태견 ··· 293
태견무고춤 ······································ 275
택견 ······ 6, 133, 192, 213, 221, 272, 275, 277, 292, 293, 303, 304, 305, 306, 307, 308, 312, 314, 315, 316, 318, 319, 320, 321, 322, 323, 324, 325, 326, 345, 350, 351, 357, 358
택견경기 ··· 314

택견군 ································· 319, 357
택견판 ······················· 185, 220, 319
통논리通論理 ··································· 242
통령通靈 ·· 369
통령자通靈者 ··································· 369
통섭consilience ···················· 229, 273
통일신라統一新羅 ········· 58, 118, 276
통제권統制權 ····································· 30
통합統合 11, 96, 100, 101, 130, 232, 233
투사鬪士 ·· 344
투우鬪牛 ································ 163, 208
투호投壺 ·· 193
특수부대特殊部隊 ··············· 356, 361

【ㅍ】

파급효과波及效果 ······························ 30
파생派生 11, 16, 24, 40, 59, 201, 263
팔관회八關會 ·························· 270, 287
팔괘八卦 ································· 18, 20
팔도십육종도총섭八道十六宗都摠攝 ······· 296
팔맥주천八脈周天 ···························· 232
패러다임paradigm ··········· 56, 234, 240
팽주烹主 ································ 122, 139
퍼포먼스performance ···· 5, 7, 327, 330, 331, 332, 353, 355, 356, 357, 358, 359, 361, 362, 363, 383
편사便射 ············ 255, 270, 277, 284
편싸움 194, 195, 255, 270, 271, 318
편전片箭 126, 134, 178, 179, 180, 209, 210
평상심平常心 41, 67, 141, 202, 207, 217, 218, 219, 221, 223, 224, 230, 245
평형平衡 ···························· 11, 25, 46

포괄包括 ……… 13, 22, 36, 39, 41, 52, 53, 56, 201, 254, 273
포용包容 …… 34, 36, 45, 53, 252, 253, 254, 268, 273, 277, 282, 298
포진천물暴殄天物 ……………………… 165
포태胞胎 ………………………………… 114
폭력성暴力性 ……………… 130, 155, 208
표출表出 …… 6, 83, 281, 283, 289, 298
품밟기 ………………………… 133, 320, 321
풍류風流 ……………… 137, 139, 145, 239
풍물굿 ……………………………………… 287
풍속風俗 8, 175, 176, 292, 306, 311, 365
풍속화風俗畵 …………………… 316, 317
풍수사상風水思想 ……………………… 115
풍습風習 …………… 82, 94, 285, 294
풍전등화風前燈火 ………………………… 6

【ㅎ】

하나님 · 60, 61, 62, 63, 74, 264, 266
하느님 ………… 59, 60, 61, 63, 75, 78
하위개념下位槪念 ………… 14, 20, 22, 27
하주대맥下珠帶脈 ………………………… 245
학도병學徒兵 … 5, 255, 276, 281, 288, 293, 295, 299
한계성限界性 ……………………………… 14
한국무예韓國武藝 130, 155, 208, 217, 306
한국인 … 59, 60, 61, 74, 82, 83, 84, 90, 91, 93, 105, 108, 109, 110, 111, 112, 115, 145, 150, 158, 163, 170, 200, 206, 208, 253, 256, 257, 258, 259, 260, 261, 263, 265, 266, 267, 268, 273, 283, 288, 290, 295, 315, 326, 345

한국전쟁韓國戰爭 ……………………… 295
합리성合理性 …………………………… 118
해동검도海東劍道 ……………………… 368
해방구解放區 ……………………………… 7
허실虛實 …………………………… 27, 131
현상계現象界 …………………………… 17
형국形局 …………………………… 15, 16
형성과정形成過程 ……………………… 13
형의문形意門 ……………………… 380, 381
혜안慧眼 …………………………… 52, 55
호기심好奇心 122, 124, 252, 331, 353, 357, 359, 361, 382
호랑이 330, 333, 334, 335, 336, 342, 346, 347, 369, 373, 374, 376, 383
호응呼應 ……………………………… 7, 383
호흡呼吸 42, 52, 55, 67, 69, 99, 100, 203, 231, 232, 243, 247, 250, 320, 378, 379
호흡법呼吸法 …………………………… 378
혼란混沌 ……… 26, 27, 28, 33, 34, 35, 58, 63, 125, 216, 218, 259, 266, 268, 275
화기火氣 ………………………………… 142
화살 ·· 106, 107, 135, 159, 163, 165, 166, 178, 179, 191, 209, 210, 212, 255, 321, 322, 323, 324, 334, 348
화적火賊 …………………………………… 70
화포火砲 …… 105, 106, 168, 176, 177, 178, 179, 180, 209, 210
확철대오廓徹大悟 ………………………… 69
환대歡待 …………………………… 48, 93
환술幻術 …………………………… 356, 361
환웅·천왕桓雄天王 ……………………… 263
환원론還元論 …………………………… 226

활弓 ····· 75, 135, 156, 161, 168, 176, 177, 178, 179, 180, 191, 209, 211, 212, 213, 220, 230, 252, 270, 284, 305, 308, 309, 320, 322, 323, 324, 335
활갯짓 ················· 133
활쏘기 ··· 6, 179, 181, 188, 193, 208, 210, 211, 212, 213, 222, 237, 270, 272, 278, 292, 303, 305, 306, 307, 308, 309, 312, 315, 320, 321, 322, 324, 325, 326, 328, 342, 345, 354
활연관통豁然貫通 ················· 69
황두 ················· 269, 286
황소고집 ················· 92
휘문고등보통학교徽文高等普通學校 ······· 312
흉허복실胸虛腹實 ············ 320, 322, 325
흥興 ············· 5, 6, 48, 91, 271, 279, 280, 281, 282, 283, 285, 286, 287, 288, 289, 331, 353
희학戱謔 ················· 212
흰옷 ················· 163, 209

인명 · 지명 찾기

【ㄱ】

강무당講武堂 ·· 354
강우성康遇聖 ·· 337
강원도江原道 ······························ 255, 348
게오르규 Constantin Virgil Gheorghiu 71,
        110, 262, 266, 267, 274
경기도京畿道 ······························ 287, 294
경북慶北 ··························· 77, 150, 287
경산慶山 ··· 156
경상도慶尙道 · 160, 177, 255, 287, 308
경종실록 ··· 348
경주慶州 ····················· 24, 77, 113, 338
경흥慶興 ······································ 308, 343
계여강桂汝杠 ······································· 339
계정희 ··· 319
고구려高句麗 ··· 1, 58, 73, 75, 76, 118,
        130, 179, 194, 264, 276, 295,
                                308, 309, 310
고려高麗 85, 132, 146, 148, 163, 164,
    176, 179, 180, 190, 194, 209, 210,
    222, 252, 269, 270, 276, 281, 287,
    296, 311, 313, 314, 333, 345, 346,
    352, 355, 356, 357, 359, 362, 365
고용우高龍羽 ······································· 293
고종 안효대왕高宗安孝大王 ········ 147, 346
공자孔子 ·········· 37, 156, 214, 223, 228
광주廣州 ···························· 297, 337, 349
군위현軍威縣 ······································· 348

권흠權欽 ······························· 339, 340
금산錦山 ································· 296, 348
김경운 ·· 357
김덕령金德齡 ··················· 336, 337, 369
김민순金敏淳 ··························· 312, 318
김부개金夫介 ······································ 349
김수동金壽童 ······································ 189
김승경金升卿 ······································ 181
김여준金汝峻 ··························· 311, 349
김준근金俊根 237, 255, 292, 293, 303, 316, 317
김창업金昌業 ·········· 186, 187, 188, 272
김창집金昌集 ······················· 187, 187
김천택金天澤 ··························· 312, 317
김홍도金弘道 ··························· 303, 311
김희목金希牧 ··············· 346, 356, 362

【ㄴ】

낙동강洛東江 ······································· 295
남대문南大門 ··························· 128, 194
남산南山 ································· 83, 333
남한산南漢山 ······································· 297
남한산성南漢山城 ······························· 171
내은덕內隱德 ······································· 347
노원평蘆原坪 ······································· 296
노자老子 ··· 155
니토베 이나조新渡戶稻造 ·········· 123, 124

【ㄷ】

다부동多富洞 … 295
단성사團成社 … 311
대구大邱 … 295
대동강大同江 … 195
대마도大馬島 106, 131, 132, 155, 181, 354
덕지德之 … 156
독도獨島 … 121
동남아東南亞 … 380
동남아시아東南Asia … 58, 96, 118, 176
동대문東大門 … 135, 194
동양東洋 … 41, 42, 43, 86, 92, 114, 121, 122, 123, 124, 173, 200, 201, 203, 204, 205, 242, 252, 274, 378
두경승杜景升 … 328, 333, 345, 355
두만강豆滿江 … 341

【ㄹ】

러시아Russian 58, 87, 118, 293, 310, 343, 344

【ㅁ】

마포패 … 194
마흥귀馬興貴 … 347
만리재 … 195, 271
만리현 … 194
만주滿洲 … 61, 71, 182, 283, 308, 310
매켄지 Frederick Arthur McKenzie 275, 294
맹자孟子 … 22, 26, 49
모화관慕華館 … 336
묄렌도르프 Paul Georg von Möllendorff 87

문유보文儒寶 … 164, 328
문의원文醫員 … 376
미국美國 … 60, 72, 93, 108, 111, 113, 123, 134, 220, 290, 293, 296, 355, 381

【ㅂ】

박동량朴東亮 … 313
박성량朴成良 … 335
박신유朴臣蕤 … 347
박영규 … 58, 118, 125
박영봉朴英奉 … 349
박인로朴仁老 … 60
박종관朴鐘寬 … 357, 373, 376
박철희朴哲熙 … 381
백운봉白雲峯 … 339
봉림대군鳳林大君 … 127, 311, 349
부령富寧 … 308
북한北韓 … 72, 116, 205, 269
북한산 … 297
비숍ishop, Isabella Bird 87, 88, 115, 284, 297

【ㅅ】

새마을체육관 … 289
새비지 랜도어 A. Henry Savage Landor 85, 88, 135, 150, 169, 173, 195, 252, 258, 259, 293, 316
샤를르 달레 Claude-Charles Dallet 93, 260, 293
샤이에 롱 Chaillé Long … 296, 355
서경덕徐敬德 … 339
서긍徐兢 … 146, 148, 252, 365
서대문西大門 … 194, 336

서울 …… 83, 88, 109, 110, 129, 131, 135, 149, 172, 173, 174, 182, 194, 195, 262, 263, 265, 271, 289, 297, 309, 311, 312, 318, 335, 353
서울대학교 …………… 117, 194, 303
서화담徐花潭 ………… 339, 340, 345
성진城津 …………………………… 308
세조世祖 …… 160, 161, 164, 180, 192, 206, 313, 334, 335, 347
세종世宗 …… 106, 108, 134, 160, 161, 178, 179, 191, 206, 209, 210, 330, 335, 349
송덕기宋德基 192, 275, 292, 304, 317, 352
송시열宋時烈 …………………… 336
송종소宋宗紹 …………………… 346
송학松鶴 …………………………… 70
송휘종宋徽宗 …………………… 146
숙종肅宗 …… 108, 186, 187, 188, 220, 272, 313, 346, 348, 349, 350, 353, 354, 356, 359, 363
순자荀子 ……………………… 22, 26
신경례申敬禮 …………………… 347
신덕윤申德允 …………………… 348
신라新羅 24, 134, 142, 143, 180, 186, 296
신말주申末舟 …………………… 335
신숙주申叔舟 ……………… 160, 335
신응담申應澹 ……………… 336, 345
신한승辛漢承 …………………… 292

【ㅇ】

아손 그렙스트W. Ason Grebst …· 62, 266
안강安康 ………………………… 295
안동安東 …………………… 150, 295
안음현安陰縣 …………………… 349
알렌Allen, Horace Newton 60, 163, 185, 220, 286, 343
양복산梁卜山 ……………… 311, 349
양익명梁益命 ……… 348, 350, 356, 363
언더우드Underwood, Lilias Horton 62, 92, 162
에쏜 써드Esson Third …………… 91, 92
영조英祖 …… 121, 158, 188, 206, 220, 312, 317, 336, 350
영천永川 ………………………… 295
오순백吳順白 ……………… 188, 353
오윤부伍允孚 …………………… 346
오키나와沖繩, Okinawa ………… 120, 305
왕규王規 ………………………… 345
용인현龍仁縣 …………………… 339
우군칙禹君則 ……………… 356, 361
원종元宗 …………… 146, 346, 356, 362
원천석元天錫 …………………… 141
위득유韋得儒 …………………… 352
윌리암 샌즈William Franklin Sands … 134, 258, 261, 291
유몽인柳夢寅 …………………… 335
유상필柳相弼 …………………… 338
유숙劉淑 …………… 211, 292, 303, 316
유이주柳爾冑 …………………… 336
유홍석柳鴻錫 …………………… 294
윤산갈 …………………………… 62
윤창주尹昌周 …………………… 350
윤희순尹熙順 …………………… 294
이경직李景稷 …………………… 338
이규태李奎泰 …… 76, 82, 88, 93, 108, 112, 114, 133, 136, 145, 163, 212, 262, 273, 328
이덕무李德懋 ……………… 193, 313
이명한李明漢 …………………… 337
이영李瑛 ………………………… 346
이용복李容福 306, 312, 314, 319, 320, 357
이운징李雲徵 ……………… 339, 340

이원경李原景 ······················· 334
이의민李義旼 ················ 333, 345
이자겸李資謙 ······················· 346
이적선李積善 ······················· 346
이정근 ································· 61
이징석李澄石 ······················· 341
이징옥李澄玉 ················ 339, 341
이참李參, Bernhard Quandt 90, 112, 264
일본日本, Japan ··· 62, 71, 72, 85, 105, 109, 120, 121, 122, 123, 124, 125, 126, 129, 130, 131, 132, 134, 139, 140, 141, 143, 157, 159, 172, 173, 175, 181, 182, 189, 190, 200, 212, 213, 219, 230, 231, 236, 252, 262, 283, 289, 294, 297, 305, 306, 310, 311, 321, 338, 344, 354, 359

【ㅈ】

장사진張士珍 ················ 194, 348
저자도楮子島 ······················· 349
전라도全羅道 · 176, 177, 209, 296, 348
정조正祖 ················ 156, 186, 312
제임스 게일James Scarth Gale ···· 74, 82, 87, 91, 92, 146, 148, 174, 264, 343, 361, 376
조동점趙東漸 ······················· 350
조지 커즌George Nathaniel Curzon ·· 259, 343, 344
조헌趙憲 ·············· 85, 281, 296, 348
존 로스J.Ross ······················· 61
존즈George Heber Jones ········· 267, 286
종성鍾城 ···························· 308

중국中國, China 12, 24, 42, 59, 61, 71, 72, 74, 76, 77, 85, 87, 88, 92, 103, 118, 119, 120, 123, 125, 126, 129, 130, 134, 144, 161, 171, 173, 180, 189, 200, 203, 213, 230, 262, 269, 294, 310, 321, 361, 371, 379
지그프리드 겐테Siegfroied Genthe ··· 263, 265, 344
지리산智異山 ················ 142, 296
지석숭池錫崇 ······················· 346
진남루鎭南樓 ······················· 354
진덕왕眞德王 ······················· 333
진양대군晉陽大君 ················· 335

【ㅊ】

찰스 다윈Charles Darwin 50, 64, 65, 174
최무선崔茂宣 ················ 177, 179
최신崔蓋 ······················ 336, 337
최영崔永宜 ········· 331, 356, 357, 361
최익현崔益鉉 ················· 85, 281
충청도忠淸道 ······················ 308
충혜왕忠惠王 ······················ 310

【ㅋ】

칼스William Richard Carles ······· 89, 110, 112, 116, 256, 260, 297
콘스탄티누스 대제Constantinus I ····· 101

【ㅌ】

타고르Rabindranath Tagore ··················· 71
탄금대彈琴臺 ·· 341
태조太祖 ······ 126, 177, 190, 216, 334

【ㅍ】

파급효과 ··· 30
파생 ····· 11, 16, 24, 40, 59, 201, 263
팔관회 ·································· 270, 287
팔괘 ······································· 18, 20
팔도십육종도총섭 ····························· 296
팔맥주천 ·· 232
패러다임 ························· 56, 234, 240
팽주 ································· 122, 139
퍼포먼스 ·············· 5, 7, 327, 330, 331,
332, 353, 355, 356, 357, 358,
359, 361, 362, 363, 383
펄벅Pearl Sydenstricker Buck ············· 113
편사 ··························· 255, 270, 277, 284
편싸움 194, 195, 255, 270, 271, 318
편전 126, 134, 178, 179, 180, 209, 210
평상심 ··· 41, 67, 141, 202, 207, 217,
218, 219, 221, 223, 224, 230, 245
평양平壤 ················ 171, 178, 210, 352
평형 ································· 11, 25, 46
포괄 ············· 13, 22, 36, 39, 41, 52, 53,
56, 201, 254, 273
포용 ············ 34, 36, 45, 53, 252, 253,
254, 268, 273, 277, 282, 298
포진천물 ·· 165
포태 ·· 114
포항浦項 ·· 295
폭력성 ····························· 130, 155, 208
폴 데이비스Paul Davies ······················ 64
표출 ········· 6, 83, 281, 283, 289, 298
품밟기 ······························ 133, 320, 321
풍류 ····························· 137, 139, 145, 239
풍물굿 ·· 287
풍속 8, 175, 176, 292, 306, 311, 365
풍속화 ································ 316, 317
풍수사상 ·· 115
풍습 ························· 82, 94, 285, 294
풍전등화 ··· 6
프랑스France ·· 60, 86, 159, 257, 258,
260, 274, 289, 293, 317
프레데릭 블레스텍스Boulesteix, Frederic 86, 274

【ㅎ】

하경복河敬復 ···································· 342
하멜Hendrik Hamel ······················ 86, 87
한명기韓明基 ··············· 102, 127, 289
한복련韓奉連 ···································· 335
한희유韓希愈 ···································· 352
함경도咸鏡道 ··············· 178, 181, 308
함경북도咸鏡北道 ······························ 308
함양咸陽 ·· 347
해인사海印寺 ···································· 296
행주산성幸州山城 ······························ 296
허성도許成道 ············· 58, 117, 276
헐버트Homer Bezaleel Hulbert 59, 61, 82,
83, 84, 109, 253, 260, 265, 268, 283
헤쎄 바르텍Hesse-Wartegg ······· 103, 343
황창랑黃昌郞 ···································· 186
황해도黃海道 ····················· 287, 296

고서(古書) 찾아보기

【ㄱ】

간양록看羊錄 ·················· 213
경종실록景宗實錄 ················ 348
고려사高麗史 147, 184, 185, 190, 194,
　　　　　211, 230, 255, 271, 292, 296,
　　　　　298, 304, 309, 310, 315, 328,
　　　　　346, 352, 356, 362
고려사절요高麗史節要 ······ 147, 230, 309,
　　　　　　　　　　　315, 345, 346
광해군일기光海君日記 ············· 129
국조보감國朝寶鑑 ············ 255, 348
기재사초寄齋史草 ················ 313

【ㄴ】

난중일기亂中日記 ················ 212
논어論語 ············· 214, 223, 228

【ㄷ】

단종실록端宗實錄 ················ 347
도덕경道德經 ··················· 155
동국통감東國通鑑 ············ 230, 309
동다송東茶頌 ············ 139, 140, 141
동문선東文選 ················ 186, 272
동사강목東史綱目 ················ 355

동사록東槎錄 ················ 188, 338
동사만록東槎漫錄 ············ 123, 140
동사일기東槎日記 ········ 108, 120, 186,
　　　　　　　　　　　220, 353, 354
동사일록東槎日錄 ········ 272, 353, 354

【ㅁ】

만오만필晚悟漫筆 ················ 339
명종실록明宗實錄 ············ 175, 255
문종실록文宗實錄 ············ 179, 210

【ㅂ】

반계수록磻溪隨錄 ············ 193, 304
변례집요邊例集要 ············ 131, 189
봉사일본시문견록奉使日本時聞見錄 ······· 121
부상록扶桑錄 ················ 337, 338
부연일기赴燕日記 ················ 186

【ㅅ】

삼국사기三國史記 ········· 58, 73, 75, 76,
　　　　　　118, 142, 155, 264, 308, 309
삼국유사三國遺事 73, 142, 263, 333, 371
삼국지三國志 ··················· 264

선조수정실록宣祖修正實錄 ……… 255, 348
선조실록宣祖實錄 ‥129, 185, 220, 255,
　　　　　　　　304, 369
선화봉사고려도경宣和奉使高麗圖經 146, 147,
　　　　　　　　190, 252, 365
성명규지性命圭旨 ………………… 204
성종실록成宗實錄 …………… 252, 348
세조실록世祖實錄 ‥160, 179, 192, 255,
　　　　　　　　313, 335
세종실록世宗實錄 … 106, 107, 134, 162,
　　165, 166, 174, 177, 178, 179,
　　184, 189, 191, 192, 209, 210,
　　212, 255, 311, 318, 330, 349
송자대전宋子大全 …………… 336, 337
수은집睡隱集 ……………………… 313
숙종실록肅宗實錄 …………… 313, 363
승정원일기承政院日記 …………… 350

【ㅇ】

어우야담於于野談 ………………… 335
연려실기술燃藜室記述 127, 149, 339, 341
연산군일기燕山君日記 ……… 166, 192
연행록燕行錄 ……………………… 186
연행일기燕行日記 ……… 186, 188, 272
영조실록英祖實錄 …………… 188, 220
예기禮記 …………………………… 156
예종실록睿宗實錄 ………………… 347
익재집益齋集 ………… 333, 334, 347
인조실록仁祖實錄 ……… 129, 189, 313
임하필기林下筆記 ………………… 108
입학도설入學圖說 ………………… 14

【ㅈ】

자치통감資治通鑑 …………… 190, 333
재물보才物譜 ……… 312, 313, 350, 357
정종실록定宗實錄 …… 155, 156, 190, 191
제정집霽亭集 ………………… 230, 309
좌전左傳 …………………………… 155
주서周書 …………………………… 12
주역周易 …… 18, 20, 24, 156, 236, 248
중용中庸 …………………………… 121
중종실록中宗實錄 ………………… 167
지봉유설芝峯類說 …………… 213, 230

【ㅊ】

청구영언靑丘永言 ………… 192, 312, 318
청성잡기靑城雜記 ………… 188, 272
청장관전서靑莊館全書 ……… 193, 313

【ㅌ】

태조실록太祖實錄 177, 179, 190, 216, 334
태종실록太宗實錄 …… 76, 106, 126, 159,
　　　　　　　160, 165, 176, 209, 211, 222

【ㅎ】

한서漢書 ……………………… 50, 86
해사록海槎錄 120, 125, 128, 157, 175
해사일기海槎日記 120, 121, 134, 189, 339
해상록海上錄 ……………………… 131
현종개수실록顯宗改修實錄 ……… 349
화엄경華嚴經 ……………………… 216
후한서後漢書 ……………………… 264

김영만 박사(무예연구가)

【저서목록】
- 택견겨루기論한(레인보우북스, 2009)
- 택견 겨루기의 이론과 실제(레인보우북스, 2009)
- 택견 겨루기 總書(상아기획, 2010)
- 택견 기술의 과학적 원리(한국학술정보, 2012)
- 스포츠 택견(애니빅, 2019)

【저자약력】
- 숭실대학교 생활체육학과 졸업
- 숭실대학교 일반대학원 체육학 석사 졸업
- 숭실대학교 일반대학원 체육학 박사 졸업
- 서울대학교 스포츠과학연구소 Post-Doc 연구원
- 캘리포니아주립대학교 샌버나디노 Post-Doc 연구원
- 스포츠기억문화연구소 선임연구원
- 국기원 객원연구원
- 경희대학교 겸임교수
- 숭실대학교, 용인대학교, 을지대학교, 한국예술종합학교 외래교수

한국 전통무예에 깃든 정신과 철학

발행일 : 2020년 4월 23일 초판
발행인 : 이 기 철
발행처 : 도서출판 글 샘
주 소 : 서울시 관악구 호암로 582 B01호(신림동, 해동빌딩)
연락처 : 전화 : 02-6338-9423, 010-3771-9423, 팩 스 : 02-6280-9423
등록일 : 2017.08.30. 제2017-000052호
E-mail : gulsam2017@naver.com

저자와 협의하여 인지를 생략함

파본은 바꿔드립니다. 본서의 무단전제·복제 행위를 금합니다.

정가 : 22,000원   ISBN :979-11-88946-36-5(93190)

「이 도서의 국립중앙도서관 출판시도서목록(CIP)은 서지정보유통지원시스템 홈페이지 (http://seoji.nl.go.kr)와 국가자료공동목록시스템(http://www.nl.go.kr/kolisnet)에서 이용하실 수 있습니다.(CIP 제어번호 : CIP2020013945)